中国政治文化研究丛书

中国政治文化研究
——不同公民群体的危机压力比较

田 华 史卫民◎著

中国社会科学出版社

图书在版编目（CIP）数据

中国政治文化研究：不同公民群体的危机压力比较／田华，史卫民著.
—北京：中国社会科学出版社，2019.9
（中国政治文化研究丛书）
ISBN 978 – 7 – 5203 – 3850 – 9

Ⅰ.①中… Ⅱ.①田…②史… Ⅲ.①政治文化—研究—中国
Ⅳ.①D6

中国版本图书馆 CIP 数据核字（2019）第 000310 号

出版人	赵剑英
责任编辑	耿晓明
责任校对	万文华
责任印制	李寡寡

出　　版	中国社会科学出版社
社　　址	北京鼓楼西大街甲 158 号
邮　　编	100720
网　　址	http://www.csspw.cn
发 行 部	010 – 84083685
门 市 部	010 – 84029450
经　　销	新华书店及其他书店

印刷装订	北京君升印刷有限公司
版　　次	2019 年 9 月第 1 版
印　　次	2019 年 9 月第 1 次印刷

开　　本	710×1000　1/16
印　　张	24.5
插　　页	2
字　　数	365 千字
定　　价	118.00 元

凡购买中国社会科学出版社图书，如有质量问题请与本社营销中心联系调换
电话：010 – 84083683
版权所有　侵权必究

"中国政治文化研究"丛书
编委会

主　　任　邢元敏　魏大鹏　龚　克

顾　　问　陈晏清

编委会成员（以姓氏笔画为序）
　　王新生，南开大学副校长，南开大学当代中国问题研究院副院长、教授
　　史卫民，中国社会科学院政治学研究所研究员，南开大学当代中国问题研究院
　　　　　 兼职研究员
　　田　华，天津社会科学院舆情研究所副研究员，南开大学当代中国问题研究院
　　　　　 兼职副研究员
　　邢元敏，全国政协经济委员会副主任，南开大学当代中国问题研究院兼职教授
　　朱光磊，南开大学原副校长，南开大学周恩来政府学院教授
　　陈晏清，南开大学当代中国问题研究院学术委员会主任、教授
　　张一谋，天津市政协办公厅副局级机要秘书，主管检验技师
　　龚　克，南开大学原校长，南开大学当代中国问题研究院院长、教授
　　阎孟伟，南开大学当代中国问题研究院常务副院长，南开大学哲学院教授
　　魏大鹏，天津市政协副主席，南开大学原党委书记、教授

编　　务　于　涛，南开大学哲学院讲师

前　　言

　　按照设定的指标体系对中国公民的危机压力情况进行全国性的问卷调查，是从2012年开始的。到目前为止，已经完成了两次调查。第一次调查是由中国社会科学院政治学研究所组织的，在2012年成功访问了10个省、自治区、直辖市的6159名被试。第二次调查是由南开大学当代中国问题研究院组织的，在2016年成功访问了16个省、自治区、直辖市的6581名被试。

　　对两次问卷调查的数据进行综合性的整理和比较，可以对中国公民的危机压力状况有更全面和更深入的认识。本书所要重点阐释的，就是不同性别、不同民族、不同年龄、不同学历、不同政治面貌、不同职业、不同户籍、不同单位性质、不同收入水平、不同区域以及不同民主偏好的公民群体的危机压力感受，尤其是2012年和2016年两次问卷调查所反映的危机压力变化情况。

　　不同类别公民群体危机压力的变化，是与危机压力的整体变化联系在一起的。从整体上看，2012年和2016年两次调查所反映的中国公民危机压力水平较为接近，都显示了中等或略强的压力水平，但是有一些细微的变化。

　　第一，社会危机压力略有降低。全体被试的社会危机压力得分（分值为5分，下同），由2012年的2.83分下降到2016年的2.82分，下降了0.01分（危机压力得分越高，表明压力越大；反之，危机压力得分越低，表明压力越小；下同）。

　　第二，国际性危机压力略有上升。全体被试的国际性危机压力得分，由2012年的3.02分上升到2016年的3.04分，提高了0.02分。

第三，文化危机压力有所上升。全体被试的文化危机压力得分，由2012年的2.76分上升到2016年的2.85分，提高了0.09分。

第四，经济危机压力也有所增强。全体被试的经济危机压力得分，由2012年的2.32分上升到2016年的2.43分，提高了0.11分。

第五，政治危机压力增强幅度较大。全体被试的政治危机压力得分，由2012年的2.56分上升到2016年的2.70分，提高了0.14分。

第六，生态危机压力上升的幅度最大。全体被试的生态危机压力得分，由2012年的3.08分上升到2016年的3.23分，提高了0.15分。

第七，危机压力总体水平呈现出略有上升的态势。全体被试的危机压力总分，由2012年的2.76分上升到2016年的2.84分，提高了0.08分。

在比较和分析不同类型公民群体危机压力情况变化时，需要特别注意危机压力的这些总体性变化。此外，在技术层面，我们还为本书设定了四条具体的要求。

一是按照政治文化指数指标体系的要求，将危机压力总分分值，由2012年问卷调查时的30分，改为现在采用的5分。按照这样的要求，全部重新计算了2012年的相关调查结果。

二是为行文简便，将中国社会科学院政治学研究所2012年组织的全国性问卷调查简称为"2012年问卷调查"，将南开大学当代中国问题研究院2016年组织的全国性问卷调查简称为"2016年问卷调查"。

三是两次问卷调查涉及的与危机压力有关的选择题，因为题目有一定的变化，难以进行比较，因此在本书中不包括这方面的内容。减掉这部分内容，对危机压力的比较不会造成重大的影响。

四是2016年问卷调查对不同职业的公民群体作了调整，由2012年的六类职业变成了2016年的八类职业，但是八类职业可以恢复成六类职业，并进行相应的比较。由此，在讨论职业因素对危机压力的影响时，既有对六类职业危机压力水平变化的比较，也有对新增职业类别危机压力情况的说明。

前　言

　　本书的比较研究，是在已有的研究成果基础上进行的。为此，需要特别注意2012年问卷调查后已经形成的两部学术专著。一部是史卫民、周庆智、郑建君、田华等所著的《政治认同与危机压力》（中国社会科学出版社2014年5月版），另一部是史卫民、郑建君、田华等所著的《中国不同公民群体的政治认同与危机压力》（中国社会科学出版社2014年8月版）。2016年问卷调查的总体情况，则在中国社会科学出版社出版的《中国政治文化研究——政治文化指数的变化》中作了总体性的说明。

目　　录

第一章　危机压力的差异比较：性别 …………………………（1）
　　一　不同性别被试危机压力的总体情况 …………………（1）
　　二　不同性别被试的政治危机压力比较 …………………（6）
　　三　不同性别被试的经济危机压力比较 …………………（8）
　　四　不同性别被试的社会危机压力比较 …………………（9）
　　五　不同性别被试的文化危机压力比较 …………………（11）
　　六　不同性别被试的生态危机压力比较 …………………（13）
　　七　不同性别被试的国际性危机压力比较 ………………（14）
　　八　不同性别被试的危机压力总分比较 …………………（16）

第二章　危机压力的差异比较：民族 …………………………（19）
　　一　汉族与少数民族被试危机压力的总体情况 …………（19）
　　二　汉族与少数民族被试的政治危机压力比较 …………（24）
　　三　汉族与少数民族被试的经济危机压力比较 …………（25）
　　四　汉族与少数民族被试的社会危机压力比较 …………（27）
　　五　汉族与少数民族被试的文化危机压力比较 …………（29）
　　六　汉族与少数民族被试的生态危机压力比较 …………（30）
　　七　汉族与少数民族被试的国际性危机压力比较 ………（32）
　　八　汉族与少数民族被试的危机压力总分比较 …………（34）

第三章　危机压力的差异比较：年龄 …………………………（37）
　　一　不同年龄被试危机压力的总体情况 …………………（37）

二　不同年龄被试的政治危机压力比较 …………………… (44)
　　三　不同年龄被试的经济危机压力比较 …………………… (47)
　　四　不同年龄被试的社会危机压力比较 …………………… (49)
　　五　不同年龄被试的文化危机压力比较 …………………… (52)
　　六　不同年龄被试的生态危机压力比较 …………………… (55)
　　七　不同年龄被试的国际性危机压力比较 ………………… (58)
　　八　不同年龄被试的危机压力总分比较 …………………… (60)

第四章　危机压力的差异比较：学历 …………………………… (66)
　　一　不同学历被试危机压力的总体情况 …………………… (66)
　　二　不同学历被试的政治危机压力比较 …………………… (73)
　　三　不同学历被试的经济危机压力比较 …………………… (76)
　　四　不同学历被试的社会危机压力比较 …………………… (78)
　　五　不同学历被试的文化危机压力比较 …………………… (81)
　　六　不同学历被试的生态危机压力比较 …………………… (84)
　　七　不同学历被试的国际性危机压力比较 ………………… (87)
　　八　不同学历被试的危机压力总分比较 …………………… (90)

第五章　危机压力的差异比较：政治面貌 …………………… (96)
　　一　不同政治面貌被试危机压力的总体情况 ……………… (96)
　　二　不同政治面貌被试的政治危机压力比较 ……………… (103)
　　三　不同政治面貌被试的经济危机压力比较 ……………… (106)
　　四　不同政治面貌被试的社会危机压力比较 ……………… (108)
　　五　不同政治面貌被试的文化危机压力比较 ……………… (111)
　　六　不同政治面貌被试的生态危机压力比较 ……………… (114)
　　七　不同政治面貌被试的国际性危机压力比较 …………… (117)
　　八　不同政治面貌被试的危机压力总分比较 ……………… (120)

第六章　危机压力的差异比较：职业 ………………………… (126)
　　一　不同职业被试危机压力的总体情况 …………………… (127)

二　不同职业被试的政治危机压力比较 …………………（145）
　　三　不同职业被试的经济危机压力比较 …………………（153）
　　四　不同职业被试的社会危机压力比较 …………………（161）
　　五　不同职业被试的文化危机压力比较 …………………（168）
　　六　不同职业被试的生态危机压力比较 …………………（175）
　　七　不同职业被试的国际性危机压力比较 ………………（183）
　　八　不同职业被试的危机压力总分比较 …………………（190）

第七章　危机压力的差异比较：户籍 ……………………（201）
　　一　不同户籍被试危机压力的总体情况 …………………（201）
　　二　不同户籍被试的政治危机压力比较 …………………（206）
　　三　不同户籍被试的经济危机压力比较 …………………（208）
　　四　不同户籍被试的社会危机压力比较 …………………（209）
　　五　不同户籍被试的文化危机压力比较 …………………（211）
　　六　不同户籍被试的生态危机压力比较 …………………（213）
　　七　不同户籍被试的国际性危机压力比较 ………………（215）
　　八　不同户籍被试的危机压力总分比较 …………………（217）

第八章　危机压力的差异比较：单位 ……………………（220）
　　一　不同单位性质被试危机压力的总体情况 ……………（220）
　　二　不同单位性质被试的政治危机压力比较 ……………（231）
　　三　不同单位性质被试的经济危机压力比较 ……………（235）
　　四　不同单位性质被试的社会危机压力比较 ……………（239）
　　五　不同单位性质被试的文化危机压力比较 ……………（244）
　　六　不同单位性质被试的生态危机压力比较 ……………（248）
　　七　不同单位性质被试的国际性危机压力比较 …………（253）
　　八　不同单位性质被试的危机压力总分比较 ……………（256）

第九章　危机压力的差异比较：收入 ……………………（263）
　　一　不同收入被试危机压力的总体情况 …………………（263）

二　不同收入被试的政治危机压力比较 …………………… (276)
　　三　不同收入被试的经济危机压力比较 …………………… (282)
　　四　不同收入被试的社会危机压力比较 …………………… (286)
　　五　不同收入被试的文化危机压力比较 …………………… (292)
　　六　不同收入被试的生态危机压力比较 …………………… (296)
　　七　不同收入被试的国际性危机压力比较 ………………… (301)
　　八　不同收入被试的危机压力总分比较 …………………… (306)

第十章　危机压力的差异比较：区域 ………………………… (314)
　　一　不同区域被试危机压力的总体情况 …………………… (314)
　　二　不同区域被试的政治危机压力比较 …………………… (325)
　　三　不同区域被试的经济危机压力比较 …………………… (330)
　　四　不同区域被试的社会危机压力比较 …………………… (335)
　　五　不同区域被试的文化危机压力比较 …………………… (339)
　　六　不同区域被试的生态危机压力比较 …………………… (344)
　　七　不同区域被试的国际性危机压力比较 ………………… (348)
　　八　不同区域被试的危机压力总分比较 …………………… (353)

第十一章　民主偏好对危机压力的影响 ……………………… (362)
　　一　不同民主偏好被试危机压力的总体情况 ……………… (362)
　　二　不同民主偏好被试的政治危机压力情况 ……………… (368)
　　三　不同民主偏好被试的经济危机压力情况 ……………… (370)
　　四　不同民主偏好被试的社会危机压力情况 ……………… (372)
　　五　不同民主偏好被试的文化危机压力情况 ……………… (374)
　　六　不同民主偏好被试的生态危机压力情况 ……………… (376)
　　七　不同民主偏好被试的国际性危机压力情况 …………… (378)
　　八　不同民主偏好被试的危机压力总分 …………………… (380)

第一章 危机压力的差异比较：性别

2012 年问卷调查涉及的 6159 名被试中，男性被试 3072 人，占 49.88%；女性被试 3087 人，占 50.12%。2016 年的问卷调查涉及的 6581 名被试中，男性被试 3296 人，占 50.08%；女性被试 3285 人，占 49.92%。根据两次问卷调查的数据，可以比较不同性别被试危机压力的变化情况。

一 不同性别被试危机压力的总体情况

2012 年问卷调查结果显示，男性被试危机压力的总体得分在 1.22—4.50 分之间，均值为 2.75，标准差为 0.46。在六种危机压力中，男性被试的政治危机压力得分在 1.00—5.00 分之间，均值为 2.53，标准差为 0.68；经济危机压力得分在 1.00—5.00 分之间，均值为 2.28，标准差为 0.70；社会危机压力得分在 1.00—5.00 分之间，均值为 2.83，标准差为 0.74；文化危机压力得分在 1.00—5.00 分之间，均值为 2.74，标准差为 0.63；生态危机压力得分在 1.00—5.00 分之间，均值为 3.07，标准差为 0.89；国际性危机压力得分在 1.00—5.00 分之间，均值为 3.04，标准差为 0.51（见表 1-1-1 和图 1-1-1）。

表1-1-1　　男性被试的危机压力总体描述统计（2012年）

项目	N	极小值	极大值	均值	标准差
危机压力总分	3052	1.22	4.50	2.7467	0.46273
政治危机压力	3066	1.00	5.00	2.5302	0.67588
经济危机压力	3070	1.00	5.00	2.2843	0.69832
社会危机压力	3069	1.00	5.00	2.8252	0.73777
文化危机压力	3064	1.00	5.00	2.7435	0.63160
生态危机压力	3071	1.00	5.00	3.0665	0.89047
国际性危机压力	3070	1.00	5.00	3.0372	0.50980
有效的N（列表状态）	3052				

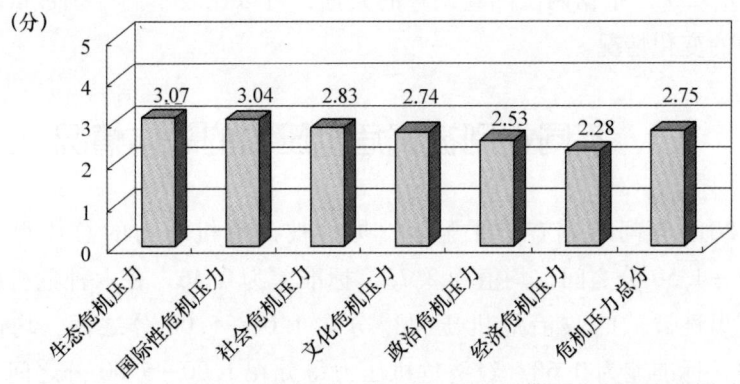

图1-1-1　男性被试危机压力得分的总体情况（2012年）

2016年问卷调查结果显示，男性被试危机压力的总体得分在1.22—4.19分之间，均值为2.83，标准差为0.43。在六种危机压力中，男性被试的政治危机压力得分在1.00—5.00分之间，均值为2.68，标准差为0.71；经济危机压力得分在1.00—5.00分之间，均值为2.42，标准差为0.63；社会危机压力得分在1.00—5.00分之间，均值为2.80，标准差为0.72；文化危机压力得分在1.00—5.00分之间，均值为2.85，标准差为0.64；生态危机压力得分在1.00—5.00分之间，均值为3.22，标准差为0.74；国际性危机压力得分在

1.00—5.00 分之间，均值为 3.04，标准差为 0.50（见表 1-1-2 和图 1-1-2）。

表 1-1-2　　男性被试的危机压力总体描述统计（2016 年）

项目	N	极小值	极大值	均值	标准差
危机压力总分	3270	1.22	4.19	2.8330	0.42506
政治危机压力	3296	1.00	5.00	2.6787	0.71146
经济危机压力	3284	1.00	5.00	2.4163	0.63028
社会危机压力	3293	1.00	5.00	2.8000	0.72311
文化危机压力	3291	1.00	5.00	2.8480	0.64123
生态危机压力	3294	1.00	5.00	3.2177	0.73843
国际性危机压力	3291	1.00	5.00	3.0424	0.49556
有效的 N（列表状态）	3270				

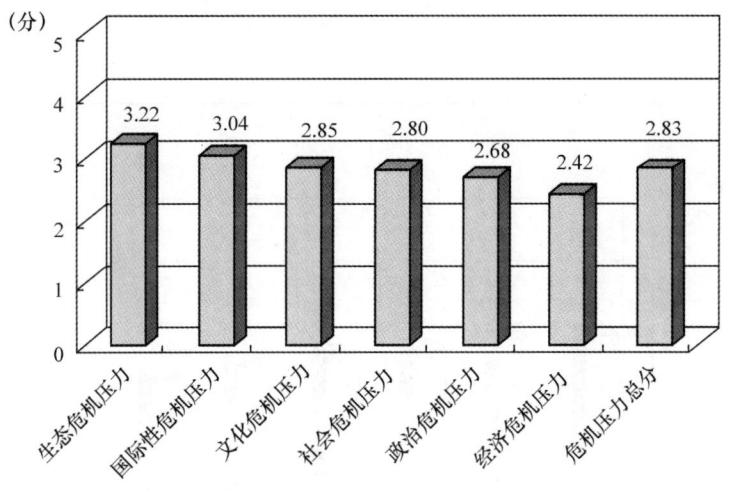

图 1-1-2　男性被试危机压力得分的总体情况（2016 年）

2012 年问卷调查结果显示，女性被试危机压力的总体得分在 1.28—4.13 分之间，均值为 2.77，标准差为 0.43。在六种危机压力中，女性被试的政治危机压力得分在 1.00—5.00 分之间，均值为 2.58，标准差为 0.62；经济危机压力得分在 1.00—5.00 分之间，均值为 2.35，标准差为 0.71；社会危机压力得分在 1.00—5.00 分之间，均值为 2.84，标准差为 0.69；文化危机压力得分在 1.00—5.00 分之间，均值为 2.77，标准差为 0.58；生态危机压力得分在 1.00—5.00 分之间，均值为 3.08，标准差为 0.87；国际性危机压力得分在 1.00—5.00 分之间，均值为 3.01，标准差为 0.48（见表 1-1-3 和图 1-1-3）。

表 1-1-3　　女性被试的危机压力总体描述统计（2012 年）

项目	N	极小值	极大值	均值	标准差
危机压力总分	3064	1.28	4.13	2.7722	0.42529
政治危机压力	3085	1.00	5.00	2.5838	0.62217
经济危机压力	3081	1.00	5.00	2.3475	0.70505
社会危机压力	3085	1.00	5.00	2.8413	0.69002
文化危机压力	3081	1.00	5.00	2.7696	0.58065
生态危机压力	3085	1.00	5.00	3.0840	0.86537
国际性危机压力	3080	1.00	5.00	3.0078	0.47954
有效的 N（列表状态）	3064				

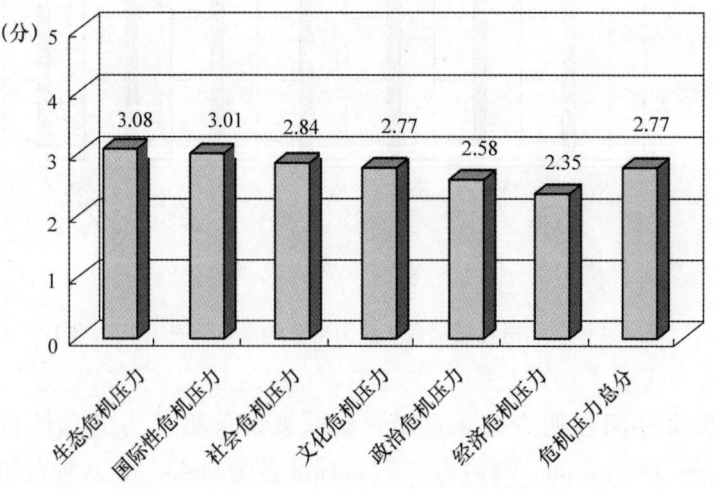

图 1-1-3　女性被试危机压力得分的总体情况（2012 年）

第一章　危机压力的差异比较：性别

2016 年问卷调查结果显示，女性被试危机压力的总体得分在 1.28—4.14 分之间，均值为 2.85，标准差为 0.40。在六种危机压力中，女性被试的政治危机压力得分在 1.00—4.67 分之间，均值为 2.72，标准差为 0.69；经济危机压力得分在 1.00—5.00 分之间，均值为 2.44，标准差为 0.61；社会危机压力得分在 1.00—5.00 分之间，均值为 2.85，标准差为 0.69；文化危机压力得分在 1.00—4.75 分之间，均值为 2.86，标准差为 0.63；生态危机压力得分在 1.00—5.00 分之间，均值为 3.25，标准差为 0.74；国际性危机压力得分在 1.00—4.67 分之间，均值为 3.03，标准差为 0.47（见表 1-1-4 和图 1-1-4）。

表 1-1-4　　女性被试的危机压力总体描述统计（2016 年）

项目	N	极小值	极大值	均值	标准差
危机压力总分	3248	1.28	4.14	2.8549	0.40365
政治危机压力	3282	1.00	4.67	2.7203	0.69030
经济危机压力	3276	1.00	5.00	2.4402	0.61399
社会危机压力	3275	1.00	5.00	2.8476	0.68571
文化危机压力	3283	1.00	4.75	2.8581	0.63373
生态危机压力	3280	1.00	5.00	3.2470	0.73907
国际性危机压力	3276	1.00	4.67	3.0299	0.47311
有效的 N（列表状态）	3248				

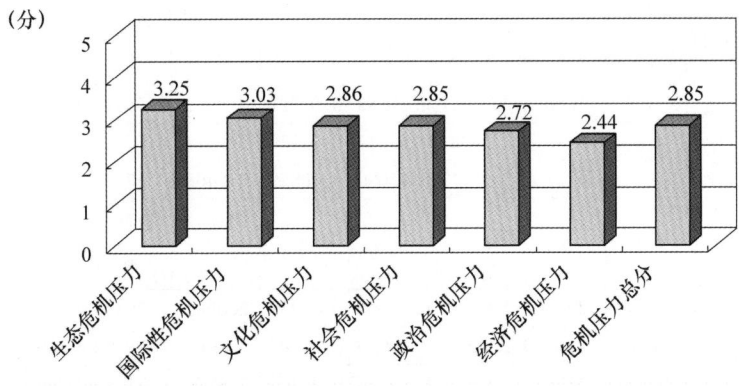

图 1-1-4　女性被试危机压力得分的总体情况（2016 年）

六种危机压力的得分由高到低排序，2012年问卷调查不同性别被试都是生态危机压力第一，国际性危机压力第二，社会危机压力第三，文化危机压力第四，政治危机压力第五，经济危机压力第六；2016年问卷调查不同性别被试都是生态危机压力第一，国际性危机压力第二，文化危机压力第三，社会危机压力第四，政治危机压力第五，经济危机压力第六。这样的变化是总体性的，全体被试的六种危机压力得分由高到低排序，2016年也是文化危机压力上升到了第三位，社会危机压力下降到了第四位。

二 不同性别被试的政治危机压力比较

对不同性别被试政治危机压力得分的差异性进行方差分析（见表1-2-1、表1-2-2和图1-2），2012年问卷调查显示不同性别被试的政治危机压力得分之间差异显著，$F=10.460$，$p<0.01$，男性被试（$M=2.53$，$SD=0.68$）的得分显著低于女性被试（$M=2.58$，$SD=0.62$）。2016年问卷调查也显示不同性别被试的政治危机压力得分之间差异显著，$F=5.789$，$p<0.05$，男性被试（$M=2.68$，$SD=0.71$）的得分显著低于女性被试（$M=2.72$，$SD=0.69$）。

表1-2-1　　　不同性别被试政治危机压力得分的差异比较

2012年问卷调查		N	均值	标准差	标准误	95%置信区间 下限	95%置信区间 上限	极小值	极大值
政治危机压力	男性	3066	2.5302	0.67588	0.01221	2.5063	2.5542	1.00	5.00
	女性	3085	2.5838	0.62217	0.01120	2.5618	2.6058	1.00	5.00
	总数	6151	2.5571	0.65000	0.00829	2.5408	2.5733	1.00	5.00

2016年问卷调查		N	均值	标准差	标准误	95%置信区间 下限	95%置信区间 上限	极小值	极大值
政治危机压力	男性	3296	2.6787	0.71146	0.01239	2.6544	2.7030	1.00	5.00
	女性	3282	2.7203	0.69030	0.01205	2.6967	2.7439	1.00	4.67
	总数	6578	2.6995	0.70124	0.00865	2.6825	2.7164	1.00	5.00

表1-2-2　　　　不同性别被试政治危机压力得分的方差分析结果

2012年问卷调查		平方和	df	均方	F	显著性
政治危机压力	组间	4.413	1	4.413	10.460	0.001
	组内	2593.956	6149	0.422		
	总数	2598.368	6150			
2016年问卷调查		平方和	df	均方	F	显著性
政治危机压力	组间	2.845	1	2.845	5.789	0.016
	组内	3231.307	6576	0.491		
	总数	3234.151	6577			

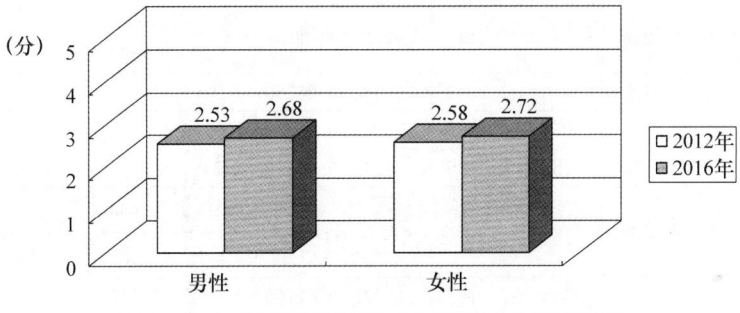

图1-2　不同性别被试的政治危机压力得分比较

2016年与2012年相比，男性被试政治危机压力的得分上升0.15分，女性被试政治危机压力的得分上升0.14分（见表1-2-3）。女性被试得分上升的幅度尽管小于男性被试，但还是保持了政治危机压力得分显著高于男性被试的状态。

表1-2-3　　　　不同性别被试政治危机压力得分的变化

项目	2012年问卷调查	2016年问卷调查	2016年比2012年增减
男性	2.53	2.68	+0.15
女性	2.58	2.72	+0.14

三 不同性别被试的经济危机压力比较

对不同性别被试经济危机压力得分的差异性进行方差分析（见表 1-3-1、表 1-3-2 和图 1-3），2012 年问卷调查显示不同性别被试的经济危机压力得分之间差异显著，$F=12.494$，$p<0.001$，男性被试（$M=2.28$，$SD=0.70$）的得分显著低于女性被试（$M=2.35$，$SD=0.71$）。2016 年问卷调查则显示不同性别被试的经济危机压力得分之间的差异未达到显著水平。

表 1-3-1　　不同性别被试经济危机压力得分的差异比较

2012 年问卷调查		N	均值	标准差	标准误	95% 置信区间 下限	95% 置信区间 上限	极小值	极大值
经济危机压力	男性	3070	2.2843	0.69832	0.01260	2.2595	2.3090	1.00	5.00
	女性	3081	2.3475	0.70505	0.01270	2.3226	2.3724	1.00	5.00
	总数	6151	2.3159	0.70235	0.00896	2.2984	2.3335	1.00	5.00
2016 年问卷调查		N	均值	标准差	标准误	95% 置信区间 下限	95% 置信区间 上限	极小值	极大值
经济危机压力	男性	3284	2.4163	0.63028	0.01100	2.3947	2.4378	1.00	5.00
	女性	3276	2.4402	0.61399	0.01073	2.4191	2.4612	1.00	5.00
	总数	6560	2.4282	0.62227	0.00768	2.4131	2.4433	1.00	5.00

表 1-3-2　　不同性别被试经济危机压力得分的方差分析结果

2012 年问卷调查		平方和	df	均方	F	显著性
经济危机压力	组间	6.152	1	6.152	12.494	0.000
	组内	3027.654	6149	0.492		
	总数	3033.805	6150			
2016 年问卷调查		平方和	df	均方	F	显著性
经济危机压力	组间	0.938	1	0.938	2.422	0.120
	组内	2538.801	6558	0.387		
	总数	2539.738	6559			

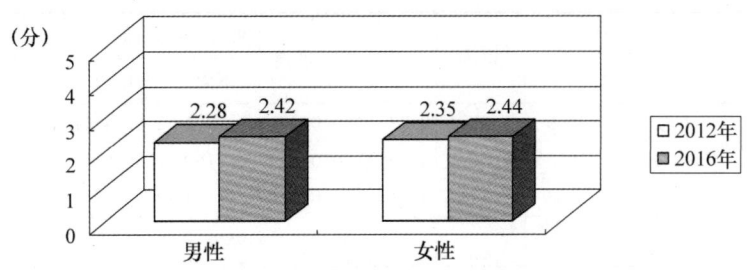

图 1-3　不同性别被试的经济危机压力得分比较

2016 年与 2012 年相比，男性被试经济危机压力的得分上升 0.14 分，女性被试经济危机压力的得分上升 0.09 分（见表 1-3-3）。恰是由于男性被试得分上升的幅度大于女性被试，使两者之间的经济危机压力得分差异由显著变成了不显著。

表 1-3-3　　　　不同性别被试经济危机压力得分的变化

项目	2012 年问卷调查	2016 年问卷调查	2016 年比 2012 年增减
男性	2.28	2.42	+0.14
女性	2.35	2.44	+0.09

四　不同性别被试的社会危机压力比较

对不同性别被试社会危机压力得分的差异性进行方差分析（见表 1-4-1、表 1-4-2 和图 1-4），2012 年问卷调查显示不同性别被试的社会危机压力得分之间的差异未达到显著水平。2016 年问卷调查则显示不同性别被试之间的社会危机压力得分之间差异显著，$F = 7.508$，$p < 0.01$，男性被试（$M = 2.80$，$SD = 0.72$）的得分显著低于女性被试（$M = 2.85$，$SD = 0.69$）。

表1-4-1　　　不同性别被试社会危机压力得分的差异比较

2012年问卷调查		N	均值	标准差	标准误	95% 置信区间 下限	95% 置信区间 上限	极小值	极大值
社会危机压力	男性	3069	2.8252	0.73777	0.01332	2.7991	2.8514	1.00	5.00
	女性	3085	2.8413	0.69002	0.01242	2.8169	2.8656	1.00	5.00
	总数	6154	2.8333	0.71422	0.00910	2.8154	2.8511	1.00	5.00

2016年问卷调查		N	均值	标准差	标准误	95% 置信区间 下限	95% 置信区间 上限	极小值	极大值
社会危机压力	男性	3293	2.8000	0.72311	0.01260	2.7753	2.8247	1.00	5.00
	女性	3275	2.8476	0.68571	0.01198	2.8241	2.8711	1.00	5.00
	总数	6568	2.8237	0.70506	0.00870	2.8067	2.8408	1.00	5.00

表1-4-2　　　不同性别被试社会危机压力得分的方差分析结果

2012年问卷调查		平方和	df	均方	F	显著性
社会危机压力	组间	0.395	1	0.395	0.775	0.379
	组内	3138.327	6152	0.510		
	总数	3138.722	6153			
2016年问卷调查		平方和	df	均方	F	显著性
社会危机压力	组间	3.729	1	3.729	7.508	0.006
	组内	3260.778	6566	0.497		
	总数	3264.507	6567			

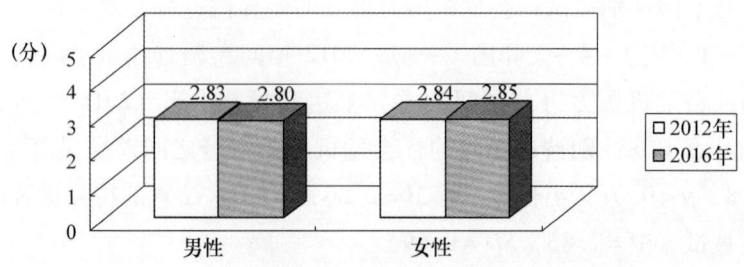

图1-4　不同性别被试的社会危机压力得分比较

2016年与2012年相比,男性被试社会危机压力的得分下降0.03分,女性被试社会危机压力的得分上升0.01分(见表1-4-3)。男性被试得分的下降和女性被试得分的上升,拉大了两者间的得分差距,使得不同性别被试社会危机压力的得分差异由不显著变成了显著。

表1-4-3　　　　不同性别被试社会危机压力得分的变化

项目	2012年问卷调查	2016年问卷调查	2016年比2012年增减
男性	2.83	2.80	-0.03
女性	2.84	2.85	+0.01

五　不同性别被试的文化危机压力比较

对不同性别被试文化危机压力得分的差异性进行方差分析(见表1-5-1、表1-5-2和图1-5),可以发现2012年和2016年两次问卷调查所显示的不同性别被试的文化危机压力得分之间的差异都没有达到显著水平。

表1-5-1　　　　不同性别被试文化危机压力得分的差异比较

2012年问卷调查		N	均值	标准差	标准误	95% 置信区间 下限	95% 置信区间 上限	极小值	极大值
文化危机压力	男性	3064	2.7435	0.63160	0.01141	2.7211	2.7658	1.00	5.00
	女性	3081	2.7696	0.58065	0.01046	2.7491	2.7901	1.00	5.00
	总数	6145	2.7566	0.60668	0.00774	2.7414	2.7718	1.00	5.00

2016年问卷调查		N	均值	标准差	标准误	95% 置信区间 下限	95% 置信区间 上限	极小值	极大值
文化危机压力	男性	3291	2.8480	0.64123	0.01118	2.8261	2.8699	1.00	5.00
	女性	3283	2.8581	0.63373	0.01106	2.8364	2.8797	1.00	4.75
	总数	6574	2.8530	0.63747	0.00786	2.8376	2.8684	1.00	5.00

表1-5-2　　　　不同性别被试文化危机压力得分的方差分析结果

2012年问卷调查		平方和	df	均方	F	显著性
	组间	1.052	1	1.052	2.858	0.091
文化危机压力	组内	2260.306	6143	0.368		
	总数	2261.358	6144			
2016年问卷调查		平方和	df	均方	F	显著性
	组间	0.166	1	0.166	0.409	0.522
文化危机压力	组内	2670.876	6572	0.406		
	总数	2671.043	6573			

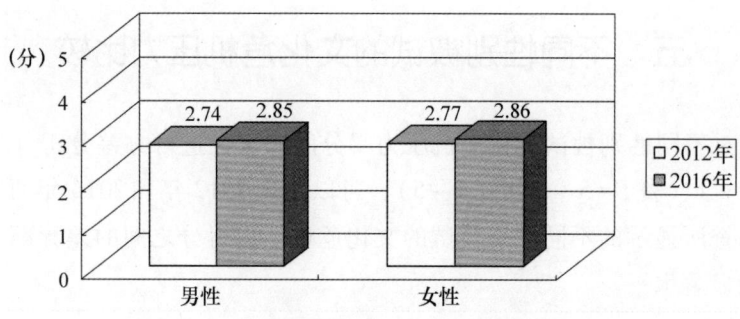

图1-5　不同性别被试的文化危机压力得分比较

2016年与2012年相比，男性被试文化危机压力的得分上升0.11分，女性被试文化危机压力的得分上升0.09分（见表1-5-3）。男性被试得分上升的幅度大于女性被试，使得两者之间的得分差距进一步缩小，并维持了两者之间的文化危机压力得分差异不显著的状态。

表1-5-3　　　　不同性别被试文化危机压力得分的变化

项目	2012年问卷调查	2016年问卷调查	2016年比2012年增减
男性	2.74	2.85	+0.11
女性	2.77	2.86	+0.09

六 不同性别被试的生态危机压力比较

对不同性别被试生态危机压力得分的差异性进行方差分析（见表1-6-1、表1-6-2和图1-6），可以发现2012年和2016年两次问卷调查所显示的不同性别被试的生态危机压力得分之间的差异都没有达到显著水平。

表1-6-1　　不同性别被试生态危机压力得分的差异比较

2012年问卷调查		N	均值	标准差	标准误	95% 置信区间 下限	95% 置信区间 上限	极小值	极大值
生态危机压力	男性	3071	3.0665	0.89047	0.01607	3.0350	3.0980	1.00	5.00
	女性	3085	3.0840	0.86537	0.01558	3.0534	3.1145	1.00	5.00
	总数	6156	3.0753	0.87795	0.01119	3.0533	3.0972	1.00	5.00

2016年问卷调查		N	均值	标准差	标准误	95% 置信区间 下限	95% 置信区间 上限	极小值	极大值
生态危机压力	男性	3294	3.2177	0.73843	0.01287	3.1924	3.2429	1.00	5.00
	女性	3280	3.2470	0.73907	0.01290	3.2216	3.2723	1.00	5.00
	总数	6574	3.2323	0.73884	0.00911	3.2144	3.2501	1.00	5.00

表1-6-2　　不同性别被试生态危机压力得分的方差分析结果

2012年问卷调查		平方和	df	均方	F	显著性
生态危机压力	组间	0.467	1	0.467	0.606	0.436
	组内	4743.771	6154	0.771		
	总数	4744.238	6155			

2016年问卷调查		平方和	df	均方	F	显著性
生态危机压力	组间	1.409	1	1.409	2.582	0.108
	组内	3586.679	6572	0.546		
	总数	3588.088	6573			

中国政治文化研究——不同公民群体的危机压力比较

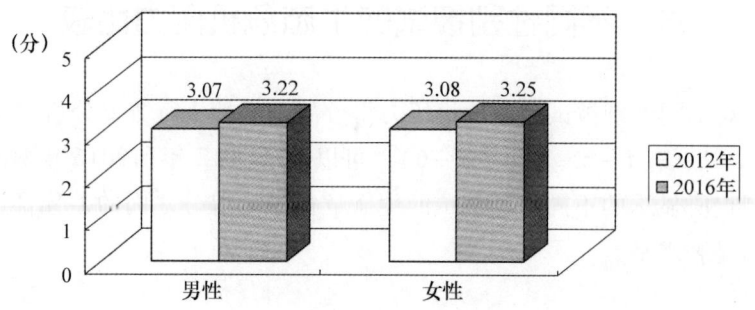

图1-6 不同性别被试的生态危机压力得分比较

2016年与2012年相比,男性被试生态危机压力的得分上升0.15分,女性被试生态危机压力的得分上升0.17分(见表1-6-3)。尽管女性被试得分上升的幅度稍大于男性被试并拉大了两者之间的得分差距,但是仍未达到得分显著差异的水平。

表1-6-3　　　　不同性别被试生态危机压力得分的变化

项目	2012年问卷调查	2016年问卷调查	2016年比2012年增减
男性	3.07	3.22	+0.15
女性	3.08	3.25	+0.17

七　不同性别被试的国际性危机压力比较

对不同性别被试国际性危机压力得分的差异性进行方差分析(见表1-7-1、表1-7-2和图1-7),2012年问卷调查显示不同性别被试的国际性危机压力得分之间差异显著,$F=5.445$,$p<0.05$,男性被试($M=3.04$,$SD=0.51$)的得分显著高于女性被试($M=3.01$,$SD=0.48$)。2016年问卷调查则显示不同性别被试的国际性危机压力得分之间的差异未达到显著水平。

第一章 危机压力的差异比较：性别

表1-7-1　　不同性别被试国际性危机压力得分的差异比较

2012年问卷调查		N	均值	标准差	标准误	95% 置信区间 下限	95% 置信区间 上限	极小值	极大值
国际性危机压力	男性	3070	3.0372	0.50980	0.00920	3.0192	3.0553	1.00	5.00
	女性	3080	3.0078	0.47954	0.00864	2.9909	3.0247	1.00	5.00
	总数	6150	3.0225	0.49506	0.00631	3.0101	3.0349	1.00	5.00

2016年问卷调查		N	均值	标准差	标准误	95% 置信区间 下限	95% 置信区间 上限	极小值	极大值
国际性危机压力	男性	3291	3.0424	0.49556	0.00864	3.0255	3.0594	1.00	5.00
	女性	3276	3.0299	0.47311	0.00827	3.0137	3.0461	1.00	4.67
	总数	6567	3.0362	0.48450	0.00598	3.0245	3.0479	1.00	5.00

表1-7-2　　不同性别被试国际性危机压力得分的方差分析结果

2012年问卷调查		平方和	df	均方	F	显著性
国际性危机压力	组间	1.333	1	1.333	5.445	0.020
	组内	1505.666	6148	0.245		
	总数	1507.000	6149			

2016年问卷调查		平方和	df	均方	F	显著性
国际性危机压力	组间	0.258	1	0.258	1.097	0.295
	组内	1541.030	6565	0.235		
	总数	1541.287	6566			

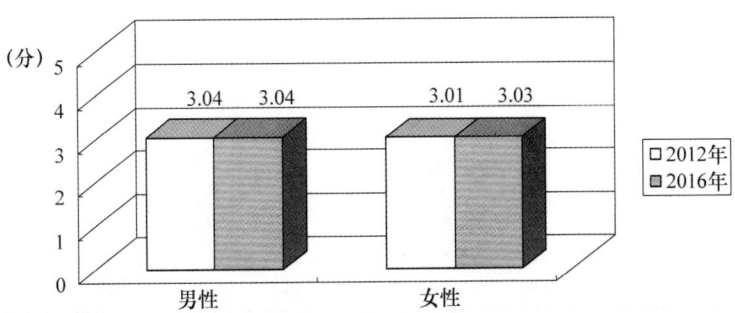

图1-7　不同性别被试的国际性危机压力得分比较

2016 年与 2012 年相比，男性被试国际性危机压力的得分持平，女性被试国际性危机压力的得分上升 0.02 分（见表 1-7-3）。正是由于女性被试得分上升，缩小了其与男性被试的得分差距，使得两者之间的国际性危机压力得分差异由显著变成了不显著。

表 1-7-3　不同性别被试国际性危机压力得分的变化

项目	2012 年问卷调查	2016 年问卷调查	2016 年比 2012 年增减
男性	3.04	3.04	0
女性	3.01	3.03	+0.02

八　不同性别被试的危机压力总分比较

对不同性别被试危机压力总分的差异性进行方差分析（见表 1-8-1、表 1-8-2 和图 1-8），2012 年问卷调查显示不同性别被试的危机压力总分之间差异显著，$F=5.023$，$p<0.05$，男性被试（$M=2.75$，$SD=0.46$）的得分显著低于女性被试（$M=2.77$，$SD=0.43$）。2016 年问卷调查也显示不同性别被试的危机压力总分之间差异显著，$F=4.513$，$p<0.05$，男性被试（$M=2.83$，$SD=0.43$）的得分显著低于女性被试（$M=2.85$，$SD=0.40$）。

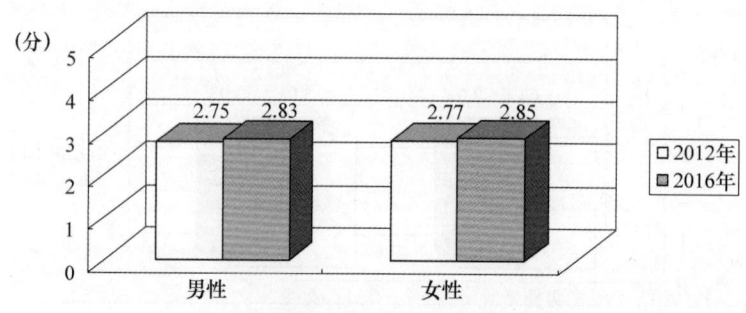

图 1-8　不同性别被试的危机压力总分比较

表 1-8-1　　　　不同性别被试危机压力总分的差异比较

2012 年问卷调查		N	均值	标准差	标准误	95% 置信区间 下限	95% 置信区间 上限	极小值	极大值
危机压力总分	男性	3052	2.7467	0.46273	0.00838	2.7303	2.7631	1.22	4.50
	女性	3064	2.7722	0.42529	0.00768	2.7571	2.7873	1.28	4.13
	总数	6116	2.7595	0.44451	0.00568	2.7483	2.7706	1.22	4.50

2016 年问卷调查		N	均值	标准差	标准误	95% 置信区间 下限	95% 置信区间 上限	极小值	极大值
危机压力总分	男性	3270	2.8330	0.42506	0.00743	2.8185	2.8476	1.22	4.19
	女性	3248	2.8549	0.40365	0.00708	2.8410	2.8687	1.28	4.14
	总数	6518	2.8439	0.41464	0.00514	2.8338	2.8540	1.22	4.19

表 1-8-2　　　　不同性别被试危机压力总分的方差分析结果

2012 年问卷调查		平方和	df	均方	F	显著性
危机压力总分	组间	0.992	1	0.992	5.023	0.025
	组内	1207.280	6114	0.197		
	总数	1208.272	6115			

2016 年问卷调查		平方和	df	均方	F	显著性
危机压力总分	组间	0.775	1	0.775	4.513	0.034
	组内	1119.678	6516	0.172		
	总数	1120.453	6517			

2016 年与 2012 年相比，男性被试和女性被试的危机压力总分都上升了 0.08 分（见表 1-8-3）。由于得分上升的幅度相同，男性被试危机压力总分显著低于女性被试的状态亦由 2012 年延续到了 2016 年。

表 1-8-3　　　　　　　不同性别被试危机压力总分的变化

项目	2012年问卷调查	2016年问卷调查	2016年比2012年增减
男性	2.75	2.83	+0.08
女性	2.77	2.85	+0.08

通过本章的数据比较，可以对不同性别被试在危机压力方面所反映出来的差异作一个简单的小结。

第一，通过两次问卷调查，可以看出在危机压力方面确实存在着显著的性别差异，男性被试的危机压力总分在两次调查中都显著低于女性被试，表明在中国公民中，男性公民的危机压力水平总体上低于女性公民。

第二，在六种危机压力中，两次问卷调查不同性别被试得分差异都达到显著水平的只有政治危机压力一种压力，得分差异都未达到显著水平的有文化危机压力和生态危机压力，经济危机压力和国际性危机压力都由2012年问卷的得分差异显著变成了2016年的得分差异不显著，社会危机压力则由2012年的得分差异不显著变成了2016年的得分差异显著。也就是说，危机压力的性别差异并不是"全覆盖性"的，在一些具体危机压力上，因公民性别不同带来的差异并不明显。

第三，两次问卷调查都显示只有国际性危机压力的得分男性被试高于女性被试，另五种危机压力的得分都是女性被试高于男性被试。由此显示的是女性公民可能对来自国内的危机压力更敏感，男性公民则对来自国外的危机压力更敏感。

第四，2016年与2012年相比，社会危机压力、生态危机压力和国际性危机压力女性被试得分上升的幅度大于男性被试，政治危机压力、经济危机压力、文化危机压力女性被试得分上升的幅度小于男性被试。这样的现象所包含的信息，应是不同性别被试的危机压力差异较为稳定，至少在两次问卷调查中所反映的是这样的特征。

第二章 危机压力的差异比较：民族

2012年问卷调查涉及的6159名被试中，有3名被试的民族身份信息缺失，在有民族身份信息的6156名被试中，汉族被试5655人，占92.02%；少数民族被试491人，占7.98%。2016年问卷调查涉及的6581名被试中，汉族被试5962人，占90.59%；少数民族被试619人，占9.41%。根据两次问卷调查的数据，可以比较汉族被试和少数民族被试危机压力的变化情况。

一 汉族与少数民族被试危机压力的总体情况

2012年问卷调查结果显示，汉族被试危机压力的总体得分在1.22—4.50分之间，均值为2.76，标准差为0.44。在六种危机压力中，汉族被试的政治危机压力得分在1.00—5.00分之间，均值为2.56，标准差为0.65；经济危机压力得分在1.00—5.00分之间，均值为2.32，标准差为0.70；社会危机压力得分在1.00—5.00分之间，均值为2.83，标准差为0.72；文化危机压力得分在1.00—5.00分之间，均值为2.76，标准差为0.61；生态危机压力得分在1.00—5.00分之间，均值为3.07，标准差为0.88；国际性危机压力得分在1.00—5.00分之间，均值为3.03，标准差为0.49（见表2-1-1和图2-1-1）。

表2-1-1　　汉族被试的危机压力总体描述统计（2012年）

项目	N	极小值	极大值	均值	标准差
危机压力总分	5626	1.22	4.50	2.7608	0.44405
政治危机压力	5657	1.00	5.00	2.5610	0.64606
经济危机压力	5657	1.00	5.00	2.3176	0.69777
社会危机压力	5660	1.00	5.00	2.8344	0.71757
文化危机压力	5655	1.00	5.00	2.7594	0.60656
生态危机压力	5662	1.00	5.00	3.0674	0.87795
国际性危机压力	5656	1.00	5.00	3.0288	0.49373
有效的N（列表状态）	5626				

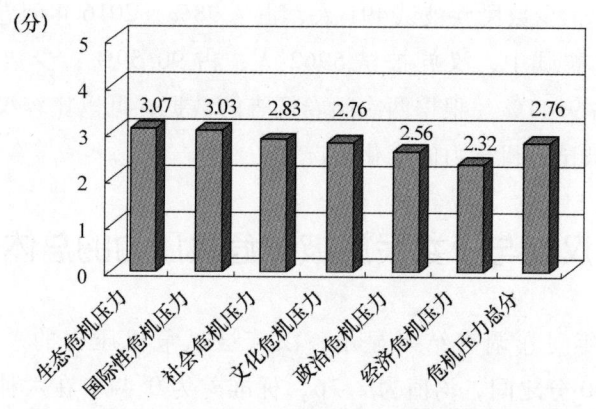

图2-1-1　汉族被试危机压力得分的总体情况（2012年）

2016年问卷调查结果显示，汉族被试危机压力的总体得分在1.22—4.19分之间，均值为2.84，标准差为0.42。在六种危机压力中，汉族被试的政治危机压力得分在1.00—5.00分之间，均值为2.70，标准差为0.70；经济危机压力得分在1.00—5.00分之间，均值为2.42，标准差为0.62；社会危机压力得分在1.00—5.00分之间，均值为2.83，标准差为0.71；文化危机压力得分在1.00—5.00分之间，均值为2.85，标准差为0.64；生态危机压力得分在1.00—5.00分之间，均值为3.23，标准差为0.74；国际性危机压力得分在1.00—5.00分之间，均值为 3.03，标准差为 0.48（见表 2-1-2 和图 2-1-2）。

表 2-1-2　　汉族被试的危机压力总体描述统计（2016 年）

项目	N	极小值	极大值	均值	标准差
危机压力总分	5905	1.22	4.19	2.8418	0.41872
政治危机压力	5959	1.00	5.00	2.6950	0.70403
经济危机压力	5942	1.00	5.00	2.4249	0.62481
社会危机压力	5950	1.00	5.00	2.8266	0.70704
文化危机压力	5955	1.00	5.00	2.8537	0.64086
生态危机压力	5955	1.00	5.00	3.2271	0.73971
国际性危机压力	5952	1.00	5.00	3.0335	0.48370
有效的 N（列表状态）	5905				

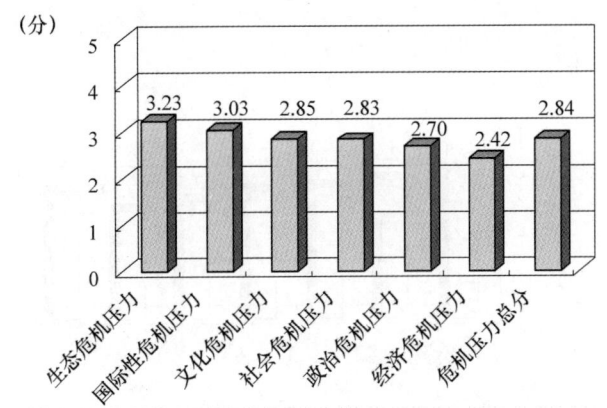

图 2-1-2　汉族被试危机压力得分的总体情况（2016 年）

2012 年问卷调查结果显示，少数民族被试危机压力的总体得分在 1.22—4.07 分之间，均值为 2.74，标准差为 0.45。在六种危机压力中，少数民族被试的政治危机压力得分在 1.00—4.33 分之间，均值为 2.51，标准差为 0.69；经济危机压力得分在 1.00—5.00 分之间，均值为 2.29，标准差为 0.75；社会危机压力得分在 1.00—4.67 分之间，均值为 2.82，标准差为 0.68；文化危机压力得分在 1.00—5.00 分之间，均值为 2.72，标准差为 0.61；生态危机压力得分在 1.00—5.00 分之间，均值为3.17，标准差为0.87；国际性危机压力得分在1.00—4.33分之间，均值为2.95，标准差为0.50（见表2-1-3和图2-1-3）。

表2-1-3　少数民族被试的危机压力总体描述统计（2012年）

项目	N	极小值	极大值	均值	标准差
危机压力总分	487	1.22	4.07	2.7436	0.45064
政治危机压力	491	1.00	4.33	2.5085	0.69211
经济危机压力	491	1.00	5.00	2.2940	0.75280
社会危机压力	491	1.00	4.67	2.8201	0.67645
文化危机压力	487	1.00	5.00	2.7243	0.60698
生态危机压力	491	1.00	5.00	3.1677	0.87478
国际性危机压力	491	1.00	4.33	2.9498	0.50459
有效的N（列表状态）	487				

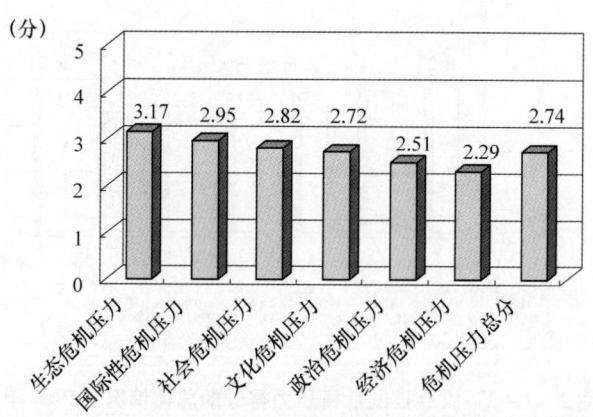

图2-1-3　少数民族被试危机压力得分的总体情况（2012年）

2016年问卷调查结果显示，少数民族被试危机压力的总体得分在1.46—3.86分之间，均值为2.86，标准差为0.37。在六种危机压力中，少数民族被试的政治危机压力得分在1.00—4.67分之间，均值为2.74，标准差为0.67；经济危机压力得分在1.00—5.00分之间，均值为2.46，标准差为0.60；社会危机压力得分在1.00—5.00分之间，均值为2.80，标准差为0.69；文化危机压力得分在1.00—

4.25 分之间，均值为 2.85，标准差为 0.60；生态危机压力得分在 1.00—5.00 分之间，均值为 3.28，标准差为 0.73；国际性危机压力得分在 1.33—4.67 分之间，均值为 3.06，标准差为 0.49（见表 2-1-4 和图 2-1-4）。

表 2-1-4　　少数民族被试的危机压力总体描述统计（2016 年）

项目	N	极小值	极大值	均值	标准差
危机压力总分	613	1.46	3.86	2.8642	0.37275
政治危机压力	619	1.00	4.67	2.7421	0.67289
经济危机压力	618	1.00	5.00	2.4601	0.59677
社会危机压力	618	1.00	5.00	2.7961	0.68568
文化危机压力	619	1.00	4.25	2.8469	0.60431
生态危机压力	619	1.00	5.00	3.2822	0.72907
国际性危机压力	615	1.33	4.67	3.0618	0.49186
有效的 N（列表状态）	613				

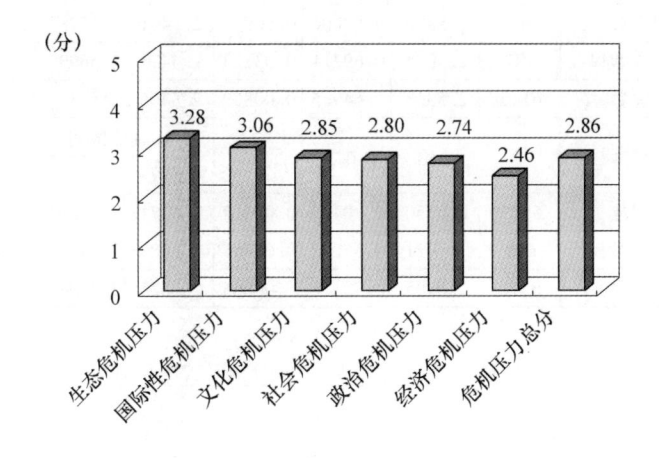

图 2-1-4　少数民族被试危机压力得分的总体情况（2016 年）

六种危机压力的得分由高到低排序，2012 年问卷调查汉族与少数民族被试都是生态危机压力第一，国际性危机压力第二，社会危机压力第三，文化危机压力第四，政治危机压力第五，经济危机压力第六；2016年问卷调查汉族与少数民族被试都是生态危机压力第一，国际性危机压力第二，文化危机压力第三，社会危机压力第四，政治危机压力第五，经济危机压力第六（文化危机压力与社会危机压力的排位有所变化）。

二 汉族与少数民族被试的政治危机压力比较

对汉族与少数民族被试政治危机压力得分的差异性进行方差分析（见表2-2-1、表2-2-2和图2-2），可以发现2012年和2016年两次问卷调查所显示的汉族与少数民族被试的政治危机压力得分之间的差异都没有达到显著水平。

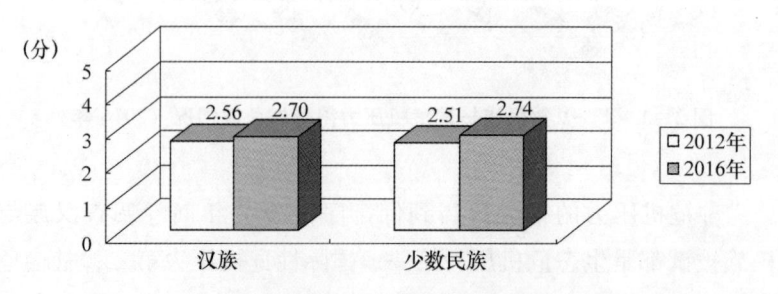

表2-2-1　汉族与少数民族被试政治危机压力得分的差异比较

2012年问卷调查		N	均值	标准差	标准误	95%置信区间 下限	95%置信区间 上限	极小值	极大值
政治危机压力	汉族	5657	2.5610	0.64606	0.00859	2.5441	2.5778	1.00	5.00
	少数民族	491	2.5085	0.69211	0.03123	2.4471	2.5699	1.00	4.33
	总数	6148	2.5568	0.64995	0.00829	2.5405	2.5730	1.00	5.00
2016年问卷调查		N	均值	标准差	标准误	95%置信区间 下限	95%置信区间 上限	极小值	极大值
政治危机压力	汉族	5959	2.6950	0.70403	0.00912	2.6771	2.7129	1.00	5.00
	少数民族	619	2.7421	0.67289	0.02705	2.6889	2.7952	1.00	4.67
	总数	6578	2.6995	0.70124	0.00865	2.6825	2.7164	1.00	5.00

图2-2　汉族与少数民族被试的政治危机压力得分比较

表 2-2-2　　　汉族与少数民族被试政治危机压力得分的方差分析结果

2012 年问卷调查		平方和	df	均方	F	显著性
政治危机压力	组间	1.244	1	1.244	2.945	0.086
	组内	2595.500	6146	0.422		
	总数	2596.744	6147			
2016 年问卷调查		平方和	df	均方	F	显著性
政治危机压力	组间	1.240	1	1.240	2.523	0.112
	组内	3232.911	6576	0.492		
	总数	3234.151	6577			

2016年与2012年相比，汉族被试政治危机压力的得分上升0.14分，少数民族被试政治危机压力的得分上升0.23分（见表2-2-3）。少数民族被试得分上升的幅度大于汉族被试，使得其政治危机压力得分由低于汉族被试变成了高于汉族被试，但是依然保持了两者之间得分差异不显著的状态。

表 2-2-3　　　汉族与少数民族被试政治危机压力得分的变化

项目	2012 年问卷调查	2016 年问卷调查	2016 年比 2012 年增减
汉族	2.56	2.70	+0.14
少数民族	2.51	2.74	+0.23

三　汉族与少数民族被试的经济危机压力比较

对汉族与少数民族被试经济危机压力得分的差异性进行方差分析（见表2-3-1、表2-3-2和图2-3），可以发现2012年和2016年两次问卷调查所显示的汉族与少数民族被试的经济危机压力得分之间的差异都没有达到显著水平。

表2-3-1　　　汉族与少数民族被试经济危机压力得分的差异比较

2012年问卷调查		N	均值	标准差	标准误	95%置信区间 下限	95%置信区间 上限	极小值	极大值
经济危机压力	汉族	5657	2.3176	0.69777	0.00928	2.2994	2.3358	1.00	5.00
	少数民族	491	2.2940	0.75280	0.03397	2.2272	2.3607	1.00	5.00
	总数	6148	2.3157	0.70229	0.00896	2.2982	2.3333	1.00	5.00

2016年问卷调查		N	均值	标准差	标准误	95%置信区间 下限	95%置信区间 上限	极小值	极大值
经济危机压力	汉族	5942	2.4249	0.62481	0.00811	2.4090	2.4408	1.00	5.00
	少数民族	618	2.4601	0.59677	0.02401	2.4129	2.5072	1.00	5.00
	总数	6560	2.4282	0.62227	0.00768	2.4131	2.4433	1.00	5.00

表2-3-2　　　汉族与少数民族被试经济危机压力得分的方差分析结果

2012年问卷调查		平方和	df	均方	F	显著性
经济危机压力	组间	0.253	1	0.253	0.512	0.474
	组内	3031.505	6146	0.493		
	总数	3031.758	6147			

2016年问卷调查		平方和	df	均方	F	显著性
经济危机压力	组间	0.694	1	0.694	1.792	0.181
	组内	2539.045	6558	0.387		
	总数	2539.738	6559			

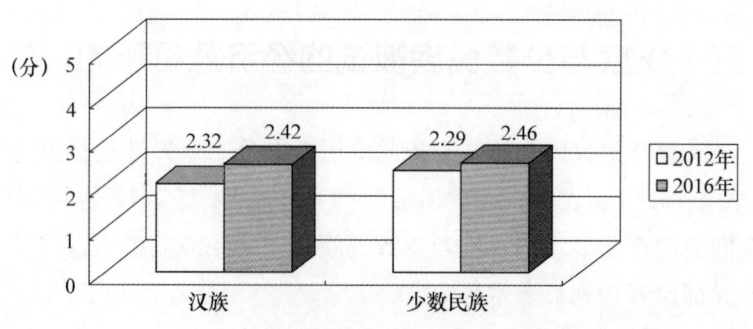

图2-3　汉族与少数民族被试的经济危机压力得分比较

2016年与2012年相比,汉族被试经济危机压力的得分上升0.10分,少数民族被试经济危机压力的得分上升0.17分(见表2-3-3)。尽管汉族与少数民族被试经济危机压力的得分差异不显著,但还是需要特别注意少数民族被试得分的上升幅度大于汉族被试,并且由得分低于汉族被试变成了得分高于汉族被试,因为这样的现象表明少数民族群众对经济危机压力可能更为敏感。

表2-3-3　　汉族与少数民族被试经济危机压力得分的变化

项目	2012年问卷调查	2016年问卷调查	2016年比2012年增减
汉族	2.32	2.42	+0.10
少数民族	2.29	2.46	+0.17

四　汉族与少数民族被试的社会危机压力比较

对汉族与少数民族被试社会危机压力得分的差异性进行方差分析(见表2-4-1、表2-4-2和图2-4),可以发现2012年和2016年两次问卷调查所显示的汉族与少数民族被试的社会危机压力得分之间的差异都没有达到显著水平。

表2-4-1　　汉族与少数民族被试社会危机压力得分的差异比较

2012年问卷调查		N	均值	标准差	标准误	95%置信区间 下限	95%置信区间 上限	极小值	极大值
社会危机压力	汉族	5660	2.8344	0.71757	0.00954	2.8157	2.8531	1.00	5.00
	少数民族	491	2.8201	0.67645	0.03053	2.7601	2.8801	1.00	4.67
	总数	6151	2.8333	0.71434	0.00911	2.8154	2.8511	1.00	5.00
2016年问卷调查		N	均值	标准差	标准误	95%置信区间 下限	95%置信区间 上限	极小值	极大值
社会危机压力	汉族	5950	2.8266	0.70704	0.00917	2.8086	2.8446	1.00	5.00
	少数民族	618	2.7961	0.68568	0.02758	2.7420	2.8503	1.00	5.00
	总数	6568	2.8237	0.70506	0.00870	2.8067	2.8408	1.00	5.00

表2-4-2　　汉族与少数民族被试社会危机压力得分的方差分析结果

2012年问卷调查		平方和	df	均方	F	显著性
社会危机压力	组间	0.092	1	0.092	0.181	0.671
	组内	3138.102	6149	0.510		
	总数	3138.194	6150			
2016年问卷调查		平方和	df	均方	F	显著性
社会危机压力	组间	0.521	1	0.521	1.047	0.306
	组内	3263.986	6566	0.497		
	总数	3264.507	6567			

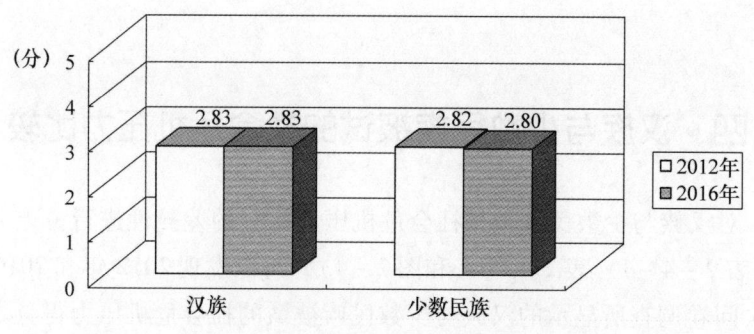

图2-4　汉族与少数民族被试的社会危机压力得分比较

2016年比2012年相比，汉族被试社会危机压力的得分与2012年持平，少数民族被试社会危机压力的得分下降0.02分（见表2-4-3）。由于汉族和少数民族被试的社会危机压力得分变化不大，使得两者社会危机压力得分之间差异不显著的状态没有改变。

表2-4-3　　汉族与少数民族被试社会危机压力得分的变化

项目	2012年问卷调查	2016年问卷调查	2016年比2012年增减
汉族	2.83	2.83	0
少数民族	2.82	2.80	-0.02

五　汉族与少数民族被试的文化危机压力比较

对汉族与少数民族被试文化危机压力得分的差异性进行方差分析（见表2-5-1、表2-5-2和图2-5），可以发现2012年和2016年两次问卷调查所显示的汉族与少数民族被试的文化危机压力得分之间的差异都没有达到显著水平。

表2-5-1　汉族与少数民族被试文化危机压力得分的差异比较

2012年问卷调查		N	均值	标准差	标准误	95%置信区间 下限	95%置信区间 上限	极小值	极大值
文化危机压力	汉族	5655	2.7594	0.60656	0.00807	2.7436	2.7752	1.00	5.00
	少数民族	487	2.7243	0.60698	0.02750	2.6703	2.7784	1.00	5.00
	总数	6142	2.7566	0.60662	0.00774	2.7415	2.7718	1.00	5.00

2016年问卷调查		N	均值	标准差	标准误	95%置信区间 下限	95%置信区间 上限	极小值	极大值
文化危机压力	汉族	5955	2.8537	0.64086	0.00830	2.8374	2.8699	1.00	5.00
	少数民族	619	2.8469	0.60431	0.02429	2.7992	2.8946	1.00	4.25
	总数	6574	2.8530	0.63747	0.00786	2.8376	2.8684	1.00	5.00

表2-5-2　汉族与少数民族被试文化危机压力得分的方差分析结果

2012年问卷调查		平方和	df	均方	F	显著性
文化危机压力	组间	0.552	1	0.552	1.500	0.221
	组内	2259.240	6140	0.368		
	总数	2259.792	6141			

2016年问卷调查		平方和	df	均方	F	显著性
文化危机压力	组间	0.025	1	0.025	0.062	0.803
	组内	2671.017	6572	0.406		
	总数	2671.043	6573			

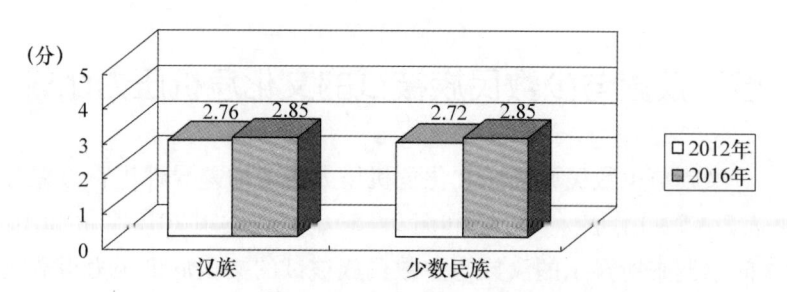

图 2-5 汉族与少数民族被试的文化危机压力得分比较

2016年与2012年相比,汉族被试文化危机压力的得分上升0.09分,少数民族被试文化危机压力的得分上升0.13分(见表2-5-3)。少数民族被试得分上升的幅度大于汉族被试,使得两者的文化危机压力得分更为接近,而不是差距更大。

表 2-5-3 汉族与少数民族被试文化危机压力得分的变化

项目	2012年问卷调查	2016年问卷调查	2016年比2012年增减
汉族	2.76	2.85	+0.09
少数民族	2.72	2.85	+0.13

六 汉族与少数民族被试的生态危机压力比较

对汉族与少数民族被试生态危机压力得分的差异性进行方差分析(见表2-6-1、表2-6-2和图2-6),2012年问卷调查显示汉族与少数民族被试的生态危机压力得分之间差异显著,$F = 5.898$,$p < 0.05$,少数民族被试($M = 3.17$,$SD = 0.87$)的得分显著高于汉族被试($M = 3.07$,$SD = 0.88$)。2016年问卷调查则显示汉族与少数民族被试生态危机压力得分之间的差异不显著。

第二章 危机压力的差异比较：民族

表2-6-1　　汉族与少数民族被试生态危机压力得分的差异比较

2012年问卷调查		N	均值	标准差	标准误	95%置信区间 下限	95%置信区间 上限	极小值	极大值
生态危机压力	汉族	5662	3.0674	0.87795	0.01167	3.0445	3.0903	1.00	5.00
	少数民族	491	3.1677	0.87478	0.03948	3.0901	3.2453	1.00	5.00
	总数	6153	3.0754	0.87805	0.01119	3.0535	3.0974	1.00	5.00

2016年问卷调查		N	均值	标准差	标准误	95%置信区间 下限	95%置信区间 上限	极小值	极大值
生态危机压力	汉族	5955	3.2271	0.73971	0.00959	3.2083	3.2459	1.00	5.00
	少数民族	619	3.2822	0.72907	0.02930	3.2246	3.3397	1.00	5.00
	总数	6574	3.2323	0.73884	0.00911	3.2144	3.2501	1.00	5.00

表2-6-2　　汉族与少数民族被试生态危机压力得分的方差分析结果

2012年问卷调查		平方和	df	均方	F	显著性
生态危机压力	组间	4.543	1	4.543	5.898	0.015
	组内	4738.466	6151	0.770		
	总数	4743.010	6152			
2016年问卷调查		平方和	df	均方	F	显著性
生态危机压力	组间	1.701	1	1.701	3.118	0.077
	组内	3586.387	6572	0.546		
	总数	3588.088	6573			

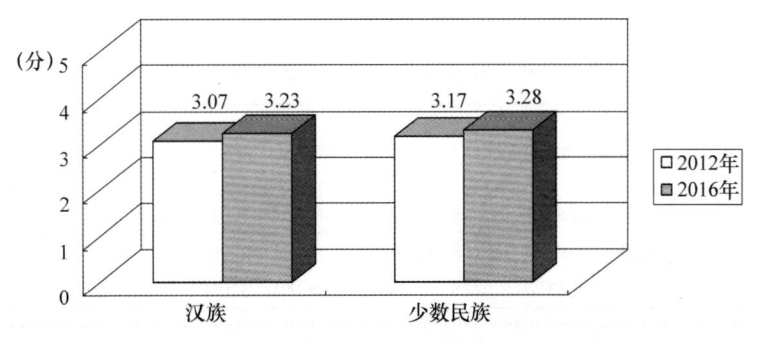

图2-6　汉族与少数民族被试的生态危机压力得分比较

2016年与2012年相比,汉族被试生态危机压力的得分上升0.16分,少数民族被试生态危机压力的得分上升0.11分(见表2-6-3)。汉族被试生态危机压力得分上升幅度大于少数民族被试,使得两者之间的得分差距缩小,将生态危机压力的得分差异由显著变成了不显著。

表2-6-3　　汉族与少数民族被试生态危机压力得分的变化

项目	2012年问卷调查	2016年问卷调查	2016年比2012年增减
汉族	3.07	3.23	+0.16
少数民族	3.17	3.28	+0.11

七　汉族与少数民族被试的国际性危机压力比较

对汉族与少数民族被试国际性危机压力得分的差异性进行方差分析(见表2-7-1、表2-7-2和图2-7),2012年问卷调查显示汉族与少数民族被试的国际性危机压力得分之间差异显著,$F=11.542$,$p<0.01$,少数民族被试($M=2.95$,$SD=0.50$)的得分显著低于汉族被试($M=3.03$,$SD=0.49$)。2016年问卷调查则显示汉族与少数民族被试国际性危机压力得分之间的差异不显著。

表2-7-1　　汉族与少数民族被试国际性危机压力得分的差异比较

2012年问卷调查		N	均值	标准差	标准误	95%置信区间 下限	95%置信区间 上限	极小值	极大值
国际性危机压力	汉族	5656	3.0288	0.49373	0.00657	3.0159	3.0417	1.00	5.00
	少数民族	491	2.9498	0.50459	0.02277	2.9050	2.9945	1.00	4.33
	总数	6147	3.0225	0.49503	0.00631	3.0101	3.0349	1.00	5.00

续表

2016年问卷调查		N	均值	标准差	标准误	95% 置信区间 下限	95% 置信区间 上限	极小值	极大值
国际性危机压力	汉族	5952	3.0335	0.48370	0.00627	3.0213	3.0458	1.00	5.00
	少数民族	615	3.0618	0.49186	0.01983	3.0228	3.1007	1.33	4.67
	总数	6567	3.0362	0.48450	0.00598	3.0245	3.0479	1.00	5.00

表2-7-2　汉族与少数民族被试国际性危机压力得分的方差分析结果

2012年问卷调查		平方和	df	均方	F	显著性
国际性危机压力	组间	2.824	1	2.824	11.542	0.001
	组内	1503.286	6145	0.245		
	总数	1506.109	6146			

2016年问卷调查		平方和	df	均方	F	显著性
国际性危机压力	组间	0.445	1	0.445	1.894	0.169
	组内	1540.843	6565	0.235		
	总数	1541.287	6566			

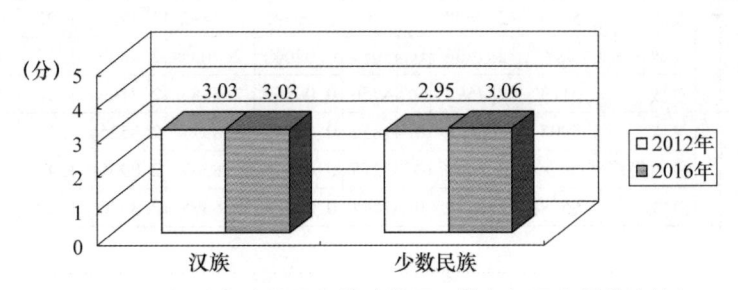

图2-7　汉族与少数民族被试的国际性危机压力得分比较

2016年与2012年相比，汉族被试国际性危机压力的得分与2012年持平，少数民族被试国际性危机压力的得分上升0.11分（见表2-7-3）。尽管两者之间的得分差异在2016年变为不显著，但还是要特别注意少数民族被试得分上升的幅度较大并且在国际性危机压力得分上由低于汉族被试变成了高于汉族被试的现象。

表 2-7-3   汉族与少数民族被试国际性危机压力得分的变化

项目	2012 年问卷调查	2016 年问卷调查	2016 年比 2012 年增减
汉族	3.03	3.03	0
少数民族	2.95	3.06	+0.11

八　汉族与少数民族被试的危机压力总分比较

对汉族与少数民族被试危机压力总分的差异性进行方差分析（见表 2-8-1、表 2-8-2 和图 2-8），可以发现 2012 年和 2016 年两次问卷调查所显示的汉族与少数民族被试的危机压力总分之间的差异都没有到显著水平。

表 2-8-1   汉族与少数民族被试危机压力总分的差异比较

2012 年问卷调查		N	均值	标准差	标准误	95% 置信区间 下限	95% 置信区间 上限	极小值	极大值
危机压力总分	汉族	5626	2.7608	0.44405	0.00592	2.7492	2.7724	1.22	4.50
	少数民族	487	2.7436	0.45064	0.02042	2.7035	2.7837	1.22	4.07
	总数	6113	2.7594	0.44456	0.00569	2.7483	2.7706	1.22	4.50
危机压力总分	汉族	5905	2.8418	0.41872	0.00545	2.8311	2.8525	1.22	4.19
	少数民族	613	2.8642	0.37275	0.01506	2.8347	2.8938	1.46	3.86
	总数	6518	2.8439	0.41464	0.00514	2.8338	2.8540	1.22	4.19

表 2-8-2   汉族与少数民族被试危机压力总分的方差分析结果

2012 年问卷调查		平方和	df	均方	F	显著性
危机压力总分	组间	0.133	1	0.133	0.671	0.413
	组内	1207.818	6111	0.198		
	总数	1207.950	6112			

续表

2012年问卷调查		平方和	df	均方	F	显著性
2016年问卷调查		平方和	df	均方	F	显著性
危机压力总分	组间	0.279	1	0.279	1.626	0.202
	组内	1120.174	6516	0.172		
	总数	1120.453	6517			

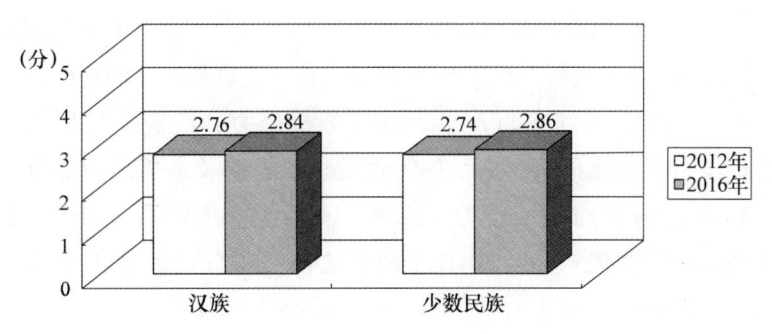

图2-8 汉族与少数民族被试的危机压力总分比较

2016年与2012年与相比，汉族被试的危机压力总分上升0.08分，少数民族被试的危机压力总分上升0.12分（见表2-8-3）。尽管少数民族被试得分上升的幅度大于汉族被试，并且在危机压力总分上由低于汉族被试变成了高于汉族被试，但是依然了保持两者之间得分差异不显著的状态。

表2-8-3　　　汉族与少数民族被试危机压力总分的变化

项目	2012年问卷调查	2016年问卷调查	2016年比2012年增减
汉族	2.76	2.84	+0.08
少数民族	2.74	2.86	+0.12

通过本章的数据比较，可以对汉族与少数民族被试在危机压力方面所反映出的差异做一个简单的小结。

第一，通过两次问卷调查，可以看出在危机压力方面的民族差异并不显著，汉族与少数民族被试的危机压力总分两次调查都没有表现出显著的差异性，表明在中国公民中，少数民族和汉族公民的危机压力水平总体上较为接近。

第二，在六种危机压力中，两次问卷调查汉族与少数民族被试得分差异都未达到显著水平的有政治危机压力、经济危机压力、社会危机压力和文化危机压力，生态危机压力和国际性危机压力都由2012年的得分差异显著变成了2016年的得分差异不显著。也就是说，在具体危机压力方面的民族差异不显著，在2016年已经具有"全覆盖性"的特征。

第三，2012年问卷调查显示政治危机压力、经济危机压力、社会危机压力、文化危机压力、国际性危机压力以及危机压力总分，都是汉族被试的得分高于少数民族被试，只有生态危机压力的得分少数民族被试高于汉族被试。2016年两者之间的得分高低发生了重要的变化，只有社会危机压力的得分汉族被试高于少数民族被试，文化危机压力两者得分持平，政治危机压力、经济危机压力、生态危机压力、国际性危机压力以及危机压力总分，都是少数民族被试的得分高于汉族被试。

第四，2016年与2012年相比，六种危机压力以及危机压力总分，汉族与少数民族被试的得分大都有所上升或持平（只有社会危机压力少数民族被试的得分略有下降），但是需要特别注意的是，少数民族被试得分上升幅度小于汉族被试的只有生态危机压力，政治危机压力、经济危机压力、文化危机压力、国际性危机压力和危机压力总分都是少数民族被试得分上升的幅度大于汉族被试。从这样的调查结果看，少数民族公民危机压力增强的幅度应高于汉族公民。如果少数民族公民的危机压力感知继续保持高于汉族公民的增强幅度，将会出现危机压力水平显著高于汉族公民的现象，而这样的现象对于多民族国家的经济社会发展显然是不利的。为避免这样的现象发生，确实应该在减轻少数民族各种危机压力方面多做实际的工作，使少数民族公民真正体验到社会进步带来的安全感。

第三章 危机压力的差异比较：年龄

2012年和2016年两次问卷调查均采用三个年龄段对应三个公民群体：18—45岁为青年人，46—60岁为中年人，61岁及以上为老年人。2012年问卷调查有3名被试的年龄信息缺失，在6156名有年龄信息的被试中，青年被试（18—45岁）3233人，占52.52%；中年被试（46—60岁）1915人，占31.11%；老年被试（61岁及以上）1008人，占16.37%。2016年问卷调查有2名被试的年龄信息缺失，在有年龄信息的6179名被试中，青年被试（18—45岁）3719人，占56.53%；中年被试（46—60岁）2217人，占33.70%；老年被试（61岁及以上）643人，占9.77%。根据两次问卷调查的数据，可以比较不同年龄被试危机压力的变化情况。

一 不同年龄被试危机压力的总体情况

2012年问卷调查结果显示，青年被试危机压力的总体得分在1.22—4.50分之间，均值为2.80，标准差为0.44。在六种危机压力中，青年被试的政治危机压力得分在1.00—5.00分之间，均值为2.58，标准差为0.63；经济危机压力得分在1.00—5.00分之间，均值为2.36，标准差为0.71；社会危机压力得分在1.00—5.00分之间，均值为2.88，标准差为0.70；文化危机压力得分在1.00—5.00分之间，均值为2.76，标准差为0.61；生态危机压力得分在1.00—5.00分之间，均值为3.19，标准差为0.88；国际性危机压力得分在1.00—5.00分之间，均值为3.04，标准差为0.50（见表3－1－1和

图 3-1-1）。

表 3-1-1　青年被试的危机压力总体描述统计（2012 年）

项目	N	极小值	极大值	均值	标准差
危机压力总分	3211	1.22	4.50	2.7995	0.44068
政治危机压力	3228	1.00	5.00	2.5790	0.63198
经济危机压力	3229	1.00	5.00	2.3592	0.70807
社会危机压力	3231	1.00	5.00	2.8772	0.70023
文化危机压力	3226	1.00	5.00	2.7598	0.60644
生态危机压力	3231	1.00	5.00	3.1876	0.87536
国际性危机压力	3229	1.00	5.00	3.0370	0.49541
有效的 N（列表状态）	3211				

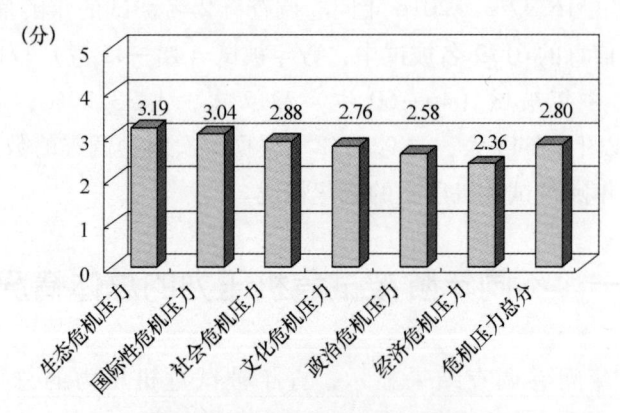

图 3-1-1　青年被试危机压力得分的总体情况（2012 年）

2016 年问卷调查结果显示，青年被试危机压力的总体得分在 1.22—4.19 分之间，均值为 2.86，标准差为 0.41。在六种危机压力中，青年被试的政治危机压力得分在 1.00—5.00 分之间，均值为 2.71，标准差为 0.70；经济危机压力得分在 1.00—5.00 分之间，均值为 2.44，标准差为 0.62；社会危机压力得分在 1.00—5.00 分之间，均值为 2.84，标准差为 0.70；文化危机压力得分在 1.00—4.75

分之间，均值为 2.86，标准差为 0.63；生态危机压力得分在 1.00—5.00 分之间，均值为 3.28，标准差为 0.75；国际性危机压力得分在 1.00—5.00 分之间，均值为 3.03，标准差为 0.48（见表 3-1-2 和图 3-1-2）。

表 3-1-2　　青年被试的危机压力总体描述统计（2016 年）

项目	N	极小值	极大值	均值	标准差
危机压力总分	3676	1.22	4.19	2.8593	0.40830
政治危机压力	3718	1.00	5.00	2.7103	0.69767
经济危机压力	3700	1.00	5.00	2.4442	0.62088
社会危机压力	3710	1.00	5.00	2.8399	0.70140
文化危机压力	3715	1.00	4.75	2.8593	0.63307
生态危机压力	3716	1.00	5.00	3.2765	0.74593
国际性危机压力	3710	1.00	5.00	3.0345	0.48091
有效的 N（列表状态）	3676				

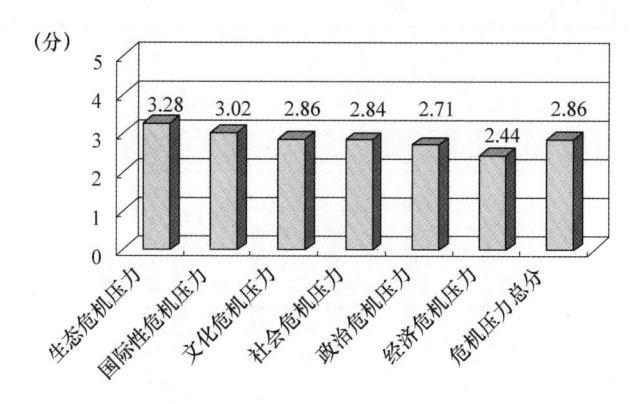

图 3-1-2　青年被试危机压力得分的总体情况（2016 年）

2012 年问卷调查结果显示，中年被试危机压力的总体得分在 1.22—4.33 分之间，均值为 2.73，标准差为 0.45。在六种危机压力中，中年被试的政治危机压力得分在 1.00—5.00 分之间，均值为

2.56,标准差为 0.67;经济危机压力得分在 1.00—5.00 分之间,均值为 2.28,标准差为 0.70;社会危机压力得分在 1.00—5.00 分之间,均值为 2.79,标准差为 0.73;文化危机压力得分在 1.00—5.00 分之间,均值为 2.77,标准差为 0.60;生态危机压力得分在 1.00—5.00 分之间,均值为 2.96,标准差为 0.87;国际性危机压力得分在 1.00—5.00 分之间,均值为 3.02,标准差为 0.49(见表 3-1-3 和图 3-1-3)。

表 3-1-3　　中年被试的危机压力总体描述统计(2012 年)

项目	N	极小值	极大值	均值	标准差
危机压力总分	1902	1.22	4.33	2.7277	0.44555
政治危机压力	1913	1.00	5.00	2.5588	0.66809
经济危机压力	1913	1.00	5.00	2.2784	0.70121
社会危机压力	1914	1.00	5.00	2.7881	0.73279
文化危机压力	1911	1.00	5.00	2.7701	0.60386
生态危机压力	1915	1.00	5.00	2.9594	0.86720
国际性危机压力	1911	1.00	5.00	3.0166	0.48660
有效的 N(列表状态)	1903				

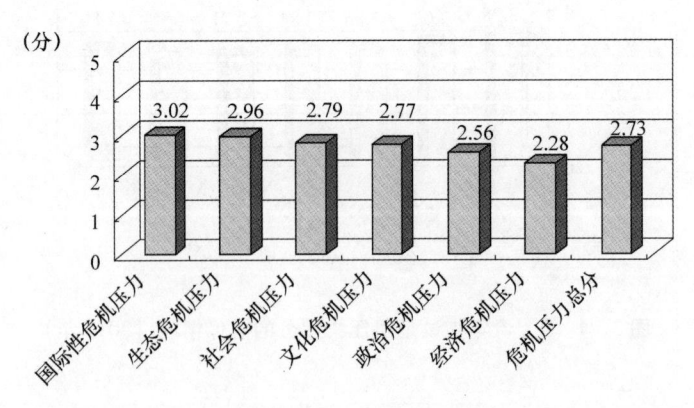

图 3-1-3　中年被试危机压力得分的总体情况(2012 年)

2016 年问卷调查结果显示,中年被试危机压力的总体得分在

1.33—3.86分之间，均值为2.85，标准差为0.42。在六种危机压力中，中年被试的政治危机压力得分在1.00—4.67分之间，均值为2.72，标准差为0.71；经济危机压力得分在1.00—5.00分之间，均值为2.44，标准差为0.63；社会危机压力得分在1.00—5.00分之间，均值为2.84，标准差为0.71；文化危机压力得分在1.00—4.75分之间，均值为2.87，标准差为0.65；生态危机压力得分在1.00—5.00分之间，均值为3.21，标准差为0.72；国际性危机压力得分在1.00—4.67分之间，均值为3.04，标准差为0.48（见表3-1-4和图3-1-4）。

表3-1-4　　　中年被试的危机压力总体描述统计（2016年）

项目	N	极小值	极大值	均值	标准差
危机压力总分	2200	1.33	3.86	2.8522	0.41917
政治危机压力	2215	1.00	4.67	2.7190	0.70974
经济危机压力	2215	1.00	5.00	2.4388	0.63058
社会危机压力	2213	1.00	5.00	2.8388	0.70897
文化危机压力	2215	1.00	4.75	2.8713	0.64845
生态危机压力	2214	1.00	5.00	3.2106	0.72077
国际性危机压力	2213	1.00	4.67	3.0441	0.48466
有效的N（列表状态）	2200				

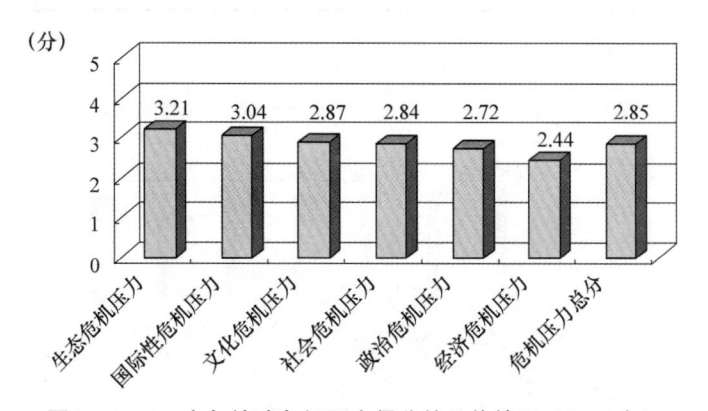

图3-1-4　中年被试危机压力得分的总体情况（2016年）

中国政治文化研究——不同公民群体的危机压力比较

2012年问卷调查结果显示,老年被试危机压力的总体得分在1.22—4.25分之间,均值为2.69,标准差为0.44。在六种危机压力中,老年被试的政治危机压力得分在1.00—4.67分之间,均值为2.48,标准差为0.67;经济危机压力得分在1.00—4.67分之间,均值为2.25,标准差为0.68;社会危机压力得分在1.00—5.00分之间,均值为2.78,标准差为0.71;文化危机压力得分在1.00 4.75分之间,均值为2.72,标准差为0.61;生态危机压力得分在1.00—5.00分之间,均值为2.93,标准差为0.86;国际性危机压力得分在1.00—4.67分之间,均值为2.99,标准差为0.51(见表3-1-5和图3-1-5)。

表3-1-5　　老年被试的危机压力总体描述统计(2012年)

项目	N	极小值	极大值	均值	标准差
危机压力总分	1000	1.22	4.25	2.6908	0.44195
政治危机压力	1007	1.00	4.67	2.4849	0.66780
经济危机压力	1006	1.00	4.67	2.2462	0.67558
社会危机压力	1006	1.00	5.00	2.7783	0.71454
文化危机压力	1005	1.00	4.75	2.7211	0.61240
生态危机压力	1007	1.00	5.00	2.9325	0.85693
国际性危机压力	1007	1.00	4.67	2.9871	0.50876
有效的N(列表状态)	1000				

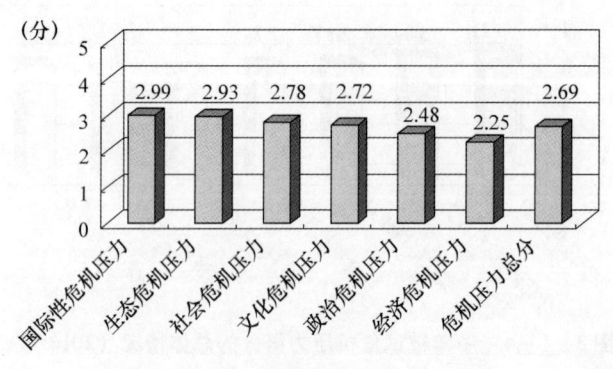

图3-1-5　老年被试危机压力得分的总体情况(2012年)

第三章 危机压力的差异比较：年龄

2016年问卷调查结果显示，老年被试危机压力的总体得分在1.28—3.67分之间，均值为2.73，标准差为0.42。在六种危机压力中，老年被试的政治危机压力得分在1.00—5.00分之间，均值为2.57，标准差为0.68；经济危机压力得分在1.00—4.00分之间，均值为2.30，标准差为0.58；社会危机压力得分在1.00—4.67分之间，均值为2.68，标准差为0.70；文化危机压力得分在1.00—5.00分之间，均值为2.75，标准差为0.62；生态危机压力得分在1.00—4.67分之间，均值为3.05，标准差为0.73；国际性危机压力得分在1.00—4.33分之间，均值为3.02，标准差为0.50（见表3-1-6和图3-1-6）。

表3-1-6 老年被试的危机压力总体描述统计（2016年）

项目	N	极小值	极大值	均值	标准差
危机压力总分	640	1.28	3.67	2.7279	0.41804
政治危机压力	643	1.00	5.00	2.5697	0.68011
经济危机压力	643	1.00	4.00	2.2981	0.58492
社会危机压力	643	1.00	4.67	2.6796	0.69762
文化危机压力	642	1.00	5.00	2.7543	0.61704
生态危机压力	642	1.00	4.67	3.0514	0.72993
国际性危机压力	642	1.00	4.33	3.0202	0.50352
有效的N（列表状态）	640				

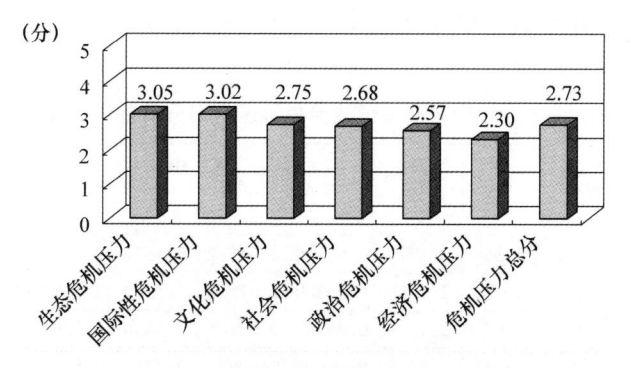

图3-1-6 老年被试危机压力得分的总体情况（2016年）

六种危机压力由高到低的得分排序,2012 年问卷调查中年被试和老年被试是国际性危机压力第一,生态危机压力第二,社会危机压力第三,文化危机压力第四,政治危机压力第五,经济危机压力第六;青年被试是生态危机压力第一,国际性危机压力第二,社会危机压力第三,文化危机压力第四,政治危机压力第五,经济危机压力第六(前两位排序有所不同)。2016 年问卷调查不同年龄被试的六种危机压力由高到低的得分排序,都是生态危机压力第一,国际性危机压力第二,文化危机压力第三,社会危机压力第四,政治危机压力第五,经济危机压力第六。

二 不同年龄被试的政治危机压力比较

对不同年龄被试政治危机压力得分的差异性进行方差分析(见表 3-2-1、表 3-2-2、表 3-2-3 和图 3-2),2012 年问卷调查显示不同年龄被试的政治危机压力得分之间差异显著,$F = 8.060$,$p < 0.001$,老年被试($M = 2.48$,$SD = 0.67$)的得分显著低于中年被试($M = 2.56$,$SD = 0.67$)和青年被试($M = 2.58$,$SD = 0.64$),中年被试与青年被试之间的得分差异不显著。2016 年问卷调查也显示不同年龄被试的政治危机压力得分之间差异显著,$F = 12.355$,$p < 0.001$,老年被试($M = 2.57$,$SD = 0.68$)的得分显著低于中年被试($M = 2.72$,$SD = 0.71$)和青年被试($M = 2.71$,$SD = 0.70$),中年被试与青年被试之间的得分差异不显著。

表 3-2-1　　　　　不同年龄被试政治危机压力得分的差异比较

2012 年问卷调查		N	均值	标准差	标准误	95% 置信区间 下限	95% 置信区间 上限	极小值	极大值
政治危机压力	青年	3228	2.5790	0.63198	0.01112	2.5572	2.6008	1.00	5.00
	中年	1913	2.5588	0.66809	0.01527	2.5289	2.5888	1.00	5.00
	老年	1007	2.4849	0.66780	0.02104	2.4436	2.5262	1.00	4.67
	总数	6148	2.5573	0.65007	0.00829	2.5411	2.5736	1.00	5.00

第三章　危机压力的差异比较：年龄

续表

2016年问卷调查		N	均值	标准差	标准误	95% 置信区间 下限	95% 置信区间 上限	极小值	极大值
政治危机压力	青年	3718	2.7103	0.69767	0.01144	2.6879	2.7328	1.00	5.00
	中年	2215	2.7190	0.70974	0.01508	2.6895	2.7486	1.00	4.67
	老年	643	2.5697	0.68011	0.02682	2.5171	2.6224	1.00	5.00
	总数	6576	2.6995	0.70128	0.00865	2.6826	2.7165	1.00	5.00

表3-2-2　不同年龄被试政治危机压力得分的方差分析结果

2012年问卷调查		平方和	df	均方	F	显著性
政治危机压力	组间	6.797	2	3.398	8.060	0.000
	组内	2590.900	6145	0.422		
	总数	2597.697	6147			

2016年问卷调查		平方和	df	均方	F	显著性
政治危机压力	组间	12.110	2	6.055	12.355	0.000
	组内	3221.461	6573	0.490		
	总数	3233.572	6575			

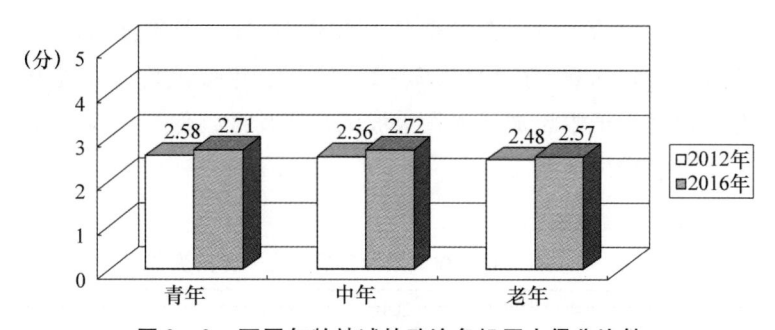

图3-2　不同年龄被试的政治危机压力得分比较

表 3-2-3　　　　不同年龄被试政治危机压力得分的多重比较

2012 年问卷调查	(I)年龄	(J)年龄	均值差(I-J)	标准误	显著性	95% 置信区间 下限	95% 置信区间 上限
政治危机压力	青年	中年	0.02019	0.01874	0.281	-0.0165	0.0569
	青年	老年	0.09406*	0.02344	0.000	0.0481	0.1400
	中年	青年	0.02019	0.01874	0.281	0.0569	0.0165
	中年	老年	0.07387*	0.02528	0.003	0.0243	0.1234
	老年	青年	-0.09406*	0.02344	0.000	-0.1400	-0.0481
	老年	中年	-0.07387*	0.02528	0.003	-0.1234	-0.0243

2016 年问卷调查	(I)年龄	(J)年龄	均值差(I-J)	标准误	显著性	95% 置信区间 下限	95% 置信区间 上限
政治危机压力	青年	中年	-0.00871	0.01879	0.643	-0.0455	0.0281
	青年	老年	0.14060*	0.02990	0.000	0.0820	0.1992
	中年	青年	0.00871	0.01879	0.643	-0.0281	0.0455
	中年	老年	0.14931*	0.03136	0.000	0.0878	0.2108
	老年	青年	-0.14060*	0.02990	0.000	-0.1992	-0.0820
	老年	中年	-0.14931*	0.03136	0.000	-0.2108	-0.0878

*. 均值差的显著性水平为 0.05。

2016 年与 2012 年相比，青年被试政治危机压力的得分上升 0.13 分，中年被试政治危机压力的得分上升 0.16 分，老年被试政治危机压力的得分上升 0.09 分（见表 3-2-4）。老年被试政治危机压力得分上升的幅度小于中年被试和青年被试，使其继续保持了得分显著低于中年、青年被试的状态。

表 3-2-4　　　　不同年龄被试政治危机压力得分的变化

项目	2012 年问卷调查	2016 年问卷调查	2016 年比 2012 年增减
青年	2.58	2.71	+0.13
中年	2.56	2.72	+0.16
老年	2.48	2.57	+0.09

三 不同年龄被试的经济危机压力比较

对不同年龄被试经济危机压力得分的差异性进行方差分析（见表3-3-1、表3-3-2、表3-3-3和图3-3），2012年问卷调查显示不同年龄被试的经济危机压力得分之间差异显著，$F = 13.888$，$p < 0.001$，青年被试（$M = 2.36$，$SD = 0.71$）的得分显著高于中年被试（$M = 2.28$，$SD = 0.70$）和老年被试（$M = 2.25$，$SD = 0.68$），中年被试与老年被试之间的得分差异不显著。2016年问卷调查也显示不同年龄被试的经济危机压力得分之间差异显著，$F = 15.684$，$p < 0.001$，老年被试（$M = 2.30$，$SD = 0.58$）的得分显著低于中年被试（$M = 2.44$，$SD = 0.63$）和青年被试（$M = 2.44$，$SD = 0.62$），中年被试与青年被试之间的得分差异不显著。两次调查的重要变化，是由一种年龄被试（青年被试）得分显著高于另两种年龄被试，变成了一种年龄被试（老年被试）得分显著低于另两种年龄被试。

表3-3-1　　**不同年龄被试经济危机压力得分的差异比较**

2012年问卷调查		N	均值	标准差	标准误	95% 置信区间 下限	95% 置信区间 上限	极小值	极大值
经济危机压力	青年	3229	2.3592	0.70807	0.01246	2.3348	2.3837	1.00	5.00
	中年	1913	2.2784	0.70121	0.01603	2.2470	2.3099	1.00	5.00
	老年	1006	2.2462	0.67558	0.02130	2.2044	2.2880	1.00	4.67
	总数	6148	2.3156	0.70218	0.00896	2.2980	2.3332	1.00	5.00

2016年问卷调查		N	均值	标准差	标准误	95% 置信区间 下限	95% 置信区间 上限	极小值	极大值
经济危机压力	青年	3700	2.4442	0.62088	0.01021	2.4242	2.4642	1.00	5.00
	中年	2215	2.4388	0.63058	0.01340	2.4126	2.4651	1.00	5.00
	老年	643	2.2981	0.58492	0.02307	2.2528	2.3434	1.00	4.00
	总数	6558	2.4281	0.62215	0.00768	2.4130	2.4431	1.00	5.00

表 3-3-2　　　不同年龄被试经济危机压力得分的方差分析结果

2012 年问卷调查		平方和	df	均方	F	显著性
经济危机压力	组间	13.638	2	6.819	13.888	0.000
	组内	3017.207	6145	0.491		
	总数	3030.845	6147			

2016 年问卷调查		平方和	df	均方	F	显著性
经济危机压力	组间	12.088	2	6.044	15.684	0.000
	组内	2525.933	6555	0.385		
	总数	2538.021	6557			

表 3-3-3　　　不同年龄被试经济危机压力得分的多重比较

2012 年问卷调查	(I)年龄	(J)年龄	均值差(I-J)	标准误	显著性	95% 置信区间 下限	95% 置信区间 上限
经济危机压力	青年	中年	0.08080*	0.02022	0.000	0.0412	0.1204
	青年	老年	0.11305*	0.02530	0.000	0.0635	0.1627
	中年	青年	-0.08080*	0.02022	0.000	-0.1204	-0.0412
	中年	老年	0.03226	0.02729	0.237	-0.0212	0.0858
	老年	青年	-0.11305*	0.02530	0.000	-0.1627	-0.0635
	老年	中年	-0.03226	0.02729	0.237	-0.0858	0.0212

2016 年问卷调查	(I)年龄	(J)年龄	均值差(I-J)	标准误	显著性	95% 置信区间 下限	95% 置信区间 上限
经济危机压力	青年	中年	0.00541	0.01668	0.746	-0.0273	0.0381
	青年	老年	0.14615*	0.02652	0.000	0.0942	0.1981
	中年	青年	-0.00541	0.01668	0.746	-0.0381	0.0273
	中年	老年	0.14074*	0.02781	0.000	0.0862	0.1953
	老年	青年	-0.14615*	0.02652	0.000	-0.1981	-0.0942
	老年	中年	-0.14074*	0.02781	0.000	-0.1953	-0.0862

*. 均值差的显著性水平为 0.05。

第三章 危机压力的差异比较：年龄

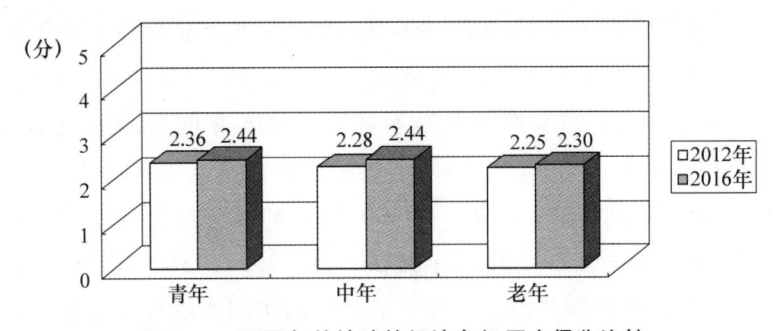

图 3-3 不同年龄被试的经济危机压力得分比较

2016 年与 2012 年相比，青年被试经济危机压力的得分上升 0.08 分，中年被试经济危机压力的得分上升 0.16 分，老年被试经济危机压力的得分上升 0.05 分（见表 3-3-4）。老年被试原来在经济危机压力上得分最低，加之得分上升的幅度小于中年被试和青年被试，使其与中年被试和青年被试都有了显著的得分差距。中年被试得分上升的幅度大于青年被试，使两者之间的得分持平，改变了青年被试得分显著高于中年和老年被试的状态。

表 3-3-4　　　　不同年龄被试经济危机压力得分的变化

项目	2012 年问卷调查	2016 年问卷调查	2016 年比 2012 年增减
青年	2.36	2.44	+0.08
中年	2.28	2.44	+0.16
老年	2.25	2.30	+0.05

四　不同年龄被试的社会危机压力比较

对不同年龄被试社会危机压力得分的差异性进行方差分析（见表 3-4-1、表 3-4-2、表 3-4-3 和图 3-4），2012 年问卷调查显示不同年龄被试的社会危机压力得分之间差异显著,$F=12.982$,$p<0.001$,青年被试($M=2.88$,$SD=0.70$)的得分显著高于中年被试($M=2.79$,$SD=0.73$)和老年被试($M=2.78$,$SD=0.71$),中年被试与老年被试之间的得分差异不显著。2016年问卷调查也显示不同年龄被试的社会危机压力得分之间差异显著,$F=14.975$,$p<0.001$,老年被试($M=2.68$,$SD=0.70$)的得分显著低于中年被试($M=2.84$,$SD=0.71$)和青年被试($M=2.84$,$SD=0.70$),青年被试与中年被试之间的得分差异不显著。两次调查的重要变化,是由一种年龄被试(青年被试)得分显著高于另两种年龄被试,变成了一种年龄被试(老年被试)得分显著低于另两种年龄被试。

表3-4-1　　　　　**不同年龄被试社会危机压力得分的差异比较**

2012年问卷调查		N	均值	标准差	标准误	95% 置信区间 下限	95% 置信区间 上限	极小值	极大值
社会危机压力	青年	3231	2.8772	0.70023	0.01232	2.8531	2.9014	1.00	5.00
	中年	1914	2.7881	0.73279	0.01675	2.7552	2.8209	1.00	5.00
	老年	1006	2.7783	0.71454	0.02253	2.7341	2.8225	1.00	5.00
	总数	6151	2.8333	0.71423	0.00911	2.8155	2.8512	1.00	5.00
社会危机压力	青年	3710	2.8399	0.70140	0.01152	2.8173	2.8625	1.00	5.00
	中年	2213	2.8388	0.70897	0.01507	2.8093	2.8684	1.00	5.00
	老年	643	2.6796	0.69762	0.02751	2.6256	2.7337	1.00	4.67
	总数	6566	2.8238	0.70509	0.00870	2.8068	2.8409	1.00	5.00

表3-4-2　　　　　**不同年龄被试社会危机压力得分的方差分析结果**

2012年问卷调查		平方和	df	均方	F	显著性
社会危机压力	组间	13.194	2	6.597	12.982	0.000
	组内	3124.112	6148	0.508		
	总数	3137.306	6150			

续表

2016年问卷调查		平方和	*df*	均方	*F*	显著性
社会危机压力	组间	14.826	2	7.413	14.975	0.000
	组内	3248.971	6563	0.495		
	总数	3263.797	6565			

表3-4-3　　不同年龄被试社会危机压力得分的多重比较

2012年问卷调查	(I)年龄	(J)年龄	均值差(I-J)	标准误	显著性	95%置信区间下限	95%置信区间上限
社会危机压力	青年	中年	0.08918*	0.02056	0.000	0.0489	0.1295
	青年	老年	0.09890*	0.02574	0.000	0.0484	0.1494
	中年	青年	-0.08918*	0.02056	0.000	-0.1295	-0.0489
	中年	老年	0.00972	0.02776	0.726	-0.0447	0.0641
	老年	青年	-0.09890*	0.02574	0.000	-0.1494	-0.0484
	老年	中年	-0.00972	0.02776	0.726	-0.0641	0.0447

2016年问卷调查	(I)年龄	(J)年龄	均值差(I-J)	标准误	显著性	95%置信区间下限	95%置信区间上限
社会危机压力	青年	中年	0.00106	0.01890	0.955	-0.0360	0.0381
	青年	老年	0.16027*	0.03006	0.000	0.1013	0.2192
	中年	青年	-0.00106	0.01890	0.955	-0.0381	0.0360
	中年	老年	0.15920*	0.03152	0.000	0.0974	0.2210
	老年	青年	-0.16027*	0.03006	0.000	-0.2192	-0.1013
	老年	中年	-0.15920*	0.03152	0.000	-0.2210	-0.0974

*. 均值差的显著性水平为0.05。

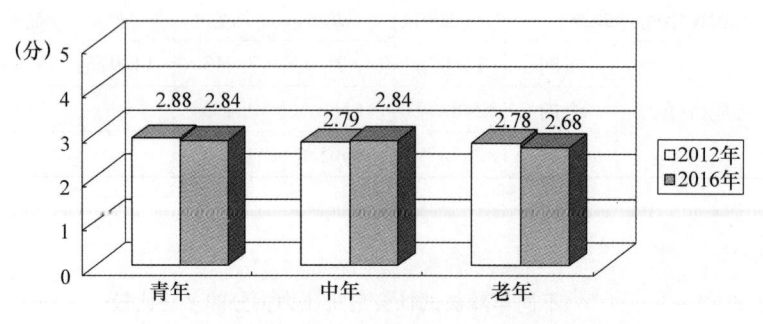

中国政治文化研究——不同公民群体的危机压力比较

图 3-4 不同年龄被试的社会危机压力得分比较

2016 年与 2012 年相比，青年被试社会危机压力的得分下降 0.04 分，中年被试社会危机压力的得分上升 0.05 分，老年被试社会危机压力的得分下降 0.10 分（见表 3-4-4）。老年被试原来在社会危机压力上得分最低，加之得分有较大幅度下降，使其与中年被试和青年被试的得分都拉开了距离。中年被试得分上升和青年被试得分下降，使两者之间的社会危机压力得分持平，改变了青年被试得分显著高于中年被试的状态。

表 3-4-4　　不同年龄被试社会危机压力得分的变化

项目	2012 年问卷调查	2016 年问卷调查	2016 年比 2012 年增减
青年	2.88	2.84	-0.04
中年	2.79	2.84	+0.05
老年	2.78	2.68	-0.10

五　不同年龄被试的文化危机压力比较

对不同年龄被试文化危机压力得分的差异性进行方差分析（见表 3-5-1、表 3-5-2、表 3-5-3 和图 3-5），2012 年问卷调查显示

第三章 危机压力的差异比较：年龄

不同年龄被试的文化危机压力得分之间的差异未达到显著水平，但是中年被试（$M=2.77$，$SD=0.60$）的得分显著高于老年被试（$M=2.72$，$SD=0.61$）。2016年问卷调查显示不同年龄被试的文化危机压力得分之间差异显著，$F=8.814$，$p<0.001$，老年被试（$M=2.75$，$SD=0.62$）的得分显著低于中年被试（$M=2.87$，$SD=0.65$）和青年被试（$M=2.86$，$SD=0.63$），青年被试与中年被试之间的得分差异不显著。

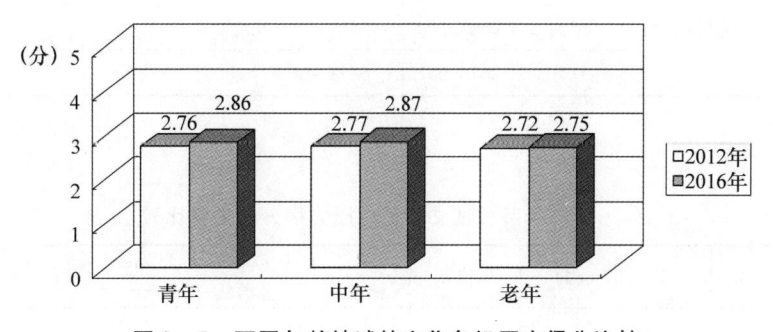

图3-5 不同年龄被试的文化危机压力得分比较

表3-5-1　　　　不同年龄被试文化危机压力得分的差异比较

2012年问卷调查		N	均值	标准差	标准误	95%置信区间 下限	95%置信区间 上限	极小值	极大值
文化危机压力	青年	3226	2.7598	0.60644	0.01068	2.7388	2.7807	1.00	5.00
	中年	1911	2.7701	0.60386	0.01381	2.7431	2.7972	1.00	5.00
	老年	1005	2.7211	0.61240	0.01932	2.6832	2.7591	1.00	4.75
	总数	6142	2.7567	0.60674	0.00774	2.7415	2.7719	1.00	5.00

2016年问卷调查		N	均值	标准差	标准误	95%置信区间 下限	95%置信区间 上限	极小值	极大值
文化危机压力	青年	3715	2.8593	0.63307	0.01039	2.8389	2.8797	1.00	4.75
	中年	2215	2.8713	0.64845	0.01378	2.8443	2.8984	1.00	4.75
	老年	642	2.7543	0.61704	0.02435	2.7065	2.8021	1.00	5.00
	总数	6572	2.8531	0.63752	0.00786	2.8377	2.8685	1.00	5.00

表3-5-2　　　　不同年龄被试文化危机压力得分的方差分析结果

2012年问卷调查		平方和	df	均方	F	显著性
文化危机压力	组间	1.646	2	0.823	2.237	0.107
	组内	2259.080	6139	0.368		
	总数	2260.726	6141			

2016年问卷调查		平方和	df	均方	F	显著性
文化危机压力	组间	7.147	2	3.574	8.814	0.000
	组内	2663.510	6569	0.405		
	总数	2670.657	6571			

表3-5-3　　　　不同年龄被试文化危机压力得分的多重比较

2012年问卷调查	(I)年龄	(J)年龄	均值差(I-J)	标准误	显著性	95%置信区间下限	95%置信区间上限
文化危机压力	青年	中年	-0.01038	0.01751	0.553	-0.0447	0.0239
		老年	0.03862	0.02191	0.078	-0.0043	0.0816
	中年	青年	0.01038	0.01751	0.553	-0.0239	0.0447
		老年	0.04900*	0.02364	0.038	0.0027	0.0953
	老年	青年	-0.03862	0.02191	0.078	-0.0816	0.0043
		中年	-0.04900*	0.02364	0.038	-0.0953	-0.0027

2016年问卷调查	(I)年龄	(J)年龄	均值差(I-J)	标准误	显著性	95%置信区间下限	95%置信区间上限
文化危机压力	青年	中年	-0.01205	0.01709	0.481	-0.0456	0.0215
		老年	0.10500*	0.02722	0.000	0.0517	0.1584
	中年	青年	0.01205	0.01709	0.481	-0.0215	0.0456
		老年	0.11705*	0.02854	0.000	0.0611	0.1730
	老年	青年	-0.10500*	0.02722	0.000	-0.1584	-0.0517
		中年	-0.11705*	0.02854	0.000	-0.1730	-0.0611

*. 均值差的显著性水平为0.05。

2016年与2012年相比,青年被试文化危机压力的得分上升0.10分,中年被试文化危机压力的得分也上升0.10分,老年被试文化危机压力的得分上升0.03分(见表3-5-4)。恰是由于老年被试得分上升的幅度小于青年被试和中年被试,拉开了得分差距,使得不同年龄被试文化危机压力整体性的得分差异由不显著变成了显著。

表3-5-4　　　　不同年龄被试文化危机压力得分的变化

项目	2012年问卷调查	2016年问卷调查	2016年比2012年增减
青年	2.76	2.86	+0.10
中年	2.77	2.87	+0.10
老年	2.72	2.75	+0.03

六　不同年龄被试的生态危机压力比较

对不同年龄被试生态危机压力得分的差异性进行方差分析(见表3-6-1、表3-6-2、表3-6-3和图3-6),2012年问卷调查显示不同年龄被试的生态危机压力得分之间差异显著,$F=57.468$,$p<0.001$,青年被试($M=3.19$,$SD=0.88$)的得分显著高于中年被试($M=2.96$,$SD=0.87$)和老年被试($M=2.93$,$SD=0.86$),中年被试与老年被试之间的得分差异不显著。2016年问卷调查也显示不同年龄被试的生态危机压力得分之间差异显著,$F=27.042$,$p<0.001$,老年被试($M=3.05$,$SD=0.73$)的得分显著低于中年被试($M=3.21$,$SD=0.72$)和青年被试($M=3.28$,$SD=0.75$),中年被试的得分显著低于青年被试。2016年不仅延续了一种年龄被试(青年被试)得分显著高于另两种年龄被试的现象,还出现了一种年龄被试(老年被试)得分显著低于另两种年龄被试的现象。

表3-6-1　　　不同年龄被试生态危机压力得分的差异比较

2012年问卷调查		N	均值	标准差	标准误	95% 置信区间 下限	95% 置信区间 上限	极小值	极大值
生态危机压力	青年	3231	3.1876	0.87536	0.01540	3.1574	3.2178	1.00	5.00
	中年	1915	2.9594	0.86720	0.01982	2.9206	2.9983	1.00	5.00
	老年	1007	2.9325	0.85693	0.02700	2.8795	2.9855	1.00	5.00
	总数	6153	3.0748	0.87778	0.01119	3.0529	3.0968	1.00	5.00

2016年问卷调查		N	均值	标准差	标准误	95% 置信区间 下限	95% 置信区间 上限	极小值	极大值
生态危机压力	青年	3716	3.2765	0.74593	0.01224	3.2525	3.3005	1.00	5.00
	中年	2214	3.2106	0.72077	0.01532	3.1806	3.2407	1.00	5.00
	老年	642	3.0514	0.72993	0.02881	2.9948	3.1080	1.00	4.67
	总数	6572	3.2323	0.73890	0.00911	3.2144	3.2502	1.00	5.00

表3-6-2　　　不同年龄被试生态危机压力得分的方差分析结果

2012年问卷调查		平方和	df	均方	F	显著性
生态危机压力	组间	86.962	2	43.481	57.468	0.000
	组内	4653.154	6150	0.757		
	总数	4740.116	6152			
2016年问卷调查		平方和	df	均方	F	显著性
生态危机压力	组间	29.296	2	14.648	27.042	0.000
	组内	3558.284	6569	0.542		
	总数	3587.580	6571			

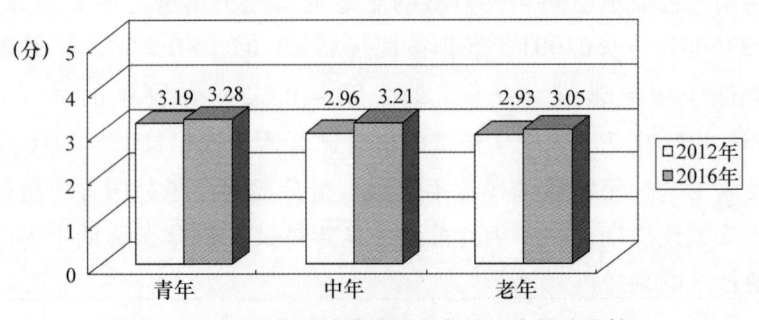

图3-6　不同年龄被试的生态危机压力得分比较

表 3-6-3　　　　不同年龄被试生态危机压力得分的多重比较

2012 年问卷调查	(I)年龄	(J)年龄	均值差(I-J)	标准误	显著性	95% 置信区间 下限	95% 置信区间 上限
生态危机压力	青年	中年	0.22812*	0.02509	0.000	0.1789	0.2773
		老年	0.25509*	0.03139	0.000	0.1935	0.3166
	中年	青年	-0.22812*	0.02509	0.000	-0.2773	-0.1789
		老年	0.02697	0.03386	0.426	-0.0394	0.0933
	老年	青年	-0.25509*	0.03139	0.000	-0.3166	-0.1935
		中年	-0.02697	0.03386	0.426	-0.0933	0.0394

2016 年问卷调查	(I)年龄	(J)年龄	均值差(I-J)	标准误	显著性	95% 置信区间 下限	95% 置信区间 上限
生态危机压力	青年	中年	0.06583*	0.01976	0.001	0.0271	0.1046
		老年	0.22506*	0.03146	0.000	0.1634	0.2867
	中年	青年	-0.06583*	0.01976	0.001	-0.1046	-0.0271
		老年	0.15923*	0.03299	0.000	0.0946	0.2239
	老年	青年	-0.22506*	0.03146	0.000	-0.2867	-0.1634
		中年	-0.15923*	0.03299	0.000	-0.2239	-0.0946

*. 均值差的显著性水平为 0.05。

2016 年与 2012 年相比，青年被试生态危机压力的得分上升 0.09 分，中年被试生态危机压力的得分上升 0.25 分，老年被试生态危机压力的得分上升 0.12 分（见表 3-6-4）。老年被试得分上升的幅度尽管大于青年被试，但是远小于中年被试，拉开了其与中年被试的得分差距，使得一种年龄被试得分显著低于另两种年龄被试的状态得以成立。青年被试得分上升的幅度尽管小于中年被试，但还是保持了得分最高并显著高于另两种年龄被试的状态。

表 3-6-4　　　　不同年龄被试生态危机压力得分的变化

项目	2012 年问卷调查	2016 年问卷调查	2016 年比 2012 年增减
青年	3.19	3.28	+0.09
中年	2.96	3.21	+0.25
老年	2.93	3.05	+0.12

七 不同年龄被试的国际性危机压力比较

对不同年龄被试国际性危机压力得分的差异性进行方差分析（见表3-7-1、表3-7-2、表3-7-3和图3-7），2012年问卷调查显示不同年龄被试的国际性危机压力得分之间差异显著，$F=4.092$，$p<0.05$，青年被试（$M=3.04$，$SD=0.50$）显著高于老年被试（$M=2.99$，$SD=0.51$），与中年被试（$M=3.02$，$SD=0.49$）之间的得分差异不显著，中年被试与老年被试之间的得分差异也不显著。2016年问卷调查则显示不同年龄被试的国际性危机压力得分之间的差异不显著。

表3-7-1　不同年龄被试国际性危机压力得分的差异比较

2012年问卷调查		N	均值	标准差	标准误	95% 置信区间 下限	95% 置信区间 上限	极小值	极大值
国际性危机压力	青年	3229	3.0370	0.49541	0.00872	3.0199	3.0541	1.00	5.00
	中年	1911	3.0166	0.48660	0.01113	2.9947	3.0384	1.00	5.00
	老年	1007	2.9871	0.50876	0.01603	2.9556	3.0186	1.00	4.67
	总数	6147	3.0224	0.49516	0.00632	3.0101	3.0348	1.00	5.00

2016年问卷调查		N	均值	标准差	标准误	95% 置信区间 下限	95% 置信区间 上限	极小值	极大值
国际性危机压力	青年	3710	3.0345	0.48091	0.00790	3.0190	3.0500	1.00	5.00
	中年	2213	3.0441	0.48466	0.01030	3.0239	3.0643	1.00	4.67
	老年	642	3.0202	0.50352	0.01987	2.9812	3.0593	1.00	4.33
	总数	6565	3.0364	0.48440	0.00598	3.0246	3.0481	1.00	5.00

第三章 危机压力的差异比较：年龄

表3-7-2　　　不同年龄被试国际性危机压力得分的方差分析结果

2012年问卷调查		平方和	df	均方	F	显著性
国际性危机压力	组间	2.005	2	1.002	4.092	0.017
	组内	1504.897	6144	0.245		
	总数	1506.902	6146			

2016年问卷调查		平方和	df	均方	F	显著性
国际性危机压力	组间	0.313	2	0.157	0.667	0.513
	组内	1539.899	6562	0.235		
	总数	1540.212	6564			

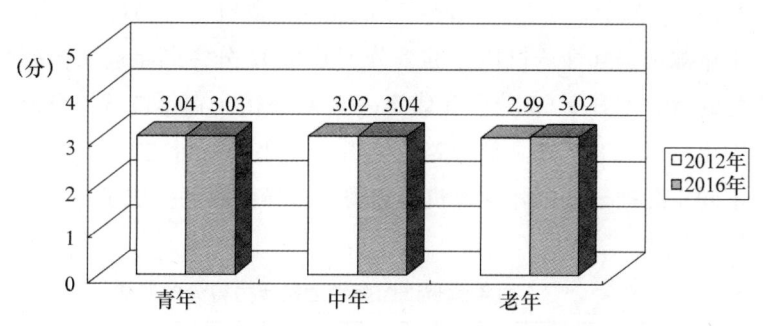

图3-7　不同年龄被试的国际性危机压力得分比较

表3-7-3　　　不同年龄被试国际性危机压力得分的多重比较

2012年问卷调查	(I)年龄	(J)年龄	均值差(I-J)	标准误	显著性	95%置信区间下限	95%置信区间上限
国际性危机压力	青年	中年	0.02039	0.01428	0.154	-0.0076	0.0484
		老年	0.04987*	0.01786	0.005	0.0148	0.0849
	中年	青年	-0.02039	0.01428	0.154	-0.0484	0.0076
		老年	0.02948	0.01927	0.126	-0.0083	0.0673
	老年	青年	-0.04987*	0.01786	0.005	-0.0849	-0.0148
		中年	-0.02948	0.01927	0.126	-0.0673	0.0083

中国政治文化研究——不同公民群体的危机压力比较

续表

2016年问卷调查	(I)年龄	(J)年龄	均值差(I-J)	标准误	显著性	95% 置信区间 下限	95% 置信区间 上限
国际性危机压力	青年	中年	-0.00963	0.01301	0.459	-0.0351	0.0159
	青年	老年	0.01425	0.02071	0.491	-0.0263	0.0548
	中年	青年	0.00963	0.01301	0.459	-0.0159	0.0351
	中年	老年	0.02388	0.02172	0.271	-0.0187	0.0665
	老年	青年	-0.01425	0.02071	0.491	-0.0548	0.0263
	老年	中年	-0.02388	0.02172	0.271	-0.0665	0.0187

＊．均值差的显著性水平为0.05。

2016年与2012年相比，青年被试国际性危机压力的得分下降0.01分，中年被试国际性危机压力的得分上升0.02分，老年被试国际性危机压力的得分上升0.03分（见表3-7-4）。由于青年被试得分略有下降和中年被试、老年被试得分略有上升，缩小了三者之间的得分差距，使得不同年龄被试的国际性危机压力得分差异由显著变成了不显著。

表3-7-4　　　不同年龄被试国际性危机压力得分的变化

项目	2012年问卷调查	2016年问卷调查	2016年比2012年增减
青年	3.04	3.03	-0.01
中年	3.02	3.04	+0.02
老年	2.99	3.02	+0.03

八　不同年龄被试的危机压力总分比较

对不同年龄被试危机压力总分的差异性进行方差分析（见表3-8-1、表3-8-2、表3-8-3和图3-8），2012年问卷调查显示不同年龄被试危机压力总分之间差异显著，$F=30.070$，$p<0.001$，老年被试（$M=2.69$，$SD=0.44$）的得分显著低于中年被试（$M=$

2.73，$SD = 0.45$）和青年被试（$M = 2.80$，$SD = 0.44$），中年被试的得分显著低于青年被试。2016年问卷调查也显示不同年龄被试的政治危机压力总分之间差异显著，$F = 28.238$，$p < 0.001$，老年被试（$M = 2.73$，$SD = 0.42$）的得分显著低于中年被试（$M = 2.85$，$SD = 0.42$）和青年被试（$M = 2.86$，$SD = 0.41$），中年被试与青年被试之间的得分差异不显著。

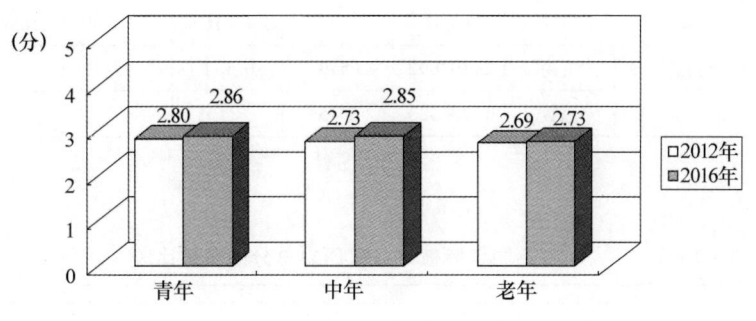

图3-8 不同年龄被试的危机压力总分比较

表3-8-1　　　　不同年龄被试危机压力总分的差异比较

2012年问卷调查		N	均值	标准差	标准误	95% 置信区间 下限	95% 置信区间 上限	极小值	极大值
危机压力总分	青年	3211	2.7995	0.44068	0.00778	2.7843	2.8147	1.22	4.50
	中年	1902	2.7277	0.44555	0.01022	2.7077	2.7478	1.22	4.33
	老年	1000	2.6908	0.44195	0.01398	2.6634	2.7183	1.22	4.25
	总数	6113	2.7594	0.44451	0.00569	2.7482	2.7705	1.22	4.50
2016年问卷调查		N	均值	标准差	标准误	95% 置信区间 下限	95% 置信区间 上限	极小值	极大值
危机压力总分	青年	3676	2.8593	0.40830	0.00673	2.8460	2.8725	1.22	4.19
	中年	2200	2.8522	0.41917	0.00894	2.8347	2.8697	1.33	3.86
	老年	640	2.7279	0.41804	0.01652	2.6954	2.7603	1.28	3.67
	总数	6516	2.8440	0.41468	0.00514	2.8339	2.8540	1.22	4.19

表 3-8-2　　　　不同年龄被试危机压力总分的方差分析结果

2012 年问卷调查		平方和	df	均方	F	显著性
危机压力总分	组间	11.771	2	5.885	30.070	0.000
	组内	1195.878	6110	0.196		
	总数	1207.649	6112			
2016 年问卷调查		平方和	df	均方	F	显著性
危机压力总分	组间	9.631	2	4.816	28.238	0.000
	组内	1110.692	6513	0.171		
	总数	1120.323	6515			

表 3-8-3　　　　不同年龄被试危机压力总分的多重比较

2012 年问卷调查	(I)年龄	(J)年龄	均值差(I-J)	标准误	显著性	95% 置信区间 下限	95% 置信区间 上限
危机压力总分	青年	中年	0.07177*	0.01280	0.000	0.0467	0.0969
	青年	老年	0.10865*	0.01602	0.000	0.0772	0.1401
	中年	青年	-0.07177*	0.01280	0.000	-0.0969	-0.0467
	中年	老年	0.03688*	0.01728	0.033	0.0030	0.0708
	老年	青年	-0.10865*	0.01602	0.000	-0.1401	-0.0772
	老年	中年	-0.03688*	0.01728	0.033	-0.0708	-0.0030
2016 年问卷调查	(I)年龄	(J)年龄	均值差(I-J)	标准误	显著性	95% 置信区间 下限	95% 置信区间 上限
危机压力总分	青年	中年	0.00707	0.01113	0.525	-0.0148	0.0289
	青年	老年	0.13137*	0.01769	0.000	0.0967	0.1660
	中年	青年	-0.00707	0.01113	0.525	-0.0289	0.0148
	中年	老年	0.12430*	0.01855	0.000	0.0879	0.1607
	老年	青年	-0.13137*	0.01769	0.000	-0.1660	-0.0967
	老年	中年	-0.12430*	0.01855	0.000	-0.1607	-0.0879

*. 均值差的显著性水平为 0.05。

2016年与2012年相比,青年被试危机压力总分上升0.06分,中年被试的危机压力总分上升0.12分,老年被试危机压力总分上升0.04分(见表3-8-4)。正是由于中年被试危机压力总分上升的幅度大于青年被试,缩小了两者的得分差距,使得青年被试与中年被试的得分差异由显著变成了不显著。

表3-8-4　　　　　　不同年龄被试危机压力总分的变化

项目	2012年问卷调查	2016年问卷调查	2016年比2012年增减
青年	2.80	2.86	+0.06
中年	2.73	2.85	+0.12
老年	2.69	2.73	+0.04

通过本章的数据比较,可以对不同年龄被试在危机压力方面所反映出来的差异做一个简单的小结。

第一,通过两次问卷调查,可以看出在危机压力方面确实存在着明显的年龄差异。老年被试的危机压力总分在两次调查中都显著低于中年被试和青年被试,中年被试的危机压力总分在2012年调查时显著低于青年被试,2016年调查时中年被试的得分虽低于青年被试,但是两者之间的得分差异未达到显著水平。由此可以得出的结论是,随着公民年龄的增长,危机压力水平会逐步降低,应该是一个基本的发展趋势。

第二,比较不同年龄被试两次问卷调查的六种危机压力得分由高到低的排序(见表3-8-5,表中括号内的数字,代表不同年龄被试得分高低的排序),可以看出老年被试在六种危机压力上都是得分最低,已经成为稳定的状态;有所变化的是青年被试和中年被试的得分排序,两次调查青年被试都保持最高得分的只有生态危机压力,经济危机压力、社会危机压力均由2012年的青年被试得分最高变成了2016年的青年被试与中年被试得分并列得分第一,政治危机压力、国际性危机压力均由2012年的青年被试得分最高变成了2016年的中年被试得分最高,文化危机压力则延续了中年被试得分高于青年被试的状态。也就是说,从得分排序的变化,已经可以看出中年被试"赶超"青年被试得分的基本走向。

表3-8-5 不同年龄被试危机压力得分排序比较

项目	2012年问卷调查			2016年问卷调查		
	青年	中年	老年	青年	中年	老年
政治危机压力	2.58 (1)	2.56 (2)	2.48 (3)	2.71 (2)	2.72 (1)	2.57 (3)
经济危机压力	2.36 (1)	2.28 (2)	2.25 (3)	2.44 (1)	2.44 (1)	2.30 (3)
社会危机压力	2.88 (1)	2.79 (2)	2.78 (3)	2.84 (1)	2.84 (1)	2.68 (3)
文化危机压力	2.76 (2)	2.77 (1)	2.72 (3)	2.86 (2)	2.87 (1)	2.75 (3)
生态危机压力	3.19 (1)	2.96 (2)	2.93 (3)	3.28 (1)	3.21 (2)	3.05 (3)
国际性危机压力	3.04 (1)	3.02 (2)	2.99 (3)	3.03 (2)	3.04 (1)	3.02 (3)
危机压力总分	2.80 (1)	2.73 (2)	2.69 (3)	2.86 (1)	2.85 (2)	2.73 (3)

第三,在六种危机压力中,两次问卷调查不同年龄被试得分差异都达到显著水平的有政治危机压力、经济危机压力、社会危机压力和生态危机压力四种,文化危机压力由2012年的得分差异不显著变成了2016年的得分差异显著,国际性危机压力则由2012年的得分差异显著变成了2016年的得分差异不显著。由此所反映的是危机压力的年龄差异已经基本达到了"全覆盖性"的水平。

第四,不同年龄被试危机压力的得分差异,主要表现在老年被试与中年被试、青年被试的显著差异上。中年被试与青年被试之间,两次问卷调查得分差异都达到显著水平的只有生态危机压力一种压力,两次问卷调查得分差异均未达到显著水平的则有政治危机压力、文化危机压力和国际性危机压力三种压力,经济危机压力和社会危机压力则由2012年的得分差异显著变成了2016年的得分差异不显著。也就是说,从整体上看,中年被试与青年被试之间的得分差异有所减弱而不是增强。

第五，2016年与2012年相比，中年被试的六种危机压力得分都有所上升，尤其是政治危机压力、经济危机压力、文化危机压力、生态危机压力的得分都有较大幅度的上升。由此显示，在当前的社会生态下，中年人可能对各种压力更为敏感，压力感受更容易发生变化，对这一点应给予特别的注意。

第六，2016年与2012年相比，青年被试和老年被试的政治危机压力、经济危机压力、文化危机压力、生态危机压力的得分均有所上升，并且除了生态危机压力外，另三种危机压力都是青年被试得分上升的幅度大于老年被试；青年被试和老年被试的社会危机压力得分都有所下降，老年被试得分下降的幅度大于青年被试；国际性危机压力则是老年被试的得分略有上升，青年被试的得分略有下降。也就是说，相对而言，老年被试的危机压力水平更容易处在较稳定的状态下，对这一点也应给予一定的重视。

第四章 危机压力的差异比较：学历

2012年和2016年两次问卷调查均以三类学历对应三个公民群体：初中及以下为低学历（低学历被试，在本章的表格中均标注为"初中"），高中（含中专）为中等学历（中等学历被试，在本章的表格中均标注为"高中"），大专及以上（含本科、研究生）为高学历（高学历被试，在本章的表格中均标注为"大专"）。2012年问卷调查有4名被试的学历信息缺失，在有学历信息的6155名被试中，初中及以下学历被试3403人，占55.29%；高中学历被试1553人，占25.23%；大专及以上学历被试1199人，占19.48%。2016年问卷调查有3名被试的学历信息缺失，在有学历信息的6578名被试中，初中及以下学历被试2899人，占44.07%；高中学历被试2144人，占32.59%；大专及以上学历被试1535人，占23.34%。根据两次问卷调查的数据，可以比较不同学历被试危机压力的变化情况。

一 不同学历被试危机压力的总体情况

2012年问卷调查结果显示，初中及以下学历被试危机压力的总体得分在1.22—4.50分之间，均值为2.74，标准差为0.43。在六种危机压力中，初中及以下学历被试的政治危机压力得分在1.00—5.00分之间，均值为2.59，标准差为0.65；经济危机压力得分在1.00—5.00分之间，均值为2.24，标准差为0.68；社会危机压力得分在1.00—5.00分之间，均值为2.84，标准差为0.69；文化危机压力得分在1.00—5.00分之间，均值为2.77，标准差为0.60；生态危机压力得分在 1.00—5.00 分之间,均值为 3.01,标准差为 0.86;国际性危机压力得分在 1.00—5.00 分之间,均值为 3.02,标准差为 0.50(见表 4-1-1 和图 4-1-1)。

表 4-1-1　　初中及以下学历被试的危机压力总体描述统计(2012 年)

项目	N	极小值	极大值	均值	标准差
危机压力总分	3375	1.22	4.50	2.7430	0.42728
政治危机压力	3398	1.00	5.00	2.5894	0.64531
经济危机压力	3398	1.00	5.00	2.2420	0.68122
社会危机压力	3400	1.00	5.00	2.8351	0.69466
文化危机压力	3396	1.00	5.00	2.7713	0.59759
生态危机压力	3401	1.00	5.00	3.0071	0.86036
国际性危机压力	3395	1.00	5.00	3.0185	0.50408
有效的 N(列表状态)	3375				

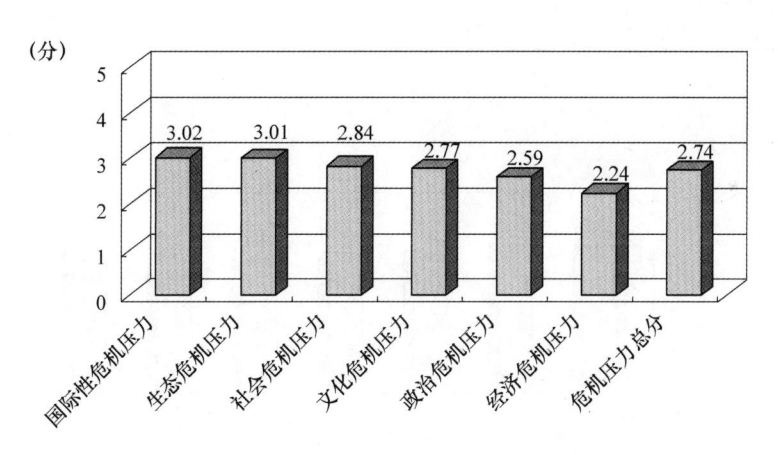

图 4-1-1　初中及以下学历被试危机压力得分的总体情况(2012 年)

2016 年问卷调查结果显示,初中及以下学历被试危机压力的总体得分在 1.28—4.14 分之间,均值为 2.82,标准差为 0.41。在六种危机压力中,初中及以下学历被试的政治危机压力得分在 1.00—4.67 分之间,均值为 2.69,标准差为 0.70;经济危机压力得分在 1.00—5.00 分之间,均值为 2.40,标准差为 0.62;社会危机压力得分在 1.00—5.00 分之间,均值为 2.81,标准差为 0.71;文化危机压力得分在 1.00—5.00 分之间,均值为 2.82,标准差为 0.64;生态危机压力得分在 1.00—5.00 分之间,均值为 3.17,标准差为 0.74;国际性危机压力得分在 1.00—5.00 分之间,均值为 3.01,标准差为 0.51(见表 4-1-2 和图 4-1-2)。

表 4-1-2　　初中及以下学历被试的危机压力总体描述统计(2016 年)

项目	N	极小值	极大值	均值	标准差
危机压力总分	2872	1.28	4.14	2.8162	0.41280
政治危机压力	2898	1.00	4.67	2.6876	0.69766
经济危机压力	2891	1.00	5.00	2.3988	0.62310
社会危机压力	2894	1.00	5.00	2.8082	0.70956
文化危机压力	2895	1.00	5.00	2.8245	0.63501
生态危机压力	2896	1.00	5.00	3.1709	0.74248
国际性危机压力	2892	1.00	5.00	3.0136	0.50795
有效的 N(列表状态)	2872				

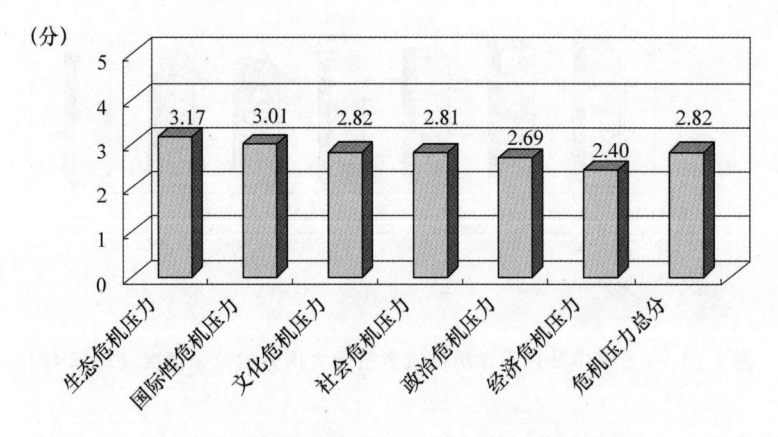

图 4-1-2　初中及以下学历被试危机压力得分的总体情况(2016 年)

2012 年问卷调查结果显示,高中学历被试危机压力的总体得分在 1.36—4.33 分之间,均值为 2.75,标准差为 0.45。在六种危机压力中,高中学历被试的政治危机压力得分在 1.00—4.33 分之间,均值为

2.53,标准差为0.66;经济危机压力得分在1.00—5.00分之间,均值为2.36,标准差为0.70;社会危机压力得分在1.00—5.00分之间,均值为2.80,标准差为0.73;文化危机压力得分在1.00—5.00分之间,均值为2.71,标准差为0.61;生态危机压力得分在1.00—5.00分之间,均值为3.08,标准差为0.88;国际性危机压力得分在1.00—5.00分之间,均值为3.03,标准差为0.49(见表4-1-3和图4-1-3)。

表4-1-3　　高中学历被试的危机压力总体描述统计(2012年)

项目	N	极小值	极大值	均值	标准差
危机压力总分	1544	1.36	4.33	2.7513	0.45111
政治危机压力	1552	1.00	4.33	2.5311	0.65847
经济危机压力	1551	1.00	5.00	2.3585	0.69798
社会危机压力	1552	1.00	5.00	2.8048	0.72606
文化危机压力	1548	1.00	5.00	2.7098	0.60564
生态危机压力	1552	1.00	5.00	3.0818	0.87917
国际性危机压力	1552	1.00	5.00	3.0253	0.48879
有效的 N(列表状态)	1544				

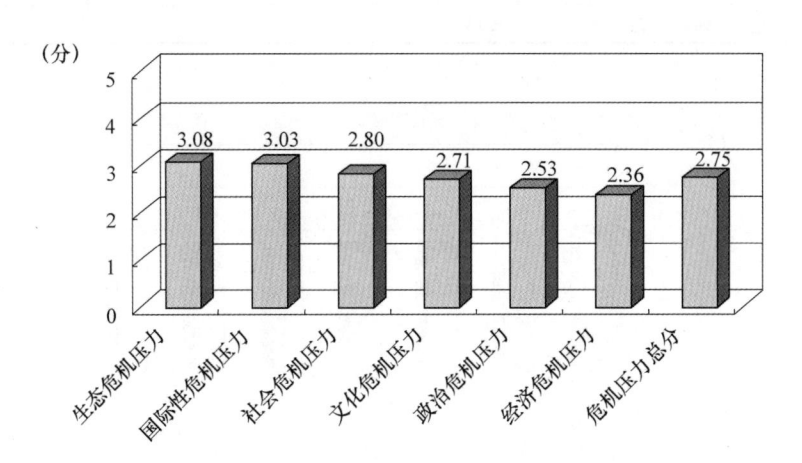

图4-1-3　高中学历被试危机压力得分的总体情况(2012年)

2016年问卷调查结果显示,高中学历被试危机压力的总体得分在

中国政治文化研究——不同公民群体的危机压力比较

1.32—3.86分之间，均值为2.86，标准差为0.42。在六种危机压力中，高中学历被试的政治危机压力得分在1.00—4.67分之间，均值为2.71，标准差为0.70；经济危机压力得分在1.00—5.00分之间，均值为2.46，标准差为0.63；社会危机压力得分在1.00—5.00分之间，均值为2.83，标准差为0.71；文化危机压力得分在1.00—4.50分之间，均值为2.87，标准差为0.64；生态危机压力得分在1.00 5.00分之间，均值为3.25，标准差为0.73；国际性危机压力得分在1.00—4.67分之间，均值为3.06，标准差为0.48（见表4-1-4和图4-1-4）。

表4-1-4　　高中学历被试的危机压力总体描述统计（2016年）

项目	N	极小值	极大值	均值	标准差
危机压力总分	2119	1.32	3.86	2.8617	0.41520
政治危机压力	2143	1.00	4.67	2.7073	0.69952
经济危机压力	2135	1.00	5.00	2.4550	0.63107
社会危机压力	2139	1.00	5.00	2.8312	0.70680
文化危机压力	2142	1.00	4.50	2.8741	0.64037
生态危机压力	2141	1.00	5.00	3.2542	0.73149
国际性危机压力	2138	1.00	4.67	3.0642	0.47703
有效的N（列表状态）	2119				

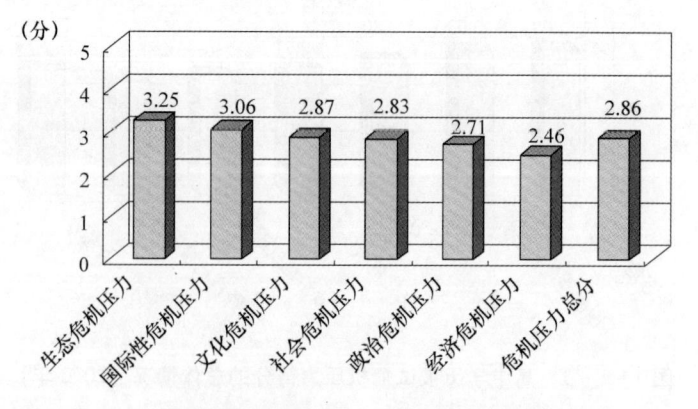

图4-1-4　高中学历被试危机压力得分的总体情况（2016年）

第四章 危机压力的差异比较：学历

2012年问卷调查结果显示，大专及以上学历被试危机压力的总体得分在1.22—4.49分之间，均值为2.82，标准差为0.48。在六种危机压力中，大专及以上学历被试的政治危机压力得分在1.00—4.67分之间，均值为2.50，标准差为0.65；经济危机压力得分在1.00—5.00分之间，均值为2.47，标准差为0.74；社会危机压力得分在1.00—5.00分之间，均值为2.87，标准差为0.75；文化危机压力得分在1.00—5.00分之间，均值为2.78，标准差为0.63；生态危机压力得分在1.00—5.00分之间，均值为3.26，标准差为0.90；国际性危机压力得分在1.00—4.67分之间，均值为3.03，标准差为0.48（见表4-1-5和图4-1-5）。

表4-1-5　大专及以上学历被试的危机压力总体描述统计（2012年）

项目	N	极小值	极大值	均值	标准差
危机压力总分	1193	1.22	4.49	2.8182	0.47694
政治危机压力	1197	1.00	4.67	2.5026	0.64537
经济危机压力	1198	1.00	5.00	2.4708	0.73654
社会危机压力	1198	1.00	5.00	2.8684	0.74941
文化危机压力	1197	1.00	5.00	2.7757	0.63055
生态危机压力	1199	1.00	5.00	3.2616	0.89716
国际性危机压力	1199	1.00	4.67	3.0300	0.47788
有效的 N（列表状态）	1193				

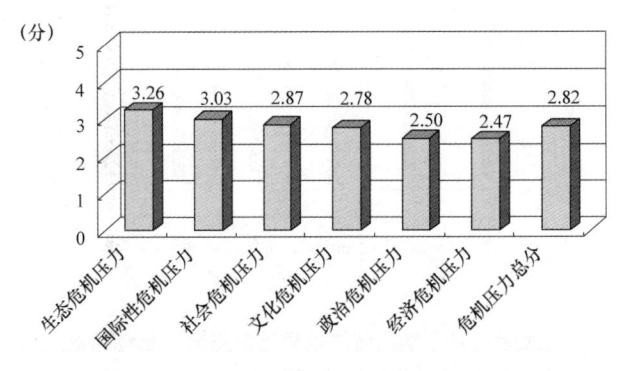

图4-1-5　大专及以上学历被试危机压力得分的总体情况（2012年）

中国政治文化研究——不同公民群体的危机压力比较

2016年问卷调查结果显示，大专及以上学历被试危机压力的总体得分在1.22—4.19分之间，均值为2.87，标准差为0.41。在六种危机压力中，大专及以上学历被试的政治危机压力得分在1.00—5.00分之间，均值为2.71，标准差为0.71；经济危机压力得分在1.00—5.00分之间，均值为2.44，标准差为0.61；社会危机压力得分在1.00—5.00分之间，均值为2.84，标准差为0.69；文化危机压力得分在1.00—4.75分之间，均值为2.88，标准差为0.64；生态危机压力得分在1.00—5.00分之间，均值为3.32，标准差为0.73；国际性危机压力得分在1.33—4.67分之间，均值为3.04，标准差为0.45（见表4-1-6和图4-1-6）。

表4-1-6　大专及以上学历被试的危机压力总体描述统计（2016年）

项目	N	极小值	极大值	均值	标准差
危机压力总分	1524	1.22	4.19	2.8707	0.41462
政治危机压力	1534	1.00	5.00	2.7103	0.71090
经济危机压力	1531	1.00	5.00	2.4448	0.60576
社会危机压力	1532	1.00	5.00	2.8420	0.69439
文化危机压力	1534	1.00	4.75	2.8765	0.63632
生态危机压力	1534	1.00	5.00	3.3173	0.73287
国际性危机压力	1534	1.33	4.67	3.0400	0.44661
有效的N（列表状态）	1524				

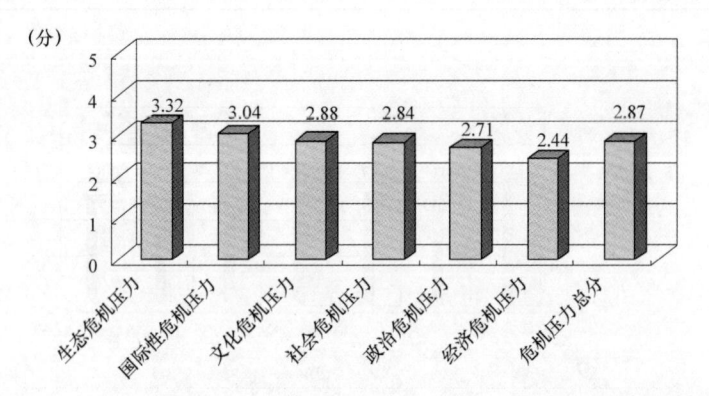

图4-1-6　大专及以上学历被试危机压力得分的总体情况（2016年）

第四章 危机压力的差异比较：学历

六种危机压力由高到低的得分排序，2012年问卷调查显示高中学历被试和大专及以上学历被试都是生态危机压力第一，国际性危机压力第二，社会危机压力第三，文化危机压力第四，政治危机压力第五，经济危机压力第六；初中及以下学历被试是国际性危机压力第一，生态危机压力第二，社会危机压力第三，文化危机压力第四，政治危机压力第五，经济危机压力第六（前两位排序有所不同）。2016年问卷调查则显示不同学历被试的六种危机压力由高到低的得分排序，都是生态危机压力第一，国际性危机压力第二，文化危机压力第三，社会危机压力第四，政治危机压力第五，经济危机压力第六。

二 不同学历被试的政治危机压力比较

对不同学历被试政治危机压力得分的差异性进行方差分析（见表4-2-1、表4-2-2、表4-2-3和图4-2），2012年问卷调查显示不同学历被试的政治危机压力得分之间差异显著，$F=9.661$，$p<0.001$，初中及以下学历被试（$M=2.59$，$SD=0.65$）的得分显著高于高中学历被试（$M=2.53$，$SD=0.66$）和大专及以上学历被试（$M=2.50$，$SD=0.65$），高中学历被试与大专及以上学历被试之间的得分差异不显著。2016年问卷调查则显示不同学历被试的政治危机压力得分之间差异不显著。

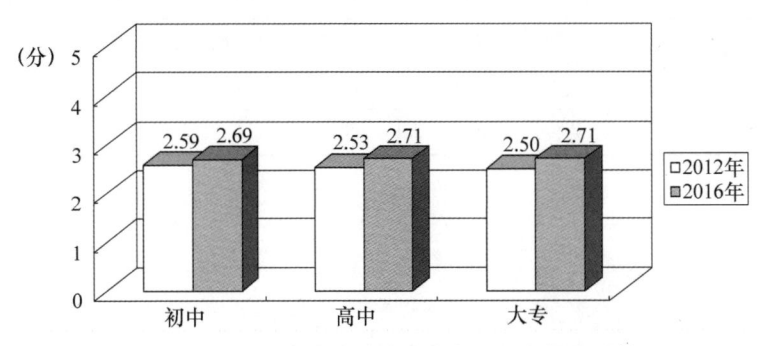

图4-2 不同学历被试的政治危机压力得分比较

表4-2-1　　　不同学历被试政治危机压力得分的差异比较

2012年问卷调查		N	均值	标准差	标准误	95% 置信区间 下限	95% 置信区间 上限	极小值	极大值
政治危机压力	初中	3398	2.5894	0.64531	0.01107	2.5677	2.6111	1.00	5.00
	高中	1552	2.5311	0.65847	0.01671	2.4984	2.5639	1.00	4.33
	大专	1197	2.5026	0.64537	0.01865	2.4660	2.5392	1.00	4.67
	总数	6147	2.5578	0.64958	0.00829	2.5415	2.5740	1.00	5.00
2016年问卷调查		N	均值	标准差	标准误	95% 置信区间 下限	95% 置信区间 上限	极小值	极大值
政治危机压力	初中	2898	2.6876	0.69766	0.01296	2.6622	2.7130	1.00	4.67
	高中	2143	2.7073	0.69952	0.01511	2.6776	2.7369	1.00	4.67
	大专	1534	2.7103	0.71090	0.01815	2.6747	2.7459	1.00	5.00
	总数	6575	2.6993	0.70135	0.00865	2.6824	2.7163	1.00	5.00

表4-2-2　　　不同学历被试政治危机压力得分的方差分析结果

2012年问卷调查		平方和	df	均方	F	显著性
政治危机压力	组间	8.130	2	4.065	9.661	0.000
	组内	2585.210	6144	0.421		
	总数	2593.340	6146			
2016年问卷调查		平方和	df	均方	F	显著性
政治危机压力	组间	0.720	2	0.360	0.731	0.481
	组内	3232.938	6572	0.492		
	总数	3233.658	6574			

表4-2-3　　　　不同学历被试政治危机压力得分的多重比较

2012年问卷调查	(I)学历	(J)学历	均值差(I-J)	标准误	显著性	95%置信区间 下限	95%置信区间 上限
政治危机压力	初中	高中	0.05822*	0.01987	0.003	0.0193	0.0972
		大专	0.08672*	0.02180	0.000	0.0440	0.1295
	高中	初中	-0.05822*	0.01987	0.003	-0.0972	-0.0193
		大专	0.02850	0.02495	0.253	-0.0204	0.0774
	大专	初中	-0.08672*	0.02180	0.000	-0.1295	-0.0440
		高中	-0.02850	0.02495	0.253	-0.0774	0.0204

2016年问卷调查	(I)学历	(J)学历	均值差(I-J)	标准误	显著性	95%置信区间 下限	95%置信区间 上限
政治危机压力	初中	高中	-0.01966	0.01998	0.325	-0.0588	0.0195
		大专	-0.02274	0.02215	0.304	-0.0662	0.0207
	高中	初中	0.01966	0.01998	0.325	-0.0195	0.0588
		大专	-0.00308	0.02346	0.896	-0.0491	0.0429
	大专	初中	0.02274	0.02215	0.304	-0.0207	0.0662
		高中	0.00308	0.02346	0.896	-0.0429	0.0491

*. 均值差的显著性水平为0.05。

2016年与2012年相比，初中及以下学历被试政治危机压力的得分上升0.10分，高中学历被试政治危机压力的得分上升0.18分，大专及以上学历被试政治危机压力的得分上升0.21分（见表4-2-4）。正是由于大专及以上学历被试和高中学历被试得分上升的幅度远大于初中及以下学历被试，将初中及以下学历被试的得分由2012年的最高分变成了2016年的最低分，使得不同学历被试的政治危机压力得分差异由显著变成了不显著。

表4-2-4　　　　不同学历被试政治危机压力得分的变化

项目	2012年问卷调查	2016年问卷调查	2016年比2012年增减
初中	2.59	2.69	+0.10
高中	2.53	2.71	+0.18
大专	2.50	2.71	+0.21

三 不同学历被试的经济危机压力比较

对不同学历被试经济危机压力得分的差异性进行方差分析（见表4-3-1、表4-3-2、表4-3-3和图4-3），2012年问卷调查显示不同学历被试的经济危机压力得分之间差异显著，$F=51.636$，$p<0.001$，初中及以下学历被试（$M=2.24$，$SD=0.68$）的得分显著低于高中学历被试（$M=2.36$，$SD=0.70$）和大专及以上学历被试（$M=2.47$，$SD=0.74$），高中学历被试的得分显著低于大专及以上学历被试。2016年问卷调查也显示不同学历被试的经济危机压力得分之间差异显著，$F=5.749$，$p<0.01$，初中及以下学历被试（$M=2.40$，$SD=0.62$）的得分显著低于高中学历被试（$M=2.46$，$SD=0.63$）和大专及以上学历被试（$M=2.44$，$SD=0.61$），大专及以上学历被试与高中学历被试之间的得分差异不显著。

表4-3-1　　　　　不同学历被试经济危机压力得分的差异比较

2012年问卷调查		N	均值	标准差	标准误	95%置信区间下限	95%置信区间上限	极小值	极大值
经济危机压力	初中	3398	2.2420	0.68122	0.01169	2.2191	2.2649	1.00	5.00
	高中	1551	2.3585	0.69798	0.01772	2.3237	2.3932	1.00	5.00
	大专	1198	2.4708	0.73654	0.02128	2.4290	2.5125	1.00	5.00
	总数	6147	2.3160	0.70226	0.00896	2.2984	2.3335	1.00	5.00
2016年问卷调查		N	均值	标准差	标准误	95%置信区间下限	95%置信区间上限	极小值	极大值
经济危机压力	初中	2891	2.3988	0.62310	0.01159	2.3761	2.4215	1.00	5.00
	高中	2135	2.4550	0.63107	0.01366	2.4282	2.4817	1.00	5.00
	大专	1531	2.4448	0.60576	0.01548	2.4144	2.4752	1.00	5.00
	总数	6557	2.4278	0.62217	0.00768	2.4128	2.4429	1.00	5.00

第四章 危机压力的差异比较：学历

表4-3-2　　　不同学历被试经济危机压力得分的方差分析结果

2012年问卷调查		平方和	df	均方	F	显著性
经济危机压力	组间	50.106	2	25.053	51.636	0.000
	组内	2980.932	6144	0.485		
	总数	3031.038	6146			
2016年问卷调查		平方和	df	均方	F	显著性
经济危机压力	组间	4.445	2	2.222	5.749	0.003
	组内	2533.327	6554	0.387		
	总数	2537.772	6556			

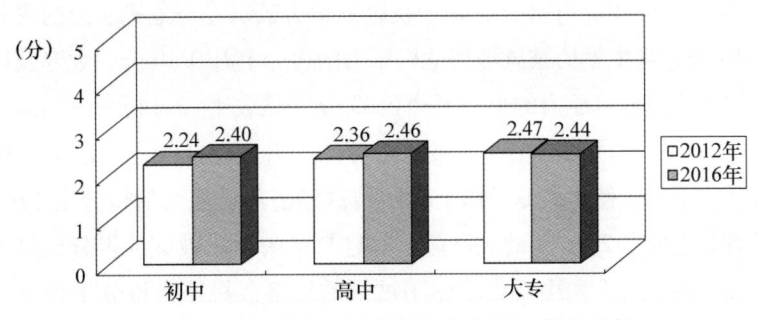

图4-3　不同学历被试的经济危机压力得分比较

表4-3-3　　　不同学历被试经济危机压力得分的多重比较

2012年问卷调查	(I) 学历	(J) 学历	均值差(I-J)	标准误	显著性	95%置信区间下限	95%置信区间上限
经济危机压力	初中	高中	-0.11647*	0.02134	0.000	-0.1583	0.0746
		大专	-0.22878*	0.02340	0.000	-0.2747	-0.1829
	高中	初中	0.11647*	0.02134	0.000	0.0746	0.1583
		大专	-0.11231*	0.02679	0.000	-0.1648	-0.0598
	大专	初中	0.22878*	0.02340	0.000	0.1829	0.2747
		高中	0.11231*	0.02679	0.000	0.0598	0.1648

续表

2016年问卷调查	(I)学历	(J)学历	均值差（I-J）	标准误	显著性	95% 置信区间 下限	上限
经济危机压力	初中	高中	-0.05613*	0.01774	0.002	-0.0909	-0.0214
	初中	大专	-0.04598*	0.01965	0.019	-0.0845	-0.0075
	高中	初中	0.05613*	0.01774	0.002	0.0214	0.0909
	高中	大专	0.01015	0.02082	0.626	-0.0307	0.0510
	大专	初中	0.04598*	0.01965	0.019	0.0075	0.0845
	大专	高中	-0.01015	0.02082	0.626	-0.0510	0.0307

*. 均值差的显著性水平为0.05。

2016年与2012年相比，初中及以下学历被试经济危机压力的得分上升0.16分，高中学历被试经济危机压力的得分上升0.10分，大专及以上学历被试经济危机压力的得分下降0.03分（见表4-3-4）。正是由于初中及以下学历被试和高中学历被试得分的上升，以及大专及以上学历被试得分的下降，使得大专及以上学历被试经济危机压力的得分由2012年的最高分变成了2016年的次高分，并且与高中学历被试的得分差异由显著变成了不显著。初中及以下学历被试的经济危机压力得分尽管有较大幅度的上升，但还是维持了得分显著低于另两种学历被试的状态。

表4-3-4　　不同学历被试经济危机压力得分的变化

项目	2012年问卷调查	2016年问卷调查	2016年比2012年增减
初中	2.24	2.40	+0.16
高中	2.36	2.46	+0.10
大专	2.47	2.44	-0.03

四　不同学历被试的社会危机压力比较

对不同学历被试社会危机压力得分的差异性进行方差分析（见表

第四章 危机压力的差异比较：学历

4-4-1、表4-4-2、表4-4-3和图4-4)，2012年问卷调查显示不同学历被试的政治危机压力得分之间差异不显著，但是大专及以上学历被试（$M=2.87$，$SD=0.75$）的得分显著高于高中学历被试（$M=2.80$，$SD=0.73$），与初中及以下学历被试（$M=2.84$，$SD=0.69$）之间的得分差异不显著。2016年问卷调查也显示不同学历被试的社会危机压力得分之间的差异不显著。

表4-4-1　　　　不同学历被试社会危机压力得分的差异比较

2012年问卷调查		N	均值	标准差	标准误	95%置信区间		极小值	极大值
						下限	上限		
社会危机压力	初中	3400	2.8351	0.69466	0.01191	2.8117	2.8585	1.00	5.00
	高中	1552	2.8048	0.72606	0.01843	2.7686	2.8409	1.00	5.00
	大专	1198	2.8684	0.74941	0.02165	2.8259	2.9109	1.00	5.00
	总数	6150	2.8339	0.71378	0.00910	2.8161	2.8518	1.00	5.00

2016年问卷调查		N	均值	标准差	标准误	95%置信区间		极小值	极大值
						下限	上限		
社会危机压力	初中	2894	2.8082	0.70956	0.01319	2.7824	2.8341	1.00	5.00
	高中	2139	2.8312	0.70680	0.01528	2.8013	2.8612	1.00	5.00
	大专	1532	2.8420	0.69439	0.01774	2.8072	2.8768	1.00	5.00
	总数	6565	2.8236	0.70519	0.00870	2.8065	2.8407	1.00	5.00

表4-4-2　　　　不同学历被试社会危机压力得分的方差分析结果

2012年问卷调查		平方和	df	均方	F	显著性
社会危机压力	组间	2.747	2	1.374	2.698	0.067
	组内	3130.084	6147	0.509		
	总数	3132.831	6149			
2016年问卷调查		平方和	df	均方	F	显著性
社会危机压力	组间	1.329	2	0.665	1.337	0.263
	组内	3262.855	6562	0.497		
	总数	3264.185	6564			

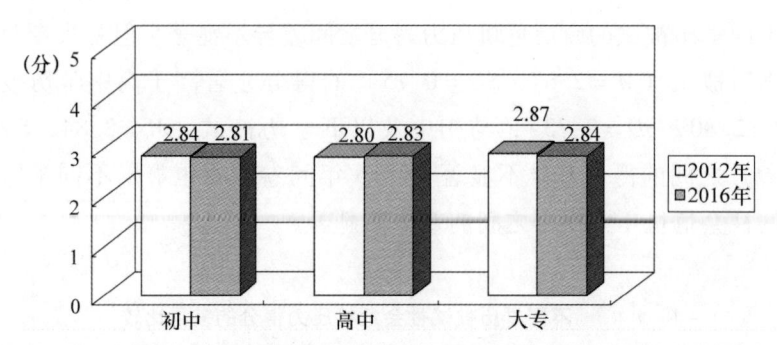

中国政治文化研究——不同公民群体的危机压力比较

图 4-4 不同学历被试的社会危机压力得分比较

表 4-4-3　　不同学历被试社会危机压力得分的多重比较

2012年问卷调查	(I) 学历	(J) 学历	均值差(I-J)	标准误	显著性	95% 置信区间 下限	95% 置信区间 上限
社会危机压力	初中	高中	0.03033	0.02186	0.165	-0.0125	0.0732
		大专	-0.03329	0.02398	0.165	-0.0803	0.0137
	高中	初中	-0.03033	0.02186	0.165	-0.0732	0.0125
		大专	-0.06362*	0.02744	0.020	-0.1174	-0.0098
	大专	初中	0.03329	0.02398	0.165	-0.0137	0.0803
		高中	0.06362*	0.02744	0.020	0.0098	0.1174

2016年问卷调查	(I) 学历	(J) 学历	均值差(I-J)	标准误	显著性	95% 置信区间 下限	95% 置信区间 上限
社会危机压力	初中	高中	-0.02301	0.02011	0.253	-0.0624	0.0164
		大专	-0.03381	0.02228	0.129	-0.0775	0.0099
	高中	初中	0.02301	0.02011	0.253	-0.0164	0.0624
		大专	-0.01081	0.02360	0.647	-0.0571	0.0355
	大专	初中	0.03381	0.02228	0.129	-0.0099	0.0775
		高中	0.01081	0.02360	0.647	-0.0355	0.0571

*. 均值差的显著性水平为 0.05。

2016年与2012年相比，初中及以下学历被试社会危机压力的得分下降 0.03 分，高中学历被试社会危机压力的得分上升 0.03 分，大专及以上学历被试社会危机压力的得分下降 0.03 分（见表 4-4-4）。初中及以下学历被试和大专及以上学历被试得分的下降，以及高中学历被试得分的上升，使得不同学历被试之间的得分差距缩小，并延续了总体性的社会危机压力得分差异不显著的状态。

表 4-4-4　　　不同学历被试社会危机压力得分的变化

项目	2012 年问卷调查	2016 年问卷调查	2016 年比 2012 年增减
初中	2.84	2.81	-0.03
高中	2.80	2.83	+0.03
大专	2.87	2.84	-0.03

五　不同学历被试的文化危机压力比较

对不同学历被试文化危机压力得分的差异性进行方差分析（见表 4-5-1、表 4-5-2、表 4-5-3 和图 4-5），2012 年问卷调查显示不同学历被试的文化危机压力得分之间差异显著，$F = 6.205$，$p < 0.01$，高中学历被试（$M = 2.71$，$SD = 0.61$）的得分显著低于初中及以下学历被试（$M = 2.77$，$SD = 0.60$）和大专及以上学历被试（$M = 2.78$，$SD = 0.63$），初中及以下学历被试与大专及以上学历被试之间的得分差异不显著。2016 年问卷调查也显示不同学历被试的文化危机压力得分之间差异显著，$F = 5.103$，$p < 0.01$，初中及以下学历被试（$M = 2.82$，$SD = 0.64$）的得分显著低于高中学历被试（$M = 2.87$，$SD = 0.64$）和大专及以上学历被试（$M = 2.88$，$SD = 0.64$），高中学历被试与大专及以上学历被试之间的得分差异不显著。两次调查都出现了一种学历被试的得分显著低于另两种学历被试的现象，只是最低得分者由 2012 年的高中学历被试变成了 2016 年的初中及以下学历被试。

表4-5-1　　不同学历被试文化危机压力得分的差异比较

2012年问卷调查		N	均值	标准差	标准误	95%置信区间 下限	95%置信区间 上限	极小值	极大值
文化危机压力	初中	3396	2.7713	0.59759	0.01025	2.7512	2.7914	1.00	5.00
	高中	1548	2.7098	0.60564	0.01539	2.6796	2.7400	1.00	5.00
	大专	1197	2.7757	0.63055	0.01823	2.7399	2.8114	1.00	5.00
	总数	6141	2.7566	0.60668	0.00774	2.7415	2.7718	1.00	5.00

2016年问卷调查		N	均值	标准差	标准误	95%置信区间 下限	95%置信区间 上限	极小值	极大值
文化危机压力	初中	2895	2.8245	0.63501	0.01180	2.8014	2.8477	1.00	5.00
	高中	2142	2.8741	0.64037	0.01384	2.8469	2.9012	1.00	4.50
	大专	1534	2.8765	0.63632	0.01625	2.8446	2.9083	1.00	4.75
	总数	6571	2.8528	0.63747	0.00786	2.8374	2.8682	1.00	5.00

表4-5-2　　不同学历被试文化危机压力得分的方差分析结果

2012年问卷调查		平方和	df	均方	F	显著性
文化危机压力	组间	4.560	2	2.280	6.205	0.002
	组内	2255.357	6138	0.367		
	总数	2259.917	6140			

2016年问卷调查		平方和	df	均方	F	显著性
文化危机压力	组间	4.142	2	2.071	5.103	0.006
	组内	2665.666	6568	0.406		
	总数	2669.808	6570			

表4-5-3　　不同学历被试文化危机压力得分的多重比较

2012年问卷调查	(I)学历	(J)学历	均值差(I-J)	标准误	显著性	95%置信区间 下限	95%置信区间 上限
文化危机压力	初中	高中	0.06149*	0.01859	0.001	0.0250	0.0979
	初中	大专	-0.00441	0.02038	0.828	-0.0444	0.0355
	高中	初中	-0.06149*	0.01859	0.001	-0.0979	-0.0250
	高中	大专	-0.06590*	0.02333	0.005	-0.1116	-0.0202
	大专	初中	0.00441	0.02038	0.828	-0.0355	0.0444
	大专	高中	0.06590*	0.02333	0.005	0.0202	0.1116
2016年问卷调查	(I)学历	(J)学历	均值差(I-J)	标准误	显著性	95%置信区间 下限	95%置信区间 上限
文化危机压力	初中	高中	-0.04954*	0.01816	0.006	-0.0851	-0.0139
	初中	大专	-0.05194*	0.02012	0.010	-0.0914	-0.0125
	高中	初中	0.04954*	0.01816	0.006	0.0139	0.0851
	高中	大专	-0.00240	0.02131	0.910	-0.0442	0.0394
	大专	初中	0.05194*	0.02012	0.010	0.0125	0.0914
	大专	高中	0.00240	0.02131	0.910	-0.0394	0.0442

*. 均值差的显著性水平为0.05。

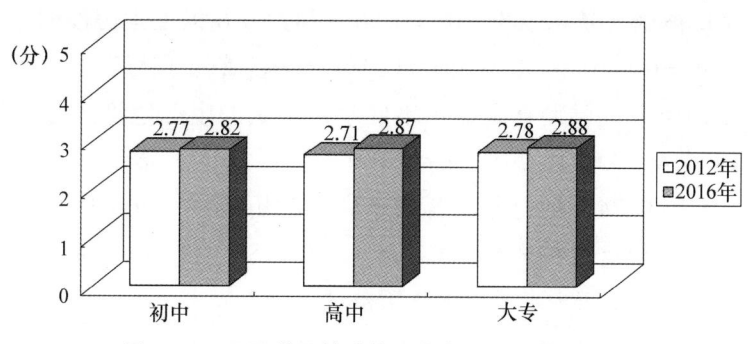

图4-5　不同学历被试的文化危机压力得分比较

2016年与2012年相比，初中及以下学历被试文化危机压力的得分上升0.05分，高中学历被试文化危机压力的得分上升0.16分，大专及以上学历被试文化危机压力的得分上升0.10分（见表4-5-4）。由于初中及以下学历被试的得分增幅远小于高中和大专及以上学历被试，使其在2016年成为文化危机压力的最低得分者并显著低于另两种学历被试。

表4-5-4　　　　不同学历被试文化危机压力得分的变化

项目	2012年问卷调查	2016年问卷调查	2016年比2012年增减
初中	2.77	2.82	+0.05
高中	2.71	2.87	+0.16
大专	2.78	2.88	+0.10

六　不同学历被试的生态危机压力比较

对不同学历被试生态危机压力得分的差异性进行方差分析（见表4-6-1、表4-6-2、表4-6-3和图4-6），2012年问卷调查显示不同学历被试的生态危机压力得分之间差异显著，$F=37.790$，$p<0.001$，初中及以下学历被试（$M=3.01$，$SD=0.86$）的得分显著低于高中学历被试（$M=3.08$，$SD=0.88$）和大专及以上学历被试（$M=3.26$，$SD=0.90$），高中学历被试的得分亦显著低于大专及以上学历被试。2016年问卷调查也显示不同学历被试的生态危机压力得分之间差异显著，$F=21.201$，$p<0.001$，初中及以下学历被试（$M=3.17$，$SD=0.74$）的得分显著低于高中学历被试（$M=3.25$，$SD=0.73$）和大专及以上学历被试（$M=3.32$，$SD=0.73$），高中学历被试的得分显著低于大专及以上学历被试。

表4-6-1　　　　不同学历被试生态危机压力得分的差异比较

2012年问卷调查		N	均值	标准差	标准误	95% 置信区间 下限	95% 置信区间 上限	极小值	极大值
生态危机压力	初中	3401	3.0071	0.86036	0.01475	2.9781	3.0360	1.00	5.00
	高中	1552	3.0818	0.87917	0.02232	3.0381	3.1256	1.00	5.00
	大专	1199	3.2616	0.89716	0.02591	3.2108	3.3124	1.00	5.00
	总数	6152	3.0755	0.87760	0.01119	3.0536	3.0975	1.00	5.00

2016年问卷调查		N	均值	标准差	标准误	95% 置信区间 下限	95% 置信区间 上限	极小值	极大值
生态危机压力	初中	2896	3.1709	0.74248	0.01380	3.1439	3.1980	1.00	5.00
	高中	2141	3.2542	0.73149	0.01581	3.2232	3.2852	1.00	5.00
	大专	1534	3.3173	0.73287	0.01871	3.2805	3.3540	1.00	5.00
	总数	6571	3.2322	0.73894	0.00912	3.2144	3.2501	1.00	5.00

表4-6-2　　　　不同学历被试生态危机压力得分的方差分析结果

2012年问卷调查		平方和	df	均方	F	显著性
生态危机压力	组间	57.522	2	28.761	37.790	0.000
	组内	4679.825	6149	0.761		
	总数	4737.348	6151			
2016年问卷调查		平方和	df	均方	F	显著性
生态危机压力	组间	23.011	2	11.505	21.201	0.000
	组内	3564.380	6568	0.543		
	总数	3587.391	6570			

表4-6-3　　　　不同学历被试生态危机压力得分的多重比较

2012年问卷调查	(I)学历	(J)学历	均值差(I-J)	标准误	显著性	95%置信区间 下限	95%置信区间 上限
生态危机压力	初中	高中	-0.07477*	0.02672	0.005	-0.1272	-0.0224
	初中	大专	-0.25455*	0.02930	0.000	-0.3120	-0.1971
	高中	初中	0.07477*	0.02672	0.005	0.0224	0.1272
	高中	大专	-0.17978*	0.03354	0.000	-0.2455	-0.1140
	大专	初中	0.25455*	0.02930	0.000	0.1971	0.3120
	大专	高中	0.17978*	0.03354	0.000	0.1140	0.2455

2016年问卷调查	(I)学历	(J)学历	均值差(I-J)	标准误	显著性	95%置信区间 下限	95%置信区间 上限
生态危机压力	初中	高中	-0.08332*	0.02100	0.000	-0.1245	-0.0422
	初中	大专	-0.14633*	0.02326	0.000	-0.1919	-0.1007
	高中	初中	0.08332*	0.02100	0.000	0.0422	0.1245
	高中	大专	-0.06301*	0.02464	0.011	-0.1113	-0.0147
	大专	初中	0.14633*	0.02326	0.000	0.1007	0.1919
	大专	高中	0.06301*	0.02464	0.011	0.0147	0.1113

*. 均值差的显著性水平为0.05。

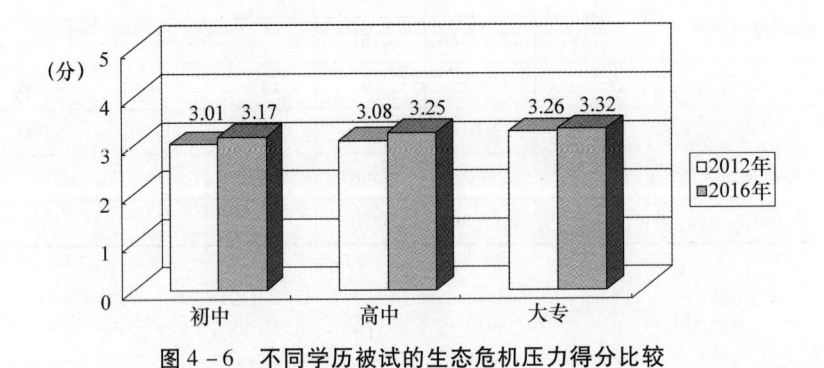

图4-6　不同学历被试的生态危机压力得分比较

2016年与2012年相比，初中及以下学历被试生态危机压力的得分上升0.16分，高中学历被试生态危机压力的得分上升0.17分，大专及以上学历被试生态危机压力的得分上升 0.06 分（见表 4-6-4）。尽管初中及以下学历和高中学历被试的得分上升幅度较大，大专及以上学历被试依然保持了得分显著高于这两种被试的状态。

表 4-6-4　　　　不同学历被试生态危机压力得分的变化

项目	2012 年问卷调查	2016 年问卷调查	2016 年比 2012 年增减
初中	3.01	3.17	+0.16
高中	3.08	3.25	+0.17
大专	3.26	3.32	+0.06

七　不同学历被试的国际性危机压力比较

对不同学历被试国际性危机压力得分的差异性进行方差分析（见表 4-7-1、表 4-7-2、表 4-7-3 和图 4-7），2012 年问卷调查显示不同学历被试的国际性危机压力得分之间差异不显著。2016 年问卷调查则显示不同学历被试的国际性危机压力得分之间差异显著，$F=6.781$，$p<0.01$，高中学历被试（$M=3.06$，$SD=0.48$）的得分显著高于初中及以下学历被试（$M=3.01$，$SD=0.51$），与大专及以上学历被试（$M=3.04$，$SD=0.45$）之间的得分差异不显著，初中及以下学历被试与大专及以上学历被试之间的得分差异不显著。

表 4-7-1　　　　不同学历被试国际性危机压力得分的差异比较

2012 年问卷调查		N	均值	标准差	标准误	95% 置信区间 下限	95% 置信区间 上限	极小值	极大值
国际性危机压力	初中	3395	3.0185	0.50408	0.00865	3.0015	3.0354	1.00	5.00
	高中	1552	3.0253	0.48879	0.01241	3.0010	3.0497	1.00	5.00
	大专	1199	3.0300	0.47788	0.01380	3.0029	3.0571	1.00	4.67
	总数	6146	3.0225	0.49516	0.00632	3.0101	3.0348	1.00	5.00

续表

2016年问卷调查		N	均值	标准差	标准误	95% 置信区间		极小值	极大值
						下限	上限		
国际性危机压力	初中	2892	3.0136	0.50795	0.00945	2.9951	3.0321	1.00	5.00
	高中	2138	3.0642	0.47703	0.01032	3.0440	3.0845	1.00	4.67
	大专	1534	3.0400	0.44661	0.01140	3.0176	3.0623	1.33	4.67
	总数	6564	3.0363	0.48459	0.00598	3.0245	3.0480	1.00	5.00

表 4-7-2　　不同学历被试国际性危机压力得分的方差分析结果

2012年问卷调查		平方和	df	均方	F	显著性
国际性危机压力	组间	0.136	2	0.068	0.277	0.758
	组内	1506.543	6143	0.245		
	总数	1506.679	6145			

2016年问卷调查		平方和	df	均方	F	显著性
国际性危机压力	组间	3.179	2	1.590	6.781	0.001
	组内	1537.969	6561	0.234		
	总数	1541.148	6563			

表 4-7-3　　不同学历被试国际性危机压力得分的多重比较

2012年问卷调查	(I) 学历	(J) 学历	均值差 (I-J)	标准误	显著性	95% 置信区间	
						下限	上限
国际性危机压力	初中	高中	-0.00689	0.01517	0.650	-0.0366	0.0229
		大专	-0.01157	0.01664	0.487	-0.0442	0.0210
	高中	初中	0.00689	0.01517	0.650	-0.0229	0.0366
		大专	-0.00468	0.01904	0.806	-0.0420	0.0326
	大专	初中	0.01157	0.01664	0.487	-0.0210	0.0442
		高中	0.00468	0.01904	0.806	-0.0326	0.0420

第四章 危机压力的差异比较：学历

续表

2016年问卷调查	(I) 学历	(J) 学历	均值差(I-J)	标准误	显著性	95% 置信区间 下限	95% 置信区间 上限
国际性危机压力	初中	高中	-0.05063*	0.01381	0.000	-0.0777	-0.0236
	初中	大专	-0.02638	0.01529	0.085	-0.0564	0.0036
	高中	初中	0.05063*	0.01381	0.000	0.0236	0.0777
	高中	大专	0.02425	0.01620	0.134	-0.0075	0.0560
	大专	初中	0.02638	0.01529	0.085	-0.0036	0.0564
	大专	高中	-0.02425	0.01620	0.134	-0.0560	0.0075

*. 均值差的显著性水平为0.05。

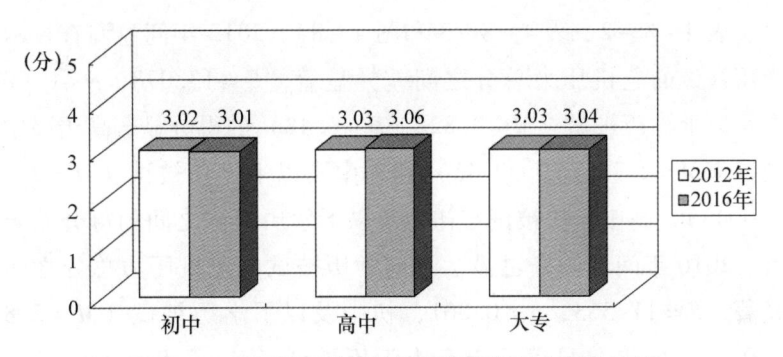

图 4-7 不同学历被试的国际性危机压力得分比较

2016年与2012年相比，初中及以下学历被试国际性危机压力的得分下降0.01分，高中学历被试国际性危机压力的得分上升0.03分，大专及以上学历被试国际性危机压力的得分上升0.01分（见表4-7-4）。由于初中及以下学历被试的得分下降和高中学历被试的得分上升，拉开了两者的得分差距，使得这两种被试的得分差异由2012年的不显著变成了2016年的显著。

表4-7-4　　　　不同学历被试国际性危机压力得分的变化

项目	2012年问卷调查	2016年问卷调查	2016年比2012年增减
初中	3.02	3.01	-0.01
高中	3.03	3.06	+0.03
大专	3.03	3.04	+0.01

八　不同学历被试的危机压力总分比较

对不同学历被试危机压力总分的差异性进行方差分析（见表4-8-1、表4-8-2、表4-8-3和图4-8），2012年问卷调查显示不同学历被试的危机压力总分之间差异显著，$F=13.078$，$p<0.001$，大专及以上学历被试（$M=2.82$，$SD=0.48$）的得分显著高于高中学历被试（$M=2.75$，$SD=0.45$）和初中及以下学历被试（$M=2.74$，$SD=0.43$），高中学历被试与初中及以下学历被试之间的得分差异不显著。2016年问卷调查也显示不同学历被试的危机压力总分之间差异显著，$F=11.563$，$p<0.001$，初中及以下学历被试（$M=2.82$，$SD=0.41$）的得分显著低于高中学历被试（$M=2.86$，$SD=0.42$）和大专及以上学历被试（$M=2.87$，$SD=0.42$），高中学历被试与大专及以上学历被试之间的得分差异不显著。

表4-8-1　　　　不同学历被试危机压力总分的差异比较

2012年问卷调查		N	均值	标准差	标准误	95%置信区间下限	95%置信区间上限	极小值	极大值
危机压力总分	初中	3375	2.7430	0.42728	0.00735	2.7285	2.7574	1.22	4.50
	高中	1544	2.7513	0.45111	0.01148	2.7288	2.7738	1.36	4.33
	大专	1193	2.8182	0.47694	0.01381	2.7911	2.8453	1.22	4.49
	总数	6112	2.7598	0.44429	0.00568	2.7486	2.7709	1.22	4.50

第四章　危机压力的差异比较：学历

续表

2016年问卷调查		N	均值	标准差	标准误	95% 置信区间 下限	95% 置信区间 上限	极小值	极大值
危机压力总分	初中	2872	2.8162	0.41280	0.00770	2.8011	2.8313	1.28	4.14
	高中	2119	2.8617	0.41520	0.00902	2.8441	2.8794	1.32	3.86
	大专	1524	2.8707	0.41462	0.01062	2.8498	2.8915	1.22	4.19
	总数	6515	2.8438	0.41468	0.00514	2.8337	2.8538	1.22	4.19

表4-8-2　　不同学历被试危机压力总分的方差分析结果

2012年问卷调查		平方和	df	均方	F	显著性
危机压力总分	组间	5.143	2	2.571	13.078	0.000
	组内	1201.146	6109	0.197		
	总数	1206.289	6111			

2016年问卷调查		平方和	df	均方	F	显著性
危机压力总分	组间	3.964	2	1.982	11.563	0.000
	组内	1116.168	6512	0.171		
	总数	1120.132	6514			

表4-8-3　　不同学历被试危机压力总分的多重比较

2012年问卷调查	(I)学历	(J)学历	均值差(I-J)	标准误	显著性	95% 置信区间 下限	95% 置信区间 上限
危机压力总分	初中	高中	-0.00834	0.01362	0.540	-0.0350	0.0184
		大专	-0.07528*	0.01494	0.000	-0.1046	-0.0460
	高中	初中	0.00834	0.01362	0.540	-0.0184	0.0350
		大专	-0.06694*	0.01709	0.000	-0.1004	-0.0334
	大专	初中	0.07528*	0.01494	0.000	0.0460	0.1046
		高中	0.06694*	0.01709	0.000	0.0334	0.1004

续表

2016年问卷调查	(I) 学历	(J) 学历	均值差(I-J)	标准误	显著性	95% 置信区间 下限	上限
危机压力总分	初中	高中	-0.04550*	0.01186	0.000	-0.0687	-0.0223
		大专	-0.05443*	0.01312	0.000	-0.0801	-0.0287
	高中	初中	0.04550*	0.01186	0.000	0.0223	0.0687
		大专	-0.00892	0.01391	0.521	-0.0362	0.0183
	大专	初中	0.05443*	0.01312	0.000	0.0287	0.0801
		高中	0.00892	0.01391	0.521	-0.0183	0.0362

*. 均值差的显著性水平为0.05。

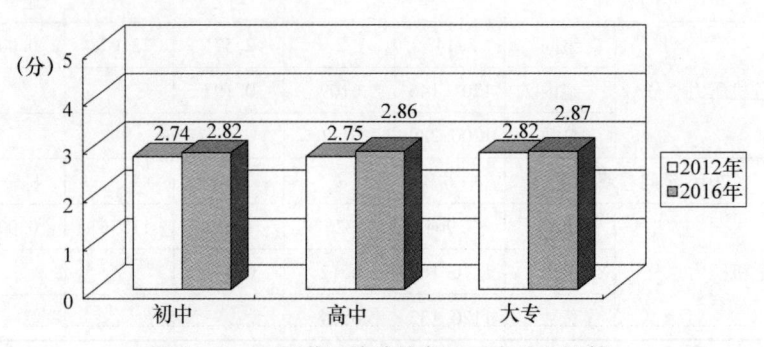

图4-8 不同学历被试的危机压力总分比较

2016年与2012年相比，初中及以下学历被试的危机总分上升0.08分，高中学历被试的危机压力总分上升0.11分，大专及以上学历被试的危机压力总分上升0.05分（见表4-8-4）。由于高中学历被试的得分上升幅度较大，缩小了其与大专及以上学历被试的得分差距，并使两者之间的得分差异由显著变成了不显著。

表4-8-4　　　　　　不同学历被试危机压力总分的变化

项目	2012年问卷调查	2016年问卷调查	2016年比2012年增减
初中	2.74	2.82	+0.08
高中	2.75	2.86	+0.11
大专	2.82	2.87	+0.05

通过本章的数据比较，可以对不同学历被试在危机压力方面所反映出来的差异做一个简单的小结。

第一，通过两次问卷调查，可以看出在危机压力方面确实存在着明显的学历差异。在危机压力总分上，2012年问卷调查显示的是大专及以上学历被试的得分显著高于初中及以下学历和高中学历被试，2016年问卷调查显示的则是初中及以下学历被试的得分显著低于大专及以上学历和高中学历被试。在危机压力方面，大致表现出了随着公民学历的提高，危机压力水平也有所提高的基本走势。

第二，六种危机压力的不同学历被试得分由高到低排序（见表4-8-5，表中括号内的数字，代表不同学历被试得分高低的排序），初中及以下学历被试由2012年的以位居第二、第三位为主（除政治危机压力得分位居第一外，另五种危机压力得分均位居第二或第三），变成了2016年的六种危机压力得分均位居第三；高中学历被试则由2012年的以位居第二、第三位为主（除国际性危机压力得分位居第一外，另五种危机压力得分均位居第二或第三），变成了2016年的以位居第一、第二位为主（政治危机压力、经济危机压力、国际性危机压力得分位居第一或并列第一，社会危机压力、文化危机压力、生态危机压力得分均位居第二）；大专及以上学历被试由2012年的五个得分位居第一（只有政治危机压力得分位居第三），变成了2016年的四个得分位居第一或并列第一（经济危机压力和国际性危机压力得分位居第二）。

表 4-8-5　　　　　　不同学历被试危机压力得分排序比较

项目	2012 年问卷调查			2016 年问卷调查		
	初中	高中	大专	初中	高中	大专
政治危机压力	2.59（1）	2.53（2）	2.50（3）	2.69（3）	2.71（1）	2.71（1）
经济危机压力	2.24（3）	2.36（2）	2.47（1）	2.40（3）	2.46（1）	2.44（2）
社会危机压力	2.84（2）	2.80（3）	2.87（1）	2.81（3）	2.83（2）	2.84（1）
文化危机压力	2.77（3）	2.71（1）	2.78（1）	2.82（3）	2.87（2）	2.88（1）
生态危机压力	3.01（3）	3.08（2）	3.26（1）	3.17（3）	3.25（2）	3.32（1）
国际性危机压力	3.02（3）	3.03（1）	3.03（1）	3.01（3）	3.06（1）	3.04（2）
危机压力总分	2.74（3）	2.75（2）	2.82（1）	2.82（3）	2.86（2）	2.87（1）

　　第三，在六种危机压力中，两次问卷调查不同学历被试得分差异都达到显著水平的有经济危机压力、文化危机压力和生态危机压力，得分差异均未达到显著水平的有社会危机压力，政治危机压力由 2012 年的得分差异显著变成了 2016 年的得分差异不显著，国际性危机压力则由 2012 年的得分差异不显著变成了 2016 年的得分差异显著。由此所反映的是危机压力的学历差异已经基本达到"全覆盖性"的水平。

　　第四，不同学历被试危机压力的得分差异，主要表现在初中及以下学历被试与高中学历、大专及以上学历被试的显著差异上。高中学历被试与大专及以上学历被试两次问卷调查得分差异均达到显著水平的只有生态危机压力，经济危机压力则由 2012 年的得分差异显著变成了 2016 年的得分差异不显著，另四种危机压力的得分差异均未达到显著水平。也就是说，从整体上看，高中学历被试与大专及以上学历被试之间的得分差异呈现的是减弱的趋势。

　　第五，两次问卷调查的得分相比，高中学历被试的六种危机压力得分都有所上升，尤其是政治危机压力、经济危机压力、文化危机压力和生态危机压力得分的较大幅度上升，导致了其危机压力总分的较大幅度上升。高中学历被试危机压力的明显增强，显然是值得注意的现象。

第六，两次问卷调查的得分相比，初中及以下学历被试的社会危机压力和国际性危机压力的得分有所下降，另四种危机压力得分均有所上升；大专及以上学历被试则是经济危机压力、社会危机压力得分有所下降，另四种危机压力得分均有所上升。与高中学历被试相比较，这两种被试危机压力的稳定性稍强一些。

第七，如果说低学历公民的危机压力较多来自于实际感受，高学历被试公民的危机压力较多来自于以知识为基础的自我推测和判断，中等学历公民的危机压力则可能既有一定的实际感受、也有一定的推测和判断，并且可能经常在两者之间游离。两次问卷调查显示的中等学历被试（高中学历被试）危机压力水平较大幅度的上升，可能就是这样的"游离"的重要表象。这样的推论是否成立，还需要做周期性的持续调查，才能给出最终的答案。

第五章 危机压力的差异比较：政治面貌

2012年问卷调查有6名被试的政治面貌信息缺失，在有政治面貌信息的6153名被试中，中共党员被试839人，占13.63%（中共党员被试在本章的表格中均标注为"党员"）；共青团员被试620人，占10.08%（共青团员被试在本章的表格中均标注为"团员"）；群众被试4694人，占76.29%（群众被试在本章的表格中均标注为"群众"）。2016年问卷调查涉及的6581名被试中，中共党员596人，占9.06%；共青团员1063人，占16.15%；群众4922人，占74.79%。根据两次问卷调查的数据，可以比较不同政治面貌被试危机压力的变化情况。

一 不同政治面貌被试危机压力的总体情况

2012年问卷调查结果显示，中共党员被试危机压力的总体得分在1.22—4.19分之间，均值为2.69，标准差为0.47。在六种危机压力中，中共党员被试的政治危机压力得分在1.00—4.33分之间，均值为2.40，标准差为0.65；经济危机压力得分在1.00—5.00分之间，均值为2.31，标准差为0.72；社会危机压力得分在1.00—5.00分之间，均值为2.75，标准差为0.76；文化危机压力得分在1.00—4.50分之间，均值为2.62，标准差为0.63；生态危机压力得分在1.00—5.00分之间，均值为3.05，标准差为0.87；国际性危机压力得分在1.00—4.33分之间，均值为3.03，标准差为0.50（见表5–1–

1 和图 5-1-1)。

表 5-1-1　中共党员被试的危机压力总体描述统计 (2012 年)

项目	N	极小值	极大值	均值	标准差
危机压力总分	835	1.22	4.19	2.6912	0.46964
政治危机压力	838	1.00	4.33	2.4006	0.65023
经济危机压力	839	1.00	5.00	2.3119	0.71952
社会危机压力	839	1.00	5.00	2.7489	0.75507
文化危机压力	837	1.00	4.50	2.6174	0.63352
生态危机压力	838	1.00	5.00	3.0489	0.87435
国际性危机压力	839	1.00	4.33	3.0258	0.49740
有效的 N (列表状态)	835				

(分)
生态危机压力 3.05　国际性危机压力 3.03　社会危机压力 2.75　文化危机压力 2.62　政治危机压力 2.40　经济危机压力 2.31　危机压力总分 2.69

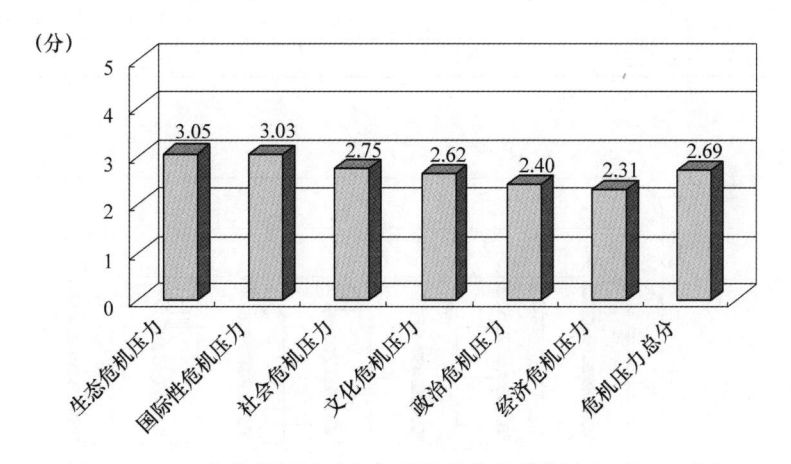

图 5-1-1　中共党员被试危机压力得分的总体情况 (2012 年)

2016 年问卷调查结果显示，中共党员被试危机压力的总体得分在 1.39—3.78 分之间，均值为 2.74，标准差为 0.44。在六种危机压力中，中共党员被试的政治危机压力得分在 1.00—4.67 分之间，均值为 2.58，标准差为 0.71；经济危机压力得分在 1.00—5.00 分之间，均值为 2.32，标准差为 0.63；社会危机压力得分在 1.00—4.33

分之间，均值为2.65，标准差为0.74；文化危机压力得分在1.00—4.25分之间，均值为2.71，标准差为0.65；生态危机压力得分在1.00—5.00分之间，均值为3.18，标准差为0.79；国际性危机压力得分在1.33—4.67分之间，均值为3.02，标准差为0.49（见表5-1-2和图5-1-2）。

表5-1-2　　　中共党员被试的危机压力总体描述统计（2016年）

项目	N	极小值	极大值	均值	标准差
危机压力总分	592	1.39	3.78	2.7416	0.43976
政治危机压力	596	1.00	4.67	2.5789	0.71186
经济危机压力	595	1.00	5.00	2.3165	0.63010
社会危机压力	595	1.00	4.33	2.6532	0.74196
文化危机压力	595	1.00	4.25	2.7147	0.65425
生态危机压力	596	1.00	5.00	3.1784	0.78813
国际性危机压力	595	1.33	4.67	3.0168	0.48750
有效的N（列表状态）	592				

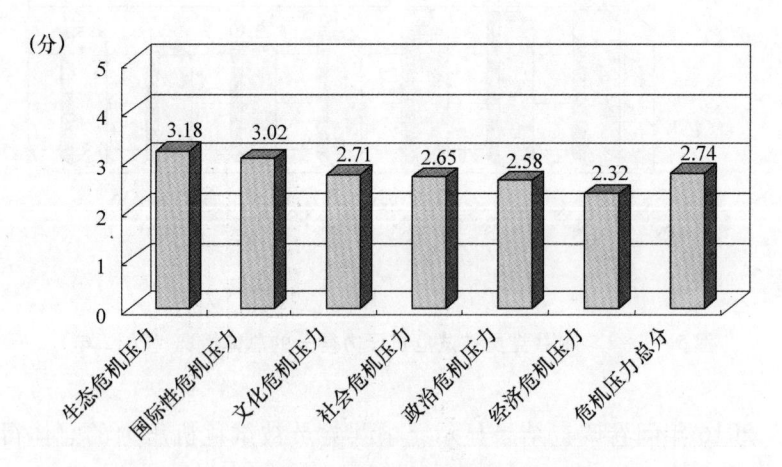

图5-1-2　中共党员被试危机压力得分的总体情况（2016年）

2012年问卷调查结果显示，共青团员被试危机压力的总体得分在1.32—4.10分之间，均值为2.84，标准差为0.40。在六种危机压

第五章 危机压力的差异比较：政治面貌

力中，共青团员被试的政治危机压力得分在 1.00—4.33 分之间，均值为 2.59，标准差为 0.58；经济危机压力得分在 1.00—5.00 分之间，均值为 2.42，标准差为 0.68；社会危机压力得分在 1.00—5.00 分之间，均值为 2.91，标准差为 0.65；文化危机压力得分在 1.00—4.75 分之间，均值为 2.79，标准差为 0.58；生态危机压力得分在 1.00—5.00 分之间，均值为 3.31，标准差为 0.82；国际性危机压力得分在 1.67—4.33 分之间，均值为 3.03，标准差为 0.49（见表 5-1-3 和图 5-1-3）。

表 5-1-3　　共青团员被试的危机压力总体描述统计（2012 年）

项目	N	极小值	极大值	均值	标准差
危机压力总分	616	1.32	4.10	2.8432	0.40252
政治危机压力	619	1.00	4.33	2.5945	0.58308
经济危机压力	619	1.00	5.00	2.4206	0.67917
社会危机压力	620	1.00	5.00	2.9129	0.65412
文化危机压力	619	1.00	4.75	2.7932	0.57879
生态危机压力	620	1.00	5.00	3.3124	0.81634
国际性危机压力	619	1.67	4.33	3.0275	0.48841
有效的 N（列表状态）	616				

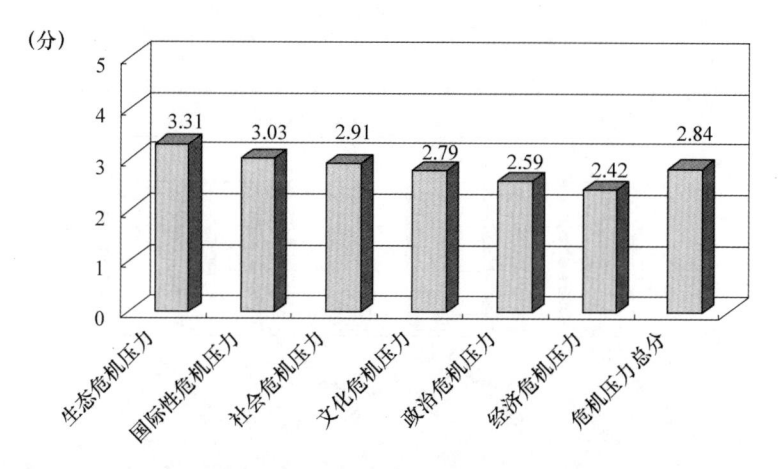

图 5-1-3　共青团员被试危机压力得分的总体情况（2012 年）

2016年问卷调查结果显示,共青团员被试危机压力的总体得分在1.44—3.78分之间,均值为2.89,标准差为0.38。在六种危机压力中,共青团员被试的政治危机压力得分在1.00—4.67分之间,均值为2.74,标准差为0.65;经济危机压力得分在1.00—4.67分之间,均值为2.46,标准差为0.58;社会危机压力得分在1.00—4.67分之间,均值为2.85,标准差为0.67;文化危机压力得分在1.00—4.75分之间,均值为2.90,标准差为0.61;生态危机压力得分在1.00—5.00分之间,均值为3.34,标准差为0.73;国际性危机压力得分在1.33—4.67分之间,均值为3.04,标准差为0.45(见表5-1-4和图5-1-4)。

表5-1-4　共青团员被试的危机压力总体描述统计（2016年）

项目	N	极小值	极大值	均值	标准差
危机压力总分	1050	1.44	3.78	2.8860	0.37600
政治危机压力	1063	1.00	4.67	2.7357	0.65179
经济危机压力	1058	1.00	4.67	2.4590	0.58329
社会危机压力	1061	1.00	4.67	2.8495	0.67002
文化危机压力	1062	1.00	4.75	2.9023	0.60913
生态危机压力	1059	1.00	5.00	3.3412	0.72987
国际性危机压力	1061	1.33	4.67	3.0434	0.44839
有效的N（列表状态）	1050				

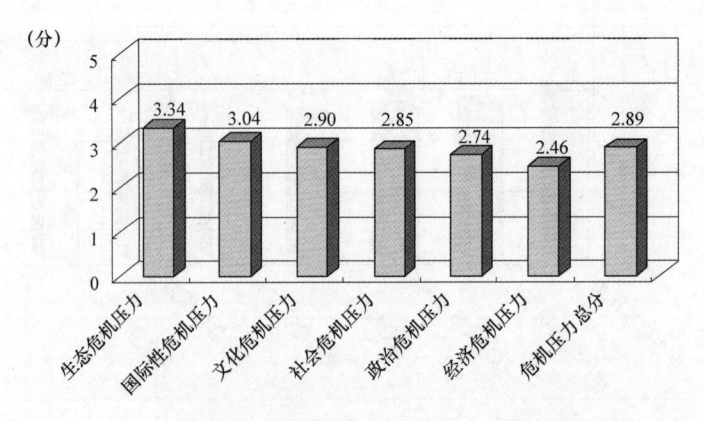

图5-1-4　共青团员被试危机压力得分的总体情况（2016年）

第五章 危机压力的差异比较：政治面貌

2012年问卷调查结果显示，群众被试危机压力的总体得分在 1.22—4.50 分之间，均值为 2.76，标准差为 0.44。在六种危机压力中，群众被试的政治危机压力得分在 1.00—5.00 分之间，均值为 2.58，标准差为 0.65；经济危机压力得分在 1.00—5.00 分之间，均值为 2.30，标准差为 0.70；社会危机压力得分在 1.00—5.00 分之间，均值为 2.84，标准差为 0.71；文化危机压力得分在 1.00—5.00 分之间，均值为 2.78，标准差为 0.60；生态危机压力得分在 1.00—5.00 分之间，均值为 3.05，标准差为 0.88；国际性危机压力得分在 1.00—5.00 分之间，均值为 3.02，标准差为 0.50（见表 5-1-5 和图 5-1-5）。

表 5-1-5　　　　群众被试的危机压力总体描述统计（2012 年）

项目	N	极小值	极大值	均值	标准差
危机压力总分	4659	1.22	4.50	2.7605	0.44343
政治危机压力	4688	1.00	5.00	2.5801	0.65463
经济危机压力	4687	1.00	5.00	2.3025	0.70125
社会危机压力	4689	1.00	5.00	2.8376	0.71314
文化危机压力	4683	1.00	5.00	2.7768	0.60226
生态危机压力	4692	1.00	5.00	3.0478	0.88164
国际性危机压力	4686	1.00	5.00	3.0213	0.49565
有效的 N（列表状态）	4659				

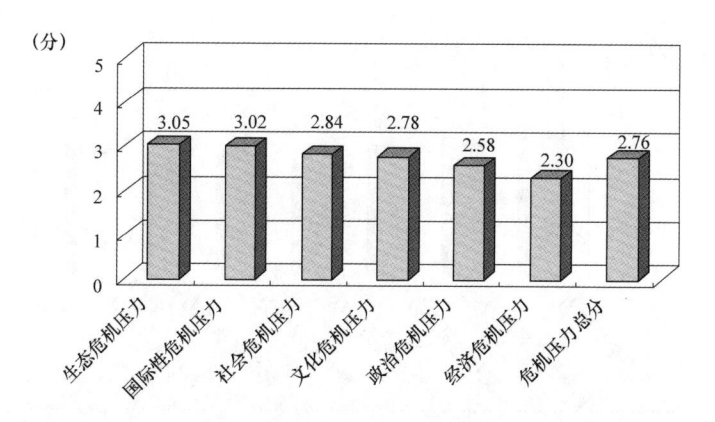

图 5-1-5　群众被试危机压力得分的总体情况（2012 年）

2016年问卷调查结果显示,群众被试危机压力的总体得分在1.22—4.19分之间,均值为2.85,标准差为0.42。在六种危机压力中,群众被试的政治危机压力得分在1.00—5.00分之间,均值为2.71,标准差为0.71;经济危机压力得分在1.00—5.00分之间,均值为2.44,标准差为0.63;社会危机压力得分在1.00—5.00分之间,均值为2.84,标准差为0.71;文化危机压力得分在1.00—5.00分之间,均值为2.86,标准差为0.64;生态危机压力得分在1.00—5.00分之间,均值为3.22,标准差为0.73;国际性危机压力得分在1.00—5.00分之间,均值为3.04,标准差为0.49(见表5-1-6和图5-1-6)。

表5-1-6　　群众被试的危机压力总体描述统计(2016年)

项目	N	极小值	极大值	均值	标准差
危机压力总分	4876	1.22	4.19	2.8473	0.41750
政治危机压力	4919	1.00	5.00	2.7062	0.70886
经济危机压力	4907	1.00	5.00	2.4351	0.62813
社会危机压力	4912	1.00	5.00	2.8388	0.70524
文化危机压力	4917	1.00	5.00	2.8591	0.63926
生态危机压力	4919	1.00	5.00	3.2154	0.73256
国际性危机压力	4911	1.00	5.00	3.0370	0.49163
有效的N(列表状态)	4876				

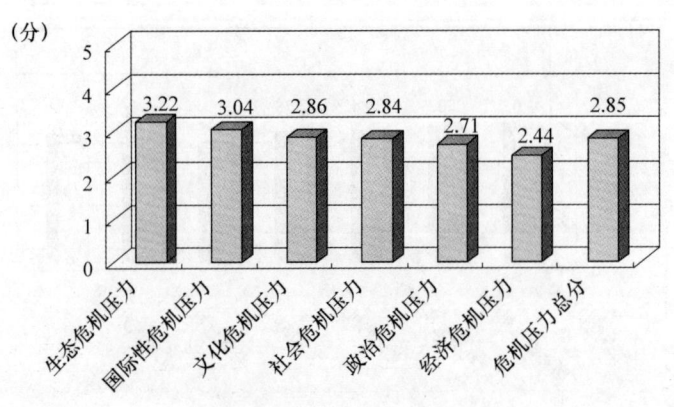

图5-1-6　群众被试危机压力得分的总体情况(2016年)

第五章　危机压力的差异比较：政治面貌

六种危机压力由高到低的得分排序，2012年问卷调查不同政治面貌被试都是生态危机压力第一，国际性危机压力第二，社会危机压力第三，文化危机压力第四，政治危机压力第五，经济危机压力第六；2016年问卷调查不同政治面貌被试则都是生态危机压力第一，国际性危机压力第二，文化危机压力第三，社会危机压力第四，政治危机压力第五，经济危机压力第六。

二　不同政治面貌被试的政治危机压力比较

对不同政治面貌被试政治危机压力得分的差异性进行方差分析（见表5-2-1、表5-2-2、表5-2-3和图5-2），2012年问卷调查显示不同政治面貌被试的政治危机压力得分之间差异显著，$F = 28.518$，$p < 0.001$，中共党员被试（$M = 2.40$，$SD = 0.65$）的得分显著低于共青团员被试（$M = 2.59$，$SD = 0.58$）和群众被试（$M = 2.58$，$SD = 0.65$），共青团员被试与群众被试之间的得分差异不显著。2016年问卷调查也显示不同政治面貌被试的政治危机压力得分之间差异显著，$F = 10.490$，$p < 0.001$，中共党员被试（$M = 2.58$，$SD = 0.71$）的得分显著低于共青团员被试（$M = 2.74$，$SD = 0.65$）和群众被试（$M = 2.71$，$SD = 0.71$），共青团员被试与群众被试之间的得分差异不显著。

表5-2-1　　　　不同政治面貌被试政治危机压力得分的差异比较

2012年问卷调查		N	均值	标准差	标准误	95% 置信区间 下限	95% 置信区间 上限	极小值	极大值
政治危机压力	党员	838	2.4006	0.65023	0.02246	2.3565	2.4446	1.00	4.33
	团员	619	2.5945	0.58308	0.02344	2.5485	2.6405	1.00	4.33
	群众	4688	2.5801	0.65463	0.00956	2.5614	2.5989	1.00	5.00
	总数	6145	2.5571	0.65008	0.00829	2.5408	2.5733	1.00	5.00

中国政治文化研究——不同公民群体的危机压力比较

续表

2016年问卷调查		N	均值	标准差	标准误	95% 置信区间 下限	95% 置信区间 上限	极小值	极大值
政治危机压力	党员	596	2.5789	0.71186	0.02916	2.5216	2.6361	1.00	4.67
	团员	1063	2.7357	0.65179	0.01999	2.6964	2.7749	1.00	4.67
	群众	4919	2.7062	0.70886	0.01011	2.6864	2.7261	1.00	5.00
	总数	6578	2.6995	0.70124	0.00865	2.6825	2.7164	1.00	5.00

表 5-2-2　　　不同政治面貌被试政治危机压力得分的方差分析结果

2012年问卷调查		平方和	df	均方	F	显著性
政治危机压力	组间	23.889	2	11.945	28.518	0.000
	组内	2572.553	6142	0.419		
	总数	2596.442	6144			
2016年问卷调查		平方和	df	均方	F	显著性
政治危机压力	组间	10.287	2	5.144	10.490	0.000
	组内	3223.864	6575	0.490		
	总数	3234.151	6577			

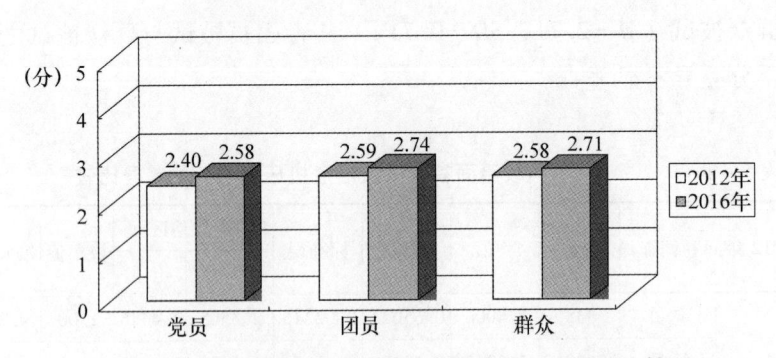

图 5-2　不同政治面貌被试的政治危机压力得分比较

第五章　危机压力的差异比较：政治面貌

表5-2-3　　　不同政治面貌被试政治危机压力得分的多重比较

2012年问卷调查	(I)政治面貌	(J)政治面貌	均值差(I-J)	标准误	显著性	95%置信区间 下限	95%置信区间 上限
政治危机压力	党员	团员	-0.19395*	0.03430	0.000	-0.2612	-0.1267
	党员	群众	-0.17958*	0.02427	0.000	-0.2272	-0.1320
	团员	党员	0.19395*	0.03430	0.000	0.1267	0.2612
	团员	群众	0.01437	0.02768	0.604	-0.0399	0.0686
	群众	党员	0.17958*	0.02427	0.000	0.1320	0.2272
	群众	团员	-0.01437	0.02768	0.604	-0.0686	0.0399

2016年问卷调查	(I)政治面貌	(J)政治面貌	均值差(I-J)	标准误	显著性	95%置信区间 下限	95%置信区间 上限
政治危机压力	党员	团员	-0.15679*	0.03583	0.000	-0.2270	-0.0866
	党员	群众	-0.12738*	0.03037	0.000	-0.1869	-0.0678
	团员	党员	0.15679*	0.03583	0.000	0.0866	0.2270
	团员	群众	0.02941	0.02368	0.214	-0.0170	0.0758
	群众	党员	0.12738*	0.03037	0.000	0.0678	0.1869
	群众	团员	-0.02941	0.02368	0.214	-0.0758	0.0170

＊．均值差的显著性水平为0.05。

2016年与2012年相比，中共党员被试政治危机压力的得分上升0.18分，共青团员被试政治危机压力的得分上升0.15分，群众被试政治危机压力的得分上升0.13分（见表5-2-4）。尽管中共党员被试得分上升的幅度大于共青团员和群众被试，但还是延续了其政治危机压力得分显著低于共青团员和群众被试的状态。

表5-2-4　　　不同政治面貌被试政治危机压力得分的变化

项目	2012年问卷调查	2016年问卷调查	2016年比2012年增减
党员	2.40	2.58	+0.18
团员	2.59	2.74	+0.15
群众	2.58	2.71	+0.13

三 不同政治面貌被试的经济危机压力比较

对不同政治面貌被试经济危机压力得分的差异性进行方差分析（见表5-3-1、表5-3-2、表5-3-3和图5-3），2012年问卷调查显示不同政治面貌被试的经济危机压力得分之间差异显著，$F=7.752$，$p<0.001$，共青团员被试（$M=2.42$，$SD=0.68$）的得分显著高于中共党员被试（$M=2.31$，$SD=0.72$）和群众被试（$M=2.30$，$SD=0.70$），中共党员被试与群众被试之间的得分差异不显著。2016年问卷调查也显示不同政治面貌被试的经济危机压力得分之间差异显著，$F=11.217$，$p<0.001$，中共党员被试（$M=2.32$，$SD=0.63$）的得分显著低于共青团员被试（$M=2.46$，$SD=0.58$）和群众被试（$M=2.44$，$SD=0.63$），共青团员被试与群众被试之间的得分差异不显著。两次调查经济危机压力得分差异的重大变化，是由2012年的一种政治面貌被试（共青团员被试）的得分显著高于另两种政治面貌被试，变成了2016年的一种政治面貌被试（中共党员被试）的得分显著低于另两种政治面貌被试。

表5-3-1 不同政治面貌被试经济危机压力得分的差异比较

2012年问卷调查		N	均值	标准差	标准误	95%置信区间下限	95%置信区间上限	极小值	极大值
经济危机压力	党员	839	2.3119	0.71952	0.02484	2.2631	2.3606	1.00	5.00
	团员	619	2.4206	0.67917	0.02730	2.3670	2.4742	1.00	5.00
	群众	4687	2.3025	0.70125	0.01024	2.2825	2.3226	1.00	5.00
	总数	6145	2.3157	0.70236	0.00896	2.2981	2.3333	1.00	5.00

2016年问卷调查		N	均值	标准差	标准误	95%置信区间下限	95%置信区间上限	极小值	极大值
经济危机压力	党员	595	2.3165	0.63010	0.02583	2.2658	2.3673	1.00	5.00
	团员	1058	2.4590	0.58329	0.01793	2.4239	2.4942	1.00	4.67
	群众	4907	2.4351	0.62813	0.00897	2.4175	2.4527	1.00	5.00
	总数	6560	2.4282	0.62227	0.00768	2.4131	2.4433	1.00	5.00

第五章 危机压力的差异比较：政治面貌

表 5-3-2　　不同政治面貌被试经济危机压力得分的方差分析结果

2012年问卷调查		平方和	df	均方	F	显著性
经济危机压力	组间	7.632	2	3.816	7.752	0.000
	组内	3023.236	6142	0.492		
	总数	3030.868	6144			
2016年问卷调查		平方和	df	均方	F	显著性
经济危机压力	组间	8.660	2	4.330	11.217	0.000
	组内	2531.079	6557	0.386		
	总数	2539.738	6559			

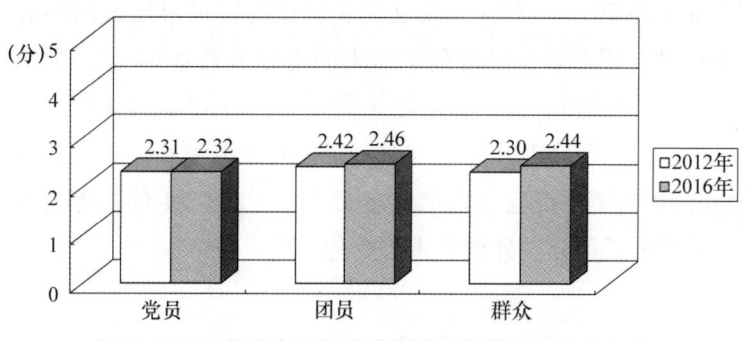

图 5-3　不同政治面貌被试的经济危机压力得分比较

表 5-3-3　　不同政治面貌被试经济危机压力得分的多重比较

2012年问卷调查	(I)政治面貌	(J)政治面貌	均值差(I-J)	标准误	显著性	95% 置信区间 下限	95% 置信区间 上限
经济危机压力	党员	团员	-0.10869*	0.03717	0.003	-0.1816	-0.0358
	党员	群众	0.00934	0.02630	0.722	-0.0422	0.0609
	团员	党员	0.10869*	0.03717	0.003	0.0358	0.1816
	团员	群众	0.11803*	0.03000	0.000	0.0592	0.1768
	群众	党员	-0.00934	0.02630	0.722	-0.0609	0.0422
	群众	团员	-0.11803*	0.03000	0.000	-0.1768	-0.0592

续表

2016年问卷调查	(I)政治面貌	(J)政治面貌	均值差(I-J)	标准误	显著性	95% 置信区间 下限	95% 置信区间 上限
经济危机压力	党员	团员	-0.14252*	0.03184	0.000	-0.2049	-0.0801
		群众	-0.11857*	0.02697	0.000	-0.1714	-0.0657
	团员	党员	0.14252*	0.03184	0.000	0.0801	0.2049
		群众	0.02395	0.02106	0.255	-0.0173	0.0652
	群众	党员	0.11857*	0.02697	0.000	0.0657	0.1714
		团员	-0.02395	0.02106	0.255	-0.0652	0.0173

*. 均值差的显著性水平为0.05。

2016年与2012年相比，中共党员被试经济危机压力的得分上升0.01分，共青团员被试经济危机压力的得分上升0.04分，群众被试经济危机压力的得分上升0.14分（见表5-3-4）。恰是由于群众被试经济危机压力得分上升的幅度远大于中共党员和共青团员被试，使其得分由2012年的接近中共党员被试，变为2016年的接近共青团员被试，并带来了得分差异性的重要变化。

表5-3-4　　不同政治面貌被试经济危机压力得分的变化

项目	2012年问卷调查	2016年问卷调查	2016年比2012年增减
党员	2.31	2.32	+0.01
团员	2.42	2.46	+0.04
群众	2.30	2.44	+0.14

四　不同政治面貌被试的社会危机压力比较

对不同政治面貌被试社会危机压力得分的差异性进行方差分析（见表5-4-1、表5-4-2、表5-4-3和图5-4），2012年问卷调查显示不同政治面貌被试的社会危机压力得分之间差异显著，$F=9.819$，$p<0.001$，共青团员被试（$M=2.91$，$SD=0.65$）的得分显著高于中共党员被试（$M=2.75$，$SD=0.76$）和群众被试（$M=2.84$，$SD=0.71$），群众被试的得分显著高于中共党员被试。2016年问卷调查也显示不同政治面貌被试的社会危机压力得分之间差异显著，$F=19.343$，$p<0.001$，中共党员被试（$M=2.65$，$SD=0.74$）的得分显著低于共青团员被试（$M=2.85$，$SD=0.67$）和群众被试（$M=2.84$，$SD=0.71$），共青团员被试与群众被试之间的得分差异不显著。

表 5-4-1　不同政治面貌被试社会危机压力得分的差异比较

2012 年问卷调查		N	均值	标准差	标准误	95% 置信区间 下限	95% 置信区间 上限	极小值	极大值
社会危机压力	党员	839	2.7489	0.75507	0.02607	2.6977	2.8001	1.00	5.00
	团员	620	2.9129	0.65412	0.02627	2.8613	2.9645	1.00	5.00
	群众	4689	2.8376	0.71314	0.01041	2.8172	2.8581	1.00	5.00
	总数	6148	2.8331	0.71435	0.00911	2.8153	2.8510	1.00	5.00

2016 年问卷调查		N	均值	标准差	标准误	95% 置信区间 下限	95% 置信区间 上限	极小值	极大值
社会危机压力	党员	595	2.6532	0.74196	0.03042	2.5935	2.7130	1.00	4.33
	团员	1061	2.8495	0.67002	0.02057	2.8092	2.8899	1.00	4.67
	群众	4912	2.8388	0.70524	0.01006	2.8191	2.8586	1.00	5.00
	总数	6568	2.8237	0.70506	0.00870	2.8067	2.8408	1.00	5.00

表 5-4-2　不同政治面貌被试社会危机压力得分的方差分析结果

2012 年问卷调查		平方和	df	均方	F	显著性
社会危机压力	组间	9.992	2	4.996	9.819	0.000
	组内	3126.785	6145	0.509		
	总数	3136.777	6147			

中国政治文化研究——不同公民群体的危机压力比较

续表

2016年问卷调查		平方和	df	均方	F	显著性
社会危机压力	组间	19.124	2	9.562	19.343	0.000
	组内	3245.383	6565	0.494		
	总数	3264.507	6567			

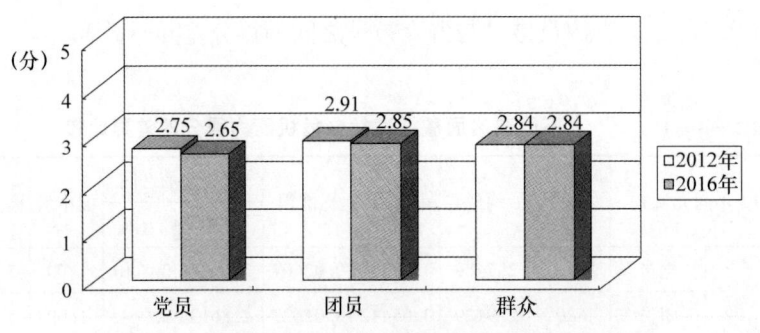

图5-4 不同政治面貌被试的社会危机压力得分比较

党员：2012年 2.75，2016年 2.65
团员：2012年 2.91，2016年 2.85
群众：2012年 2.84，2016年 2.84

表5-4-3 不同政治面貌被试社会危机压力得分的多重比较

2012年问卷调查	(I)政治面貌	(J)政治面貌	均值差(I-J)	标准误	显著性	95% 置信区间 下限	95% 置信区间 上限
社会危机压力	党员	团员	-0.16400*	0.03778	0.000	-0.2381	-0.0899
	党员	群众	-0.08873*	0.02674	0.001	-0.1411	-0.0363
	团员	党员	0.16400*	0.03778	0.000	0.0899	0.2381
	团员	群众	0.07527*	0.03048	0.014	0.0155	0.1350
	群众	党员	0.08873*	0.02674	0.001	0.0363	0.1411
	群众	团员	-0.07527*	0.03048	0.014	-0.1350	-0.0155

· 110 ·

续表

2016年问卷调查	(I)政治面貌	(J)政治面貌	均值差(I-J)	标准误	显著性	95% 置信区间 下限	95% 置信区间 上限
社会危机压力	党员	团员	-0.19629*	0.03601	0.000	-0.2669	-0.1257
		群众	-0.18561*	0.03052	0.000	-0.2454	-0.1258
	团员	党员	0.19629*	0.03601	0.000	0.1257	0.2669
		群众	0.01068	0.02380	0.654	-0.0360	0.0573
	群众	党员	0.18561*	0.03052	0.000	0.1258	0.2454
		团员	-0.01068	0.02380	0.654	-0.0573	0.0360

*. 均值差的显著性水平为0.05。

2016年与2012年相比,中共党员被试社会危机压力的得分下降0.10分,共青团员被试社会危机压力的得分下降0.06分,群众被试社会危机压力的得分与2012年持平(见表5-4-4)。中共党员被试得分的较大幅度下降,拉大了其与共青团员、群众被试的得分差距;共青团员被试得分的下降,使其得分与群众被试得分接近,将2012年两者之间的得分差异显著变成了2016年的得分差异不显著。

表5-4-4　　　不同政治面貌被试社会危机压力得分的变化

项目	2012年问卷调查	2016年问卷调查	2016年比2012年增减
党员	2.75	2.65	-0.10
团员	2.91	2.85	-0.06
群众	2.84	2.84	0

五　不同政治面貌被试的文化危机压力比较

对不同政治面貌被试文化危机压力得分的差异性进行方差分析(见表5-5-1、表5-5-2、表5-5-3和图5-5),2012年问卷调查显示不同政治面貌被试的文化危机压力得分之间差异显著，$F = 25.962$，$p < 0.001$，中共党员被试（$M = 2.62$，$SD = 0.63$）的得分显著低于共青团员被试（$M = 2.79$，$SD = 0.58$）和群众被试（$M = 2.78$，$SD = 0.60$），共青团员被试与群众被试之间的得分差异不显著。2016年问卷调查也显示不同政治面貌被试的文化危机压力得分之间差异显著，$F = 17.492$，$p < 0.001$，中共党员被试（$M = 2.71$，$SD = 0.65$）的得分显著低于共青团员被试（$M = 2.90$，$SD = 0.61$）和群众被试（$M = 2.86$，$SD = 0.64$），群众被试的得分显著低于共青团员被试。

表 5-5-1　　不同政治面貌被试文化危机压力得分的差异比较

2012年问卷调查		N	均值	标准差	标准误	95% 置信区间 下限	95% 置信区间 上限	极小值	极大值
文化危机压力	党员	837	2.6174	0.63352	0.02190	2.5744	2.6604	1.00	4.50
	团员	619	2.7932	0.57879	0.02326	2.7475	2.8389	1.00	4.75
	群众	4683	2.7768	0.60226	0.00880	2.7595	2.7941	1.00	5.00
	总数	6139	2.7567	0.60676	0.00774	2.7415	2.7719	1.00	5.00
2016年问卷调查		N	均值	标准差	标准误	95% 置信区间 下限	95% 置信区间 上限	极小值	极大值
文化危机压力	党员	595	2.7147	0.65425	0.02682	2.6620	2.7674	1.00	4.25
	团员	1062	2.9023	0.60913	0.01869	2.8656	2.9390	1.00	4.75
	群众	4917	2.8591	0.63926	0.00912	2.8412	2.8770	1.00	5.00
	总数	6574	2.8530	0.63747	0.00786	2.8376	2.8684	1.00	5.00

表 5-5-2　　不同政治面貌被试文化危机压力得分的方差分析结果

2012年问卷调查		平方和	df	均方	F	显著性
文化危机压力	组间	18.963	2	9.481	25.962	0.000
	组内	2240.823	6136	0.365		
	总数	2259.785	6138			

第五章　危机压力的差异比较：政治面貌

续表

2016年问卷调查		平方和	df	均方	F	显著性
文化危机压力	组间	14.145	2	7.073	17.492	0.000
	组内	2656.897	6571	0.404		
	总数	2671.043	6573			

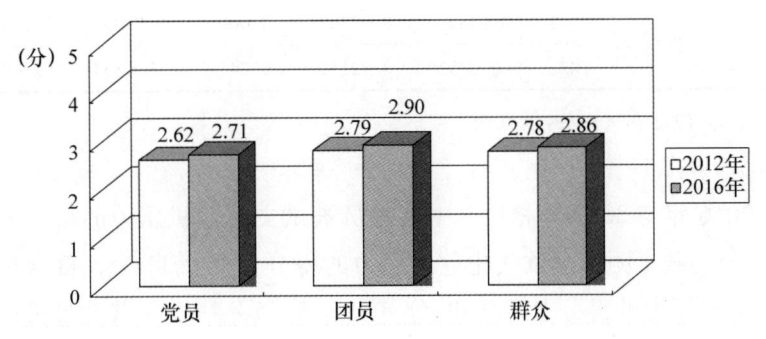

图 5-5　不同政治面貌被试的文化危机压力得分比较

表 5-5-3　　不同政治面貌被试文化危机压力得分的多重比较

2012年问卷调查	(I)政治面貌	(J)政治面貌	均值差(I-J)	标准误	显著性	95% 置信区间 下限	95% 置信区间 上限
文化危机压力	党员	团员	-0.17583*	0.03204	0.000	-0.2386	-0.1130
		群众	-0.15942*	0.02268	0.000	-0.2039	-0.1150
	团员	党员	0.17583*	0.03204	0.000	0.1130	0.2386
		群众	0.01642	0.02584	0.525	-0.0342	0.0671
	群众	党员	0.15942*	0.02268	0.000	0.1150	0.2039
		团员	-0.01642	0.02584	0.525	-0.0671	0.0342

中国政治文化研究——不同公民群体的危机压力比较

续表

2016年问卷调查	(I)政治面貌	(J)政治面貌	均值差(I-J)	标准误	显著性	95% 置信区间 下限	95% 置信区间 上限
文化危机压力	党员	团员	-0.18760*	0.03256	0.000	-0.2514	-0.1238
	党员	群众	-0.14441*	0.02760	0.000	-0.1985	-0.0903
	团员	党员	0.18760*	0.03256	0.000	0.1238	0.2514
	团员	群众	0.04320*	0.02152	0.045	0.0010	0.0854
	群众	党员	0.14441*	0.02760	0.000	0.0903	0.1985
	群众	团员	-0.04320*	0.02152	0.045	-0.0854	-0.0010

＊．均值差的显著性水平为0.05。

2016年与2012年相比，中共党员被试文化危机压力的得分上升0.09分，共青团员被试文化危机压力的得分上升0.11分，群众被试文化危机压力的得分上升0.08分（见表5-5-4）。中共党员被试尽管得分有较大幅度上升，但依然保持了文化危机压力得分显著低于共青团员和群众被试的状态；共青团员被试得分上升幅度大于群众被试，使两者的文化危机压力得分之间的差异由不显著变成了显著。

表5-5-4　　　不同政治面貌被试文化危机压力得分的变化

项目	2012年问卷调查	2016年问卷调查	2016年比2012年增减
党员	2.62	2.71	+0.09
团员	2.79	2.90	+0.11
群众	2.78	2.86	+0.08

六　不同政治面貌被试的生态危机压力比较

对不同政治面貌被试生态危机压力得分的差异性进行方差分析（见表5-6-1、表5-6-2、表5-6-3和图5-6），2012年问卷调查

第五章 危机压力的差异比较：政治面貌

显示不同政治面貌被试的生态危机压力得分之间差异显著，$F = 25.491$，$p < 0.001$，共青团员被试（$M = 3.31$，$SD = 0.82$）的得分显著高于中共党员被试（$M = 3.05$，$SD = 0.87$）和群众被试（$M = 3.05$，$SD = 0.88$），中共党员被试与群众被试之间的得分差异不显著。2016年问卷调查也显示不同政治面貌被试的生态危机压力得分之间差异显著，$F = 14.442$，$p < 0.001$，共青团员被试（$M = 3.34$，$SD = 0.73$）的得分显著高于中共党员被试（$M = 3.18$，$SD = 0.79$）和群众被试（$M = 3.22$，$SD = 0.73$），共产党员被试与群众被试之间的得分差异不显著。

表5-6-1　不同政治面貌被试生态危机压力得分的差异比较

2012年问卷调查		N	均值	标准差	标准误	95%置信区间 下限	95%置信区间 上限	极小值	极大值
生态危机压力	党员	838	3.0489	0.87435	0.03020	2.9896	3.1082	1.00	5.00
	团员	620	3.3124	0.81634	0.03278	3.2480	3.3767	1.00	5.00
	群众	4692	3.0478	0.88164	0.01287	3.0226	3.0730	1.00	5.00
	总数	6150	3.0746	0.87777	0.01119	3.0527	3.0966	1.00	5.00

2016年问卷调查		N	均值	标准差	标准误	95%置信区间 下限	95%置信区间 上限	极小值	极大值
生态危机压力	党员	596	3.1784	0.78813	0.03228	3.1150	3.2418	1.00	5.00
	团员	1059	3.3412	0.72987	0.02243	3.2972	3.3852	1.00	5.00
	群众	4919	3.2154	0.73256	0.01044	3.1949	3.2358	1.00	5.00
	总数	6574	3.2323	0.73884	0.00911	3.2144	3.2501	1.00	5.00

表5-6-2　不同政治面貌被试生态危机压力得分的方差分析结果

2012年问卷调查		平方和	df	均方	F	显著性
生态危机压力	组间	38.969	2	19.485	25.491	0.000
	组内	4698.662	6147	0.764		
	总数	4737.632	6149			

续表

2016年问卷调查		平方和	df	均方	F	显著性
生态危机压力	组间	15.703	2	7.851	14.442	0.000
	组内	3572.386	6571	0.544		
	总数	3588.088	6573			

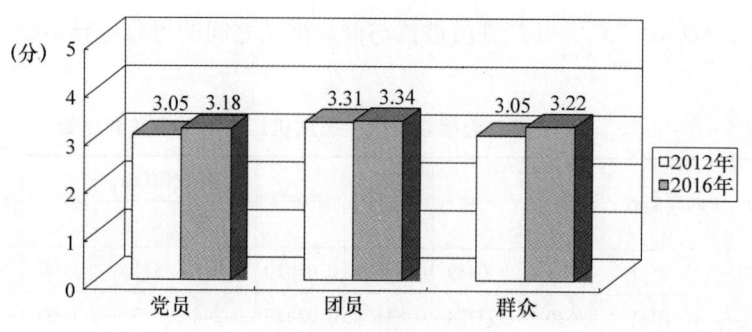

图 5-6 不同政治面貌被试的生态危机压力得分比较

表 5-6-3　　　不同政治面貌被试生态危机压力得分的多重比较

2012年问卷调查	(I)政治面貌	(J)政治面貌	均值差(I-J)	标准误	显著性	95% 置信区间 下限	95% 置信区间 上限
生态危机压力	党员	团员	-0.26344*	0.04631	0.000	-0.3542	-0.1726
		群众	0.00111	0.03279	0.973	-0.0632	0.0654
	团员	党员	0.26344*	0.04631	0.000	0.1726	0.3542
		群众	0.26455*	0.03736	0.000	0.1913	0.3378
	群众	党员	-0.00111	0.03279	0.973	-0.0654	0.0632
		团员	-0.26455*	0.03736	0.000	-0.3378	-0.1913

续表

2016年问卷调查	(I)政治面貌	(J)政治面貌	均值差(I-J)	标准误	显著性	95% 置信区间 下限	95% 置信区间 上限
生态危机压力	党员	团员	-0.16279*	0.03776	0.000	-0.2368	-0.0888
	党员	群众	-0.03694	0.03198	0.248	-0.0996	0.0257
	团员	党员	0.16279*	0.03776	0.000	0.0888	0.2368
	团员	群众	0.12585*	0.02498	0.000	0.0769	0.1748
	群众	党员	0.03694	0.03198	0.248	-0.0257	0.0996
	群众	团员	-0.12585*	0.02498	0.000	-0.1748	-0.0769

2016年与2012年相比，中共党员被试生态危机压力的得分上升0.13分，共青团员被试生态危机压力的得分上升0.03分，群众被试生态危机压力的得分上升0.17分（见表5-6-4）。尽管共青团员被试得分上升幅度较小，但依然保持了生态危机压力得分显著高于中共党员和群众被试的状态。

表5-6-4　不同政治面貌被试生态危机压力得分的变化

项目	2012年问卷调查	2016年问卷调查	2016年比2012年增减
党员	3.05	3.18	+0.13
团员	3.31	3.34	+0.03
群众	3.05	3.22	+0.17

七　不同政治面貌被试的国际性危机压力比较

对不同政治面貌被试国际性危机压力得分的差异性进行方差分析（见表5-7-1、表5-7-2、表5-7-3和图5-7），显示2012年和2016年两次问卷调查不同政治面貌被试国际性危机压力得分之间的差异都没有达到显著水平。

表 5-7-1　　不同政治面貌被试国际性危机压力得分的差异比较

2012年问卷调查		N	均值	标准差	标准误	95% 置信区间 下限	95% 置信区间 上限	极小值	极大值
国际性危机压力	党员	839	3.0258	0.49740	0.01717	2.9921	3.0595	1.00	4.33
	团员	619	3.0275	0.48541	0.01963	2.9889	3.0660	1.67	4.33
	群众	4686	3.0213	0.49565	0.00724	3.0071	3.0355	1.00	5.00
	总数	6144	3.0226	0.49509	0.00632	3.0102	3.0350	1.00	5.00

2016年问卷调查		N	均值	标准差	标准误	95% 置信区间 下限	95% 置信区间 上限	极小值	极大值
国际性危机压力	党员	595	3.0168	0.48750	0.01999	2.9776	3.0561	1.33	4.67
	团员	1061	3.0434	0.44839	0.01377	3.0163	3.0704	1.33	4.67
	群众	4911	3.0370	0.49163	0.00702	3.0232	3.0507	1.00	5.00
	总数	6567	3.0362	0.48450	0.00598	3.0245	3.0479	1.00	5.00

表 5-7-2　　不同政治面貌被试国际性危机压力得分的方差分析结果

2012年问卷调查		平方和	df	均方	F	显著性
国际性危机压力	组间	0.031	2	0.015	0.063	0.939
	组内	1505.728	6141	0.245		
	总数	1505.759	6143			

2016年问卷调查		平方和	df	均方	F	显著性
国际性危机压力	组间	0.281	2	0.141	0.599	0.549
	组内	1541.006	6564	0.235		
	总数	1541.287	6566			

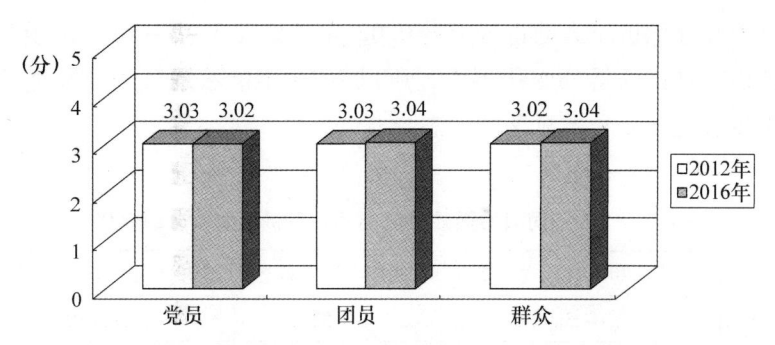

第五章 危机压力的差异比较：政治面貌

图5-7 不同政治面貌被试的国际性危机压力得分比较

表5-7-3　　　不同政治面貌被试国际性危机压力得分的多重比较

2012年问卷调查	（I）政治面貌	（J）政治面貌	均值差（I-J）	标准误	显著性	95%置信区间下限	95%置信区间上限
国际性危机压力	党员	团员	-0.00164	0.02624	0.950	-0.0531	0.0498
		群众	0.00448	0.01856	0.809	-0.0319	0.0409
	团员	党员	0.00164	0.02624	0.950	-0.0498	0.0531
		群众	0.00612	0.02118	0.772	-0.0354	0.0476
	群众	党员	-0.00448	0.01856	0.809	-0.0409	0.0319
		团员	-0.00612	0.02118	0.772	-0.0476	0.0354

2016年问卷调查	（I）政治面貌	（J）政治面貌	均值差（I-J）	标准误	显著性	95%置信区间下限	95%置信区间上限
国际性危机压力	党员	团员	-0.02655	0.02482	0.285	-0.0752	0.0221
		群众	-0.02019	0.02103	0.337	-0.0614	0.0210
	团员	党员	0.02655	0.02482	0.285	-0.0221	0.0752
		群众	0.00636	0.01640	0.698	-0.0258	0.0385
	群众	党员	0.02019	0.02103	0.337	-0.0210	0.0614
		团员	-0.00636	0.01640	0.698	-0.0385	0.0258

2016年与2012年相比，中共党员被试国际性危机压力的得分下降0.01分，共青团员被试国际性危机压力的得分上升0.01分，群众

被试国际性危机压力的得分上升0.02分（见表5-7-4）。由于三种政治面貌被试的得分变化不大，所以2016年依然维持了国际性危机压力得分之间差异不显著的状态。

表5-7-4　不同政治面貌被试国际性危机压力得分的变化

项目	2012年问卷调查	2016年问卷调查	2016年比2012年增减
党员	3.03	3.02	-0.01
团员	3.03	3.04	+0.01
群众	3.02	3.04	+0.02

八　不同政治面貌被试的危机压力总分比较

对不同政治面貌被试危机压力总分的差异性进行方差分析（见表5-8-1、表5-8-2、表5-8-3和图5-8），2012年问卷调查显示不同政治面貌被试的危机压力总分之间差异显著，$F=20.903$，$p<0.001$，中共党员被试（$M=2.69$，$SD=0.47$）的得分显著低于共青团员被试（$M=2.84$，$SD=0.40$）和群众被试（$M=2.76$，$SD=0.44$），共青团员被试的得分显著高于群众被试。2016年问卷调查也显示不同政治面貌被试的危机压力总分之间差异显著，$F=23.771$，$p<0.001$，中共党员被试（$M=2.74$，$SD=0.44$）的得分显著低于共青团员被试（$M=2.89$，$SD=0.38$）和群众被试（$M=2.85$，$SD=0.42$），共青团员被试的得分显著高于群众被试。

第五章 危机压力的差异比较：政治面貌

表5-8-1　　不同政治面貌被试危机压力总分的差异比较

2012年问卷调查		N	均值	标准差	标准误	95% 置信区间 下限	95% 置信区间 上限	极小值	极大值
危机压力总分	党员	835	2.6912	0.46964	0.01625	2.6593	2.7231	1.22	4.19
	团员	616	2.8432	0.40252	0.01622	2.8113	2.8750	1.32	4.10
	群众	4659	2.7605	0.44343	0.00650	2.7477	2.7732	1.22	4.50
	总数	6110	2.7593	0.44463	0.00569	2.7482	2.7705	1.22	4.50

2016年问卷调查		N	均值	标准差	标准误	95% 置信区间 下限	95% 置信区间 上限	极小值	极大值
危机压力总分	党员	592	2.7416	0.43976	0.01807	2.7061	2.7771	1.39	3.78
	团员	1050	2.8860	0.37600	0.01160	2.8632	2.9088	1.44	3.78
	群众	4876	2.8473	0.41750	0.00598	2.8356	2.8590	1.22	4.19
	总数	6518	2.8439	0.41464	0.00514	2.8338	2.8540	1.22	4.19

表5-8-2　　不同政治面貌被试危机压力总分的方差分析结果

2012年问卷调查		平方和	df	均方	F	显著性
危机压力总分	组间	8.211	2	4.106	20.903	0.000
	组内	1199.496	6107	0.196		
	总数	1207.708	6109			

2016年问卷调查		平方和	df	均方	F	显著性
危机压力总分	组间	8.117	2	4.059	23.771	0.000
	组内	1112.336	6515	0.171		
	总数	1120.453	6517			

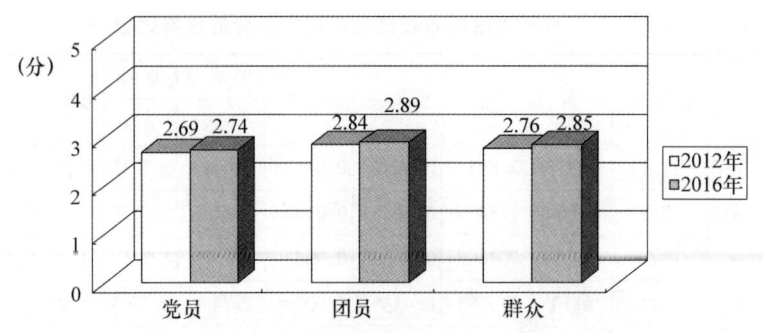

中国政治文化研究——不同公民群体的危机压力比较

图 5-8 不同政治面貌被试的危机压力总分比较

表 5-8-3　　　不同政治面貌被试危机压力总分的多重比较

2012年问卷调查	(I)政治面貌	(J)政治面貌	均值差(I-J)	标准误	显著性	95% 置信区间 下限	95% 置信区间 上限
危机压力总分	党员	团员	-0.15197*	0.02354	0.000	-0.1981	-0.1058
		群众	-0.06925*	0.01665	0.000	-0.1019	-0.0366
	团员	党员	0.15197*	0.02354	0.000	0.1058	0.1981
		群众	0.08272*	0.01900	0.000	0.0455	0.1200
	群众	党员	0.06925*	0.01665	0.000	0.0366	0.1019
		团员	-0.08272*	0.01900	0.000	-0.1200	-0.0455

2016年问卷调查	(I)政治面貌	(J)政治面貌	均值差(I-J)	标准误	显著性	95% 置信区间 下限	95% 置信区间 上限
危机压力总分	党员	团员	-0.14444*	0.02124	0.000	-0.1861	-0.1028
		群众	-0.10573*	0.01798	0.000	-0.1410	-0.0705
	团员	党员	0.14444*	0.02124	0.000	0.1028	0.1861
		群众	0.03871*	0.01406	0.006	0.0112	0.0663
	群众	党员	0.10573*	0.01798	0.000	0.0705	0.1410
		团员	-0.03871*	0.01406	0.006	-0.0663	-0.0112

*. 均值差的显著性水平为 0.05。

2016年与2012年相比，中共党员和共青团员被试的危机压力总分都上升了0.05分，群众被试的危机压力总分上升0.09分（见表

5-8-4)。由于三种政治面貌被试的得分都有所上升,所以2016年依然维持了中共党员被试危机压力总分显著低于共青团员和群众被试、共青团员被试的危机压力总分显著高于群众被试的状态。

表 5-8-4　　　　　不同政治面貌被试危机压力总分的变化

项目	2012 年问卷调查	2016 年问卷调查	2016 年比 2012 年增减
党员	2.69	2.74	+0.05
团员	2.84	2.89	+0.05
群众	2.76	2.85	+0.09

通过本章的数据比较,可以对不同政治面貌被试危机压力方面所反映出来的差异做一个简单的小结。

第一,通过两次问卷调查,可以看出在危机压力方面确实存在着明显的政治面貌差异。两次调查都显示中共党员被试的危机压力总分显著低于共青团员被试和群众被试,群众被试的危机压力总分显著低于共青团员被试。由此表明,在中国公民中,中共党员的危机压力水平低于共青团员和群众,群众的危机压力水平低于共青团员,已经是一个较为稳定的状态。

第二,不同政治面貌被试在六种危机压力得分上的排序(见表5-8-5,表中括号内的数字,代表不同政治面貌被试得分高低的排序),两次问卷调查都是共青团员被试在六种危机压力得分上位居第一或并列第一;中共党员被试则由2012年的六种危机压力得分多居第二、第三位,变成了2016年的六种危机压力得分全部位居第三;群众被试由2012年的六种危机压力得分多居第二、第三位,变成了2016年的五种危机压力得分均位居第二(只有国际性危机压力得分与共青团员并列第一)。

表 5-8-5　　不同政治面貌被试危机压力得分排序比较

项目	2012 年问卷调查			2016 年问卷调查		
	党员	团员	群众	党员	团员	群众
政治危机压力	2.40（3）	2.59（1）	2.58（2）	2.58（3）	2.74（1）	2.71（2）
经济危机压力	2.31（2）	2.42（1）	2.30（3）	2.32（3）	2.46（1）	2.44（2）
社会危机压力	2.75（3）	2.91（1）	2.84（2）	2.63（3）	2.85（1）	2.84（2）
文化危机压力	2.62（3）	2.79（1）	2.78（2）	2.71（3）	2.90（1）	2.86（2）
生态危机压力	3.05（2）	3.31（1）	3.05（2）	3.18（3）	3.34（1）	3.22（2）
国际性危机压力	3.03（1）	3.03（1）	3.02（3）	3.02（3）	3.04（1）	3.04（1）
危机压力总分	2.69（3）	2.84（1）	2.76（2）	2.74（3）	2.89（1）	2.85（2）

第三，两次问卷调查都显示，不同政治面貌被试的五种危机压力得分和危机压力总分之间的差异都达到了显著水平（只有国际性危机压力两次调查都显示不同政治面貌被试的得分差异未达到显著水平），表明在危机压力方面因公民政治面貌不同带来的差异性，已经基本达到了"全覆盖性"的状态。

第四，不同政治面貌被试危机压力的得分差异，主要表现在中共党员被试与共青团员被试、群众被试的显著差异上。共青团员被试与群众被试之间，两次问卷调查得分差异都达到显著水平的只有危机压力总分和生态危机压力，得分差异都未达到显著水平的有政治危机压力和国际性危机压力，经济危机压力和社会危机压力由 2012 年的得分差异显著变成了 2016 年的得分差异不显著，文化危机压力则由 2012 年的得分差异不显著变成了 2016 年的得分差异显著。也就是说，从整体上看，共青团员被试与群众被试之间的差异保持着相对稳定的状态。

第五，2016 年与 2012 年相比，群众被试的六种危机压力的得分均有所上升或与 2012 年得分持平，尤其是政治危机压力、经济危机压力、生态危机压力的得分有大幅度上升，使得危机压力总分较大幅度上升。由此显示，一般群众在危机压力方面较易发生变化，对此应给予特别的注意。

第六，2016年与2012年相比，中共党员被试的政治危机压力、经济危机压力、文化危机压力、生态危机压力得分有所上升，社会危机压力、国际性危机压力得分有所下降，使得中共党员被试的危机压力总分有所上升。共青团员被试的政治危机压力、经济危机压力、文化危机压力、生态危机压力、国际性危机压力得分有所上升，社会危机压力得分有所下降，使得共青团员被试的危机压力总分亦有所上升。这两种被试的危机压力变化情况接近，都处于相对稳定的状态。

第六章　危机压力的差异比较：职业

在2012年的问卷调查中，项目组参考传统的农民、工人、知识分子、干部、学生的职业与身份划分方法，将被试的职业划分为六类：第一类是"务农人员"；第二类是"公司、企业、商业、服务业人员"，简称"工商业人员"；第三类是"专业技术人员"，简称"技术人员"；第四类是"公务员"；第五类是"在校学生"；第六类是"其他职业人员"（在本章的表格中均标注为"其他职业"）。在调查涉及的6159名被试中，有2名被试的职业信息缺失，在有职业信息的6157名被试中，务农人员被试2307人，占37.47%；工商业人员被试1310人，占21.28%；专业技术人员被试468人，占7.60%；公务员被试152人，占2.47%；在校学生被试256人，占4.16%；其他职业人员被试1664人，占27.02%。

2016年问卷调查时，将被试的职业由六类增加到了八类，即将"公司、企业、商业、服务业人员"分成了"工商企业职工"（简称"企业职工"）和"个体经营和自由职业者"（简称"个体业者"）两类，并从其他职业人员中分离出了退休人员。2016年问卷调查涉及的6581名被试中，有1名被试的职业信息缺失，在有职业信息的6580名被试中，务农人员被试1805人，占27.43%；工商企业职工被试674人，占10.24%；个体经营和自由职业者被试1201人，占18.25%；专业技术人员被试411人，占6.25%；公务员被试119人，占1.81%；在校学生被试758人，占11.52%；退休人员被试648人，占9.85%；其他职业人员被试964人，占14.65%。

为便于进行两次问卷调查的比较，可以将2016年问卷调查的八类职业归并为六类，归并后的工商业人员被试（包括企业职工和个体业者）1875 人，占全体有职业信息被试的 28.49%；其他职业人员被试（包括退休人员和其他职业人员）1612 人，占 24.50%。

根据两次问卷调查的数据，可以比较六类职业被试危机压力的变化情况，并特别说明 2016 年受职业分类影响的企业职工、个体业者、退休人员和其他职业人员的危机压力情况。

一 不同职业被试危机压力的总体情况

2012 年问卷调查结果显示，务农人员被试危机压力的总体得分在 1.22—4.33 分之间，均值为 2.74，标准差为 0.43。在六种危机压力中，务农人员被试的政治危机压力得分在 1.00—5.00 分之间，均值为 2.60，标准差为 0.65；经济危机压力得分在 1.00—5.00 分之间，均值为 2.21，标准差为 0.68；社会危机压力得分在 1.00—5.00 分之间，均值为 2.84，标准差为 0.70；文化危机压力得分在 1.00—5.00 分之间，均值为 2.77，标准差为 0.62；生态危机压力得分在 1.00—5.00 分之间，均值为 2.99，标准差为 0.86；国际性危机压力得分在 1.00—5.00 分之间，均值为 3.03，标准差为 0.50（见表 6-1-1 和图 6-1-1）。

表 6-1-1　　**务农人员被试危机压力的描述统计（2012 年）**

项目	N	极小值	极大值	均值	标准差
危机压力总分	2289	1.22	4.33	2.7373	0.42562
政治危机压力	2305	1.00	5.00	2.5983	0.65159
经济危机压力	2301	1.00	5.00	2.2069	0.68435
社会危机压力	2306	1.00	5.00	2.8351	0.69639
文化危机压力	2302	1.00	5.00	2.7707	0.61792
生态危机压力	2306	1.00	5.00	2.9890	0.85945
国际性危机压力	2302	1.00	5.00	3.0275	0.49947
有效的 N（列表状态）	2289				

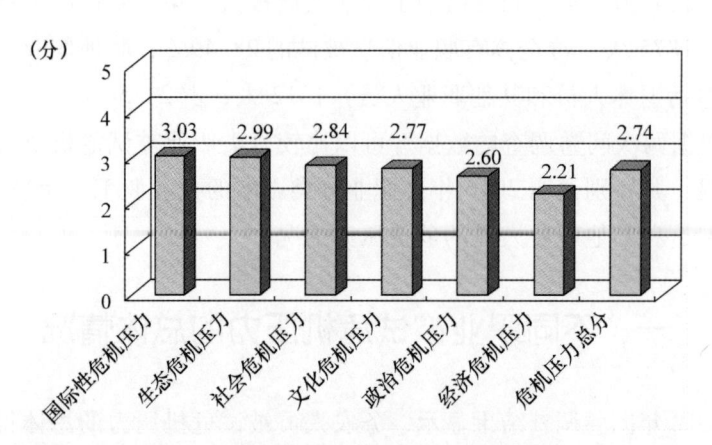

中国政治文化研究——不同公民群体的危机压力比较

图6-1-1　务农人员被试危机压力得分的总体情况（2012年）

2016年问卷调查结果显示，务农人员被试危机压力的总体得分在1.44—4.14分之间，均值为2.84，标准差为0.39。在六种危机压力中，务农人员被试的政治危机压力得分在1.00—4.67分之间，均值为2.71，标准差为0.70；经济危机压力得分在1.00—4.67分之间，均值为2.40，标准差为0.60；社会危机压力得分在1.00—5.00分之间，均值为2.82，标准差为0.68；文化危机压力得分在1.00—5.00分之间，均值为2.86，标准差为0.63；生态危机压力得分在1.00—5.00分之间，均值为3.21，标准差为0.73；国际性危机压力得分在1.00—4.67分之间，均值为3.04，标准差为0.52（见表6-1-2和图6-1-2）。

表6-1-2　　务农人员被试危机压力的描述统计（2016年）

项目	N	极小值	极大值	均值	标准差
危机压力总分	1785	1.44	4.14	2.8351	0.38584
政治危机压力	1804	1.00	4.67	2.7055	0.69578
经济危机压力	1797	1.00	4.67	2.4022	0.59769

续表

项目	N	极小值	极大值	均值	标准差
社会危机压力	1801	1.00	5.00	2.8151	0.67927
文化危机压力	1804	1.00	5.00	2.8571	0.62553
生态危机压力	1803	1.00	5.00	3.2104	0.72920
国际性危机压力	1800	1.00	4.67	3.0352	0.52437
有效的 N（列表状态）	1785				

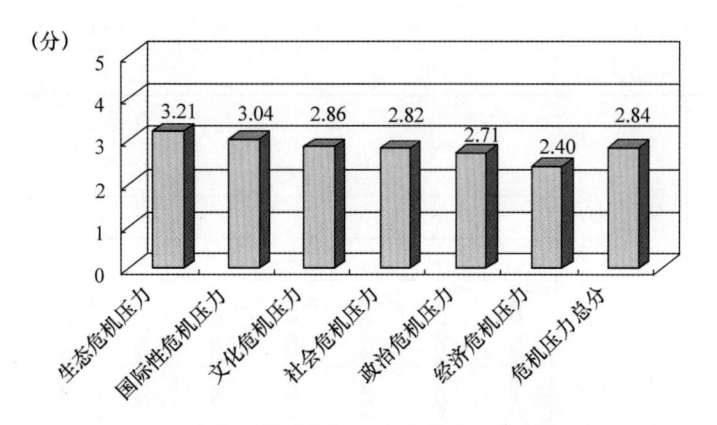

图 6-1-2　务农人员被试危机压力得分的总体情况（2016 年）

2012 年问卷调查结果显示，工商业人员被试危机压力的总体得分在 1.33—4.14 分之间，均值为 2.74，标准差为 0.49。在六种危机压力中，工商业人员被试的政治危机压力得分在 1.00—4.67 分之间，均值为 2.51，标准差为 0.66；经济危机压力得分在 1.00—5.00 分之间，均值为 2.34，标准差为 0.71；社会危机压力得分在 1.00—5.00 分之间，均值为 2.81，标准差为 0.76；文化危机压力得分在 1.00—4.50 分之间，均值为 2.72，标准差为 0.63；生态危机压力得分在 1.00—5.00 分之间，均值为 3.04，标准差为 0.93；国际性危机压力得分在 1.00—4.67 分之间，均值为 3.02，标准差为 0.49（见表 6-1-3 和图 6-1-3）。

表6-1-3　　工商业人员被试危机压力的描述统计（2012年）

项目	N	极小值	极大值	均值	标准差
危机压力总分	1303	1.33	4.14	2.7392	0.48655
政治危机压力	1308	1.00	4.67	2.5061	0.66364
经济危机压力	1309	1.00	5.00	2.3379	0.71128
社会危机压力	1308	1.00	5.00	2.8129	0.75943
文化危机压力	1308	1.00	4.50	2.7211	0.63399
生态危机压力	1309	1.00	5.00	3.0430	0.93253
国际性危机压力	1309	1.00	4.67	3.0158	0.48517
有效的N（列表状态）	1303				

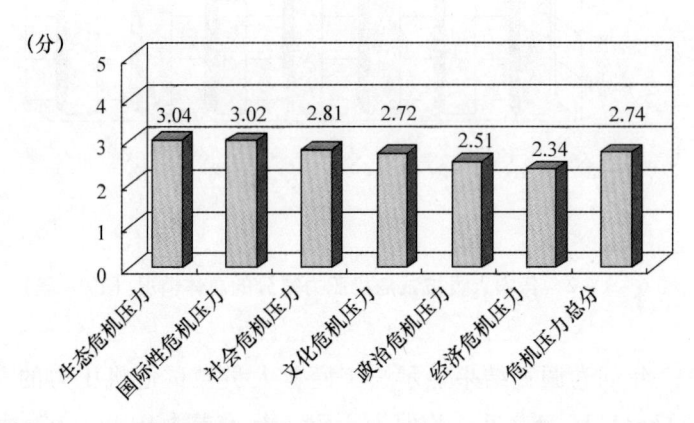

图6-1-3　工商业人员被试危机压力得分的总体情况（2012年）

2016年问卷调查结果显示，工商业人员（合并企业职工和个体业者）被试危机压力的总体得分在1.28—4.06分之间，均值为2.86，标准差为0.44。在六种危机压力中，工商业人员被试的政治危机压力得分在1.00—5.00分之间，均值为2.70，标准差为0.72；经济危机压力得分在1.00—5.00分之间，均值为2.46，标准差为0.64；社会危机压力得分在1.00—5.00分之间，均值为2.84，标准差为0.73；文化危机压力得分在1.00—4.50分之间，均值为2.86，标准差为 0.67；生态危机压力得分在 1.00—5.00 分之间，均值为 3.24，标准差为 0.74；国际性危机压力得分在 1.00—4.33 分之间，均值为 3.05，标准差为 0.48（见表 6-1-4 和图 6-1-4）。

表 6-1-4　　　　工商业人员被试危机压力的描述统计（2016 年）

项目	N	极小值	极大值	均值	标准差
危机压力总分	1853	1.28	4.06	2.8580	0.43923
政治危机压力	1874	1.00	5.00	2.6971	0.72168
经济危机压力	1868	1.00	5.00	2.4616	0.64231
社会危机压力	1868	1.00	5.00	2.8442	0.73279
文化危机压力	1872	1.00	4.50	2.8631	0.66844
生态危机压力	1873	1.00	5.00	3.2395	0.73730
国际性危机压力	1873	1.00	4.33	3.0464	0.48264
有效的 N（列表状态）	1853				

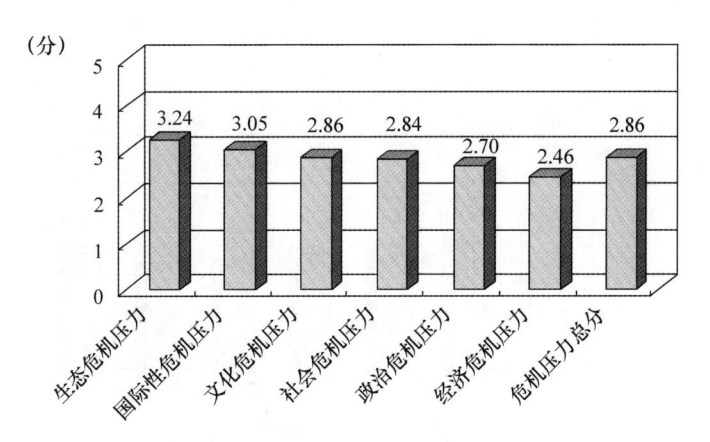

图 6-1-4　工商业人员被试危机压力得分的总体情况（2016 年）

2012 年问卷调查结果显示，专业技术人员被试危机压力的总体得分在 1.22—4.01 分之间，均值为 2.78，标准差为 0.48。在六种危机压力中，专业技术人员被试的政治危机压力得分在 1.00—4.33 分之间，均值为 2.47，标准差为 0.66；经济危机压力得分在 1.00—5.00 分之间，均值为 2.42，标准差为 0.75；社会危机压力得分在

中国政治文化研究——不同公民群体的危机压力比较

1.00—5.00 分之间，均值为 2.88，标准差为 0.75；文化危机压力得分在 1.00—4.50 分之间，均值为 2.77，标准差为 0.66；生态危机压力得分在 1.00—5.00 分之间，均值为 3.16，标准差为 0.89；国际性危机压力得分在 1.33—4.67 分之间，均值为 3.01，标准差为 0.50（见表 6-1-5 和图 6-1-5）。

表 6-1-5　　专业技术人员被试危机压力的描述统计（2012 年）

项目	N	极小值	极大值	均值	标准差
危机压力总分	465	1.22	4.01	2.7836	0.47518
政治危机压力	468	1.00	4.33	2.4729	0.66343
经济危机压力	468	1.00	5.00	2.4152	0.74595
社会危机压力	468	1.00	5.00	2.8832	0.75196
文化危机压力	465	1.00	4.50	2.7656	0.65522
生态危机压力	468	1.00	5.00	3.1574	0.89019
国际性危机压力	468	1.33	4.67	3.0064	0.50428
有效的 N（列表状态）	465				

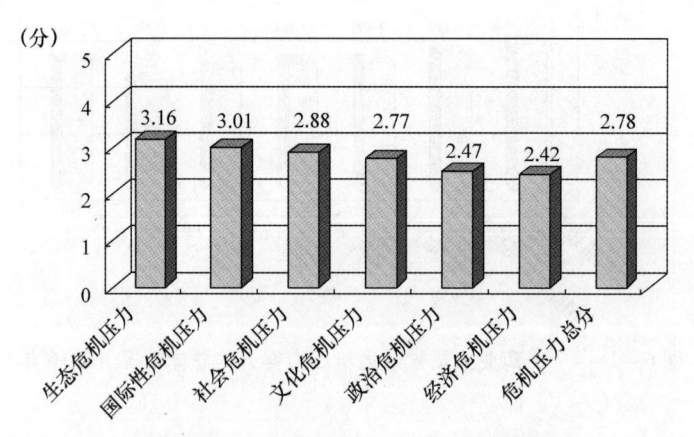

图 6-1-5　专业技术人员被试危机压力得分的总体情况（2012 年）

2016 年问卷调查结果显示，专业技术人员被试危机压力的总体得分在 1.22—3.68 分之间，均值为 2.82，标准差为 0.44。在六种危机压力中，专业技术人员被试的政治危机压力得分在 1.00—4.33 分之间，均值为 2.62，标准差为 0.73；经济危机压力得分在 1.00—4.67 分之间，均值为 2.42，标准差为 0.65；社会危机压力得分在 1.00—5.00 分之间，均值为 2.79，标准差为 0.72；文化危机压力得分在 1.00—4.25 分之间，均值为 2.82，标准差为 0.67；生态危机压力得分在 1.00—5.00 分之间，均值为 3.29，标准差为 0.76；国际性危机压力得分在 1.33—4.67 分之间，均值为 3.00，标准差为 0.49（见表 6 - 1 - 6 和图 6 - 1 - 6）。

表 6 - 1 - 6　　专业技术人员被试危机压力的描述统计（2016 年）

项目	N	极小值	极大值	均值	标准差
危机压力总分	410	1.22	3.68	2.8226	0.44104
政治危机压力	411	1.00	4.33	2.6172	0.73251
经济危机压力	410	1.00	4.67	2.4163	0.64610
社会危机压力	411	1.00	5.00	2.7924	0.71993
文化危机压力	411	1.00	4.25	2.8236	0.67279
生态危机压力	411	1.00	5.00	3.2920	0.76450
国际性危机压力	411	1.33	4.67	3.0032	0.49000
有效的 N（列表状态）	410				

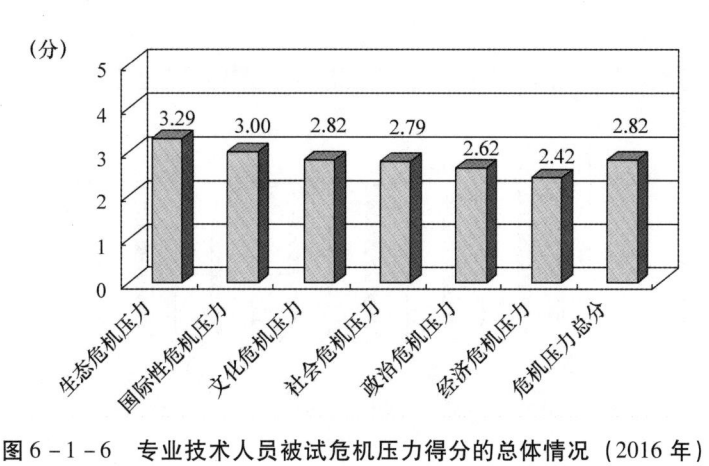

图 6 - 1 - 6　专业技术人员被试危机压力得分的总体情况（2016 年）

2012 年问卷调查结果显示，公务员被试危机压力的总体得分在

1.61—4.13 分之间,均值为 2.64,标准差为 0.46。在六种危机压力中,公务员被试的政治危机压力得分在 1.00—4.33 分之间,均值为 2.39,标准差为 0.73;经济危机压力得分在 1.00—5.00 分之间,均值为 2.32,标准差为 0.74;社会危机压力得分在 1.00—4.67 分之间,均值为 2.71,标准差为 0.76;文化危机压力得分在 1.00—4.25 分之间,均值为 2.53,标准差为 0.63;生态危机压力得分在 1.00 5.00 分之间,均值为 2.93,标准差为 0.90;国际性危机压力得分在 1.33—4.00 分之间,均值为 2.95,标准差为 0.43(见表 6-1-7 和图 6-1-7)。

表 6-1-7　　　　　公务员被试危机压力的描述统计(2012 年)

项目	N	极小值	极大值	均值	标准差
危机压力总分	152	1.61	4.13	2.6385	0.45784
政治危机压力	152	1.00	4.33	2.3925	0.73100
经济危机压力	152	1.00	5.00	2.3158	0.73870
社会危机压力	152	1.00	4.67	2.7061	0.75559
文化危机压力	152	1.00	4.25	2.5329	0.63015
生态危机压力	152	1.00	5.00	2.9320	0.89832
国际性危机压力	152	1.33	4.00	2.9518	0.42960
有效的 N(列表状态)	152				

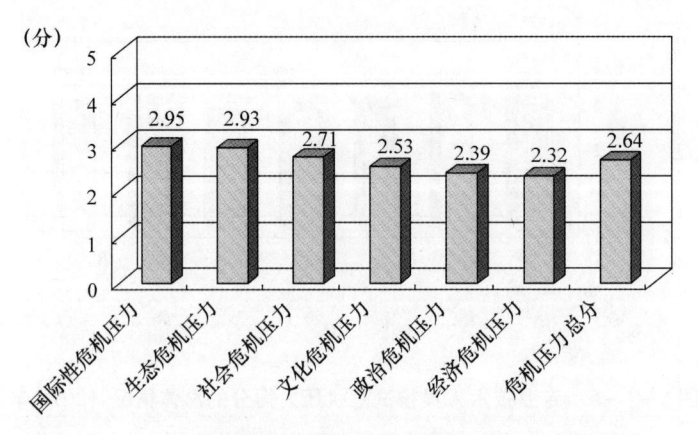

图 6-1-7 公务员被试危机压力得分的总体情况(2012 年)

第六章 危机压力的差异比较：职业

2016年问卷调查结果显示，公务员被试危机压力的总体得分在1.47—3.56分之间，均值为2.79，标准差为0.45。在六种危机压力中，公务员被试的政治危机压力得分在1.00—4.33分之间，均值为2.68，标准差为0.75；经济危机压力得分在1.00—4.67分之间，均值为2.33，标准差为0.65；社会危机压力得分在1.00—4.33分之间，均值为2.74，标准差为0.78；文化危机压力得分在1.00—4.00分之间，均值为2.74，标准差为0.62；生态危机压力得分在1.00—4.67分之间，均值为3.24，标准差为0.75；国际性危机压力得分在1.67—4.00分之间，均值为3.02，标准差为0.41（见表6-1-8和图6-1-8）。

表6-1-8　　　　公务员被试危机压力的描述统计（2016年）

项目	N	极小值	极大值	均值	标准差
危机压力总分	119	1.47	3.56	2.7926	0.45204
政治危机压力	119	1.00	4.33	2.6807	0.75464
经济危机压力	119	1.00	4.67	2.3333	0.64513
社会危机压力	119	1.00	4.33	2.7395	0.78493
文化危机压力	119	1.00	4.00	2.7416	0.62346
生态危机压力	119	1.00	4.67	3.2409	0.75280
国际性危机压力	119	1.67	4.00	3.0196	0.40777
有效的N（列表状态）	119				

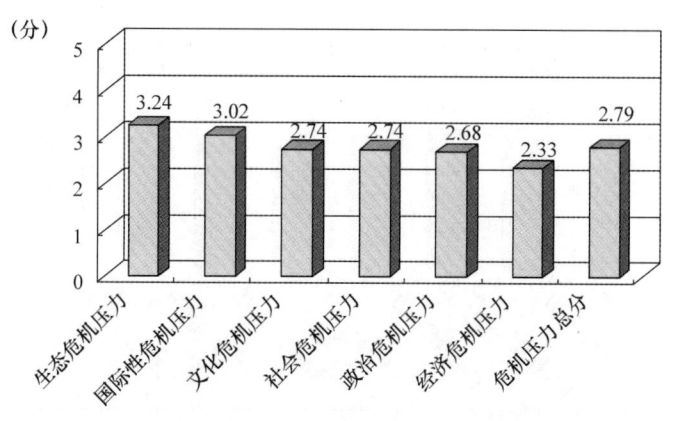

图6-1-8　公务员被试危机压力得分的总体情况（2016年）

2012年问卷调查结果显示，在校学生被试危机压力的总体得分在1.32—4.50分之间，均值为2.85，标准差为0.42。在六种危机压力中，在校学生被试的政治危机压力得分在1.00—4.33分之间，均值为2.61，标准差为0.62；经济危机压力得分在1.00—5.00分之间，均值为2.47，标准差为0.66；社会危机压力得分在1.00—5.00分之间，均值为2.81，标准差为0.66；文化危机压力得分在1.00—4.75分之间，均值为2.76，标准差为0.59；生态危机压力得分在1.00—5.00分之间，均值为3.40，标准差为0.83；国际性危机压力得分在1.00—4.67分之间，均值为3.04，标准差为0.52（见表6-1-9和图6-1-9）。

表6-1-9　　　　在校学生被试危机压力的描述统计（2012年）

项目	N	极小值	极大值	均值	标准差
危机压力总分	253	1.32	4.50	2.8468	0.41501
政治危机压力	255	1.00	4.33	2.6052	0.61703
经济危机压力	255	1.00	5.00	2.4667	0.65582
社会危机压力	256	1.00	5.00	2.8086	0.66029
文化危机压力	255	1.00	4.75	2.7608	0.59371
生态危机压力	256	1.00	5.00	3.4023	0.83393
国际性危机压力	256	1.00	4.67	3.0443	0.52206
有效的N（列表状态）	253				

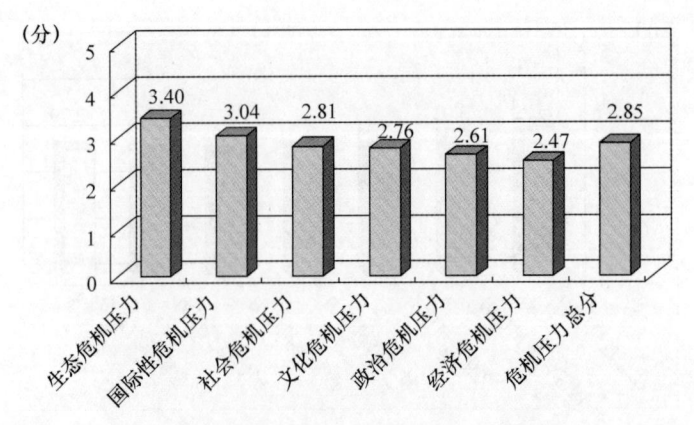

图6-1-9　在校学生被试危机压力得分的总体情况（2012年）

第六章 危机压力的差异比较：职业

2016年问卷调查结果显示，在校学生被试危机压力的总体得分在1.28—3.78分之间，均值为2.87，标准差为0.38。在六种危机压力中，在校学生被试的政治危机压力得分在1.00—4.67分之间，均值为2.76，标准差为0.65；经济危机压力得分在1.00—4.67分之间，均值为2.42，标准差为0.56；社会危机压力得分在1.00—4.67分之间，均值为2.84，标准差为0.68；文化危机压力得分在1.00—4.50分之间，均值为2.90，标准差为0.60；生态危机压力得分在1.00—5.00分之间，均值为3.30，标准差为0.72；国际性危机压力得分在1.33—4.33分之间，均值为3.04，标准差为0.45（见表6-1-10和图6-1-10）。

表6-1-10　　　　在校学生被试危机压力的描述统计（2016年）

项目	N	极小值	极大值	均值	标准差
危机压力总分	749	1.28	3.78	2.8743	0.37794
政治危机压力	758	1.00	4.67	2.7612	0.64791
经济危机压力	756	1.00	4.67	2.4175	0.56050
社会危机压力	756	1.00	4.67	2.8399	0.67617
文化危机压力	757	1.00	4.50	2.9039	0.60059
生态危机压力	756	1.00	5.00	3.2981	0.72275
国际性危机压力	756	1.33	4.33	3.0406	0.45274
有效的N（列表状态）	749				

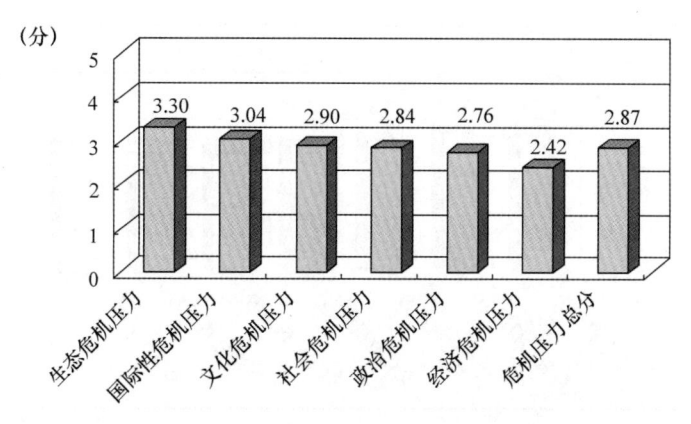

图6-1-10　在校学生被试危机压力得分的总体情况（2016年）

中国政治文化研究——不同公民群体的危机压力比较

2012年问卷调查结果显示，其他职业人员被试危机压力的总体得分在1.28—4.49分之间，均值为2.80，标准差为0.42。在六种危机压力中，其他职业人员被试的政治危机压力得分在1.00—4.33分之间，均值为2.57，标准差为0.62；经济危机压力得分在1.00—5.00分之间，均值为2.40，标准差为0.69；社会危机压力得分在1.00—5.00分之间，均值为2.85，标准差为0.69；文化危机压力得分在1.00—5.00分之间，均值为2.78，标准差为0.55；生态危机压力得分在1.00—5.00分之间，均值为3.16，标准差为0.84；国际性危机压力得分在1.00—5.00分之间，均值为3.03，标准差为0.50（见表6-1-11和图6-1-11）。

表6-1-11　　　其他职业人员被试危机压力的描述统计（2012年）

项目	N	极小值	极大值	均值	标准差
危机压力总分	1652	1.28	4.49	2.7968	0.42294
政治危机压力	1661	1.00	4.33	2.5719	0.62360
经济危机压力	1664	1.00	5.00	2.3972	0.69406
社会危机压力	1662	1.00	5.00	2.8480	0.69430
文化危机压力	1661	1.00	5.00	2.7821	0.54764
生态危机压力	1663	1.00	5.00	3.1587	0.83850
国际性危机压力	1661	1.00	5.00	3.0283	0.49556
有效的N（列表状态）	1652				

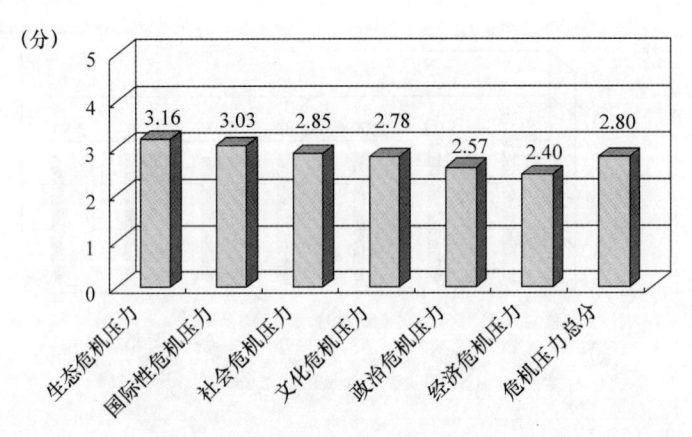

图6-1-11　其他职业人员被试危机压力得分的总体情况（2012年）

第六章 危机压力的差异比较：职业

2016年问卷调查结果显示，其他职业人员（合并退休人员和其他职业人员）被试危机压力的总体得分在1.28—4.19分之间，均值为2.83，标准差为0.42。在六种危机压力中，其他职业人员被试的政治危机压力得分在1.00—5.00分之间，均值为2.69，标准差为0.69；经济危机压力得分在1.00—5.00分之间，均值为2.43，标准差为0.64；社会危机压力得分在1.00—5.00分之间，均值为2.82，标准差为0.70；文化危机压力得分在1.00—4.75分之间，均值为2.83，标准差为0.62；生态危机压力得分在1.00—5.00分之间，均值为3.20，标准差为0.75；国际性危机压力得分在1.33—5.00分之间，均值为3.03，标准差为0.46（见表6-1-12和图6-1-12）。

表6-1-12　　其他职业人员被试危机压力的描述统计（2016年）

项目	N	极小值	极大值	均值	标准差
危机压力总分	1601	1.28	4.19	2.8327	0.42212
政治危机压力	1611	1.00	5.00	2.6890	0.69369
经济危机压力	1609	1.00	5.00	2.4330	0.64331
社会危机压力	1612	1.00	5.00	2.8164	0.70404
文化危机压力	1610	1.00	4.75	2.8290	0.62063
生态危机压力	1611	1.00	5.00	3.2019	0.74927
国际性危机压力	1607	1.33	5.00	3.0332	0.45801
有效的N（列表状态）	1601				

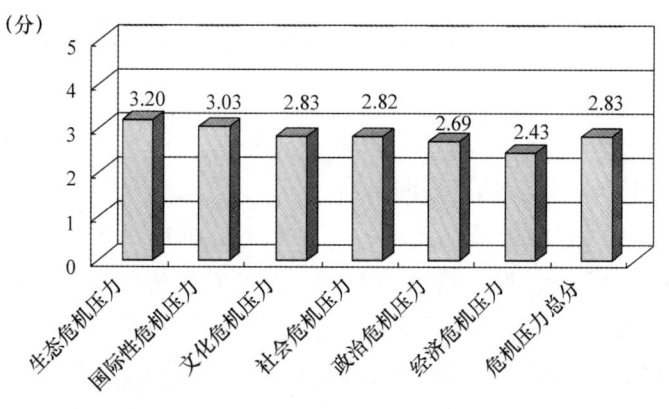

图6-1-12　其他职业人员被试危机压力得分的总体情况（2016年）

六种危机压力的得分由高到低排序,2012年问卷调查显示的是工商业人员、专业技术人员、在校学生、其他职业四种被试都是生态危机压力第一,国际性危机压力第二,社会危机压力第三,文化危机压力第四,政治危机压力第五,经济危机压力第六;务农人员、公务员两种被试则是国际性危机压力第一,生态危机压力第二,社会危机压力第三,文化危机压力第四,政治危机压力第五,经济危机压力第六(前两位排序有所不同);2016年问卷调查则显示,六种职业被试的得分排序相同,都是生态危机压力第一,国际性危机压力第二,文化危机压力第三,社会危机压力第四,政治危机压力第五,经济危机压力第六(见表6-1-13)。

表6-1-13　　　　六类职业被试六种危机压力得分排序的变化

认同项目	务农人员		工商业人员		技术人员		公务员		在校学生		其他职业	
	2012	2016	2012	2016	2012	2016	2012	2016	2012	2016	2012	2016
政治	5	5	5	5	5	5	5	5	5	5	5	5
经济	6	6	6	6	6	6	6	6	6	6	6	6
社会	3	4	3	4	3	4	3	4	3	4	3	4
文化	4	3	4	3	4	3	4	3	4	3	4	3
生态	2	1	1	1	1	1	2	1	1	1	1	1
国际	1	2	2	2	2	2	1	2	2	2	2	2

2016年问卷调查受职业分类影响的四类职业被试的危机压力得分的综合情况,需要作特别的说明。

2016年问卷调查结果显示,企业职工被试危机压力的总体得分在1.28—3.67分之间,均值为2.80,标准差为0.50。在六种危机压力中,企业职工被试的政治危机压力得分在1.00—4.33分之间,均值为2.65,标准差为0.78;经济危机压力得分在1.00—4.67分之间,均值为2.41,标准差为0.68;社会危机压力得分在1.00—5.00

分之间，均值为 2.80，标准差为 0.80；文化危机压力得分在 1.00—4.25 分之间，均值为 2.80，标准差为 0.74；生态危机压力得分在 1.00—5.00 分之间，均值为 3.16，标准差为 0.74；国际性危机压力得分在 1.00—4.33 分之间，均值为 2.99，标准差为 0.53（见表 6-1-14 和图 6-1-13）。

表 6-1-14　　　企业职工被试危机压力的描述统计（2016 年）

项目	N	极小值	极大值	均值	标准差
危机压力总分	666	1.28	3.67	2.7986	0.50001
政治危机压力	674	1.00	4.33	2.6484	0.77574
经济危机压力	672	1.00	4.67	2.4067	0.67621
社会危机压力	671	1.00	5.00	2.8028	0.79885
文化危机压力	673	1.00	4.25	2.8046	0.73818
生态危机压力	673	1.00	5.00	3.1555	0.73705
国际性危机压力	673	1.00	4.33	2.9851	0.53462
有效的 N（列表状态）	666				

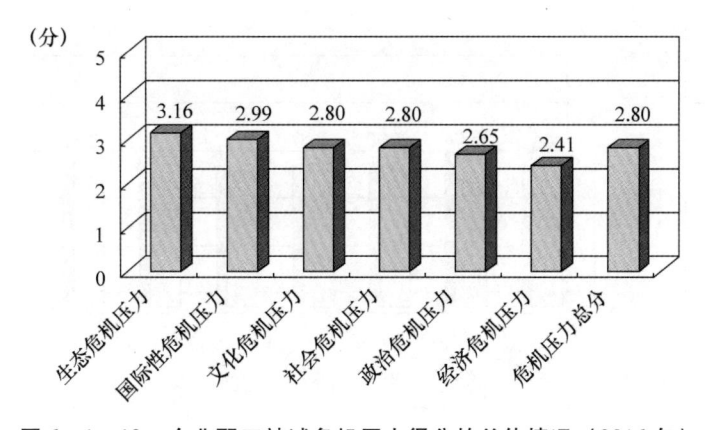

图 6-1-13　企业职工被试危机压力得分的总体情况（2016 年）

2016 年问卷调查结果显示，个体业者被试危机压力的总体得分在 1.39—4.06 分之间，均值为 2.89，标准差为 0.40。在六种危机压力中，个体业者被试的政治危机压力得分在 1.00—5.00 分之间，均值为 2.72，标准差为 0.69；经济危机压力得分在 1.00—5.00 分之间，均值为2.49，标准差为0.62；社会危机压力得分在1.00—5.00分之间，均值为2.87，标准差为0.69；文化危机压力得分在1.00—4.50分之间，均值为2.90，标准差为0.62；生态危机压力得分在1.00—5.00分之间，均值为3.29，标准差为0.73；国际性危机压力得分在1.33—4.33分之间，均值为3.08，标准差为0.45（见表6-1-15和图6-1-14）。

表6-1-15　　　个体业者被试危机压力的描述统计（2016年）

项目	N	极小值	极大值	均值	标准差
危机压力总分	1187	1.39	4.06	2.8912	0.39749
政治危机压力	1200	1.00	5.00	2.7244	0.68828
经济危机压力	1196	1.00	5.00	2.4925	0.62061
社会危机压力	1197	1.00	5.00	2.8674	0.69228
文化危机压力	1199	1.00	4.50	2.8960	0.62382
生态危机压力	1200	1.00	5.00	3.2867	0.73354
国际性危机压力	1200	1.33	4.33	3.0808	0.44744
有效的N（列表状态）	1187				

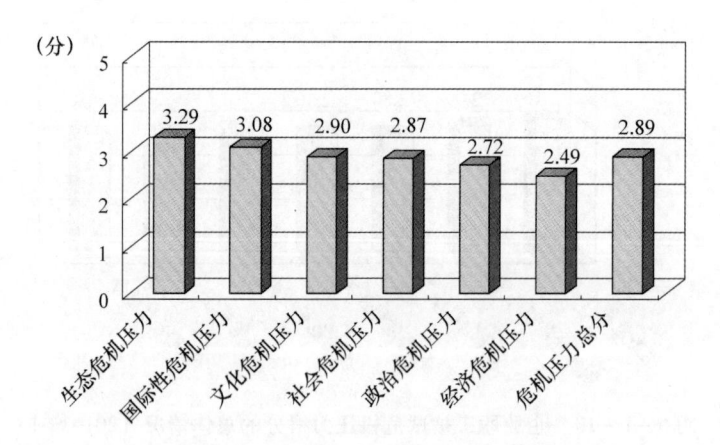

图6-1-14　个体业者被试危机压力得分的总体情况（2016年）

2016年问卷调查结果显示，退休人员被试危机压力的总体得分在1.28—3.67分之间，均值为2.77，标准差为0.45。在六种危机压力中，退休人员被试的政治危机压力得分在1.00—5.00分之间，均值为2.62，标准差为0.73；经济危机压力得分在1.00—4.33分之间，均值为2.38，标准差为0.62；社会危机压力得分在1.00—4.33分之间，均值为2.71，标准差为0.74；文化危机压力得分在1.00—4.75分之间，均值为2.79，标准差为0.66；生态危机压力得分在1.00—5.00分之间，均值为3.11，标准差为0.73；国际性危机压力得分在1.33—4.67分之间，均值为3.04，标准差为0.47（见表6-1-16和图6-1-15）。

表6-1-16　　　　退休人员被试危机压力的描述统计（2016年）

项目	N	极小值	极大值	均值	标准差
危机压力总分	646	1.28	3.67	2.7746	0.44640
政治危机压力	647	1.00	5.00	2.6177	0.72584
经济危机压力	648	1.00	4.33	2.3843	0.62159
社会危机压力	648	1.00	4.33	2.7114	0.74355
文化危机压力	647	1.00	4.75	2.7948	0.65933
生态危机压力	648	1.00	5.00	3.1080	0.72940
国际性危机压力	648	1.33	4.67	3.0365	0.46797
有效的N（列表状态）	646				

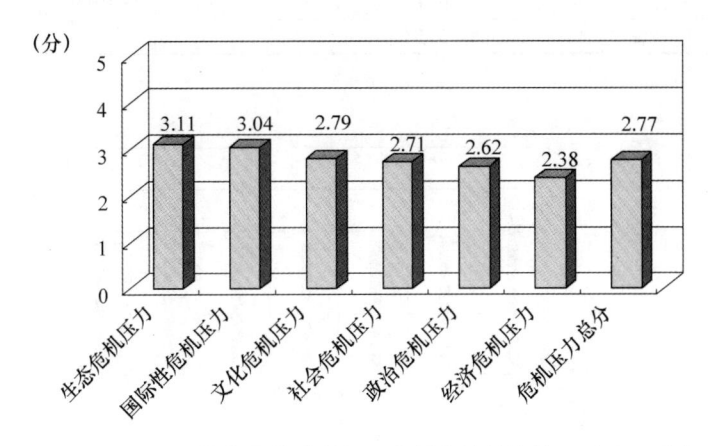

图6-1-15　退休人员被试危机压力得分的总体情况（2016年）

2016年问卷调查结果显示，排除了退休人员的其他职业人员被试危机压力的总体得分在1.44—4.19分之间，均值为2.87，标准差

中国政治文化研究——不同公民群体的危机压力比较

为0.40。在六种危机压力中，排除了退休人员的其他职业人员被试的政治危机压力得分在1.00—4.33分之间，均值为2.74，标准差为0.67；经济危机压力得分在1.00—5.00分之间，均值为2.47，标准差为0.66；社会危机压力得分在1.00—5.00分之间，均值为2.89，标准差为0.67；文化危机压力得分在1.00—4.75分之间，均值为2.85，标准差为0.59；生态危机压力得分在1.00—5.00分之间，均值为3.27，标准差为0.76；国际性危机压力得分在1.33—5.00分之间，均值为3.03，标准差为0.45（见表6-1-17和图6-1-16）。

表6-1-17　排除了退休人员的其他职业人员被试危机压力的描述统计（2016年）

项目	N	极小值	极大值	均值	标准差
危机压力总分	955	1.44	4.19	2.8721	0.40035
政治危机压力	964	1.00	4.33	2.7369	0.66738
经济危机压力	961	1.00	5.00	2.4658	0.65583
社会危机压力	964	1.00	5.00	2.8869	0.66737
文化危机压力	963	1.00	4.75	2.8520	0.59245
生态危机压力	963	1.00	5.00	3.2651	0.75618
国际性危机压力	959	1.33	5.00	3.0309	0.45139
有效的N（列表状态）	955				

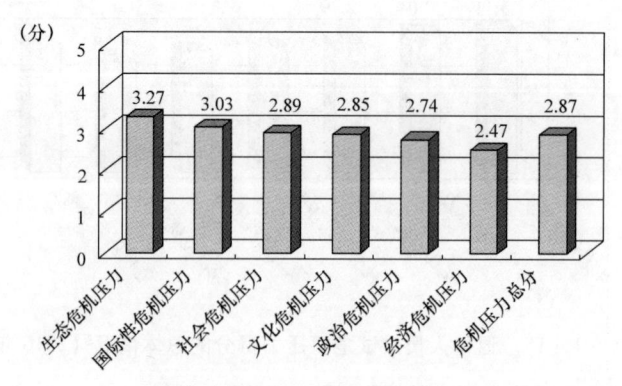

图6-1-16　排除了退休人员的其他职业人员被试危机压力得分的总体情况（2016年）

六种危机压力的得分由高到低排序，企业职工、个体业者、退休人员被试都是生态危机压力第一，国际性危机压力第二，文化危机压力第三，社会危机压力第四，政治危机压力第五，经济危机压力第六；只有排除了退休人员的其他职业人员被试是生态危机压力第一，国际性危机压力第二，社会危机压力第三，文化危机压力第四，政治危机压力第五，经济危机压力第六（第三、第四位排序不同）。

二 不同职业被试的政治危机压力比较

对六类职业被试政治危机压力得分的差异性进行方差分析（见表6-2-1、表6-2-2、表6-2-3、表6-2-4和图6-2），2012年问卷调查显示不同职业被试的政治危机压力得分之间差异显著，$F=7.467$，$p<0.001$，公务员被试（$M=2.39$，$SD=0.73$）的得分显著低于务农人员被试（$M=2.60$，$SD=0.65$）、工商业人员被试（$M=2.51$，$SD=0.66$）、在校学生被试（$M=2.61$，$SD=0.62$）和其他职业人员被试（$M=2.57$，$SD=0.62$），与专业技术人员被试（$M=2.47$，$SD=0.66$）之间的得分差异不显著；务农人员被试的得分显著高于工商业人员、专业技术人员被试，与在校学生、其他职业人员被试之间的得分差异不显著；工商业人员被试的得分显著低于在校学生、其他职业人员被试，与专业技术人员被试之间的得分差异不显著；专业技术人员被试的得分显著低于在校学生、其他职业人员被试；在校学生被试与其他职业人员被试之间的得分差异不显著。2016年问卷调查也显示不同职业被试的政治危机压力得分之间差异显著，$F=2.429$，$p<0.05$，在校学生被试（$M=2.76$，$SD=0.65$）得分显著高于工商业人员被试（$M=2.71$，$SD=0.72$）、专业技术人员被试（$M=2.62$，$SD=0.73$）、其他职业人员被试（$M=2.69$，$SD=0.69$），与务农人员被试（$M=2.71$，$SD=0.70$）、公务员被试（$M=2.68$，$SD=0.75$）之间的得分差异不显著；专业技术人员被试的得分显著低于务农人员、工商业人员被试，与公务员、其他职业人员被试之间的得分差异不显著；务农人员、工商业人员、公务员、其他职业四种被试两两

之间的得分差异均不显著。

表6-2-1　　六类职业被试政治危机压力得分的差异比较

2012年问卷调查		N	均值	标准差	标准误	95%置信区间 下限	95%置信区间 上限	极小值	极大值
政治危机压力	务农人员	2305	2.5983	0.65159	0.01357	2.5717	2.6249	1.00	5.00
	工商业人员	1308	2.5061	0.66364	0.01835	2.4701	2.5421	1.00	4.67
	技术人员	468	2.4729	0.66343	0.03067	2.4127	2.5332	1.00	4.33
	公务员	152	2.3925	0.73100	0.05929	2.2754	2.5097	1.00	4.33
	在校学生	255	2.6052	0.61703	0.03864	2.5291	2.6813	1.00	4.33
	其他职业	1661	2.5719	0.62360	0.01530	2.5419	2.6020	1.00	4.33
	总数	6149	2.5572	0.65006	0.00829	2.5410	2.5735	1.00	5.00

2016年问卷调查		N	均值	标准差	标准误	95%置信区间 下限	95%置信区间 上限	极小值	极大值
政治危机压力	务农人员	1804	2.7055	0.69578	0.01638	2.6733	2.7376	1.00	4.67
	工商业人员	1874	2.6971	0.72168	0.01667	2.6644	2.7298	1.00	5.00
	技术人员	411	2.6172	0.73251	0.03613	2.5462	2.6882	1.00	4.33
	公务员	119	2.6807	0.75464	0.06918	2.5437	2.8177	1.00	4.33
	在校学生	758	2.7612	0.64791	0.02353	2.7150	2.8074	1.00	4.67
	其他职业	1611	2.6890	0.69369	0.01728	2.6551	2.7229	1.00	5.00
	总数	6577	2.6995	0.70128	0.00865	2.6826	2.7165	1.00	5.00

表6-2-2　　六类职业被试政治危机压力得分的方差分析结果

2012年问卷调查		平方和	df	均方	F	显著性
政治危机压力	组间	15.694	5	3.139	7.467	0.000
	组内	2582.314	6143	0.420		
	总数	2598.008	6148			

第六章　危机压力的差异比较：职业

续表

2016年问卷调查		平方和	df	均方	F	显著性
政治危机压力	组间	5.966	5	1.193	2.429	0.033
	组内	3228.052	6571	0.491		
	总数	3234.017	6576			

表6-2-3　六类职业被试政治危机压力得分的多重比较（2012年）

因变量	(I) 职业	(J) 职业	均值差 (I-J)	标准误	显著性	95% 置信区间 下限	95% 置信区间 上限
政治危机压力	务农人员	工商业人员	0.09215*	0.02244	0.000	0.0481	0.1361
		技术人员	0.12533*	0.03287	0.000	0.0609	0.1898
		公务员	0.20572*	0.05429	0.000	0.0993	0.3122
		在校学生	-0.00696	0.04279	0.871	-0.0908	0.0769
		其他职业	0.02632	0.02087	0.207	-0.0146	0.0672
	工商业人员	务农人员	-0.09215*	0.02244	0.000	-0.1361	-0.0481
		技术人员	0.03318	0.03492	0.342	-0.0353	0.1016
		公务员	0.11357*	0.05556	0.041	0.0047	0.2225
		在校学生	-0.09911*	0.04438	0.026	-0.1861	-0.0121
		其他职业	-0.06583*	0.02397	0.006	-0.1128	-0.0188
	技术人员	务农人员	-0.12533*	0.03287	0.000	-0.1898	-0.0609
		工商业人员	-0.03318	0.03492	0.342	-0.1016	0.0353
		公务员	0.08039	0.06053	0.184	-0.0383	0.1990
		在校学生	-0.13229*	0.05047	0.009	-0.2312	-0.0334
		其他职业	-0.09901*	0.03393	0.004	-0.1655	-0.0325
	公务员	务农人员	-0.20572*	0.05429	0.000	-0.3122	-0.0993
		工商业人员	-0.11357*	0.05556	0.041	-0.2225	-0.0047
		技术人员	-0.08039	0.06053	0.184	-0.1990	0.0383
		在校学生	-0.21268*	0.06644	0.001	-0.3429	-0.0824
		其他职业	-0.17940*	0.05494	0.001	-0.2871	-0.0717

续表

因变量	（I）职业	（J）职业	均值差（I-J）	标准误	显著性	95% 置信区间 下限	95% 置信区间 上限
政治危机压力	在校学生	务农人员	0.00696	0.04279	0.871	-0.0769	0.0908
		工商业人员	0.09911*	0.04438	0.026	0.0121	0.1861
		技术人员	0.13229*	0.05047	0.009	0.0334	0.2312
		公务员	0.21268*	0.06644	0.001	0.0824	0.3429
		其他职业	0.03328	0.04361	0.445	-0.0522	0.1188
	其他职业	务农人员	-0.02632	0.02087	0.207	-0.0672	0.0146
		工商业人员	0.06583*	0.02397	0.006	0.0188	0.1128
		技术人员	0.09901*	0.03393	0.004	0.0325	0.1655
		公务员	0.17940*	0.05494	0.001	0.0717	0.2871
		在校学生	-0.03328	0.04361	0.445	-0.1188	0.0522

*. 均值差的显著性水平为 0.05。

表6-2-4　六类职业被试政治危机压力得分的多重比较（2016年）

因变量	（I）职业	（J）职业	均值差（I-J）	标准误	显著性	95% 置信区间 下限	95% 置信区间 上限
政治危机压力	务农人员	工商业人员	0.00839	0.02312	0.717	-0.0369	0.0537
		技术人员	0.08828*	0.03831	0.021	0.0132	0.1634
		公务员	0.02480	0.06634	0.709	-0.1052	0.1548
		在校学生	-0.05574	0.03034	0.066	-0.1152	0.0037
		其他职业	0.01646	0.02403	0.493	-0.0306	0.0636
	工商业人员	务农人员	-0.00839	0.02312	0.717	-0.0537	0.0369
		技术人员	0.07989*	0.03818	0.036	0.0051	0.1547
		公务员	0.01641	0.06626	0.804	-0.1135	0.1463
		在校学生	-0.06413*	0.03017	0.034	-0.1233	-0.0050
		其他职业	0.00807	0.02381	0.735	-0.0386	0.0548

第六章 危机压力的差异比较：职业

续表

因变量	(I)职业	(J)职业	均值差(I-J)	标准误	显著性	95% 置信区间 下限	95% 置信区间 上限
政治危机压力	技术人员	务农人员	-0.08828*	0.03831	0.021	-0.1634	-0.0132
		工商业人员	-0.07989*	0.03818	0.036	-0.1547	-0.0051
		公务员	-0.06348	0.07296	0.384	-0.2065	0.0796
		在校学生	-0.14402*	0.04293	0.001	-0.2282	-0.0599
		其他职业	-0.07182	0.03873	0.064	-0.1477	0.0041
	公务员	务农人员	-0.02480	0.06634	0.709	-0.1548	0.1052
		工商业人员	-0.01641	0.06626	0.804	-0.1463	0.1135
		技术人员	0.06348	0.07296	0.384	-0.0796	0.2065
		在校学生	-0.08054	0.06911	0.244	-0.2160	0.0549
		其他职业	-0.00834	0.06658	0.900	-0.1389	0.1222
	在校学生	务农人员	0.05574	0.03034	0.066	-0.0037	0.1152
		工商业人员	0.06413*	0.03017	0.034	0.0050	0.1233
		技术人员	0.14402*	0.04293	0.001	0.0599	0.2282
		公务员	0.08054	0.06911	0.244	-0.0549	0.2160
		其他职业	0.07220*	0.03087	0.019	0.0117	0.1327
	其他职业	务农人员	-0.01646	0.02403	0.493	-0.0636	0.0306
		工商业人员	-0.00807	0.02381	0.735	-0.0548	0.0386
		技术人员	0.07182	0.03873	0.064	-0.0041	0.1477
		公务员	0.00834	0.06658	0.900	-0.1222	0.1389
		在校学生	-0.07220*	0.03087	0.019	-0.1327	-0.0117

＊．均值差的显著性水平为 0.05。

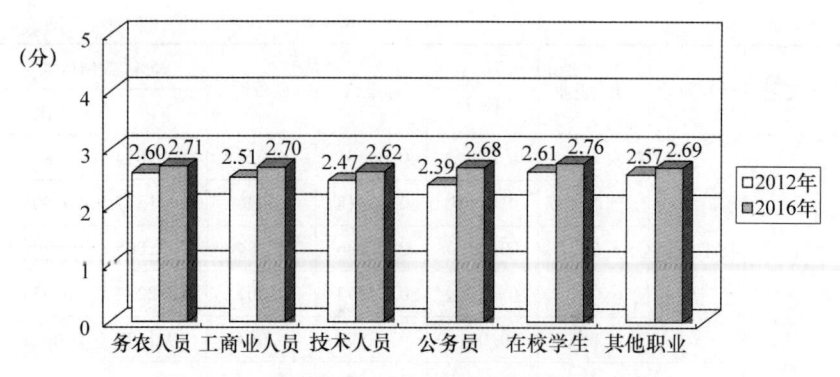

中国政治文化研究——不同公民群体的危机压力比较

图 6-2 六类职业被试的政治危机压力得分比较

2016 年与 2012 年相比，务农人员被试政治危机压力的得分上升 0.11 分，工商业人员被试政治危机压力的得分上升 0.19 分，专业技术人员被试政治危机压力的得分上升 0.15 分，公务员被试政治危机压力的得分上升 0.29 分，在校学生被试政治危机压力的得分上升 0.15 分，其他职业人员被试政治危机压力的得分上升 0.12 分（见表 6-2-5）。公务员被试得分上升幅度最大，使其由 2012 年政治危机压力得分显著低于四种职业被试，变成了 2016 年的与另五种职业被试得分差异均不显著。

表 6-2-5　　　　　六类职业被试政治危机压力得分的变化

项目	2012 年问卷调查	2016 年问卷调查	2016 年比 2012 年增减
务农人员	2.60	2.71	+0.11
工商业人员	2.51	2.70	+0.19
技术人员	2.47	2.62	+0.15
公务员	2.39	2.68	+0.29
在校学生	2.61	2.76	+0.15
其他职业	2.57	2.69	+0.12

对 2016 年问卷调查的八类职业被试政治危机压力得分的差异性

进行方差分析（见表6-2-6、表6-2-7、表6-2-8），显示不同职业被试的政治危机压力得分之间差异显著，$F=4.068$，$p<0.001$，受职业分类影响的四类职业被试，退休人员被试（$M=2.62$，$SD=0.73$）的得分显著低于务农人员被试（$M=2.71$，$SD=0.70$）、个体业者被试（$M=2.72$，$SD=0.69$）、在校学生被试（$M=2.76$，$SD=0.65$）、其他职业人员被试（$M=2.74$，$SD=0.67$），与企业职工被试（$M=2.65$，$SD=0.78$）、专业技术人员被试（$M=2.62$，$SD=0.73$）、公务员被试（$M=2.68$，$SD=0.75$）之间的得分差异不显著；企业职工被试的得分显著低于在校学生、个体业者、其他职业人员被试，与务农人员、公务员、专业技术人员被试之间的得分差异不显著；个体业者被试与其他职业人员被试之间的得分差异不显著，但是这两种的得分均显著高于专业技术人员被试，均与务农人员、公务员、在校学生被试之间的得分差异不显著。

表6-2-6　　2016年八类职业被试政治危机压力得分的差异比较

项目		N	均值	标准差	标准误	95% 置信区间 下限	95% 置信区间 上限	极小值	极大值
政治危机压力	务农人员	1804	2.7055	0.69578	0.01638	2.6733	2.7376	1.00	4.67
	企业职工	674	2.6484	0.77574	0.02988	2.5897	2.7070	1.00	4.33
	个体业者	1200	2.7244	0.68828	0.01987	2.6855	2.7634	1.00	5.00
	技术人员	411	2.6172	0.73251	0.03613	2.5462	2.6882	1.00	4.33
	公务员	119	2.6807	0.75464	0.06918	2.5437	2.8177	1.00	4.33
	在校学生	758	2.7612	0.64791	0.02353	2.7150	2.8074	1.00	4.67
	退休人员	647	2.6177	0.72584	0.02854	2.5617	2.6738	1.00	5.00
	其他职业	964	2.7369	0.66738	0.02149	2.6947	2.7790	1.00	4.33
	总数	6577	2.6995	0.70128	0.00865	2.6826	2.7165	1.00	5.00

表6-2-7　　　　　2016年八类职业被试政治危机
压力得分的方差分析结果

项目		平方和	df	均方	F	显著性
政治危机压力	组间	13.959	7	1.994	4.068	0.000
	组内	3220.058	6569	0.490		
	总数	3234.017	6576			

表6-2-8　　　2016年受职业分类影响的四类职业被试政治
危机压力得分的多重比较

因变量	(I)职业	(J)职业	均值差(I-J)	标准误	显著性	95%置信区间 下限	95%置信区间 上限
政治危机压力	企业职工	务农人员	-0.05710	0.03161	0.071	-0.1191	0.0049
		个体业者	-0.07608*	0.03370	0.024	-0.1421	-0.0100
		技术人员	0.03117	0.04382	0.477	-0.0547	0.1171
		公务员	-0.03230	0.06962	0.643	-0.1688	0.1042
		在校学生	-0.11285*	0.03707	0.002	-0.1855	-0.0402
		退休人员	0.03065	0.03853	0.426	-0.0449	0.1062
		其他职业	-0.08849*	0.03515	0.012	-0.1574	-0.0196
	个体业者	务农人员	0.01898	0.02608	0.467	-0.0322	0.0701
		企业职工	0.07608*	0.03370	0.024	0.0100	0.1421
		技术人员	0.10725*	0.04001	0.007	0.0288	0.1857
		公务员	0.04377	0.06729	0.515	-0.0881	0.1757
		在校学生	-0.03677	0.03248	0.258	-0.1004	0.0269
		退休人员	0.10672*	0.03415	0.002	0.0398	0.1737
		其他职业	-0.01242	0.03028	0.682	-0.0718	0.0469

第六章 危机压力的差异比较：职业

续表

因变量	(I) 职业	(J) 职业	均值差 (I-J)	标准误	显著性	95% 置信区间 下限	95% 置信区间 上限
政治危机压力	退休人员	务农人员	-0.08775*	0.03208	0.006	-0.1506	-0.0249
		企业职工	-0.03065	0.03853	0.426	-0.1062	0.0449
		个体业者	-0.10672*	0.03415	0.002	-0.1737	-0.0398
		技术人员	0.00053	0.04416	0.990	-0.0860	0.0871
		公务员	-0.06295	0.06983	0.367	-0.1998	0.0739
		在校学生	-0.14349*	0.03747	0.000	-0.2170	-0.0700
		其他职业	-0.11914*	0.03558	0.001	-0.1889	-0.0494
	其他职业	务农人员	0.03139	0.02793	0.261	-0.0234	0.0861
		企业职工	0.08849*	0.03515	0.012	0.0196	0.1574
		个体业者	0.01242	0.03028	0.682	-0.0469	0.0718
		技术人员	0.11967*	0.04125	0.004	0.0388	0.2005
		公务员	0.05619	0.06803	0.409	-0.0772	0.1895
		在校学生	-0.02435	0.03399	0.474	-0.0910	0.0423
		退休人员	0.11914*	0.03558	0.001	0.0494	0.1889

*. 均值差的显著性水平为 0.05。

三 不同职业被试的经济危机压力比较

对六类职业被试经济危机压力得分的差异性进行方差分析（见表 6-3-1、表 6-3-2、表 6-3-3、表 6-3-4 和图 6-3），2012 年问卷调查显示不同职业被试的经济危机压力得分之间差异显著，$F = 20.357$，$p < 0.001$，务农人员被试（$M = 2.21$，$SD = 0.68$）的得分显著低于工商业人员被试（$M = 2.34$，$SD = 0.71$）、专业技术人员被试（$M = 2.42$，$SD = 0.75$）、在校学生被试（$M = 2.47$，$SD = 0.66$）和其他职业人员被试（$M = 2.40$，$SD = 0.69$），与公务员被试（$M = 2.32$，$SD = 0.74$）之间的得分差异不显著；工商业人员被试的得分显著低于专业技术人员、在校学生、其他职业人员被试，与公务员被试之间的得分差异不显著；公务员被试的得分显著低于在校学生被

试，与专业技术人员、其他职业人员被试之间的得分差异不显著；专业技术人员、在校学生、其他职业人员三种被试相互间的得分差异均不显著。2016年问卷调查也显示不同职业被试的经济危机压力得分之间差异显著，$F = 2.358$，$p < 0.05$，工商业人员被试（$M = 2.46$，$SD = 0.64$）的得分显著高于务农人员被试（$M = 2.40$，$SD = 0.60$）、公务员被试（$M = 2.33$，$SD = 0.65$），与专业技术人员被试（$M = 2.42$，$SD = 0.65$）、在校学生被试（$M = 2.42$，$SD = 0.56$）、其他职业人员被试（$M = 2.43$，$SD = 0.64$）之间的得分差异不显著；务农人员、专业技术人员、公务员、在校学生、其他职业人员五种被试两两之间的得分差异均不显著。

表6-3-1　　六类职业被试经济危机压力得分的差异比较

2012年问卷调查		N	均值	标准差	标准误	95%置信区间 下限	95%置信区间 上限	极小值	极大值
经济危机压力	务农人员	2301	2.2069	0.68135	0.01420	2.1790	2.2347	1.00	5.00
	工商业人员	1309	2.3379	0.71128	0.01966	2.2993	2.3765	1.00	5.00
	技术人员	468	2.4152	0.74595	0.03448	2.3475	2.4830	1.00	5.00
	公务员	152	2.3158	0.73870	0.05992	2.1974	2.4342	1.00	5.00
	在校学生	255	2.4667	0.65582	0.04107	2.3858	2.5475	1.00	5.00
	其他职业	1664	2.3972	0.69406	0.01701	2.3639	2.4306	1.00	5.00
	总数	6149	2.3156	0.70220	0.00895	2.2981	2.3332	1.00	5.00
2016年问卷调查		N	均值	标准差	标准误	95%置信区间 下限	95%置信区间 上限	极小值	极大值
经济危机压力	务农人员	1797	2.4022	0.59769	0.01410	2.3745	2.4298	1.00	4.67
	工商业人员	1868	2.4616	0.64231	0.01486	2.4325	2.4908	1.00	5.00
	技术人员	410	2.4163	0.64610	0.03191	2.3535	2.4790	1.00	4.67
	公务员	119	2.3333	0.64513	0.05914	2.2162	2.4504	1.00	4.67
	在校学生	756	2.4175	0.56050	0.02039	2.3775	2.4576	1.00	4.67
	其他职业	1609	2.4330	0.64331	0.01604	2.4015	2.4644	1.00	5.00
	总数	6559	2.4281	0.62221	0.00768	2.4130	2.4431	1.00	5.00

表6-3-2　六类职业被试经济危机压力得分的方差分析结果

2012年问卷调查		平方和	df	均方	F	显著性
经济危机压力	组间	49.412	5	9.882	20.357	0.000
	组内	2982.100	6143	0.485		
	总数	3031.512	6148			
2016年问卷调查		平方和	df	均方	F	显著性
经济危机压力	组间	4.559	5	0.912	2.358	0.038
	组内	2534.360	6553	0.387		
	总数	2538.919	6558			

表6-3-3　六类职业被试经济危机压力得分的多重比较（2012年）

因变量	(I)职业	(J)职业	均值差(I-J)	标准误	显著性	95%置信区间 下限	95%置信区间 上限
经济危机压力	务农人员	工商业人员	-0.13105*	0.02412	0.000	-0.1783	-0.0838
		技术人员	-0.20838*	0.03533	0.000	-0.2776	-0.1391
		公务员	-0.10892	0.05835	0.062	-0.2233	0.0055
		在校学生	-0.25980*	0.04599	0.000	-0.3499	-0.1697
		其他职业	-0.19037*	0.02242	0.000	-0.2343	-0.1464
经济危机压力	工商业人员	务农人员	0.13105*	0.02412	0.000	0.0838	0.1783
		技术人员	-0.07733*	0.03753	0.039	-0.1509	-0.0038
		公务员	0.02213	0.05970	0.711	-0.0949	0.1392
		在校学生	-0.12875*	0.04769	0.007	-0.2222	-0.0353
		其他职业	-0.05932*	0.02574	0.021	-0.1098	-0.0089
经济危机压力	技术人员	务农人员	0.20838*	0.03533	0.000	0.1391	0.2776
		工商业人员	0.07733*	0.03753	0.039	0.0038	0.1509
		公务员	0.09945	0.06505	0.126	-0.0281	0.2270
		在校学生	-0.05142	0.05423	0.343	-0.1577	0.0549
		其他职业	0.01801	0.03646	0.621	-0.0535	0.0895

续表

因变量	(I) 职业	(J) 职业	均值差 (I-J)	标准误	显著性	95% 置信区间 下限	95% 置信区间 上限
经济危机压力	公务员	务农人员	0.10892	0.05835	0.062	-0.0055	0.2233
		工商业人员	-0.02213	0.05970	0.711	-0.1392	0.0949
		技术人员	-0.09945	0.06505	0.126	-0.2270	0.0281
		在校学生	-0.15088*	0.07140	0.035	-0.2908	-0.0109
		其他职业	-0.08145	0.05904	0.168	-0.1972	0.0343
	在校学生	务农人员	0.25980*	0.04599	0.000	0.1697	0.3499
		工商业人员	0.12875*	0.04769	0.007	0.0353	0.2222
		技术人员	0.05142	0.05423	0.343	-0.0549	0.1577
		公务员	0.15088*	0.07140	0.035	0.0109	0.2908
		其他职业	0.06943	0.04686	0.138	-0.0224	0.1613
	其他职业	务农人员	0.19037*	0.02242	0.000	0.1464	0.2343
		工商业人员	0.05932*	0.02574	0.021	0.0089	0.1098
		技术人员	-0.01801	0.03646	0.621	-0.0895	0.0535
		公务员	0.08145	0.05904	0.168	-0.0343	0.1972
		在校学生	-0.06943	0.04686	0.138	-0.1613	0.0224

*. 均值差的显著性水平为 0.05。

表 6-3-4　六类职业被试经济危机压力得分的多重比较（2016 年）

因变量	(I) 职业	(J) 职业	均值差 (I-J)	标准误	显著性	95% 置信区间 下限	95% 置信区间 上限
经济危机压力	务农人员	工商业人员	-0.05948*	0.02055	0.004	-0.0998	-0.0192
		技术人员	-0.01411	0.03404	0.679	-0.0808	0.0526
		公务员	0.06882	0.05887	0.242	-0.0466	0.1842
		在校学生	-0.01540	0.02696	0.568	-0.0682	0.0375
		其他职业	-0.03083	0.02134	0.149	-0.0727	0.0110

第六章 危机压力的差异比较：职业

续表

因变量	（I）职业	（J）职业	均值差（I-J）	标准误	显著性	95% 置信区间 下限	95% 置信区间 上限
经济危机压力	工商业人员	务农人员	0.05948*	0.02055	0.004	0.0192	0.0998
		技术人员	0.04537	0.03392	0.181	-0.0211	0.1119
		公务员	0.12830*	0.05880	0.029	0.0130	0.2436
		在校学生	0.04409	0.02681	0.100	-0.0085	0.0966
		其他职业	0.02865	0.02115	0.176	-0.0128	0.0701
	技术人员	务农人员	0.01411	0.03404	0.679	-0.0526	0.0808
		工商业人员	-0.04537	0.03392	0.181	-0.1119	0.0211
		公务员	0.08293	0.06476	0.200	-0.0440	0.2099
		在校学生	-0.00129	0.03814	0.973	-0.0761	0.0735
		其他职业	-0.01672	0.03440	0.627	-0.0842	0.0507
	公务员	务农人员	-0.06882	0.05887	0.242	-0.1842	0.0466
		工商业人员	-0.12830*	0.05880	0.029	-0.2436	-0.0130
		技术人员	-0.08293	0.06476	0.200	-0.2099	0.0440
		在校学生	-0.08422	0.06133	0.170	-0.2044	0.0360
		其他职业	-0.09965	0.05908	0.092	-0.2155	0.0162
	在校学生	务农人员	0.01540	0.02696	0.568	-0.0375	0.0682
		工商业人员	-0.04409	0.02681	0.100	-0.0966	0.0085
		技术人员	0.00129	0.03814	0.973	-0.0735	0.0761
		公务员	0.08422	0.06133	0.170	-0.0360	0.2044
		其他职业	-0.01543	0.02742	0.574	-0.0692	0.0383
	其他职业	务农人员	0.03083	0.02134	0.149	-0.0110	0.0727
		工商业人员	-0.02865	0.02115	0.176	-0.0701	0.0128
		技术人员	0.01672	0.03440	0.627	-0.0507	0.0842
		公务员	0.09965	0.05908	0.092	-0.0162	0.2155
		在校学生	0.01543	0.02742	0.574	-0.0383	0.0692

*. 均值差的显著性水平为 0.05。

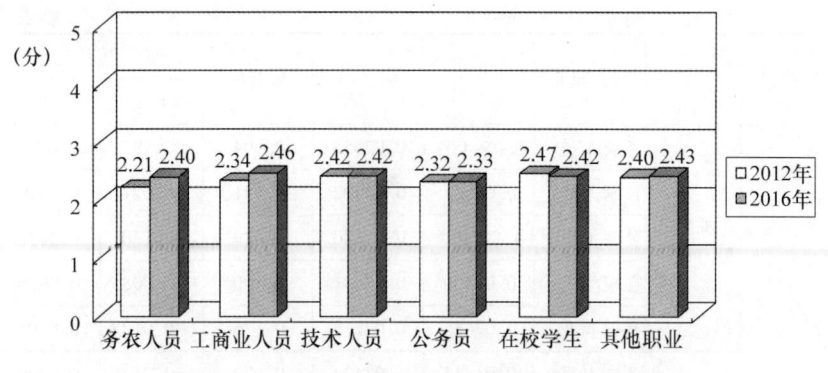

中国政治文化研究——不同公民群体的危机压力比较

图6-3 六类职业被试的经济危机压力得分比较

2016年与2012年相比，务农人员被试经济危机压力的得分上升0.19分，工商业人员被试经济危机压力的得分上升0.12分，专业技术人员被试经济危机压力的得分与2012年持平，公务员被试经济危机压力的得分上升0.01分，在校学生被试经济危机压力的得分下降0.05分，其他职业人员被试经济危机压力的得分上升0.03分（见表6-3-5）。务农人员被试得分的大幅度上升，使其由2012年的经济危机压力得分显著低于四种职业被试，变成了2016年的得分只显著低于一种职业被试；工商业人员被试得分的较大幅度上升，使其得到了2016年经济危机压力的最高得分，并显著高于两种职业被试。

表6-3-5　　　　　　六类职业被试经济危机压力得分的变化

项目	2012年问卷调查	2016年问卷调查	2016年比2012年增减
务农人员	2.21	2.40	+0.19
工商业人员	2.34	2.46	+0.12
技术人员	2.42	2.42	0
公务员	2.32	2.33	+0.01
在校学生	2.47	2.42	-0.05
其他职业	2.40	2.43	+0.03

对2016年问卷调查的八类职业被试经济危机压力得分的差异性进行方差分析（见表6-3-6、表6-3-7、表6-3-8），显示不同职业被试的经济危机压力得分之间差异显著，$F=3.811$，$p<0.001$，受职业分类影响的四类职业被试，个体业者被试（$M=2.49$，$SD=0.62$）的得分显著高于务农人员被试（$M=2.40$，$SD=0.60$）、企业职工被试（$M=2.41$，$SD=0.68$）、专业技术人员被试（$M=2.42$，$SD=0.65$）、公务员被试（$M=2.33$，$SD=0.65$）、在校学生被试（$M=2.42$，$SD=0.56$）、退休人员被试（$M=2.38$，$SD=0.62$），与其他职业人员被试（$M=2.47$，$SD=0.66$）之间的得分差异不显著；退休人员被试的得分显著低于其他职业人员被试，与务农人员、企业职工、专业技术人员、公务员、在校学生被试之间得分差异不显著；其他职业人员被试的得分显著高于务农人员、公务员被试，与企业职工、专业技术人员、在校学生被试之间的得分差异不显著；企业职工被试与务农人员、公务员、专业技术人员、在校学生被试之间的得分差异不显著。

表6-3-6　2016年八类职业被试经济危机压力得分的差异比较

项目		N	均值	标准差	标准误	95% 置信区间 下限	95% 置信区间 上限	极小值	极大值
经济危机压力	务农人员	1797	2.4022	0.59769	0.01410	2.3745	2.4298	1.00	4.67
	企业职工	672	2.4067	0.67621	0.02609	2.3555	2.4580	1.00	4.67
	个体业者	1196	2.4925	0.62061	0.01795	2.4573	2.5277	1.00	5.00
	技术人员	410	2.4163	0.64610	0.03191	2.3535	2.4790	1.00	4.67
	公务员	119	2.3333	0.64513	0.05914	2.2162	2.4504	1.00	4.67
	在校学生	756	2.4175	0.56050	0.02039	2.3775	2.4576	1.00	4.67
	退休人员	648	2.3843	0.62159	0.02442	2.3363	2.4322	1.00	4.33
	其他职业	961	2.4658	0.65583	0.02116	2.4243	2.5074	1.00	5.00
	总数	6559	2.4281	0.62221	0.00768	2.4130	2.4431	1.00	5.00

表6-3-6　　2016年八类职业被试经济危机压力得分的方差分析结果

项目		平方和	df	均方	F	显著性
经济危机压力	组间	10.297	7	1.471	3.811	0.000
	组内	2528.622	6551	0.386		
	总数	2538.919	6558			

表6-3-6　　2016年受职业分类影响的四类职业被试经济危机压力得分的多重比较

因变量	(I)职业	(J)职业	均值差(I-J)	标准误	显著性	95%置信区间 下限	95%置信区间 上限
经济危机压力	企业职工	务农人员	0.00459	0.02809	0.870	-0.0505	0.0597
		个体业者	-0.08573*	0.02995	0.004	-0.1444	-0.0270
		技术人员	-0.00951	0.03893	0.807	-0.0858	0.0668
		公务员	0.07341	0.06179	0.235	-0.0477	0.1945
		在校学生	-0.01080	0.03294	0.743	-0.0754	0.0538
		退休人员	0.02249	0.03421	0.511	-0.0446	0.0895
		其他职业	-0.05909	0.03124	0.059	-0.1203	0.0022
	个体业者	务农人员	0.09032*	0.02318	0.000	0.0449	0.1358
		企业职工	0.08573*	0.02995	0.004	0.0270	0.1444
		技术人员	0.07621*	0.03556	0.032	0.0065	0.1459
		公务员	0.15914*	0.05972	0.008	0.0421	0.2762
		在校学生	0.07493*	0.02887	0.009	0.0183	0.1315
		退休人员	0.10822*	0.03031	0.000	0.0488	0.1676
		其他职业	0.02664	0.02691	0.322	-0.0261	0.0794

续表

因变量	（I）职业	（J）职业	均值差（I-J）	标准误	显著性	95% 置信区间 下限	95% 置信区间 上限
经济危机压力	退休人员	务农人员	-0.01789	0.02847	0.530	-0.0737	0.0379
		企业职工	-0.02249	0.03421	0.511	-0.0895	0.0446
		个体业者	-0.10822*	0.03031	0.000	-0.1676	-0.0488
		技术人员	-0.03200	0.03921	0.414	-0.1089	0.0449
		公务员	0.05093	0.06196	0.411	-0.0705	0.1724
		在校学生	-0.03329	0.03326	0.317	-0.0985	0.0319
		其他职业	-0.08157*	0.03158	0.010	-0.1435	-0.0197
	其他职业	务农人员	0.06368*	0.02483	0.010	0.0150	0.1124
		企业职工	0.05909	0.03124	0.059	-0.0022	0.1203
		个体业者	-0.02664	0.02691	0.322	-0.0794	0.0261
		技术人员	0.04957	0.03665	0.176	-0.0223	0.1214
		公务员	0.13250*	0.06038	0.028	0.0141	0.2509
		在校学生	0.04829	0.03020	0.110	-0.0109	0.1075
		退休人员	0.08157*	0.03158	0.010	0.0197	0.1435

*．均值差的显著性水平为0.05。

四 不同职业被试的社会危机压力比较

对六类职业被试社会危机压力得分的差异性进行方差分析（见表6-4-1、表6-4-2、表6-4-3、表6-4-4和图6-4），2012年问卷调查显示不同职业被试的社会危机压力得分之间差异不显著，但是公务员被试（$M=2.71$，$SD=0.76$）的得分显著低于务农人员被试（$M=2.84$，$SD=0.70$）、专业技术人员被试（$M=2.88$，$SD=0.75$）、其他职业人员被试（$M=2.85$，$SD=0.69$），与工商业人员被试（$M=2.81$，$SD=0.76$）、在校学生被试（$M=2.81$，$SD=0.66$）之间的得分差异不显著。2016年问卷调查也显示不同职业被试的社会危机压力得分之间差异不显著。

表6-4-1　六类职业被试社会危机压力得分的差异比较

2012年问卷调查		N	均值	标准差	标准误	95% 置信区间 下限	95% 置信区间 上限	极小值	极大值
社会危机压力	务农人员	2306	2.8351	0.69639	0.01450	2.8066	2.8635	1.00	5.00
	工商业人员	1308	2.8129	0.75943	0.02100	2.7718	2.8541	1.00	5.00
	技术人员	468	2.8832	0.75196	0.03476	2.8149	2.9515	1.00	5.00
	公务员	152	2.7061	0.75559	0.06129	2.5851	2.8272	1.00	4.67
	在校学生	256	2.8086	0.66029	0.04127	2.7273	2.8899	1.00	5.00
	其他职业	1662	2.8480	0.69430	0.01703	2.8146	2.8814	1.00	5.00
	总数	6152	2.8332	0.71431	0.00911	2.8154	2.8511	1.00	5.00

2016年问卷调查		N	均值	标准差	标准误	95% 置信区间 下限	95% 置信区间 上限	极小值	极大值
社会危机压力	务农人员	1801	2.8151	0.67927	0.01601	2.7837	2.8465	1.00	5.00
	工商业人员	1868	2.8442	0.73279	0.01695	2.8110	2.8775	1.00	5.00
	技术人员	411	2.7924	0.71993	0.03551	2.7226	2.8622	1.00	5.00
	公务员	119	2.7395	0.78493	0.07195	2.5970	2.8820	1.00	4.33
	在校学生	756	2.8399	0.67617	0.02459	2.7917	2.8882	1.00	4.67
	其他职业	1612	2.8164	0.70404	0.01754	2.7820	2.8508	1.00	5.00
	总数	6567	2.8238	0.70511	0.00870	2.8067	2.8408	1.00	5.00

表6-4-2　六类职业被试社会危机压力得分的方差分析结果

2012年问卷调查		平方和	df	均方	F	显著性
社会危机压力	组间	4.686	5	0.937	1.838	0.102
	组内	3133.758	6146	0.510		
	总数	3138.444	6151			
2016年问卷调查		平方和	df	均方	F	显著性
社会危机压力	组间	2.453	5	0.491	0.987	0.424
	组内	3262.030	6561	0.497		
	总数	3264.482	6566			

表6-4-3　六类职业被试社会危机压力得分的多重比较（2012年）

因变量	（I）职业	（J）职业	均值差（I-J）	标准误	显著性	95% 置信区间下限	95% 置信区间上限
社会危机压力	务农人员	工商业人员	0.02212	0.02472	0.371	-0.0263	0.0706
		技术人员	-0.04812	0.03620	0.184	-0.1191	0.0228
		公务员	0.12893*	0.05980	0.031	0.0117	0.2461
		在校学生	0.02647	0.04704	0.574	-0.0657	0.1187
		其他职业	-0.01291	0.02298	0.574	-0.0579	0.0321
	工商业人员	务农人员	-0.02212	0.02472	0.371	-0.0706	0.0263
		技术人员	-0.07024	0.03846	0.068	-0.1456	0.0052
		公务员	0.10681	0.06119	0.081	-0.0132	0.2268
		在校学生	0.00435	0.04880	0.929	-0.0913	0.1000
		其他职业	-0.03503	0.02639	0.185	-0.0868	0.0167
	技术人员	务农人员	0.04812	0.03620	0.184	-0.0228	0.1191
		工商业人员	0.07024	0.03846	0.068	-0.0052	0.1456
		公务员	0.17705*	0.06666	0.008	0.0464	0.3077
		在校学生	0.07460	0.05551	0.179	-0.0342	0.1834
		其他职业	0.03522	0.03737	0.346	-0.0380	0.1085
	公务员	务农人员	-0.12893*	0.05980	0.031	-0.2461	-0.0117
		工商业人员	-0.10681	0.06119	0.081	-0.2268	0.0132
		技术人员	-0.17705*	0.06666	0.008	-0.3077	-0.0464
		在校学生	-0.10245	0.07312	0.161	-0.2458	0.0409
		其他职业	-0.14183*	0.06051	0.019	-0.2605	-0.0232
	在校学生	务农人员	-0.02647	0.04704	0.574	-0.1187	0.0657
		工商业人员	-0.00435	0.04880	0.929	-0.1000	0.0913
		技术人员	-0.07460	0.05551	0.179	-0.1834	0.0342
		公务员	0.10245	0.07312	0.161	-0.0409	0.2458
		其他职业	-0.03938	0.04794	0.411	-0.1334	0.0546
	其他职业	务农人员	0.01291	0.02298	0.574	-0.0321	0.0579
		工商业人员	0.03503	0.02639	0.185	-0.0167	0.0868
		技术人员	-0.03522	0.03737	0.346	-0.1085	0.0380
		公务员	0.14183*	0.06051	0.019	0.0232	0.2605
		在校学生	0.03938	0.04794	0.411	-0.0546	0.1334

*. 均值差的显著性水平为0.05。

表6-4-4　六类职业被试社会危机压力得分的多重比较（2016年）

因变量	(I)职业	(J)职业	均值差(I-J)	标准误	显著性	95%置信区间下限	95%置信区间上限
社会危机压力	务农人员	工商业人员	-0.02912	0.02329	0.211	-0.0748	0.0165
		技术人员	0.02273	0.03855	0.555	-0.0528	0.0983
		公务员	0.07561	0.06674	0.257	-0.0552	0.2064
		在校学生	-0.02484	0.03056	0.416	-0.0847	0.0351
		其他职业	-0.00127	0.02418	0.958	-0.0487	0.0461
	工商业人员	务农人员	0.02912	0.02329	0.211	-0.0165	0.0748
		技术人员	0.05184	0.03842	0.177	-0.0235	0.1272
		公务员	0.10472	0.06666	0.116	-0.0260	0.2354
		在校学生	0.00427	0.03039	0.888	-0.0553	0.0639
		其他职业	0.02784	0.02397	0.245	-0.0191	0.0748
	技术人员	务农人员	-0.02273	0.03855	0.555	-0.0983	0.0528
		工商业人员	-0.05184	0.03842	0.177	-0.1272	0.0235
		公务员	0.05288	0.07340	0.471	-0.0910	0.1968
		在校学生	-0.04757	0.04321	0.271	-0.1323	0.0371
		其他职业	-0.02400	0.03896	0.538	-0.1004	0.0524
	公务员	务农人员	-0.07561	0.06674	0.257	-0.2064	0.0552
		工商业人员	-0.10472	0.06666	0.116	-0.2354	0.0260
		技术人员	-0.05288	0.07340	0.471	-0.1968	0.0910
		在校学生	-0.10045	0.06954	0.149	-0.2368	0.0359
		其他职业	-0.07688	0.06698	0.251	-0.2082	0.0544
	在校学生	务农人员	0.02484	0.03056	0.416	-0.0351	0.0847
		工商业人员	-0.00427	0.03039	0.888	-0.0639	0.0553
		技术人员	0.04757	0.04321	0.271	-0.0371	0.1323
		公务员	0.10045	0.06954	0.149	-0.0359	0.2368
		其他职业	0.02357	0.03108	0.448	-0.0374	0.0845
	其他职业	务农人员	0.00127	0.02418	0.958	-0.0461	0.0487
		工商业人员	-0.02784	0.02397	0.245	-0.0748	0.0191
		技术人员	0.02400	0.03896	0.538	-0.0524	0.1004
		公务员	0.07688	0.06698	0.251	-0.0544	0.2082
		在校学生	-0.02357	0.03108	0.448	-0.0845	0.0374

第六章 危机压力的差异比较：职业

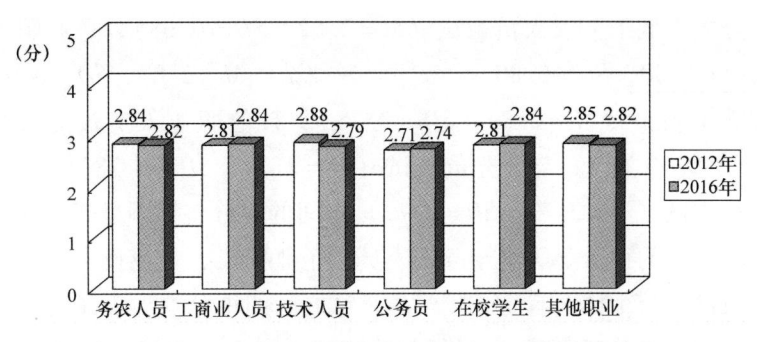

图6-4 六类职业被试的社会危机压力得分比较

2016年与2012年相比，务农人员被试社会危机压力的得分下降0.02分，工商业人员被试社会危机压力的得分上升0.03分，专业技术人员被试社会危机压力的得分下降0.09分，公务员被试社会危机压力的得分上升0.03分，在校学生被试社会危机压力的得分上升0.03分，其他职业人员被试社会危机压力的得分下降0.03分（见表6-4-5）。从总体上看，两次调查不同职业被试的社会危机压力得分变化不是很大。

表6-4-5　　　　六类职业被试社会危机压力得分的变化

项目	2012年问卷调查	2016年问卷调查	2016年比2012年增减
务农人员	2.84	2.82	-0.02
工商业人员	2.81	2.84	+0.03
技术人员	2.88	2.79	-0.09
公务员	2.71	2.74	+0.03
在校学生	2.81	2.84	+0.03
其他职业	2.85	2.82	-0.03

对2016年问卷调查的八类职业被试社会危机压力得分的差异性进行方差分析（见表6-4-6、表6-4-7、表6-4-8），显示不同职业被试的社会危机压力得分之间差异显著，$F=4.669$，$p<0.001$，受职业分类影响的四类职业被试，退休人员被试（$M=2.71$，$SD=0.74$）

的得分显著低于务农人员被试（$M=2.82$，$SD=0.68$）、企业职工被试（$M=2.80$，$SD=0.80$）、个体业者被试（$M=2.87$，$SD=0.69$）、在校学生被试（$M=2.84$，$SD=0.78$）、其他职业人员被试（$M=2.89$，$SD=0.67$），与公务员被试（$M=2.74$，$SD=0.78$）、专业技术人员被试（$M=2.79$，$SD=0.72$）之间的得分差异不显著；其他职业人员被试的得分显著高于务农人员、企业职工、专业技术人员、公务员被试，与个体业者、在校学生被试之间的得分差异不显著；个体业者被试的得分显著高于务农人员被试，与企业职工、专业技术人员、公务员、在校学生被试之间的得分差异不显著；企业职工被试与务农人员、专业技术人员、公务员、在校学生被试之间的得分差异不显著。

表6-4-6　2016年八类职业被试社会危机压力得分的差异比较

项目		N	均值	标准差	标准误	95% 置信区间 下限	95% 置信区间 上限	极小值	极大值
社会危机压力	务农人员	1801	2.8151	0.67927	0.01601	2.7837	2.8465	1.00	5.00
	企业职工	671	2.8028	0.79885	0.03084	2.7422	2.8633	1.00	5.00
	个体业者	1197	2.8674	0.69228	0.02001	2.8282	2.9067	1.00	5.00
	技术人员	411	2.7924	0.71993	0.03551	2.7226	2.8622	1.00	5.00
	公务员	119	2.7395	0.78493	0.07195	2.5970	2.8820	1.00	4.33
	在校学生	756	2.8399	0.67617	0.02459	2.7917	2.8882	1.00	4.67
	退休人员	648	2.7114	0.74355	0.02921	2.6541	2.7688	1.00	4.33
	其他职业	964	2.8869	0.66737	0.02149	2.8447	2.9291	1.00	5.00
	总数	6567	2.8238	0.70511	0.00870	2.8067	2.8408	1.00	5.00

表6-4-7　2016年八类职业被试社会危机压力得分的方差分析结果

项目		平方和	df	均方	F	显著性
社会危机压力	组间	16.187	7	2.312	4.669	0.000
	组内	3248.295	6559	0.495		
	总数	3264.482	6566			

表6-4-8　　2016年受职业分类影响的四类职业
被试社会危机压力得分的多重比较

因变量	(I)职业	(J)职业	均值差(I-J)	标准误	显著性	95%置信区间下限	95%置信区间上限
社会危机压力	企业职工	务农人员	-0.01232	0.03183	0.699	-0.0747	0.0501
		个体业者	-0.06466	0.03394	0.057	-0.1312	0.0019
		技术人员	0.01041	0.04408	0.813	-0.0760	0.0968
		公务员	0.06329	0.07000	0.366	-0.0739	0.2005
		在校学生	-0.03717	0.03732	0.319	-0.1103	0.0360
		退休人员	0.09136*	0.03876	0.018	0.0154	0.1673
		其他职业	-0.08415*	0.03538	0.017	-0.1535	-0.0148
	个体业者	务农人员	0.05234*	0.02624	0.046	0.0009	0.1038
		企业职工	0.06466	0.03394	0.057	-0.0019	0.1312
		技术人员	0.07507	0.04023	0.062	-0.0038	0.1539
		公务员	0.12795	0.06764	0.059	-0.0046	0.2606
		在校学生	0.02750	0.03269	0.400	-0.0366	0.0916
		退休人员	0.15603*	0.03432	0.000	0.0887	0.2233
		其他职业	-0.01948	0.03045	0.522	-0.0792	0.0402
	退休人员	务农人员	-0.10368*	0.03224	0.001	-0.1669	-0.0405
		企业职工	-0.09136*	0.03876	0.018	-0.1673	-0.0154
		个体业者	-0.15603*	0.03432	0.000	-0.2233	-0.0887
		技术人员	-0.08096	0.04438	0.068	-0.1679	0.0060
		公务员	-0.02808	0.07019	0.689	-0.1657	0.1095
		在校学生	-0.12853*	0.03767	0.001	-0.2024	-0.0547
		其他职业	-0.17551*	0.03575	0.000	-0.2456	-0.1054
	其他职业	务农人员	0.07183*	0.02808	0.011	0.0168	0.1269
		企业职工	0.08415*	0.03538	0.017	0.0148	0.1535
		个体业者	0.01948	0.03045	0.522	-0.0402	0.0792
		技术人员	0.09455*	0.04146	0.023	0.0133	0.1758
		公务员	0.14743*	0.06838	0.031	0.0134	0.2815
		在校学生	0.04698	0.03419	0.169	-0.0200	0.1140
		退休人员	0.17551*	0.03575	0.000	0.1054	0.2456

*．均值差的显著性水平为0.05。

五 不同职业被试的文化危机压力比较

对六类职业被试文化危机压力得分的差异性进行方差分析（见表6-5-1、表6-5-2、表6-5-3、表6-5-4和图6-5），2012年问卷调查显示不同职业被试的文化危机压力得分之间差异显著，$F=5.907$，$p<0.001$，公务员被试（$M=2.53$，$SD=0.63$）的得分显著低于务农人员被试（$M=2.77$，$SD=0.62$）、工商业人员被试（$M=2.72$，$SD=0.63$）、专业技术人员被试（$M=2.77$，$SD=0.66$）、在校学生被试（$M=2.76$，$SD=0.59$）和其他职业人员被试（$M=2.78$，$SD=0.55$）；工商业人员被试的得分显著低于务农人员、其他职业人员被试，与专业技术人员、在校学生被试之间的得分差异不显著；务农人员、专业技术人员、在校学生、其他职业人员四种被试两两之间的得分差异均不显著。2016年问卷调查也显示不同职业被试的文化危机压力得分之间差异显著，$F=2.434$，$p<0.05$，在校学生被试（$M=2.90$，$SD=0.60$）的得分显著高于专业技术人员被试（$M=2.82$，$SD=0.67$）、公务员被试（$M=2.74$，$SD=0.62$）、和其他职业人员被试（$M=2.83$，$SD=0.62$），与务农人员被试（$M=2.86$，$SD=0.63$）、工商业人员被试（$M=2.86$，$SD=0.67$）之间的得分差异不显著；公务员被试的得分显著低于工商业人员被试，与专业技术人员、在校学生、其他职业人员被试之间的得分差异不显著；工商业人员、专业技术人员、在校学生、其他职业人员四种被试两两之间的得分差异均不显著。通过比较可以看出，由2012年到2016年发生的最重要变化是2016年不再有一种职业被试文化危机压力得分显著低于另五种职业被试的现象（2012年公务员被试的得分显著低于另五种职业被试）。

表 6-5-1　　六类职业被试文化危机压力得分的差异比较

2012 年问卷调查		N	均值	标准差	标准误	95% 置信区间 下限	95% 置信区间 上限	极小值	极大值
文化危机压力	务农人员	2302	2.7707	0.61792	0.01288	2.7455	2.7960	1.00	5.00
	工商业人员	1308	2.7211	0.63399	0.01753	2.6867	2.7555	1.00	4.50
	技术人员	465	2.7656	0.65522	0.03038	2.7059	2.8253	1.00	4.50
	公务员	152	2.5329	0.63015	0.05111	2.4319	2.6339	1.00	4.25
	在校学生	255	2.7608	0.59371	0.03718	2.6876	2.8340	1.00	4.75
	其他职业	1661	2.7821	0.54764	0.01344	2.7557	2.8084	1.00	5.00
	总数	6143	2.7566	0.60677	0.00774	2.7414	2.7717	1.00	5.00

2016 年问卷调查		N	均值	标准差	标准误	95% 置信区间 下限	95% 置信区间 上限	极小值	极大值
文化危机压力	务农人员	1804	2.8571	0.62553	0.01473	2.8282	2.8860	1.00	5.00
	工商业人员	1872	2.8631	0.66844	0.01545	2.8328	2.8934	1.00	4.50
	技术人员	411	2.8236	0.67279	0.03319	2.7584	2.8888	1.00	4.25
	公务员	119	2.7416	0.62346	0.05715	2.6284	2.8548	1.00	4.00
	在校学生	757	2.9039	0.60059	0.02183	2.8610	2.9467	1.00	4.50
	其他职业	1610	2.8290	0.62063	0.01547	2.7987	2.8594	1.00	4.75
	总数	6573	2.8531	0.63743	0.00786	2.8377	2.8686	1.00	5.00

表 6-5-2　　六类职业被试文化危机压力得分的方差分析结果

2012 年问卷调查		平方和	df	均方	F	显著性
文化危机压力	组间	10.831	5	2.166	5.907	0.000
	组内	2250.468	6137	0.367		
	总数	2261.299	6142			
2016 年问卷调查		平方和	df	均方	F	显著性
文化危机压力	组间	4.940	5	0.988	2.434	0.033
	组内	2665.375	6567	0.406		
	总数	2670.315	6572			

表6-5-3　　六类职业被试文化危机压力得分的多重比较（2012年）

因变量	（I）职业	（J）职业	均值差（I-J）	标准误	显著性	95% 置信区间 下限	95% 置信区间 上限
文化危机压力	务农人员	工商业人员	0.04960*	0.02097	0.018	0.0085	0.0907
		技术人员	0.00515	0.03079	0.867	-0.0552	0.0655
		公务员	0.23785*	0.05071	0.000	0.1384	0.3373
		在校学生	0.00996	0.03997	0.803	-0.0684	0.0883
		其他职业	-0.01132	0.01950	0.562	-0.0495	0.0269
	工商业人员	务农人员	-0.04960*	0.02097	0.018	-0.0907	-0.0085
		技术人员	-0.04445	0.03270	0.174	-0.1085	0.0196
		公务员	0.18824*	0.05189	0.000	0.0865	0.2900
		在校学生	-0.03965	0.04145	0.339	-0.1209	0.0416
		其他职业	-0.06092*	0.02239	0.007	-0.1048	-0.0170
	技术人员	务农人员	-0.00515	0.03079	0.867	-0.0655	0.0552
		工商业人员	0.04445	0.03270	0.174	-0.0196	0.1085
		公务员	0.23270*	0.05658	0.000	0.1218	0.3436
		在校学生	0.00481	0.04719	0.919	-0.0877	0.0973
		其他职业	-0.01647	0.03177	0.604	-0.0787	0.0458
	公务员	务农人员	-0.23785*	0.05071	0.000	-0.3373	-0.1384
		工商业人员	-0.18824*	0.05189	0.000	-0.2900	-0.0865
		技术人员	-0.23270*	0.05658	0.000	-0.3436	-0.1218
		在校学生	-0.22789*	0.06205	0.000	-0.3495	-0.1062
		其他职业	-0.24916*	0.05132	0.000	-0.3498	-0.1486
	在校学生	务农人员	-0.00996	0.03997	0.803	-0.0883	0.0684
		工商业人员	0.03965	0.04145	0.339	-0.0416	0.1209
		技术人员	-0.00481	0.04719	0.919	-0.0973	0.0877
		公务员	0.22789*	0.06205	0.000	0.1062	0.3495
		其他职业	-0.02127	0.04073	0.601	-0.1011	0.0586
	其他职业	务农人员	0.01132	0.01950	0.562	-0.0269	0.0495
		工商业人员	0.06092*	0.02239	0.007	0.0170	0.1048
		技术人员	0.01647	0.03177	0.604	-0.0458	0.0787
		公务员	0.24916*	0.05132	0.000	0.1486	0.3498
		在校学生	0.02127	0.04073	0.601	-0.0586	0.1011

＊．均值差的显著性水平为0.05。

表6-5-4　六类职业被试文化危机压力得分的多重比较（2016年）

因变量	(I) 职业	(J) 职业	均值差(I-J)	标准误	显著性	95% 置信区间 下限	95% 置信区间 上限
文化危机压力	务农人员	工商业人员	-0.00599	0.02102	0.776	-0.0472	0.0352
		技术人员	0.03352	0.03482	0.336	-0.0347	0.1018
		公务员	0.11553	0.06030	0.055	-0.0027	0.2337
		在校学生	-0.04677	0.02759	0.090	-0.1009	0.0073
		其他职业	0.02809	0.02184	0.199	-0.0147	0.0709
	工商业人员	务农人员	0.00599	0.02102	0.776	-0.0352	0.0472
		技术人员	0.03951	0.03470	0.255	-0.0285	0.1075
		公务员	0.12152*	0.06023	0.044	0.0034	0.2396
		在校学生	-0.04078	0.02744	0.137	-0.0946	0.0130
		其他职业	0.03408	0.02165	0.116	-0.0084	0.0765
	技术人员	务农人员	-0.03352	0.03482	0.336	-0.1018	0.0347
		工商业人员	-0.03951	0.03470	0.255	-0.1075	0.0285
		公务员	0.08200	0.06632	0.216	-0.0480	0.2120
		在校学生	-0.08030*	0.03903	0.040	-0.1568	-0.0038
		其他职业	-0.00544	0.03521	0.877	-0.0745	0.0636
	公务员	务农人员	-0.11553	0.06030	0.055	-0.2337	0.0027
		工商业人员	-0.12152*	0.06023	0.044	-0.2396	-0.0034
		技术人员	-0.08200	0.06632	0.216	-0.2120	0.0480
		在校学生	-0.16230*	0.06282	0.010	-0.2855	-0.0391
		其他职业	-0.08744	0.06052	0.149	-0.2061	0.0312
	在校学生	务农人员	0.04677	0.02759	0.090	-0.0073	0.1009
		工商业人员	0.04078	0.02744	0.137	-0.0130	0.0946
		技术人员	0.08030*	0.03903	0.040	0.0038	0.1568
		公务员	0.16230*	0.06282	0.010	0.0391	0.2855
		其他职业	0.07486*	0.02808	0.008	0.0198	0.1299
	其他职业	务农人员	-0.02809	0.02184	0.199	-0.0709	0.0147
		工商业人员	-0.03408	0.02165	0.116	-0.0765	0.0084
		技术人员	0.00544	0.03521	0.877	-0.0636	0.0745
		公务员	0.08744	0.06052	0.149	-0.0312	0.2061
		在校学生	-0.07486*	0.02808	0.008	-0.1299	-0.0198

*. 均值差的显著性水平为0.05。

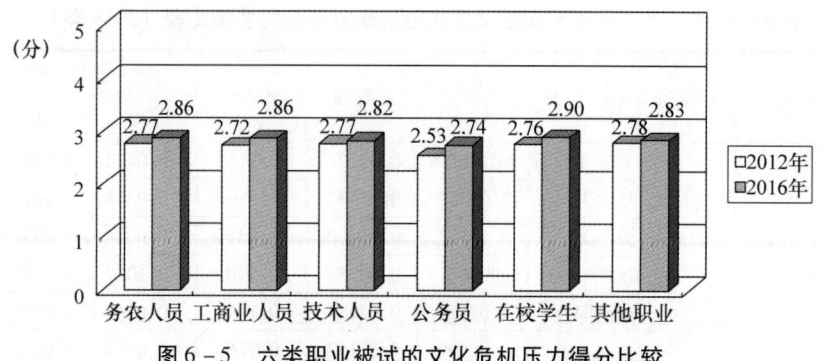

中国政治文化研究——不同公民群体的危机压力比较

图6-5 六类职业被试的文化危机压力得分比较

2016年与2012年相比,务农人员被试文化危机压力的得分上升0.09分,工商业人员被试文化危机压力的得分上升0.14分,专业技术人员被试文化危机压力的得分上升0.05分,公务员被试文化危机压力的得分上升0.21分,在校学生被试文化危机压力的得分上升0.14分,其他职业人员被试文化危机压力的得分上升0.05分（见表6-5-5）。正是由于公务员被试得分上升的幅度最大,使其尽管依然维持文化危机压力的最低得分,但是从2012年的得分显著低于另五种职业被试,变成了2016年的得分只显著低于职业两种被试。

表6-5-5　　　　六类职业被试文化危机压力得分的变化

项目	2012年问卷调查	2016年问卷调查	2016年比2012年增减
务农人员	2.77	2.86	+0.09
工商业人员	2.72	2.86	+0.14
技术人员	2.77	2.82	+0.05
公务员	2.53	2.74	+0.21
在校学生	2.76	2.90	+0.14
其他职业	2.78	2.83	+0.05

对2016年问卷调查的八类职业被试文化危机压力得分的差异性进行方差分析（见表6-5-6、表6-5-7、表6-5-8）,显示不同职业被试的文化危机压力得分之间差异显著,$F = 3.456$,$p < 0.01$,受职业

分类影响的四类职业被试,个体业者被试($M=2.90$,$SD=0.62$)的得分显著高于企业职工被试($M=2.80$,$SD=0.74$)、专业技术人员被试($M=2.82$,$SD=0.67$)、公务员被试($M=2.74$,$SD=0.62$)、退休人员被试($M=2.79$,$SD=0.66$),与务农人员被试($M=2.86$,$SD=0.63$)、在校学生被试($M=2.90$,$SD=0.60$)、其他职业人员被试($M=2.85$,$SD=0.59$)之间的得分差异不显著;其他职业人员被试与另七种职业被试之间的得分差异均不显著;退休人员被试的得分显著低于务农人员、在校学生被试,与企业职工、专业技术人员、公务员、其他职业人员被试之间的得分差异不显著;企业职工被试的得分显著低于在校学生被试,与务农人员、专业技术人员、公务员被试之间的得分差异不显著。

表6–5–6　2016年八类职业被试文化危机压力得分的差异比较

项目		N	均值	标准差	标准误	95% 置信区间 下限	95% 置信区间 上限	极小值	极大值
文化危机压力	务农人员	1804	2.8571	0.62553	0.01473	2.8282	2.8860	1.00	5.00
	企业职工	673	2.8046	0.73818	0.02845	2.7487	2.8605	1.00	4.25
	个体业者	1199	2.8960	0.62382	0.01802	2.8606	2.9313	1.00	4.50
	技术人员	411	2.8236	0.67279	0.03319	2.7584	2.8888	1.00	4.25
	公务员	119	2.7416	0.62346	0.05715	2.6284	2.8548	1.00	4.00
	在校学生	757	2.9039	0.60059	0.02183	2.8610	2.9467	1.00	4.50
	退休人员	647	2.7948	0.65933	0.02592	2.7439	2.8457	1.00	4.75
	其他职业	963	2.8520	0.59245	0.01909	2.8146	2.8895	1.00	4.75
	总数	6573	2.8531	0.63743	0.00786	2.8377	2.8686	1.00	5.00

表6–5–7　2016年八类职业被试文化危机压力得分的方差分析结果

项目		平方和	df	均方	F	显著性
文化危机压力	组间	9.803	7	1.400	3.456	0.001
	组内	2660.512	6565	0.405		
	总数	2670.315	6572			

表6-5-8　　　　2016年受职业分类影响的四类职业
被试文化危机压力得分的多重比较

因变量	(I)职业	(J)职业	均值差(I-J)	标准误	显著性	95% 置信区间 下限	95% 置信区间 上限
文化危机压力	企业职工	务农人员	-0.05252	0.02875	0.068	-0.1089	0.0039
		个体业者	-0.09135*	0.03066	0.003	-0.1515	-0.0312
		技术人员	-0.01899	0.03985	0.634	-0.0971	0.0591
		公务员	0.06301	0.06331	0.320	-0.0611	0.1871
		在校学生	-0.09929*	0.03373	0.003	-0.1654	-0.0332
		退休人员	0.00978	0.03505	0.780	-0.0589	0.0785
		其他职业	-0.04742	0.03198	0.138	-0.1101	0.0153
	个体业者	务农人员	0.03883	0.02372	0.102	-0.0077	0.0853
		企业职工	0.09135*	0.03066	0.003	0.0312	0.1515
		技术人员	0.07235*	0.03639	0.047	0.0010	0.1437
		公务员	0.15436*	0.06118	0.012	0.0344	0.2743
		在校学生	-0.00794	0.02955	0.788	-0.0659	0.0500
		退休人员	0.10113*	0.03105	0.001	0.0403	0.1620
		其他职业	0.04393	0.02755	0.111	-0.0101	0.0979
	退休人员	务农人员	-0.06230*	0.02917	0.033	-0.1195	-0.0051
		企业职工	-0.00978	0.03505	0.780	-0.0785	0.0589
		个体业者	-0.10113*	0.03105	0.001	-0.1620	-0.0403
		技术人员	-0.02878	0.04015	0.474	-0.1075	0.0499
		公务员	0.05323	0.06350	0.402	-0.0712	0.1777
		在校学生	-0.10907*	0.03408	0.001	-0.1759	-0.0423
		其他职业	-0.05720	0.03236	0.077	-0.1206	0.0062
	其他职业	务农人员	-0.00510	0.02541	0.841	-0.0549	0.0447
		企业职工	0.04742	0.03198	0.138	-0.0153	0.1101
		个体业者	-0.04393	0.02755	0.111	-0.0979	0.0101
		技术人员	0.02842	0.03751	0.449	-0.0451	0.1020
		公务员	0.11043	0.06186	0.074	-0.0108	0.2317
		在校学生	-0.05187	0.03092	0.093	-0.1125	0.0087
		退休人员	0.05720	0.03236	0.077	-0.0062	0.1206

*．均值差的显著性水平为0.05。

六 不同职业被试的生态危机压力比较

对六类职业被试生态危机压力得分的差异性进行方差分析（见表6-6-1、表6-6-2、表6-6-3、表6-6-4和图6-6），2012年问卷调查显示不同职业被试的生态危机压力得分之间差异显著，$F=16.762$，$p<0.001$，在校学生被试（$M=3.40$，$SD=0.83$）的得分显著高于务农人员被试（$M=2.99$，$SD=0.86$）、工商业人员被试（$M=3.04$，$SD=0.93$）、专业技术人员被试（$M=3.16$，$SD=0.89$）、公务员被试（$M=2.93$，$SD=0.90$）和其他职业人员被试（$M=3.16$，$SD=0.84$）；其他职业人员被试的得分显著高于务农人员、工商业人员、公务员被试，与专业技术人员被试之间的得分差异不显著；专业技术人员被试的得分显著高于务农人员、工商业人员、公务员被试；务农人员、工商业人员、公务员三种被试相互间的得分差异均不显著。2016年问卷调查也显示不同职业被试的生态危机压力得分之间差异显著，$F=2.637$，$p<0.05$，务农人员被试（$M=3.21$，$SD=0.73$）的得分显著低于专业技术人员被试（$M=3.29$，$SD=0.76$）、在校学生被试（$M=3.30$，$SD=0.72$），与工商业人员被试（$M=3.24$，$SD=0.74$）、公务员被试（$M=3.24$，$SD=0.75$）、其他职业人员被试（$M=3.20$，$SD=0.75$）之间的得分差异不显著；其他职业人员被试的得分显著低于专业技术人员、在校学生被试，与工商业人员、公务员被试之间的得分差异不显著；工商业人员、专业技术人员、公务员、在校学生四种被试两两之间的得分差异均不显著。通过比较可以看出，由2012年到2016年发生的最重要变化是2016年不再有一种职业被试生态危机压力得分显著高于另五种职业被试的现象（2012年在校学生被试的得分显著高于另五种职业被试）。

表 6-6-1　　　　六类职业被试生态危机压力得分的差异比较

2012 年问卷调查		N	均值	标准差	标准误	95% 置信区间 下限	95% 置信区间 上限	极小值	极大值
生态危机压力	务农人员	2306	2.9890	0.85945	0.01790	2.9539	3.0241	1.00	5.00
	工商业人员	1309	3.0430	0.93253	0.02577	2.9925	3.0936	1.00	5.00
	技术人员	468	3.1574	0.89019	0.04115	3.0765	3.2383	1.00	5.00
	公务员	152	2.9320	0.89832	0.07286	2.7881	3.0760	1.00	5.00
	在校学生	256	3.4023	0.83393	0.05212	3.2997	3.5050	1.00	5.00
	其他职业	1663	3.1587	0.83850	0.02056	3.1184	3.1991	1.00	5.00
	总数	6154	3.0750	0.87785	0.01119	3.0530	3.0969	1.00	5.00

2016 年问卷调查		N	均值	标准差	标准误	95% 置信区间 下限	95% 置信区间 上限	极小值	极大值
生态危机压力	务农人员	1803	3.2104	0.72920	0.01717	3.1767	3.2441	1.00	5.00
	工商业人员	1873	3.2395	0.73730	0.01704	3.2061	3.2730	1.00	5.00
	技术人员	411	3.2920	0.76450	0.03771	3.2178	3.3661	1.00	5.00
	公务员	119	3.2409	0.75280	0.06901	3.1042	3.3776	1.00	4.67
	在校学生	756	3.2981	0.72275	0.02629	3.2465	3.3497	1.00	5.00
	其他职业	1611	3.2019	0.74927	0.01867	3.1653	3.2386	1.00	5.00
	总数	6573	3.2324	0.73886	0.00911	3.2145	3.2502	1.00	5.00

表 6-6-2　　　　六类职业被试生态危机压力得分的方差分析结果

2012 年问卷调查		平方和	df	均方	F	显著性
生态危机压力	组间	63.768	5	12.754	16.762	0.000
	组内	4677.870	6148	0.761		
	总数	4741.638	6153			

2016 年问卷调查		平方和	df	均方	F	显著性
生态危机压力	组间	7.190	5	1.438	2.637	0.022
	组内	3580.579	6567	0.545		
	总数	3587.768	6572			

第六章 危机压力的差异比较：职业

图6-6 六类职业被试的生态危机压力得分比较

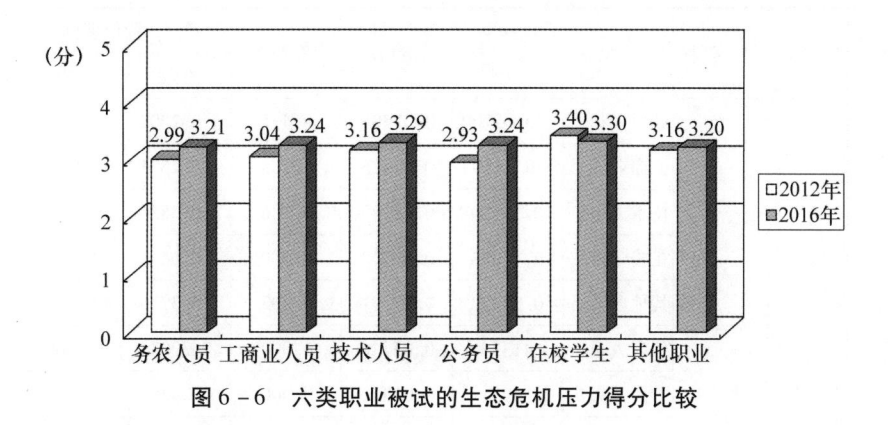

表6-6-3 六类职业被试生态危机压力得分的多重比较（2012年）

因变量	（I）职业	（J）职业	均值差（I-J）	标准误	显著性	95% 置信区间 下限	95% 置信区间 上限
生态危机压力	务农人员	工商业人员	-0.05402	0.03019	0.074	-0.1132	0.0052
		技术人员	-0.16839*	0.04422	0.000	-0.2551	-0.0817
		公务员	0.05700	0.07305	0.435	-0.0862	0.2002
		在校学生	-0.41333*	0.05746	0.000	-0.5260	-0.3007
		其他职业	-0.16974*	0.02806	0.000	-0.2247	-0.1147
	工商业人员	务农人员	0.05402	0.03019	0.074	-0.0052	0.1132
		技术人员	-0.11437*	0.04698	0.015	-0.2065	-0.0223
		公务员	0.11102	0.07475	0.138	-0.0355	0.2575
		在校学生	-0.35931*	0.05961	0.000	-0.4762	-0.2425
		其他职业	-0.11571*	0.03223	0.000	-0.1789	-0.0525
	技术人员	务农人员	0.16839*	0.04422	0.000	0.0817	0.2551
		工商业人员	0.11437*	0.04698	0.015	0.0223	0.2065
		公务员	0.22539*	0.08143	0.006	0.0657	0.3850
		在校学生	-0.24494*	0.06781	0.000	-0.3779	-0.1120
		其他职业	-0.00134	0.04564	0.977	-0.0908	0.0881

· 177 ·

续表

因变量	（I）职业	（J）职业	均值差（I-J）	标准误	显著性	95% 置信区间 下限	95% 置信区间 上限
生态危机压力	公务员	务农人员	-0.05700	0.07305	0.435	-0.2002	0.0862
		工商业人员	-0.11102	0.07475	0.138	-0.2575	0.0355
		技术人员	0.22539*	0.08143	0.006	0.3850	0.0657
		在校学生	-0.47033*	0.08932	0.000	-0.6454	-0.2952
		其他职业	-0.22673*	0.07391	0.002	-0.3716	-0.0818
	在校学生	务农人员	0.41333*	0.05746	0.000	0.3007	0.5260
		工商业人员	0.35931*	0.05961	0.000	0.2425	0.4762
		技术人员	0.24494*	0.06781	0.000	0.1120	0.3779
		公务员	0.47033*	0.08932	0.000	0.2952	0.6454
		其他职业	0.24359*	0.05856	0.000	0.1288	0.3584
	其他职业	务农人员	0.16974*	0.02806	0.000	0.1147	0.2247
		工商业人员	0.11571*	0.03223	0.000	0.0525	0.1789
		技术人员	0.00134	0.04564	0.977	-0.0881	0.0908
		公务员	0.22673*	0.07391	0.002	0.0818	0.3716
		在校学生	-0.24359*	0.05856	0.000	-0.3584	-0.1288

＊．均值差的显著性水平为 0.05。

表6-6-4 **六类职业被试生态危机压力得分的多重比较（2016年）**

因变量	（I）职业	（J）职业	均值差（I-J）	标准误	显著性	95% 置信区间 下限	95% 置信区间 上限
生态危机压力	务农人员	工商业人员	-0.02915	0.02436	0.231	-0.0769	0.0186
		技术人员	-0.08158*	0.04036	0.043	-0.1607	-0.0025
		公务员	-0.03051	0.06989	0.662	-0.1675	0.1065
		在校学生	-0.08767*	0.03199	0.006	-0.1504	-0.0250
		其他职业	0.00845	0.02532	0.739	-0.0412	0.0581

第六章 危机压力的差异比较:职业

续表

因变量	(I)职业	(J)职业	均值差(I-J)	标准误	显著性	95% 置信区间 下限	95% 置信区间 上限
生态危机压力	工商业人员	务农人员	0.02915	0.02436	0.231	-0.0186	0.0769
		技术人员	-0.05243	0.04022	0.192	-0.1313	0.0264
		公务员	-0.00135	0.06981	0.985	-0.1382	0.1355
		在校学生	-0.05852	0.03182	0.066	-0.1209	0.0039
		其他职业	0.03760	0.02509	0.134	-0.0116	0.0868
	技术人员	务农人员	0.08158*	0.04036	0.043	0.0025	0.1607
		工商业人员	0.05243	0.04022	0.192	-0.0264	0.1313
		公务员	0.05107	0.07687	0.506	-0.0996	0.2018
		在校学生	-0.00609	0.04525	0.893	-0.0948	0.0826
		其他职业	0.09003*	0.04081	0.027	0.0100	0.1700
	公务员	务农人员	0.03051	0.06989	0.662	-0.1065	0.1675
		工商业人员	0.00135	0.06981	0.985	-0.1355	0.1382
		技术人员	-0.05107	0.07687	0.506	-0.2018	0.0996
		在校学生	-0.05716	0.07282	0.432	-0.1999	0.0856
		其他职业	0.03895	0.07014	0.579	-0.0986	0.1765
	在校学生	务农人员	0.08767*	0.03199	0.006	0.0250	0.1504
		工商业人员	0.05852	0.03182	0.066	-0.0039	0.1209
		技术人员	0.00609	0.04525	0.893	-0.0826	0.0948
		公务员	0.05716	0.07282	0.432	-0.0856	0.1999
		其他职业	0.09612*	0.03255	0.003	0.0323	0.1599
	其他职业	务农人员	-0.00845	0.02532	0.739	-0.0581	0.0412
		工商业人员	-0.03760	0.02509	0.134	-0.0868	0.0116
		技术人员	-0.09003*	0.04081	0.027	-0.1700	-0.0100
		公务员	-0.03895	0.07014	0.579	-0.1765	0.0986
		在校学生	-0.09612*	0.03255	0.003	-0.1599	-0.0323

*. 均值差的显著性水平为 0.05。

2016年与2012年相比，务农人员被试生态危机压力的得分上升0.22分，工商业人员被试生态危机压力的得分上升0.20分，专业技术人员被试生态危机压力的得分上升0.13分，公务员被试生态危机压力得分上升0.31分，在校学生被试生态危机压力的得分下降0.10分，其他职业人员被试生态危机压力的得分上升0.04分（见表6-6-5）。由于在校学生得分下降，另五种职业被试得分上升，使得在校学生的生态危机压力得分由2012年的显著高于另五种职业被试变成了2016年的只显著高于两种职业被试，但是依然保持了生态危机压力最高得分的位置。

表6-6-5　　　　　六类职业被试生态危机压力得分的变化

项目	2012年问卷调查	2016年问卷调查	2016年比2012年增减
务农人员	2.99	3.21	+0.22
工商业人员	3.04	3.24	+0.20
技术人员	3.16	3.29	+0.13
公务员	2.93	3.24	+0.31
在校学生	3.40	3.30	-0.10
其他职业	3.16	3.20	+0.04

对2016年问卷调查的八类职业被试生态危机压力得分的差异性进行方差分析（见表6-6-6、表6-6-7、表6-6-8），显示不同职业被试的生态危机压力得分之间差异显著，$F=6.360$，$p<0.001$，受职业分类影响的四类职业被试，退休人员被试（$M=3.11$，$SD=0.73$）的得分显著低于务农人员被试（$M=3.21$，$SD=0.73$）、个体业者被试（$M=3.29$，$SD=0.73$）、专业技术人员被试（$M=3.29$，$SD=0.76$）、在校学生被试（$M=3.30$，$SD=0.72$）和其他职业人员被试（$M=3.27$，$SD=0.76$），与企业职工被试（$M=3.16$，$SD=0.74$）、公务员被试（$M=3.24$，$SD=0.75$）之间的得分差异不显著；企业职工被试的得分显著低于个体业者、专业技术人员、在校学生、其他职

业人员被试,与务农人员、公务员被试之间的得分差异不显著;个体业者被试的得分显著低于务农人员被试,与专业技术人员、公务员、在校学生、其他职业人员被试之间的得分差异不显著;其他职业人员被试与专业技术人员、公务员、在校学生被试之间的得分差异均不显著。

表 6-6-6　　2016 年八类职业被试生态危机压力得分的差异比较

项目		N	均值	标准差	标准误	95% 置信区间 下限	95% 置信区间 上限	极小值	极大值
生态危机压力	务农人员	1803	3.2104	0.72920	0.01717	3.1767	3.2441	1.00	5.00
	企业职工	673	3.1555	0.73705	0.02841	3.0997	3.2113	1.00	5.00
	个体业者	1200	3.2867	0.73354	0.02118	3.2451	3.3282	1.00	5.00
	技术人员	411	3.2920	0.76450	0.03771	3.2178	3.3661	1.00	5.00
	公务员	119	3.2409	0.75280	0.06901	3.1042	3.3776	1.00	4.67
	在校学生	756	3.2981	0.72275	0.02629	3.2465	3.3497	1.00	5.00
	退休人员	648	3.1080	0.72940	0.02865	3.0518	3.1643	1.00	5.00
	其他职业	963	3.2651	0.75618	0.02437	3.2173	3.3130	1.00	5.00
	总数	6573	3.2324	0.73886	0.00911	3.2145	3.2502	1.00	5.00

表 6-6-7　　2016 年八类职业被试生态危机压力得分的方差分析结果

项目		平方和	df	均方	F	显著性
生态危机压力	组间	24.168	7	3.453	6.360	0.000
	组内	3563.601	6565	0.543		
	总数	3587.768	6572			

表 6-6-8　　2016 年受职业分类影响的四类职业
被试生态危机压力得分的多重比较

因变量	(I) 职业	(J) 职业	均值差 (I-J)	标准误	显著性	95% 置信区间 下限	95% 置信区间 上限
生态危机压力	企业职工	务农人员	-0.05487	0.03328	0.099	-0.1201	0.0104
		个体业者	-0.13114*	0.03548	0.000	-0.2007	-0.0616
		技术人员	-0.13645*	0.04612	0.003	-0.2269	-0.0460
		公务员	-0.08537	0.07327	0.244	-0.2290	0.0583
		在校学生	-0.14254*	0.03905	0.000	-0.2191	-0.0660
		退休人员	0.04750	0.04055	0.241	-0.0320	0.1270
		其他职业	-0.10962*	0.03702	0.003	-0.1822	-0.0371
	个体业者	务农人员	0.07628*	0.02745	0.005	0.0225	0.1301
		企业职工	0.13114*	0.03548	0.000	0.0616	0.2007
		技术人员	-0.00530	0.04211	0.900	-0.0878	0.0772
		公务员	0.04577	0.07081	0.518	-0.0930	0.1846
		在校学生	-0.01139	0.03421	0.739	-0.0785	0.0557
		退休人员	0.17864*	0.03592	0.000	0.1082	0.2491
		其他职业	0.02152	0.03188	0.500	-0.0410	0.0840
	退休人员	务农人员	-0.10237*	0.03375	0.002	-0.1685	-0.0362
		企业职工	-0.04750	0.04055	0.241	-0.1270	0.0320
		个体业者	-0.17864*	0.03592	0.000	-0.2491	-0.1082
		技术人员	-0.18395*	0.04646	0.000	-0.2750	-0.0929
		公务员	-0.13287	0.07348	0.071	-0.2769	0.0112
		在校学生	-0.19004*	0.03944	0.000	-0.2674	-0.1127
		其他职业	-0.15712*	0.03743	0.000	-0.2305	-0.0837
	其他职业	务农人员	0.05475	0.02941	0.063	-0.0029	0.1124
		企业职工	0.10962*	0.03702	0.003	0.0371	0.1822
		个体业者	-0.02152	0.03188	0.500	-0.0840	0.0410
		技术人员	-0.02683	0.04341	0.537	-0.1119	0.0583
		公务员	0.02425	0.07159	0.735	-0.1161	0.1646
		在校学生	-0.03292	0.03580	0.358	-0.1031	0.0373
		退休人员	0.15712*	0.03743	0.000	0.0837	0.2305

*. 均值差的显著性水平为 0.05。

七 不同职业被试的国际性危机压力比较

对六类职业被试国际性危机压力得分的差异性进行方差分析（见表6-7-1、表6-7-2、表6-7-3、表6-7-4和图6-7），2012年问卷调查显示不同职业被试的国际性危机压力得分之间差异不显著，2016年问卷调查也显示不同职业被试的国际性危机压力得分之间差异不显著。

表6-7-1　　　　六类职业被试国际性危机压力得分的差异比较

2012年问卷调查		N	均值	标准差	标准误	95% 置信区间 下限	95% 置信区间 上限	极小值	极大值
国际性危机压力	务农人员	2302	3.0275	0.49947	0.01041	3.0071	3.0479	1.00	5.00
	工商业人员	1309	3.0158	0.48517	0.01341	2.9895	3.0421	1.00	4.67
	技术人员	468	3.0064	0.50428	0.02331	2.9606	3.0522	1.33	4.67
	公务员	152	2.9518	0.42960	0.03485	2.8829	3.0206	1.33	4.00
	在校学生	256	3.0443	0.52206	0.03263	2.9800	3.1085	1.00	4.67
	其他职业	1661	3.0283	0.49556	0.01216	3.0044	3.0521	1.00	5.00
	总数	6148	3.0224	0.49512	0.00631	3.0101	3.0348	1.00	5.00

2016年问卷调查		N	均值	标准差	标准误	95% 置信区间 下限	95% 置信区间 上限	极小值	极大值
国际性危机压力	务农人员	1800	3.0352	0.52437	0.01236	3.0109	3.0594	1.00	4.67
	工商业人员	1873	3.0464	0.48264	0.01115	3.0246	3.0683	1.00	4.33
	技术人员	411	3.0032	0.49000	0.02417	2.9557	3.0508	1.33	4.67
	公务员	119	3.0196	0.40777	0.03738	2.9456	3.0936	1.67	4.00
	在校学生	756	3.0406	0.45274	0.01647	3.0082	3.0729	1.33	4.33
	其他职业	1607	3.0332	0.45801	0.01143	3.0108	3.0556	1.33	5.00
	总数	6566	3.0362	0.48451	0.00598	3.0245	3.0480	1.00	5.00

表6-7-2　六类职业被试国际性危机压力得分的方差分析结果

2012年问卷调查		平方和	df	均方	F	显著性
国际性危机压力	组间	1.176	5	0.235	0.959	0.441
	组内	1505.727	6142	0.245		
	总数	1506.902	6147			

2016年问卷调查		平方和	df	均方	F	显著性
国际性危机压力	组间	0.707	5	0.141	0.602	0.699
	组内	1540.444	6560	0.235		
	总数	1541.151	6565			

表6-7-3　六类职业被试国际性危机压力得分的多重比较（2012年）

因变量	(I) 职业	(J) 职业	均值差 (I-J)	标准误	显著性	95% 置信区间 下限	95% 置信区间 上限
国际性危机压力	务农人员	工商业人员	0.01172	0.01714	0.494	-0.0219	0.0453
		技术人员	0.02110	0.02511	0.401	-0.0281	0.0703
		公务员	0.07576	0.04146	0.068	-0.0055	0.1570
		在校学生	-0.01676	0.03262	0.607	-0.0807	0.0472
		其他职业	-0.00078	0.01594	0.961	-0.0320	0.0305
	工商业人员	务农人员	-0.01172	0.01714	0.494	-0.0453	0.0219
		技术人员	0.00938	0.02667	0.725	-0.0429	0.0617
		公务员	0.06403	0.04243	0.131	-0.0191	0.1472
		在校学生	-0.02848	0.03384	0.400	-0.0948	0.0378
		其他职业	-0.01251	0.01830	0.494	-0.0484	0.0234
	技术人员	务农人员	-0.02110	0.02511	0.401	-0.0703	0.0281
		工商业人员	-0.00938	0.02667	0.725	-0.0617	0.0429
		公务员	0.05466	0.04622	0.237	-0.0360	0.1453
		在校学生	-0.03786	0.03849	0.325	-0.1133	0.0376
		其他职业	-0.02189	0.02591	0.398	-0.0727	0.0289

第六章 危机压力的差异比较：职业

续表

因变量	（I）职业	（J）职业	均值差（I-J）	标准误	显著性	95% 置信区间 下限	95% 置信区间 上限
国际性危机压力	公务员	务农人员	-0.07576	0.04146	0.068	-0.1570	0.0055
		工商业人员	-0.06403	0.04243	0.131	-0.1472	0.0191
		技术人员	-0.05466	0.04622	0.237	-0.1453	0.0360
		在校学生	-0.09252	0.05070	0.068	-0.1919	0.0069
		其他职业	-0.07654	0.04196	0.068	-0.1588	0.0057
	在校学生	务农人员	0.01676	0.03262	0.607	-0.0472	0.0807
		工商业人员	0.02848	0.03384	0.400	-0.0378	0.0948
		技术人员	0.03786	0.03849	0.325	-0.0376	0.1133
		公务员	0.09252	0.05070	0.068	-0.0069	0.1919
		其他职业	0.01597	0.03324	0.631	-0.0492	0.0811
	其他职业	务农人员	0.00078	0.01594	0.961	-0.0305	0.0320
		工商业人员	0.01251	0.01830	0.494	-0.0234	0.0484
		技术人员	0.02189	0.02591	0.398	-0.0289	0.0727
		公务员	0.07654	0.04196	0.068	-0.0057	0.1588
		在校学生	-0.01597	0.03324	0.631	-0.0811	0.0492

表6-7-4 六类职业被试国际性危机压力得分的多重比较（2016年）

因变量	（I）职业	（J）职业	均值差（I-J）	标准误	显著性	95% 置信区间 下限	95% 置信区间 上限
国际性危机压力	务农人员	工商业人员	-0.01126	0.01599	0.481	-0.0426	0.0201
		技术人员	0.03194	0.02649	0.228	-0.0200	0.0839
		公务员	0.01558	0.04587	0.734	-0.0743	0.1055
		在校学生	-0.00538	0.02100	0.798	-0.0465	0.0358
		其他职业	0.00200	0.01663	0.904	-0.0306	0.0346

续表

因变量	（I）职业	（J）职业	均值差（I-J）	标准误	显著性	95% 置信区间 下限	95% 置信区间 上限
国际性危机压力	工商业人员	务农人员	0.01126	0.01599	0.481	-0.0201	0.0426
		技术人员	0.04321	0.02640	0.102	-0.0085	0.0949
		公务员	0.02684	0.04581	0.558	-0.0630	0.1166
		在校学生	0.00589	0.02088	0.778	-0.0350	0.0468
		其他职业	0.01326	0.01648	0.421	-0.0190	0.0456
	技术人员	务农人员	-0.03194	0.02649	0.228	-0.0839	0.0200
		工商业人员	-0.04321	0.02640	0.102	-0.0949	0.0085
		公务员	-0.01636	0.05044	0.746	-0.1153	0.0825
		在校学生	-0.03732	0.02970	0.209	-0.0955	0.0209
		其他职业	-0.02994	0.02679	0.264	-0.0825	0.0226
	公务员	务农人员	-0.01558	0.04587	0.734	-0.1055	0.0743
		工商业人员	-0.02684	0.04581	0.558	-0.1166	0.0630
		技术人员	0.01636	0.05044	0.746	-0.0825	0.1153
		在校学生	-0.02096	0.04779	0.661	-0.1146	0.0727
		其他职业	-0.01358	0.04604	0.768	-0.1038	0.0767
	在校学生	务农人员	0.00538	0.02100	0.798	-0.0358	0.0465
		工商业人员	-0.00589	0.02088	0.778	-0.0468	0.0350
		技术人员	0.03732	0.02970	0.209	-0.0209	0.0955
		公务员	0.02096	0.04779	0.661	-0.0727	0.1146
		其他职业	0.00738	0.02137	0.730	-0.0345	0.0493
	其他职业	务农人员	-0.00200	0.01663	0.904	-0.0346	0.0306
		工商业人员	-0.01326	0.01648	0.421	-0.0456	0.0190
		技术人员	0.02994	0.02679	0.264	-0.0226	0.0825
		公务员	0.01358	0.04604	0.768	-0.0767	0.1038
		在校学生	-0.00738	0.02137	0.730	-0.0493	0.0345

第六章 危机压力的差异比较：职业

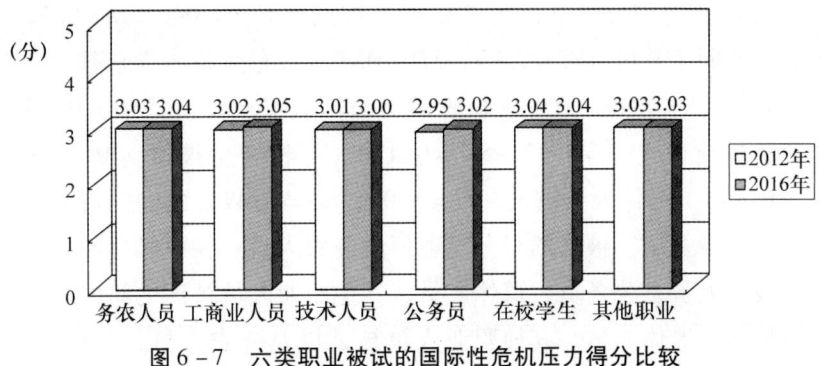

图6-7 六类职业被试的国际性危机压力得分比较

2016年与2012年相比，务农人员被试国际性危机压力的得分上升0.01分，工商业人员被试国际性危机压力的得分上升0.03分，专业技术人员被试国际性危机压力的得分下降0.01分，公务员被试国际性危机压力的得分上升0.07分，在校学生和其他职业人员被试国际性危机压力的得分均与2012年持平（见表6-7-5）。从两次调查的情况看，不同职业被试的国际性危机压力得分变化不是很大。

表6-7-5　　　　六类职业被试国际性危机压力得分的变化

项目	2012年问卷调查	2016年问卷调查	2016年比2012年增减
务农人员	3.03	3.04	+0.01
工商业人员	3.02	3.05	+0.03
技术人员	3.01	3.00	-0.01
公务员	2.95	3.02	+0.07
在校学生	3.04	3.04	0
其他职业	3.03	3.03	0

对2016年问卷调查的八类职业被试国际性危机压力得分的差异性进行方差分析（见表6-7-6、表6-7-7、表6-7-8），显示不同职业被试的国际性危机压力得分之间差异显著，$F=2.846$，$p<0.01$，受职业分类影响的四类职业被试，个体业者被试（$M=3.08$，

$SD=0.45$）的得分显著高于务农人员被试（$M=3.04$，$SD=0.52$）、工商企业职工被试（$M=2.99$，$SD=0.53$）、专业技术人员被试（$M=3.00$，$SD=0.49$）、其他职业人员被试（$M=3.03$，$SD=0.45$），与公务员被试（$M=3.02$，$SD=0.41$）、在校学生被试（$M=3.04$，$SD=0.45$）、退休人员被试（$M=3.04$，$SD=0.47$）之间的得分差异不显著，企业职工被试的得分显著低于务农人员、在校学生被试，与专业技术人员、公务员、退休人员、其他职业人员被试之间的得分差异不显著；退休人员、其他职业人员被试以及务农人员、在校学生、专业技术人员、公务员被试两两之间的得分差异均不显著。

表6-7-6　2016年八类职业被试国际性危机压力得分的差异比较

项目		N	均值	标准差	标准误	95% 置信区间 下限	95% 置信区间 上限	极小值	极大值
国际性危机压力	务农人员	1800	3.0352	0.52437	0.01236	3.0109	3.0594	1.00	4.67
	企业职工	673	2.9851	0.53462	0.02061	2.9447	3.0256	1.00	4.33
	个体业者	1200	3.0808	0.44744	0.01292	3.0555	3.1062	1.33	4.33
	技术人员	411	3.0032	0.49000	0.02417	2.9557	3.0508	1.33	4.67
	公务员	119	3.0196	0.40777	0.03738	2.9456	3.0936	1.67	4.00
	在校学生	756	3.0406	0.45274	0.01647	3.0082	3.0729	1.33	4.33
	退休人员	648	3.0365	0.46797	0.01838	3.0004	3.0726	1.33	4.67
	其他职业	959	3.0309	0.45139	0.01458	3.0023	3.0595	1.33	5.00
	总数	6566	3.0362	0.48451	0.00598	3.0245	3.0480	1.00	5.00

表6-7-7　2016年八类职业被试国际性危机压力得分的方差分析结果

项目		平方和	df	均方	F	显著性
国际性危机压力	组间	4.667	7	0.667	2.846	0.006
	组内	1536.484	6558	0.234		
	总数	1541.151	6565			

表6-7-8　　2016年受职业分类影响的四类职业被试
国际性危机压力得分的多重比较

因变量	（I）职业	（J）职业	均值差(I-J)	标准误	显著性	95% 置信区间 下限	95% 置信区间 上限
国际性危机压力	企业职工	务农人员	-0.05004*	0.02187	0.022	-0.0929	-0.0072
		个体业者	-0.09569*	0.02331	0.000	-0.1414	-0.0500
		技术人员	-0.01810	0.03030	0.550	-0.0775	0.0413
		公务员	-0.03447	0.04813	0.474	-0.1288	0.0599
		在校学生	-0.05542*	0.02565	0.031	-0.1057	-0.0051
		退休人员	-0.05138	0.02664	0.054	-0.1036	0.0008
		其他职业	-0.04579	0.02434	0.060	-0.0935	0.0019
	个体业者	务农人员	0.04565*	0.01804	0.011	0.0103	0.0810
		企业职工	0.09569*	0.02331	0.000	0.0500	0.1414
		技术人员	0.07759*	0.02766	0.005	0.0234	0.1318
		公务员	0.06123	0.04652	0.188	-0.0300	0.1524
		在校学生	0.04027	0.02248	0.073	-0.0038	0.0843
		退休人员	0.04431	0.02360	0.060	-0.0019	0.0906
		其他职业	0.04990*	0.02097	0.017	0.0088	0.0910
	退休人员	务农人员	0.00134	0.02217	0.952	-0.0421	0.0448
		企业职工	0.05138	0.02664	0.054	-0.0008	0.1036
		个体业者	-0.04431	0.02360	0.060	-0.0906	0.0019
		技术人员	0.03328	0.03052	0.276	-0.0266	0.0931
		公务员	0.01691	0.04827	0.726	-0.0777	0.1115
		在校学生	-0.00404	0.02591	0.876	-0.0548	0.0468
		其他职业	0.00559	0.02461	0.820	-0.0427	0.0538
	其他职业	务农人员	-0.00425	0.01935	0.826	-0.0422	0.0337
		企业职工	0.04579	0.02434	0.060	-0.0019	0.0935
		个体业者	-0.04990*	0.02097	0.017	-0.0910	-0.0088
		技术人员	0.02769	0.02854	0.332	-0.0283	0.0836
		公务员	0.01133	0.04704	0.810	-0.0809	0.1035
		在校学生	-0.00963	0.02354	0.683	-0.0558	0.0365
		退休人员	-0.00559	0.02461	0.820	-0.0538	0.0427

*. 均值差的显著性水平为0.05。

八　不同职业被试的危机压力总分比较

对六类职业被试危机压力总分的差异性进行方差分析（见表6-8-1、表6-8-2、表6-8-3、表6-8-4和图6-8），2012年问卷调查显示不同职业被试的危机压力总分之间差异显著，$F=8.549$，$p<0.001$，公务员被试（$M=2.64$，$SD=0.46$）的得分显著低于务农人员被试（$M=2.74$，$SD=0.43$）、工商业人员被试（$M=2.74$，$SD=0.49$）、专业技术人员被试（$M=2.78$，$SD=0.48$）、在校学生被试（$M=2.85$，$SD=0.42$）和其他职业人员被试（$M=2.80$，$SD=0.42$）；务农人员被试的得分显著低于专业技术人员、在校学生、其他职业人员被试，与工商业人员被试之间的得分差异不显著；工商业人员被试的得分显著低于在校学生、其他职业人员被试，与专业技术人员被试之间的得分差异不显著；专业技术人员、在校学生、其他职业人员三种被试相互间的得分差异均不显著。2016年问卷调查显示不同职业被试的危机压力总分之间的差异未达到显著水平，但是在校学生被试（$M=2.87$，$SD=0.38$）的得分显著高于务农人员被试（$M=2.84$，$SD=0.39$）、专业技术人员被试（$M=2.82$，$SD=0.44$）、公务员被试（$M=2.79$，$SD=0.45$）和其他职业人员被试（$M=2.83$，$SD=0.42$），与工商业人员被试（$M=2.86$，$SD=0.44$）之间的得分差异不显著。

表6-8-1　　　　　　六类职业被试危机压力总分的差异比较

2012年问卷调查		N	均值	标准差	标准误	95%置信区间 下限	95%置信区间 上限	极小值	极大值
危机压力总分	务农人员	2289	2.7373	0.42652	0.00891	2.7198	2.7548	1.22	4.33
	工商业人员	1303	2.7392	0.48655	0.01348	2.7127	2.7656	1.33	4.14
	技术人员	465	2.7836	0.47518	0.02204	2.7403	2.8269	1.22	4.01
	公务员	152	2.6385	0.45784	0.03714	2.5652	2.7119	1.61	4.13
	在校学生	253	2.8468	0.41501	0.02609	2.7955	2.8982	1.32	4.50
	其他职业	1652	2.7968	0.42294	0.01041	2.7764	2.8172	1.28	4.49
	总数	6114	2.7594	0.44454	0.00569	2.7482	2.7705	1.22	4.50

第六章 危机压力的差异比较：职业

续表

2016年问卷调查		N	均值	标准差	标准误	95% 置信区间 下限	95% 置信区间 上限	极小值	极大值
危机压力总分	务农人员	1785	2.8351	0.38584	0.00913	2.8172	2.8530	1.44	4.14
	工商业人员	1853	2.8580	0.43923	0.01020	2.8379	2.8780	1.28	4.06
	技术人员	410	2.8226	0.44104	0.02178	2.7797	2.8654	1.22	3.68
	公务员	119	2.7926	0.45204	0.04144	2.7105	2.8747	1.47	3.56
	在校学生	749	2.8743	0.37794	0.01381	2.8471	2.9014	1.28	3.78
	其他职业	1601	2.8327	0.42212	0.01055	2.8120	2.8534	1.28	4.19
	总数	6517	2.8440	0.41466	0.00514	2.8339	2.8540	1.22	4.19

表6-8-2　　六类职业被试危机压力总分的方差分析结果

2012年问卷调查		平方和	df	均方	F	显著性
危机压力总分	组间	8.396	5	1.679	8.549	0.000
	组内	1199.622	6108	0.196		
	总数	1208.018	6113			
2016年问卷调查		平方和	df	均方	F	显著性
危机压力总分	组间	1.894	5	0.379	2.205	0.051
	组内	1118.505	6511	0.172		
	总数	1120.399	6516			

表6-8-3　　六类职业被试危机压力总分的多重比较（2012年）

因变量	（I）职业	（J）职业	均值差（I-J）	标准误	显著性	95% 置信区间 下限	95% 置信区间 上限
危机压力总分	务农人员	工商业人员	-0.00188	0.01538	0.903	-0.0320	0.0283
		技术人员	-0.04636*	0.02254	0.040	-0.0905	-0.0022
		公务员	0.09875*	0.03712	0.008	0.0260	0.1715
		在校学生	-0.10956*	0.02936	0.000	-0.1671	-0.0520
		其他职业	-0.05954*	0.01431	0.000	-0.0876	-0.0315

续表

因变量	(I) 职业	(J) 职业	均值差(I-J)	标准误	显著性	95% 置信区间 下限	95% 置信区间 上限
危机压力总分	工商业人员	务农人员	0.00188	0.01538	0.903	-0.0283	0.0320
		技术人员	-0.04447	0.02394	0.063	-0.0914	0.0025
		公务员	0.10064*	0.03798	0.008	0.0262	0.1751
		在校学生	-0.10768*	0.03045	0.000	-0.1674	-0.0480
		其他职业	-0.05766*	0.01642	0.000	-0.0898	-0.0255
	技术人员	务农人员	0.04636*	0.02254	0.040	0.0022	0.0905
		工商业人员	0.04447	0.02394	0.063	-0.0025	0.0914
		公务员	0.14511*	0.04141	0.000	0.0639	0.2263
		在校学生	-0.06321	0.03462	0.068	-0.1311	0.0047
		其他职业	-0.01319	0.02326	0.571	-0.0588	0.0324
	公务员	务农人员	-0.09875*	0.03712	0.008	-0.1715	-0.0260
		工商业人员	-0.10064*	0.03798	0.008	-0.1751	-0.0262
		技术人员	-0.14511*	0.04141	0.000	-0.2263	-0.0639
		在校学生	-0.20831*	0.04548	0.000	-0.2975	-0.1192
		其他职业	-0.15830*	0.03756	0.000	-0.2319	-0.0847
	在校学生	务农人员	0.10956*	0.02936	0.000	0.0520	0.1671
		工商业人员	0.10768*	0.03045	0.000	0.0480	0.1674
		技术人员	0.06321	0.03462	0.068	-0.0047	0.1311
		公务员	0.20831*	0.04548	0.000	0.1192	0.2975
		其他职业	0.05002	0.02992	0.095	-0.0086	0.1087
	其他职业	务农人员	0.05954*	0.01431	0.000	0.0315	0.0876
		工商业人员	0.05766*	0.01642	0.000	0.0255	0.0898
		技术人员	0.01319	0.02326	0.571	-0.0324	0.0588
		公务员	0.15830*	0.03756	0.000	0.0847	0.2319
		在校学生	-0.05002	0.02992	0.095	-0.1087	0.0086

*. 均值差的显著性水平为0.05。

第六章 危机压力的差异比较：职业

表6-8-4 六类职业被试危机压力总分的多重比较（2016年）

因变量	（I）职业	（J）职业	均值差（I-J）	标准误	显著性	95%置信区间 下限	95%置信区间 上限
危机压力总分	务农人员	工商业人员	-0.02286	0.01375	0.096	-0.0498	0.0041
		技术人员	0.01254	0.02270	0.581	-0.0320	0.0570
		公务员	0.04250	0.03924	0.279	-0.0344	0.1194
		在校学生	-0.03916*	0.01804	0.030	-0.0745	-0.0038
		其他职业	0.00237	0.01427	0.868	-0.0256	0.0303
	工商业人员	务农人员	0.02286	0.01375	0.096	-0.0041	0.0498
		技术人员	0.03539	0.02262	0.118	-0.0089	0.0797
		公务员	0.06536	0.03920	0.095	-0.0115	0.1422
		在校学生	-0.01630	0.01795	0.364	-0.0515	0.0189
		其他职业	0.02523	0.01414	0.074	-0.0025	0.0530
	技术人员	务农人员	-0.01254	0.02270	0.581	-0.0570	0.0320
		工商业人员	-0.03539	0.02262	0.118	-0.0797	0.0089
		公务员	0.02996	0.04316	0.488	-0.0546	0.1146
		在校学生	-0.05170*	0.02546	0.042	-0.1016	-0.0018
		其他职业	-0.01017	0.02294	0.658	-0.0551	0.0348
	公务员	务农人员	-0.04250	0.03924	0.279	-0.1194	0.0344
		工商业人员	-0.06536	0.03920	0.095	-0.1422	0.0115
		技术人员	-0.02996	0.04316	0.488	-0.1146	0.0546
		在校学生	-0.08166*	0.04090	0.046	-0.1618	-0.0015
		其他职业	-0.04013	0.03938	0.308	-0.1173	0.0371
	在校学生	务农人员	0.03916*	0.01804	0.030	0.0038	0.0745
		工商业人员	0.01630	0.01795	0.364	-0.0189	0.0515
		技术人员	0.05170*	0.02546	0.042	0.0018	0.1016
		公务员	0.08166*	0.04090	0.046	0.0015	0.1618
		其他职业	0.04153*	0.01835	0.024	0.0056	0.0775
	其他职业	务农人员	-0.00237	0.01427	0.868	-0.0303	0.0256
		工商业人员	-0.02523	0.01414	0.074	-0.0530	0.0025
		技术人员	0.01017	0.02294	0.658	-0.0348	0.0551
		公务员	0.04013	0.03938	0.308	-0.0371	0.1173
		在校学生	-0.04153*	0.01835	0.024	-0.0775	-0.0056

*. 均值差的显著性水平为0.05。

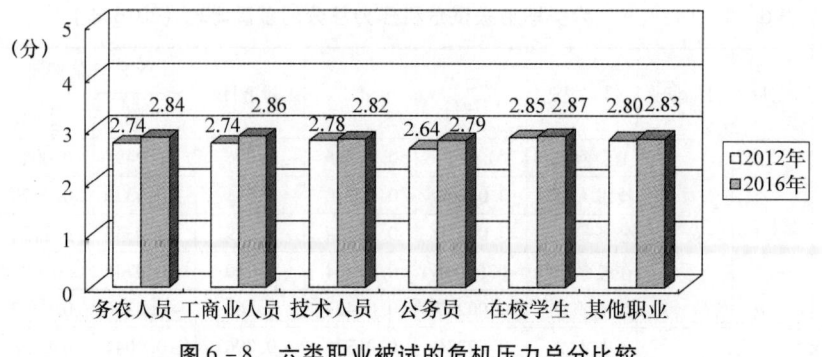

中国政治文化研究——不同公民群体的危机压力比较

图6-8 六类职业被试的危机压力总分比较

2016年不同职业被试的危机压力总分与2012年相比，务农人员被试上升0.10分，工商业人员被试上升0.12分，专业技术人员被试上升0.04分，公务员被试上升0.15分，在校学生被试上升0.02分，其他职业人员被试上升0.03分（见表6-8-5）。由于公务员被试得分上升的幅度最大，使得其危机压力总分由2012年的显著低于另五种职业被试，变成了2016年的只显著低于一种职业被试。

表6-8-5　　　　　　六类职业被试危机压力总分的变化

项目	2012年问卷调查	2016年问卷调查	2016年比2012年增减
务农人员	2.74	2.84	+0.10
工商业人员	2.74	2.86	+0.12
技术人员	2.78	2.82	+0.04
公务员	2.64	2.79	+0.15
在校学生	2.85	2.87	+0.02
其他职业	2.80	2.83	+0.03

对2016年问卷调查的八类职业被试危机压力总分的差异性进行方差分析（见表6-8-6、表6-8-7、表6-8-8），显示不同职业被试的危机压力总分之间差异显著，$F=7.712$，$p<0.001$，受职业分类影响的四类职业被试，个体业者被试（$M=2.89$，$SD=0.40$）的得分显著高于务农人员被试（$M=2.84$，$SD=0.39$）、工商企业职工被试

（$M=2.80$，$SD=0.50$）、专业技术人员被试（$M=2.82$，$SD=0.44$）、公务员被试（$M=2.79$，$SD=0.45$）、退休人员被试（$M=2.77$，$SD=0.45$），与在校学生被试（$M=2.87$，$SD=0.38$）和其他职业人员被试（$M=2.87$，$SD=0.40$）之间的得分差异不显著；其他职业人员被试的得分显著高于务农人员、工商企业职工、专业技术人员、公务员、退休人员被试，与在校学生被试之间的得分差异不显著；退休人员被试的得分显著低于务农人员、在校学生被试，与企业职工、专业技术人员、公务员被试之间的得分差异不显著；企业职工被试得分显著低于在校学生被试，与务农人员、专业技术人员、公务员被试之间的得分差异不显著。

表6-8-6　　　2016年八类职业被试危机压力总分的差异比较

项目		N	均值	标准差	标准误	95% 置信区间 下限	95% 置信区间 上限	极小值	极大值
危机压力总分	务农人员	1785	2.8351	0.38584	0.00913	2.8172	2.8530	1.44	4.14
	企业职工	666	2.7986	0.50001	0.01937	2.7606	2.8367	1.28	3.67
	个体业者	1187	2.8912	0.39749	0.01154	2.8686	2.9139	1.39	4.06
	技术人员	410	2.8226	0.44104	0.02178	2.7797	2.8654	1.22	3.68
	公务员	119	2.7926	0.45204	0.04144	2.7105	2.8747	1.47	3.56
	在校学生	749	2.8743	0.37794	0.01381	2.8471	2.9014	1.28	3.78
	退休人员	646	2.7746	0.44640	0.01756	2.7401	2.8091	1.28	3.67
	其他职业	955	2.8721	0.40035	0.01295	2.8466	2.8975	1.44	4.19
	总数	6517	2.8440	0.41466	0.00514	2.8339	2.8540	1.22	4.19

表6-8-7　　　2016年八类职业被试危机压力总分的方差分析结果

项目		平方和	df	均方	F	显著性
危机压力总分	组间	9.216	7	1.317	7.712	0.000
	组内	1111.184	6509	0.171		
	总数	1120.399	6516			

表6-8-8　　　2016年受职业分类影响的四类职业
被试危机压力总分的多重比较

因变量	（I）职业	（J）职业	均值差(I-J)	标准误	显著性	95% 置信区间 下限	95% 置信区间 上限
危机压力总分	企业职工	务农人员	-0.03647	0.01876	0.052	-0.0732	0.0003
		个体业者	-0.09261*	0.02000	0.000	-0.1318	-0.0534
		技术人员	-0.02393	0.02594	0.356	-0.0748	0.0269
		公务员	0.00603	0.04112	0.883	-0.0746	0.0866
		在校学生	-0.07563*	0.02201	0.001	-0.1188	-0.0325
		退休人员	0.02406	0.02282	0.292	-0.0207	0.0688
		其他职业	-0.07343	0.02086	0.000	-0.1143	-0.0325
	个体业者	务农人员	0.05614*	0.01547	0.000	0.0258	0.0865
		企业职工	0.09261*	0.02000	0.000	0.0534	0.1318
		技术人员	0.06868*	0.02367	0.004	0.0223	0.1151
		公务员	0.09864*	0.03973	0.013	0.0208	0.1765
		在校学生	0.01698	0.01928	0.378	-0.0208	0.0548
		退休人员	0.11667*	0.02020	0.000	0.0771	0.1563
		其他职业	0.01918	0.01796	0.286	-0.0160	0.0544
	退休人员	务农人员	-0.06053*	0.01897	0.001	-0.0977	-0.0233
		企业职工	-0.02406	0.02282	0.292	-0.0688	0.0207
		个体业者	-0.11667*	0.02020	0.000	-0.1563	-0.0771
		技术人员	-0.04799	0.02609	0.066	-0.0991	0.0032
		公务员	-0.01803	0.04122	0.662	-0.0988	0.0628
		在校学生	-0.09968*	0.02219	0.000	-0.1432	-0.0562
		其他职业	-0.09749*	0.02105	0.000	-0.1387	-0.0562
	其他职业	务农人员	0.03696*	0.01656	0.026	0.0045	0.0694
		企业职工	0.07343*	0.02086	0.000	0.0325	0.1143
		个体业者	-0.01918	0.01796	0.286	-0.0544	0.0160
		技术人员	0.04950*	0.02440	0.042	0.0017	0.0973
		公务员	0.07946*	0.04017	0.048	0.0007	0.1582
		在校学生	-0.00220	0.02017	0.913	-0.0417	0.0373
		退休人员	0.09749*	0.02105	0.000	0.0562	0.1387

*. 均值差的显著性水平为0.05。

通过本章的数据比较，可以对不同职业被试在危机压力方面所反

第六章 危机压力的差异比较：职业

映出来的差异做一个简单的小结。

第一，对六类职业被试的危机压力情况进行比较，可以看出不同职业被试的危机压力总分由2012年的差异显著变成了2016年的差异不显著。2012年出现的一种职业被试（公务员被试）的危机压力总分显著低于另五种职业被试的现象，2016年不再出现。也就是说，从整体上看，不同职业的危机压力感知呈现的是差距缩小的趋势。

第二，六类职业被试在六种危机压力上的得分排序，2012年和2016年两次问卷调查发生了重要的变化（见表6-8-9，表中括号内的数字，代表不同职业被试得分高低的排序）。从六种危机压力的最高得分看，政治危机压力和生态危机压力两次调查都是在校学生被试得分最高，经济危机压力由2012年的在校学生被试得分最高变成了2016年的工商业人员被试得分最高，社会危机压力由2012年的专业技术人员被试得分最高变成了2016年的工商业人员、在校学生被试并列最高分，文化危机压力由2012年的其他职业人员被试得分最高变成了2016年的在校学生被试得分最高，国际性危机压力由2012年的在校学生被试得分最高变成了2016年的工商业人员被试得分最高。从六种危机压力的最低得分看，社会危机压力和文化危机压力两次调查都是公务员被试得分最低，经济危机压力由2012年的务农人员被试得分最低变成了2016年的公务员被试得分最低，政治危机压力由2012年的公务员被试得分最低变成了2016年的专业技术人员被试得分最低，生态危机压力由2012年的公务员被试得分最低变成了2016年的其他职业人员被试得分最低，国际性危机压力由2012年的公务员被试得分最低变成了2016年的专业技术人员被试得分最低。

表6-8-9　　　　　不同职业被试危机压力得分排序比较

2012年	务农人员	工商人员	技术人员	公务员	在校学生	其他职业
政治危机	2.60（2）	2.51（4）	2.47（5）	2.39（6）	2.61（1）	2.57（3）
经济危机	2.21（6）	2.34（4）	2.42（2）	2.32（5）	2.47（1）	2.40（3）
社会危机	2.84（3）	2.81（4）	2.88（1）	2.71（6）	2.81（4）	2.85（2）

续表

2012年	务农人员	工商人员	技术人员	公务员	在校学生	其他职业
文化危机	2.77（2）	2.72（5）	2.77（2）	2.53（6）	2.76（4）	2.78（1）
生态危机	2.99（5）	3.04（4）	3.16（2）	2.93（6）	3.40（1）	3.16（2）
国际性危机	3.03（2）	3.02（4）	3.01（5）	2.95（6）	3.04（1）	3.03（2）
压力总分	2.74（4）	2.74（4）	2.78（3）	2.64（6）	2.85（1）	2.80（2）
2016年	务农人员	工商人员	技术人员	公务员	在校学生	其他职业
政治危机	2.71（2）	2.70（3）	2.62（6）	2.68（5）	2.76（1）	2.69（4）
经济危机	2.40（5）	2.46（1）	2.42（3）	2.33（6）	2.42（3）	2.43（2）
社会危机	2.82（3）	2.84（1）	2.79（5）	2.74（6）	2.84（1）	2.82（3）
文化危机	2.86（2）	2.86（2）	2.82（5）	2.74（6）	2.90（1）	2.83（4）
生态危机	3.21（5）	3.24（3）	3.29（2）	3.24（3）	3.30（1）	3.20（6）
国际性危机	3.04（2）	3.05（1）	3.00（6）	3.02（5）	3.04（2）	3.03（4）
压力总分	2.84（3）	2.86（2）	2.82（5）	2.79（6）	2.87（1）	2.83（4）

第三，尽管危机压力总分由2012年的六类职业被试得分差异显著变成了2016年的得分差异不显著，但是在两次问卷调查中，不同职业被试得分差异都未达到显著水平的只有社会危机压力和国际性危机压力，得分差异都达到显著水平的有政治危机压力、经济危机压力、文化危机压力和生态危机压力，并且在文化危机压力和生态危机压力上都出现过某一职业被试的得分显著高于或低于另五种职业被试的现象（2012年公务员被试的文化危机压力得分显著低于另五种职业被试，在校学生的生态危机压力得分显著高于另五种职业被试）。也就是说，由公民职业因素带来的具体危机压力的差异，还是需要引起注意。

第四，在六类职业被试中，需要特别注意在校学生、其他职业、专业技术人员被试的危机压力得分变化。2016年与2012年相比，在校学生被试的经济危机压力、生态危机压力得分有所下降，国际性危机压力得分与2012年持平，政治危机压力、社会危机压力、文化危机压力得分有所上升,使得在校学生被试的危机压力总分只是略有上升(在六类职业被试中得分上升幅度最小);其他职业人员被试的社会危机压力得分有所下降,国际性危机压力得分与2012年持平,政治危机压力、经济危机压力、生态危机压力、文化危机压力得分有所上升,使得其他职业人员被试的危机压力总分也只是略有上升(得分上升幅度略大于在校学生被试);专业技术人员的国际性危机压力、社会危机压力得分有所下降,经济危机压力得分与2012年持平,政治危机压力、文化危机压力、生态危机压力得分有所上升,使得专业技术人员被试的危机压力总分同样只是略有上升(得分上升幅度略大于其他职业人员被试)。2016年与2012年相比,务农人员被试只有一种危机压力(社会危机压力)得分下降,另五种危机压力得分上升;工商业人员和公务员被试则是六种危机压力得分都有所上升,使得这三种职业被试的危机压力总分都有较大幅度的上升。

第五,2016年增加两类职业后,八类职业被试的六种危机压力得分排序及危机压力总分的排序,见表6-8-10(表中括号内的数字,代表不同职业被试得分高低的排序)。其中特别需要注意的是个体业者、在校学生两种被试。个体业者在经济危机压力、国际性危机压力和危机压力总分上的得分最高,并且在经济危机压力上的得分显著高于六种职业被试(与其他职业人员被试之间的得分差异不显著)。在校学生被试在政治危机压力、文化危机压力和生态危机压力上的得分最高,但其得分都只是显著高于另三种或四种职业被试。也就是说,增加职业类别后,不同职业被试在危机压力方面的差异,主要表现为个体业者被试所感受的压力总体上高于别的职业被试。

表6-8-10　　2016年八类职业被试危机压力得分排序比较

项目	政治压力	经济压力	社会压力	文化压力	生态压力	国际性压力	压力总分
务农人员	2.701 (4)	2.402 (6)	2.815 (4)	2.857 (3)	3.210 (6)	3.035 (4)	2.835 (4)
企业职工	2.648 (6)	2.407 (5)	2.803 (5)	2.805 (6)	3.156 (7)	2.985 (8)	2.799 (6)

续表

项目	政治压力	经济压力	社会压力	文化压力	生态压力	国际性压力	压力总分
个体业者	2.724 (3)	2.493 (1)	2.867 (2)	2.896 (2)	3.287 (3)	3.081 (1)	2.891 (1)
技术人员	2.617 (8)	2.416 (4)	2.792 (6)	2.824 (5)	3.292 (2)	3.003 (7)	2.823 (5)
公务员	2.681 (5)	2.333 (8)	2.740 (7)	2.742 (8)	3.241 (5)	3.020 (6)	2.793 (7)
在校学生	2.761 (1)	2.418 (3)	2.840 (3)	2.904 (1)	3.298 (1)	3.041 (2)	2.874 (2)
退休人员	2.618 (7)	2.384 (7)	2.711 (8)	2.795 (7)	3.108 (8)	3.037 (3)	2.775 (8)
其他职业	2.737 (2)	2.466 (2)	2.887 (1)	2.852 (4)	3.265 (4)	3.031 (5)	2.872 (3)

第六，2016年问卷调查受职业分类影响的四类职业被试，个体业者和退休人员两种被试在危机压力方面都有值得注意的表现（前者表现为得分偏高，后者表现为得分偏低），表明增加这两类职业被试后，确实对危机压力的职业差异可以有更全面的了解。尤为重要的是，将工商业人员划分为个体业者和企业职工两种不同的职业后，2016年的调查显示这两种被试只有社会危机压力的得分差异未达到显著水平，政治危机压力、经济危机压力、文化危机压力、生态危机压力、国际性危机压力的得分和危机压力总分的差异都达到了显著水平，表明这两类职业状况确实应该分开（如果经过调查数据的检验，各种危机压力得分和危机压力总分的差异均未达到显著水平，说明这两种职业状态的区分可能没有太大意义）。从其他职业人员中区分出退休人员和其他职业人员两种被试后，2016年的调查显示这两种被试的文化危机压力、国际性危机压力得分差异未达到显著水平，政治危机压力、经济危机压力、社会危机压力、生态危机压力得分和危机压力总分的差异都达到了显著水平，表明这两类职业状况也应该分开。也就是说，增加两类职业显然是必要的，在下次问卷调查时所要做的，应该是八种职业被试的危机压力情况比较。

第七章　危机压力的差异比较：户籍

2012年问卷调查有13名被试的户籍信息缺失，在有户籍信息的6146名被试中，城镇户口被试2649人，占43.10%；农村户口被试3497人，占56.90%。2016年问卷调查有2名被试的户籍信息缺失，在有户籍信息的6579名被试中，城镇户口被试3049人，占46.34%；农村户口被试3530人，占53.66%。根据问卷调查的数据，可以比较不同户籍被试危机压力的变化情况。

一　不同户籍被试危机压力的总体情况

2012年问卷调查结果显示，城镇户籍被试危机压力的总体得分在1.22—4.49分之间，均值为2.75，标准差为0.47。在六种危机压力中，城镇户籍被试的政治危机压力得分在1.00—4.67分之间，均值为2.50，标准差为0.66；经济危机压力得分在1.00—5.00分之间，均值为2.37，标准差为0.71；社会危机压力得分在1.00—5.00分之间，均值为2.80，标准差为0.74；文化危机压力得分在1.00—4.75分之间，均值为2.73，标准差为0.61；生态危机压力得分在1.00—5.00分之间，均值为3.08，标准差为0.91；国际性危机压力得分在1.00—5.00分之间，均值为3.02，标准差为0.49（见表7-1-1和图7-1-1）。

表7-1-1　　城镇户籍被试的危机压力总体描述统计（2012年）

项目	N	极小值	极大值	均值	标准差
危机压力总分	2630	1.22	4.49	2.7484	0.47320
政治危机压力	2643	1.00	4.67	2.4985	0.66207
经济危机压力	2648	1.00	5.00	2.3730	0.71031
社会危机压力	2646	1.00	5.00	2.7996	0.74472
文化危机压力	2643	1.00	4.75	2.7286	0.61466
生态危机压力	2647	1.00	5.00	3.0785	0.90829
国际性危机压力	2646	1.00	5.00	3.0166	0.48956
有效的N（列表状态）	2630				

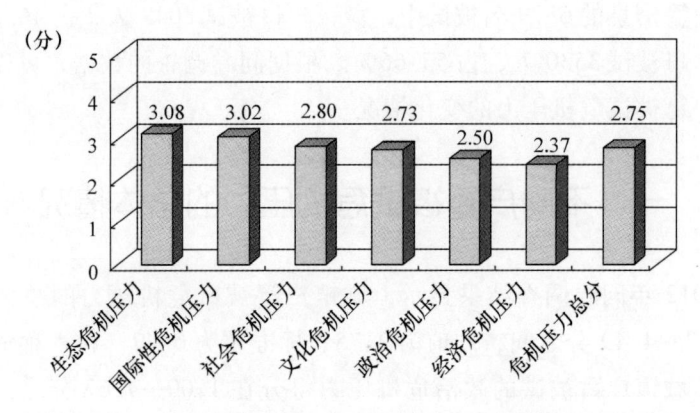

图7-1-1　城镇户籍被试危机压力得分的总体情况（2012年）

2016年问卷调查结果显示，城镇户籍被试危机压力的总体得分在1.22—4.19分之间，均值为2.85，标准差为0.44。在六种危机压力中，城镇户籍被试的政治危机压力得分在1.00—5.00分之间，均值为2.70，标准差为0.71；经济危机压力得分在1.00—5.00分之间，均值为2.43，标准差为0.63；社会危机压力得分在1.00—5.00分之间，均值为2.82，标准差为0.72；文化危机压力得分在1.00—4.75分之间，均值为2.87，标准差为0.67；生态危机压力得分在1.00—5.00分之间，均值为3.22，标准差为0.73；国际性危机压力得

第七章 危机压力的差异比较：户籍

分在1.00—4.67分之间，均值为3.04，标准差为0.47（见表7-1-2和图7-1-2）。

表7-1-2 城镇户籍被试的危机压力总体描述统计（2016年）

项目	N	极小值	极大值	均值	标准差
危机压力总分	3026	1.22	4.19	2.8455	0.43764
政治危机压力	3047	1.00	5.00	2.6953	0.70825
经济危机压力	3044	1.00	5.00	2.4317	0.62829
社会危机压力	3044	1.00	5.00	2.8183	0.72191
文化危机压力	3045	1.00	4.75	2.8689	0.66524
生态危机压力	3047	1.00	5.00	3.2234	0.72711
国际性危机压力	3044	1.00	4.67	3.0433	0.46625
有效的N（列表状态）	3026				

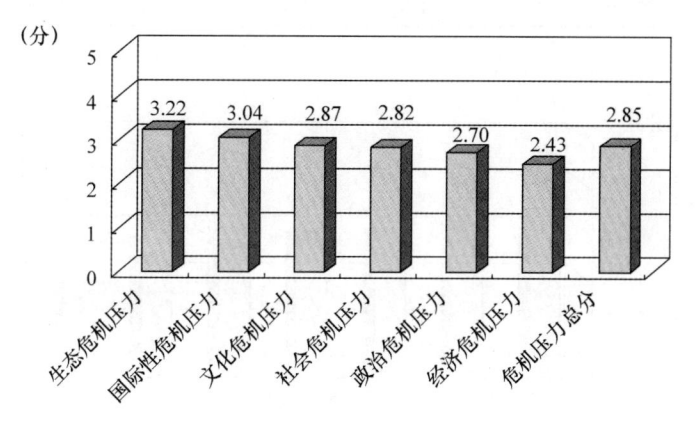

图7-1-2 城镇户籍被试危机压力得分的总体情况（2016年）

2012年问卷调查结果显示，农村户籍被试危机压力的总体得分在1.22—4.50分之间，均值为2.77，标准差为0.42。在六种危机压力中，农村户籍被试的政治危机压力得分在1.00—5.00分之间，均值为2.60，标准差为0.64；经济危机压力得分在1.00—5.00分之间，均值为2.27，标准差为0.69；社会危机压力得分在1.00—5.00分之间，均值为2.86，标准差为0.69；文化危机压力得分在1.00—

5.00 分之间，均值为 2.78，标准差为 0.60；生态危机压力得分在 1.00—5.00 分之间，均值为 3.07，标准差为 0.85；国际性危机压力得分在 1.00—5.00 分之间，均值为 3.03，标准差为 0.50（见表 7-1-3 和图 7-1-3）。

表 7-1-3　农村户籍被试的危机压力总体描述统计（2012 年）

项目	N	极小值	极大值	均值	标准差
危机压力总分	3473	1.22	4.50	2.7680	0.42191
政治危机压力	3495	1.00	5.00	2.6021	0.63705
经济危机压力	3490	1.00	5.00	2.2715	0.69279
社会危机压力	3495	1.00	5.00	2.8594	0.68951
文化危机压力	3489	1.00	5.00	2.7782	0.60025
生态危机压力	3496	1.00	5.00	3.0734	0.85455
国际性危机压力	3491	1.00	5.00	3.0266	0.49880
有效的 N（列表状态）	3475				

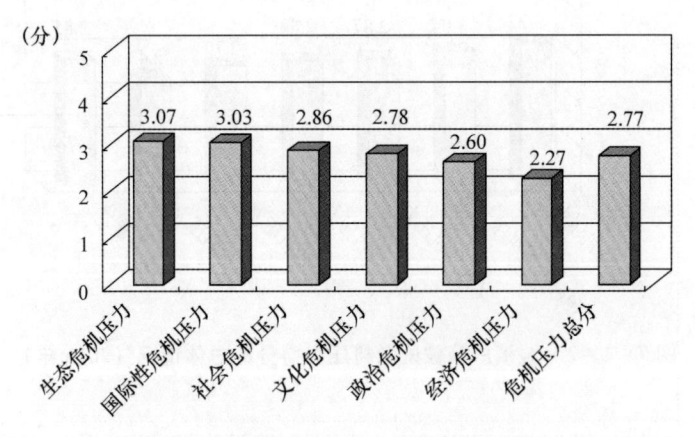

图 7-1-3　农村户籍被试危机压力得分的总体情况（2012 年）

2016 年问卷调查结果显示，农村户籍被试危机压力的总体得分在 1.44—4.14 分之间，均值为 2.84，标准差为 0.39。在六种危机压力中，农村户籍被试的政治危机压力得分在 1.00—5.00 分之间，均值为 2.70，标准差为 0.70；经济危机压力得分在 1.00—5.00 分之间,均值为2.43,标准差为0.62;社会危机压力得分在1.00—5.00分之间,均值为2.83,标准差为0.69;文化危机压力得分在1.00—5.00分之间,均值为2.84,标准差为0.61;生态危机压力得分在1.00—5.00分之间,均值为3.24,标准差为0.75;国际性危机压力得分在1.00—5.00分之间,均值为3.03,标准差为0.50(见表7-1-4和图7-1-4)。

表7-1-4　　农村户籍被试的危机压力总体描述统计(2016年)

项目	N	极小值	极大值	均值	标准差
危机压力总分	3490	1.44	4.14	2.8425	0.39377
政治危机压力	3529	1.00	5.00	2.7030	0.69536
经济危机压力	3514	1.00	5.00	2.4251	0.61702
社会危机压力	3522	1.00	5.00	2.8284	0.69043
文化危机压力	3527	1.00	5.00	2.8392	0.61222
生态危机压力	3525	1.00	5.00	3.2398	0.74902
国际性危机压力	3521	1.00	5.00	3.0299	0.49980
有效的N(列表状态)	3490				

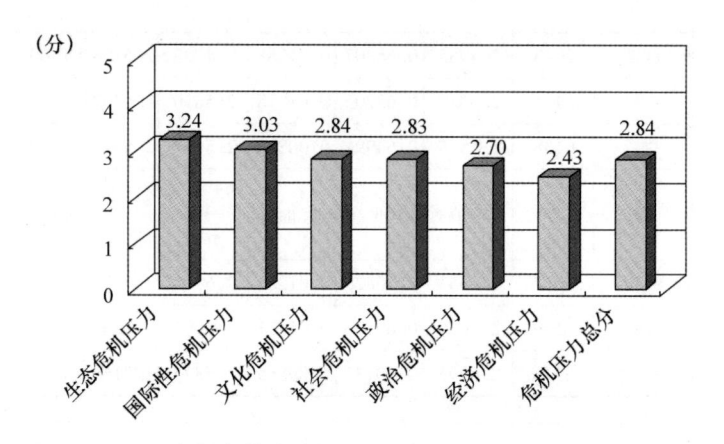

图7-1-4　农村户籍被试危机压力得分的总体情况(2016年)

中国政治文化研究——不同公民群体的危机压力比较

六种危机压力由高到低的得分排序，2012年问卷调查显示不同户籍被试都是生态危机压力第一，国际性危机压力第二，社会危机压力第三，文化危机压力第四，政治危机压力第五，经济危机压力第六；2016年问卷调查则显示不同户籍被试都是生态危机压力第一，国际性危机压力第二，文化危机压力第三，社会危机压力第四，政治危机压力第五，经济危机压力第六。

二 不同户籍被试的政治危机压力比较

对不同户籍被试政治危机压力得分的差异性进行方差分析（见表7-2-1、表7-2-2和图7-2），2012年问卷调查显示不同户籍被试的政治危机压力得分之间差异显著，$F=38.436$，$p<0.001$，城镇户籍被试（$M=2.50$，$SD=0.66$）的得分显著低于农村户籍被试（$M=2.60$，$SD=0.64$）。2016年问卷调查则显示不同户籍被试的政治危机压力得分之间的差异不显著。

表7-2-1　　　　不同户籍被试政治危机压力得分的差异比较

2012年问卷调查		N	均值	标准差	标准误	95% 置信区间 下限	95% 置信区间 上限	极小值	极大值
政治危机压力	城镇	2643	2.4985	0.66207	0.01288	2.4733	2.5238	1.00	4.67
	农村	3495	2.6021	0.63705	0.01078	2.5810	2.6232	1.00	5.00
	总数	6138	2.5575	0.64991	0.00830	2.5412	2.5738	1.00	5.00
2016年问卷调查		N	均值	标准差	标准误	95% 置信区间 下限	95% 置信区间 上限	极小值	极大值
政治危机压力	城镇	3047	2.6953	0.70825	0.01283	2.6702	2.7205	1.00	5.00
	农村	3529	2.7030	0.69536	0.01171	2.6801	2.7260	1.00	5.00
	总数	6576	2.6995	0.70132	0.00865	2.6825	2.7164	1.00	5.00

表 7-2-2　不同户籍被试政治危机压力得分的方差分析结果

2012 年问卷调查		平方和	df	均方	F	显著性
政治危机压力	组间	16.136	1	16.136	38.436	0.000
	组内	2576.062	6136	0.420		
	总数	2592.199	6137			
2016 年问卷调查		平方和	df	均方	F	显著性
政治危机压力	组间	0.097	1	0.097	0.197	0.657
	组内	3233.830	6574	0.492		
	总数	3233.927	6575			

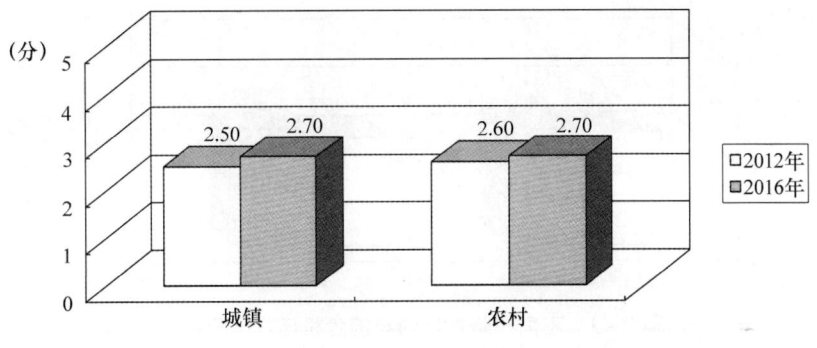

图 7-2　不同户籍被试的政治危机压力得分比较

2016 年与 2012 年相比，城镇户籍被试政治危机压力的得分上升 0.20 分，农村户籍被试政治危机压力的得分上升 0.10 分（见表 7-2-3）。正是由于城镇户籍被试得分上升的幅度远大于农村户籍被试，使得两者的得分持平，将 2012 年的政治危机压力得分差异显著变成了 2016 年的得分差异不显著。

表 7-2-3　不同户籍被试政治危机压力得分的变化

项目	2012 年问卷调查	2016 年问卷调查	2016 年比 2012 年增减
城镇	2.50	2.70	+0.20
农村	2.60	2.70	+0.10

三 不同户籍被试的经济危机压力比较

对不同户籍被试经济危机压力得分的差异性进行方差分析(见表7-3-1、表7-3-2和图7-3),2012年问卷调查显示不同户籍被试的经济危机压力得分之间差异显著,$F=31.587$,$p \leqslant 0.001$,城镇户籍被试($M=2.37$,$SD=0.71$)的得分显著高于农村户籍被试($M=2.27$,$SD=0.69$)。2016年问卷调查则显示不同户籍被试的经济危机压力得分之间的差异不显著。

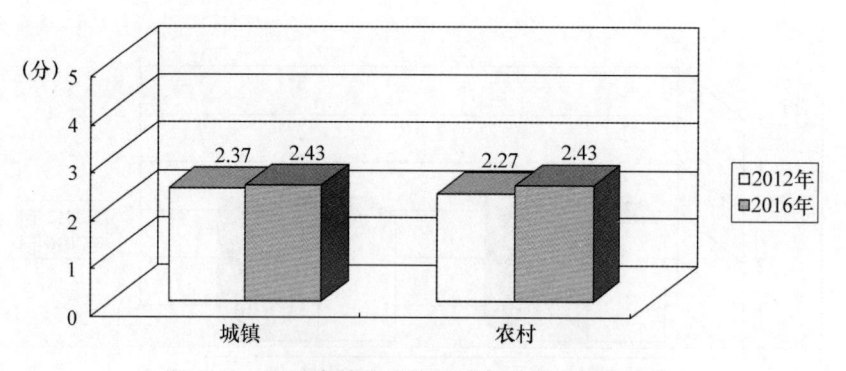

图7-3 不同户籍被试的经济危机压力得分比较

表7-3-1　　　不同户籍被试经济危机压力得分的差异比较

2012年问卷调查		N	均值	标准差	标准误	95% 置信区间 下限	95% 置信区间 上限	极小值	极大值
经济危机压力	城镇	2648	2.3730	0.71031	0.01380	2.3459	2.4001	1.00	5.00
	农村	3490	2.2715	0.69279	0.01173	2.2485	2.2945	1.00	5.00
	总数	6138	2.3153	0.70214	0.00896	2.2977	2.3329	1.00	5.00

2016年问卷调查		N	均值	标准差	标准误	95% 置信区间 下限	95% 置信区间 上限	极小值	极大值
经济危机压力	城镇	3044	2.4317	0.62829	0.01139	2.4093	2.4540	1.00	5.00
	农村	3514	2.4251	0.61702	0.01041	2.4047	2.4455	1.00	5.00
	总数	6558	2.4281	0.62224	0.00768	2.4131	2.4432	1.00	5.00

第七章　危机压力的差异比较：户籍

表7-3-2　不同户籍被试经济危机压力得分的方差分析结果

2012年问卷调查		平方和	df	均方	F	显著性
经济危机压力	组间	15.495	1	15.495	31.587	0.000
	组内	3010.065	6136	0.491		
	总数	3025.560	6137			
2016年问卷调查		平方和	df	均方	F	显著性
经济危机压力	组间	0.071	1	0.071	0.184	0.668
	组内	2538.664	6556	0.387		
	总数	2538.736	6557			

2016年与2012年相比，城镇户籍被试经济危机压力的得分上升0.06分，农村户籍被试经济危机压力的得分上升0.16分（见表7-3-3）。由于农村户籍被试得分上升的幅度远大于城镇户籍被试，缩小了两者之间的得分差距，使得不同户籍被试的经济危机压力得分差异由2012年的显著变成了2016年的不显著。

表7-3-3　不同户籍被试经济危机压力得分的变化

项目	2012年问卷调查	2016年问卷调查	2016年比2012年增减
城镇	2.37	2.43	+0.06
农村	2.27	2.43	+0.16

四　不同户籍被试的社会危机压力比较

对不同户籍被试社会危机压力得分的差异性进行方差分析（见表7-4-1、表7-4-2和图7-4），2012年问卷调查显示不同户籍被试的社会危机压力得分之间差异显著，$F=10.585$，$p<0.01$，城镇户籍被试（$M=2.80$，$SD=0.74$）的得分显著低于农村户籍被试（$M=$

2.86，$SD=0.69$）。2016年问卷调查则显示不同户籍被试社会危机压力得分之间的差异不显著。

表7-4-1 不同户籍被试社会危机压力得分的差异比较

2012年问卷调查		N	均值	标准差	标准误	95% 置信区间 下限	95% 置信区间 上限	极小值	极大值
社会危机压力	城镇	2646	2.7996	0.74472	0.01448	2.7712	2.8280	1.00	5.00
	农村	3495	2.8594	0.68951	0.01166	2.8366	2.8823	1.00	5.00
	总数	6141	2.8336	0.71438	0.00912	2.8158	2.8515	1.00	5.00

2016年问卷调查		N	均值	标准差	标准误	95% 置信区间 下限	95% 置信区间 上限	极小值	极大值
社会危机压力	城镇	3044	2.8183	0.72191	0.01308	2.7927	2.8440	1.00	5.00
	农村	3522	2.8284	0.69043	0.01163	2.8056	2.8512	1.00	5.00
	总数	6566	2.8237	0.70516	0.00870	2.8067	2.8408	1.00	5.00

表7-4-2 不同户籍被试社会危机压力得分的方差分析结果

2012年问卷调查		平方和	df	均方	F	显著性
社会危机压力	组间	5.394	1	5.394	10.585	0.001
	组内	3128.078	6139	0.510		
	总数	3133.472	6140			

2016年问卷调查		平方和	df	均方	F	显著性
社会危机压力	组间	0.166	1	0.166	0.334	0.564
	组内	3264.285	6564	0.497		
	总数	3264.451	6565			

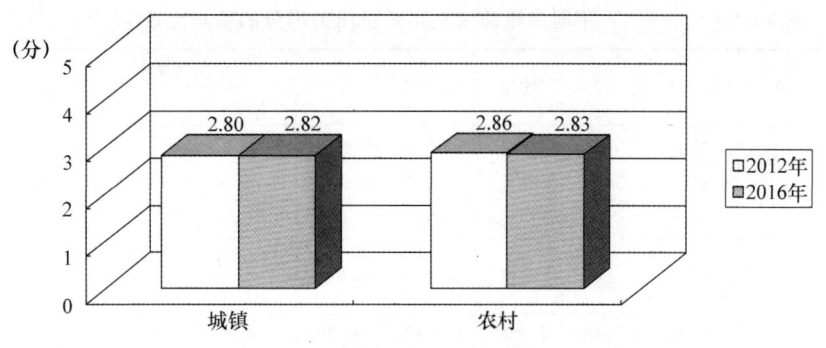

图7-4 不同户籍被试的社会危机压力得分比较

2016年与2012年相比,城镇户籍被试社会危机压力的得分上升0.02分,农村户籍被试社会危机压力的得分下降0.03分(见表7-4-3)。两种被试的得分增减,缩小了得分差距,使得不同户籍被试社会危机压力得分之间的差异由2012年的显著变成了2016年的不显著。

表7-4-3　　　　　不同户籍被试社会危机压力得分的变化

项目	2012年问卷调查	2016年问卷调查	2016年比2012年增减
城镇	2.80	2.82	+0.02
农村	2.86	2.83	-0.03

五　不同户籍被试的文化危机压力比较

对不同户籍被试文化危机压力得分的差异性进行方差分析(见表7-5-1、表7-5-2和图7-5),2012年问卷调查显示不同户籍被试的文化危机压力得分之间差异显著,$F=10.061$,$p<0.01$,城镇户籍被试($M=2.73$,$SD=0.61$)的得分显著低于农村户籍被试($M=2.78$,$SD=0.60$)。2016年问卷调查则显示不同户籍被试文化危机压力得分之间的差异不显著。

表7-5-1 不同户籍被试文化危机压力得分的差异比较

2012年问卷调查		N	均值	标准差	标准误	95% 置信区间 下限	95% 置信区间 上限	极小值	极大值
文化危机压力	城镇	2643	2.7286	0.61466	0.01196	2.7052	2.7521	1.00	4.75
	农村	3489	2.7782	0.60025	0.01016	2.7583	2.7982	1.00	5.00
	总数	6132	2.7568	0.60695	0.00775	2.7417	2.7720	1.00	5.00

2016年问卷调查		N	均值	标准差	标准误	95% 置信区间 下限	95% 置信区间 上限	极小值	极大值
文化危机压力	城镇	3045	2.8689	0.66524	0.01206	2.8452	2.8925	1.00	4.75
	农村	3527	2.8392	0.61222	0.01031	2.8190	2.8594	1.00	5.00
	总数	6572	2.8529	0.63745	0.00786	2.8375	2.8684	1.00	5.00

表7-5-2 不同户籍被试文化危机压力得分的方差分析结果

2012年问卷调查		平方和	df	均方	F	显著性
文化危机压力	组间	3.701	1	3.701	10.061	0.002
	组内	2254.886	6130	0.368		
	总数	2258.587	6131			

2016年问卷调查		平方和	df	均方	F	显著性
文化危机压力	组间	1.443	1	1.443	3.552	0.060
	组内	2668.670	6570	0.406		
	总数	2670.113	6571			

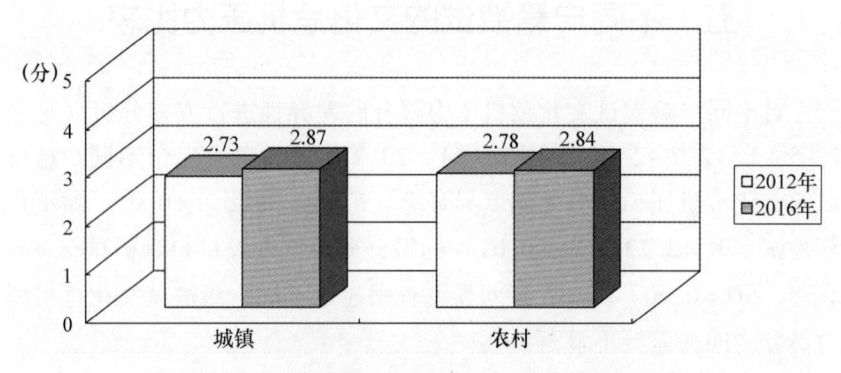

图7-5 不同户籍被试的文化危机压力得分比较

2016年与2012年相比,城镇户籍被试文化危机压力的得分上升0.14分,农村户籍被试文化危机压力的得分上升0.06分(见表7-5-3)。城镇户籍被试得分上升幅度大于农村户籍被试,使其文化危机压力得分反超农村户籍被试,并将两者之间的得分差异由2012年的显著变成了2016年的不显著。

表7-5-3　　　　　不同户籍被试文化危机压力得分的变化

项目	2012年问卷调查	2016年问卷调查	2016年比2012年增减
城镇	2.73	2.87	+0.14
农村	2.78	2.84	+0.06

六　不同户籍被试的生态危机压力比较

对不同户籍被试生态危机压力得分的差异性进行方差分析(见表7-6-1、表7-6-2和图7-6),可以发现2012年和2016年两次问卷调查所显示的不同户籍被试的生态危机压力得分之间的差异都没有达到显著水平。

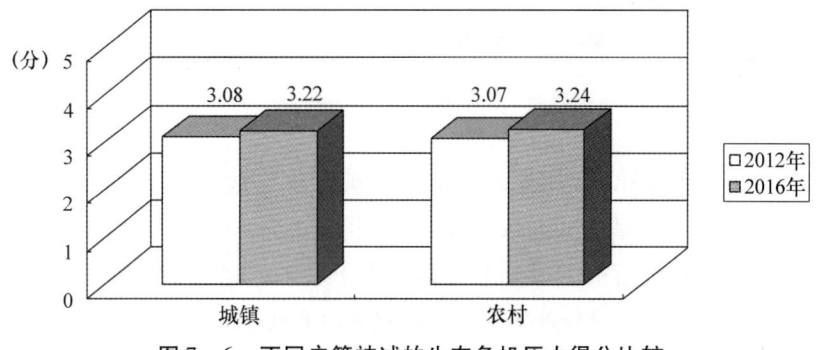

图7-6　不同户籍被试的生态危机压力得分比较

中国政治文化研究——不同公民群体的危机压力比较

表 7-6-1　　不同户籍被试生态危机压力得分的差异比较

2012 年问卷调查		N	均值	标准差	标准误	95% 置信区间 下限	95% 置信区间 上限	极小值	极大值
生态危机压力	城镇	2647	3.0785	0.90829	0.01765	3.0438	3.1131	1.00	5.00
	农村	3496	3.0734	0.85455	0.01445	3.0451	3.1018	1.00	5.00
	总数	6143	3.0756	0.87804	0.01120	3.0536	3.0975	1.00	5.00

2016 年问卷调查		N	均值	标准差	标准误	95% 置信区间 下限	95% 置信区间 上限	极小值	极大值
生态危机压力	城镇	3047	3.2234	0.72711	0.01317	3.1976	3.2492	1.00	5.00
	农村	3525	3.2398	0.74902	0.01262	3.2151	3.2645	1.00	5.00
	总数	6572	3.2322	0.73893	0.00911	3.2143	3.2501	1.00	5.00

表 7-6-2　　不同户籍被试生态危机压力得分的方差分析结果

2012 年问卷调查		平方和	df	均方	F	显著性
生态危机压力	组间	0.038	1	0.038	0.050	0.824
	组内	4735.197	6141	0.771		
	总数	4735.236	6142			

2016 年问卷调查		平方和	df	均方	F	显著性
生态危机压力	组间	0.441	1	0.441	0.807	0.369
	组内	3587.449	6570	0.546		
	总数	3587.889	6571			

2016 年与 2012 年相比，城镇户籍被试生态危机压力的得分上升 0.14 分，农村户籍被试生态危机压力的得分上升 0.17 分（见表 7-6-3）。尽管农村户籍被试得分上升幅度大于城镇户籍被试，但是两者之间的生态危机压力得分差异不显著的状态没有改变。

表7-6-3　　　不同户籍被试生态危机压力得分的变化

项目	2012年问卷调查	2016年问卷调查	2016年比2012年增减
城镇	3.08	3.22	+0.14
农村	3.07	3.24	+0.17

七　不同户籍被试的国际性危机压力比较

对不同户籍被试国际性危机压力得分的差异性进行方差分析（见表7-7-1、表7-7-2和图7-7），可以看出2012年和2016年两次问卷调查所显示的不同户籍被试的国际性危机压力得分之间的差异都没有达到显著水平。

表7-7-1　　　不同户籍被试国际性危机压力得分的差异比较

2012年问卷调查		N	均值	标准差	标准误	95% 置信区间 下限	95% 置信区间 上限	极小值	极大值
国际性危机压力	城镇	2646	3.0166	0.48956	0.00952	2.9980	3.0353	1.00	5.00
	农村	3491	3.0266	0.49880	0.00844	3.0101	3.0432	1.00	5.00
	总数	6137	3.0223	0.49482	0.00632	3.0099	3.0347	1.00	5.00
2016年问卷调查		N	均值	标准差	标准误	95% 置信区间 下限	95% 置信区间 上限	极小值	极大值
国际性危机压力	城镇	3044	3.0433	0.46625	0.00845	3.0267	3.0598	1.00	4.67
	农村	3521	3.0299	0.49980	0.00842	3.0134	3.0464	1.00	5.00
	总数	6565	3.0361	0.48454	0.00598	3.0244	3.0478	1.00	5.00

表7-7-2 不同户籍被试国际性危机压力得分的方差分析结果

2012年问卷调查		平方和	df	均方	F	显著性
国际性危机压力	组间	0.151	1	0.151	0.616	0.433
	组内	1502.235	6135	0.245		
	总数	1502.386	6136			
2016年问卷调查		平方和	df	均方	F	显著性
国际性危机压力	组间	0.290	1	0.290	1.237	0.266
	组内	1540.820	6563	0.235		
	总数	1541.111	6564			

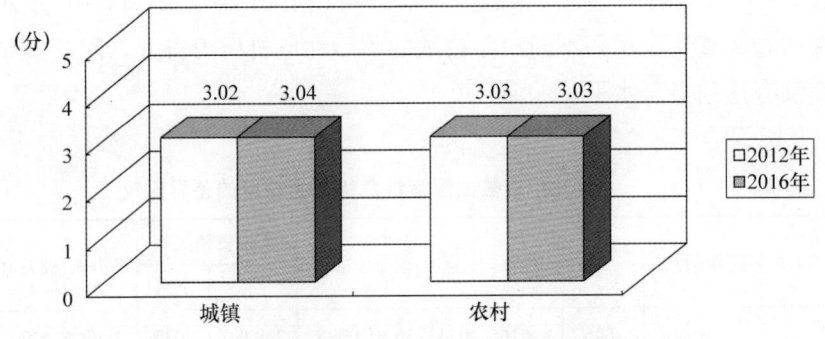

图7-7 不同户籍被试的国际性危机压力得分比较

2016年与2012年相比，城镇户籍被试国际性危机压力的得分上升0.02分，农村户籍被试国际性危机压力的得分与2012年持平（见表7-7-3）。由于两次调查的得分变化不大，不同户籍被试国际性危机压力得分差异不显著的状态得以延续。

表7-7-3 不同户籍被试国际性危机压力得分的变化

项目	2012年问卷调查	2016年问卷调查	2016年比2012年增减
城镇	3.02	3.04	+0.02
农村	3.03	3.03	0

八 不同户籍被试的危机压力总分比较

对不同户籍被试危机压力总分的差异性进行方差分析（见表7-8-1、表7-8-2和图7-8），可以发现2012年和2016年两次问卷调查所显示的不同户籍被试危机压力总分之间的差异都没有达到显著水平。

表7-8-1　　　　不同户籍被试危机压力总分的差异比较

2012年问卷调查		N	均值	标准差	标准误	95% 置信区间 下限	95% 置信区间 上限	极小值	极大值
危机压力总分	城镇	2630	2.7484	0.47320	0.00923	2.7303	2.7665	1.22	4.49
	农村	3473	2.7680	0.42191	0.00716	2.7540	2.7820	1.22	4.50
	总数	6103	2.7596	0.44481	0.00569	2.7484	2.7707	1.22	4.50

2016年问卷调查		N	均值	标准差	标准误	95% 置信区间 下限	95% 置信区间 上限	极小值	极大值
危机压力总分	城镇	3026	2.8455	0.43764	0.00796	2.8299	2.8611	1.22	4.19
	农村	3490	2.8425	0.39377	0.00667	2.8294	2.8555	1.44	4.14
	总数	6516	2.8439	0.41469	0.00514	2.8338	2.8539	1.22	4.19

表7-8-2　　　　不同户籍被试危机压力总分的方差分析结果

2012年问卷调查		平方和	df	均方	F	显著性
危机压力总分	组间	0.574	1	0.574	2.904	0.088
	组内	1206.724	6101	0.198		
	总数	1207.299	6102			

2016年问卷调查		平方和	df	均方	F	显著性
危机压力总分	组间	0.015	1	0.015	0.085	0.771
	组内	1120.368	6514	0.172		
	总数	1120.383	6515			

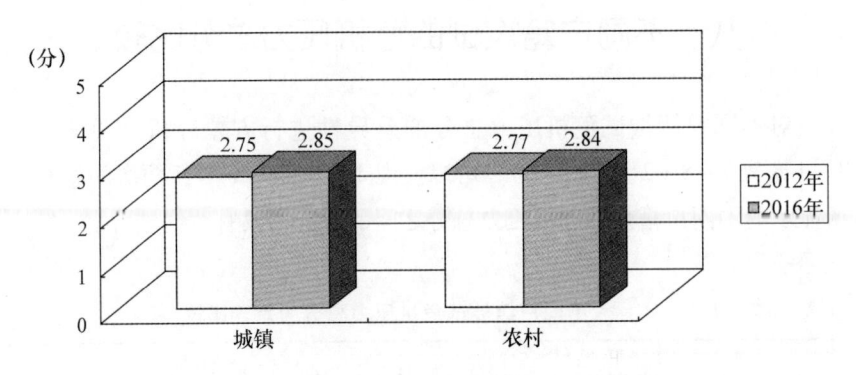

图 7-8　不同户籍被试的危机压力总分比较

2016年与2012年相比，城镇户籍被试的危机压力总分上升0.10分，农村户籍被试的危机压力总分上升0.07分（见表7-8-3）。尽管城镇户籍被试得分上升的幅度大于农村户籍被试，使其危机压力总分由低于农村户籍被试变成高于农村户籍被试，但是并没有改变两者之间得分差异不显著的状态。

表7-8-3　不同户籍被试危机压力总分的变化

项目	2012年问卷调查	2016年问卷调查	2016年比2012年增减
城镇	2.75	2.85	+0.10
农村	2.77	2.84	+0.07

通过本章的数据比较，可以对不同户籍被试在危机压力方面所反映出来的差异做一个简单的小结。

第一，通过两次问卷调查，可以看出户籍因素对中国公民的危机压力影响不是很大，因为不同户籍被试的危机压力总分两次调查都没有显示出显著的差异性。

第二，在六种危机压力中，两次问卷调查不同户籍被试得分差异都未达到显著水平的有生态危机压力和国际性危机压力，政治危机压力、经济危机压力、社会危机压力和文化危机压力则都由2012年的得分差异显著变成了2016年的得分差异不显著。从这样的变化看，城镇居民和农村居民的危机压力水平呈现出了全面接近的基本走向。

第三，在两次问卷调查中，城镇户籍被试得分低于农村户籍被试的，只有社会危机压力。城镇户籍被试得分由高于农村户籍被试变为低于农村户籍被试的（包括得分持平者），有经济危机压力和生态危机压力。城镇户籍被试得分由低于农村户籍被试变为高于农村户籍被试的（包括得分持平者），有政治危机压力、文化危机压力和国际性危机压力。得分高低的互换，应该是不同户籍被试危机压力的一种值得注意的现象，表明无论是城镇居民还是农村居民，在危机压力感知上都还处于不够稳定的状态。

第四，2016年与2012年相比，城镇户籍被试得分上升幅度大于农村被试的，有政治危机压力、社会危机压力、文化危机压力、国际性危机压力和危机压力总分；城镇户籍被试得分上升幅度小于农村被试的，只有经济危机压力和生态危机压力两种危机压力。也就是说，在危机压力增强方面，城镇居民的表现更为突出，对于这一点应该给予一定的关注。

第八章　危机压力的差异比较：单位

在2012年和2016年两次问卷调查中，都将被试的"单位"分为五大类：第一类是"国家机关"；第二类是"国有企事业单位"（简称"国营单位"）；第三类是"民营私营合资单位"（简称"民营单位"）；第四类是"基层群众组织和社会团体"（简称"组织社团"）；第五类是"其他性质单位"。2012年问卷调查有79名被试的单位信息缺失，在有单位信息的6080名被试中，国家机关被试166人，占2.73%；国营单位被试946人，占15.56%；民营单位被试958人，占15.76%；组织社团被试760人，占12.50%；其他性质单位被试3250人，占53.45%。2016年问卷调查有3名被试的单位信息缺失，在有单位信息的6578名被试中，国家机关被试162人，占2.46%；国有企事业单位被试814人，占12.38%；民营私营单位被试1439人，占21.88%；基层群众组织及社会团体被试339人，占5.15%；其他性质单位被试3824人，占58.13%。根据两次问卷调查的数据，可以比较不同单位性质被试危机压力的变化情况。

一　不同单位性质被试危机压力的总体情况

2012年问卷调查结果显示，国家机关被试危机压力的总体得分在1.22—3.65分之间，均值为2.67，标准差为0.45。在六种危机压力中，国家机关被试的政治危机压力得分在1.00—4.33分之间，均值为2.42，标准差为0.75；经济危机压力得分在1.00—4.33分之间，均值为2.35，标准差为0.77；社会危机压力得分在1.00—4.67分之间，均值为 2.73，标准差为 0.71；文化危机压力得分在 1.00—4.25 分之间，均值为 2.59，标准差为 0.65；生态危机压力得分在 1.00—5.00 分之间，均值为 2.97，标准差为 0.89；国际性危机压力得分在 1.33—4.00 分之间，均值为 2.97，标准差为 0.45（见表 8-1-1 和图 8-1-1）。

表 8-1-1　　　　国家机关被试的危机压力总体描述统计（2012 年）

项目	N	极小值	极大值	均值	标准差
危机压力总分	165	1.22	3.65	2.6712	0.44592
政治危机压力	166	1.00	4.33	2.4217	0.74956
经济危机压力	166	1.00	4.33	2.3494	0.77051
社会危机压力	166	1.00	4.67	2.7349	0.70926
文化危机压力	166	1.00	4.25	2.5889	0.64726
生态危机压力	166	1.00	5.00	2.9739	0.89065
国际性危机压力	165	1.33	4.00	2.9717	0.44540
有效的 N（列表状态）	165				

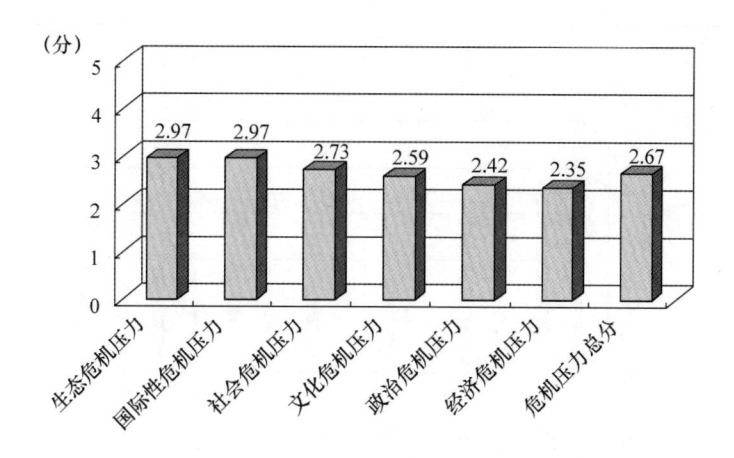

图 8-1-1　国家机关被试危机压力得分的总体情况

2016 年问卷调查结果显示，国家机关被试危机压力的总体得分在 1.47—3.56 分之间，均值为 2.75，标准差为 0.42。在六种危机压力中，国家机关被试的政治危机压力得分在 1.00—5.00 分之间，均值为

2.56，标准差为0.70；经济危机压力得分在1.00—4.00分之间，均值为2.31，标准差为0.56；社会危机压力得分在1.00—5.00分之间，均值为2.69，标准差为0.80；文化危机压力得分在1.00—4.25分之间，均值为2.71，标准差为0.60；生态危机压力得分在1.00—4.67分之间，均值为3.19，标准差为0.75；国际性危机压力得分在1.67—4.00分之间，均值为3.04，标准差为0.41（见表8-1-2和图8-1-2）。

表8-1-2　　　国家机关被试的危机压力总体描述统计（2016年）

项目	N	极小值	极大值	均值	标准差
危机压力总分	162	1.47	3.56	2.7491	0.41978
政治危机压力	162	1.00	5.00	2.5617	0.70046
经济危机压力	162	1.00	4.00	2.3128	0.55937
社会危机压力	162	1.00	5.00	2.6893	0.80297
文化危机压力	162	1.00	4.25	2.7083	0.60101
生态危机压力	162	1.00	4.67	3.1852	0.74859
国际性危机压力	162	1.67	4.00	3.0370	0.41371
有效的N（列表状态）	162				

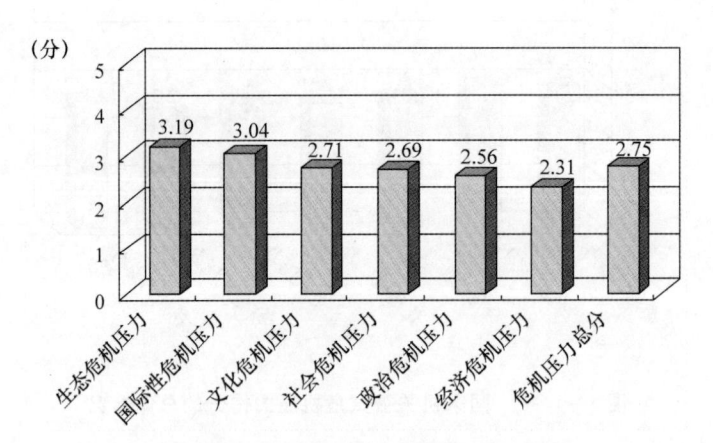

图8-1-2　国家机关被试危机压力得分的总体情况（2016年）

2012年问卷调查结果显示，国营单位被试危机压力的总体得分在1.28—4.13分之间，均值为2.70，标准差为0.49。在六种危机压力中，

第八章 危机压力的差异比较：单位

国营单位被试的政治危机压力得分在 1.00—4.67 分之间，均值为 2.42，标准差为 0.66；经济危机压力得分在 1.00—5.00 分之间，均值为 2.35，标准差为 0.73；社会危机压力得分在 1.00—5.00 分之间，均值为 2.75，标准差为 0.77；文化危机压力得分在 1.00—4.50 分之间，均值为 2.69，标准差为 0.64；生态危机压力得分在 1.00—5.00 分之间，均值为 2.99，标准差为 0.93；国际性危机压力得分在 1.00—4.67 分之间，均值为 2.98，标准差为 0.49（见表 8-1-3 和图 8-1-3）。

表 8-1-3　　国营单位被试的危机压力总体描述统计（2012 年）

项目	N	极小值	极大值	均值	标准差
危机压力总分	939	1.28	4.13	2.6968	0.49111
政治危机压力	946	1.00	4.67	2.4168	0.65740
经济危机压力	945	1.00	5.00	2.3496	0.73195
社会危机压力	944	1.00	5.00	2.7525	0.76866
文化危机压力	943	1.00	4.50	2.6930	0.64344
生态危机压力	945	1.00	5.00	2.9922	0.93021
国际性危机压力	944	1.00	4.67	2.9760	0.48872
有效的 N（列表状态）	939				

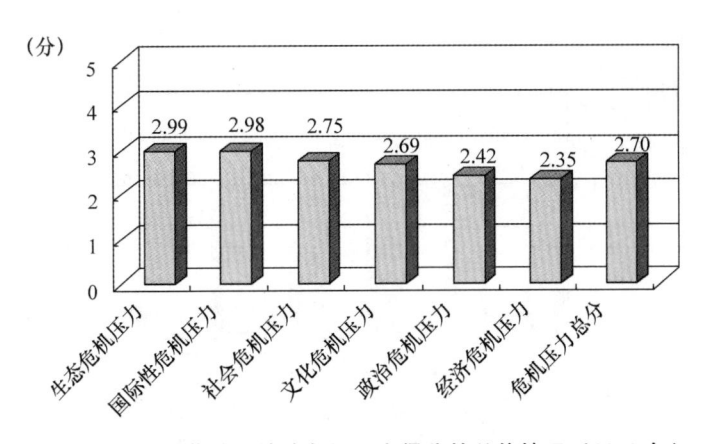

图 8-1-3　国营单位被试危机压力得分的总体情况（2012 年）

2016 年问卷调查结果显示，国营单位被试危机压力的总体得分在

1.39—3.67分之间，均值为2.85，标准差为0.41。在六种危机压力中，国营单位被试的政治危机压力得分在1.00—4.67分之间，均值为2.69，标准差为0.69；经济危机压力得分在1.00—4.67分之间，均值为2.41，标准差为0.59；社会危机压力得分在1.00—4.33分之间，均值为2.83，标准差为0.67；文化危机压力得分在1.00—4.25分之间，均值为2.86，标准差为0.63；生态危机压力得分在1.00 5.00分之间，均值为3.24，标准差为0.69；国际性危机压力得分在1.33—4.67分之间，均值为3.07，标准差为0.46（见表8-1-4和图8-1-4）。

表8-1-4　　国营单位被试的危机压力总体描述统计（2016年）

项目	N	极小值	极大值	均值	标准差
危机压力总分	811	1.39	3.67	2.8484	0.40517
政治危机压力	814	1.00	4.67	2.6912	0.68602
经济危机压力	813	1.00	4.67	2.4084	0.59184
社会危机压力	813	1.00	4.33	2.8266	0.67451
文化危机压力	813	1.00	4.25	2.8635	0.63079
生态危机压力	814	1.00	5.00	3.2371	0.68995
国际性危机压力	814	1.33	4.67	3.0717	0.46401
有效的N（列表状态）	811				

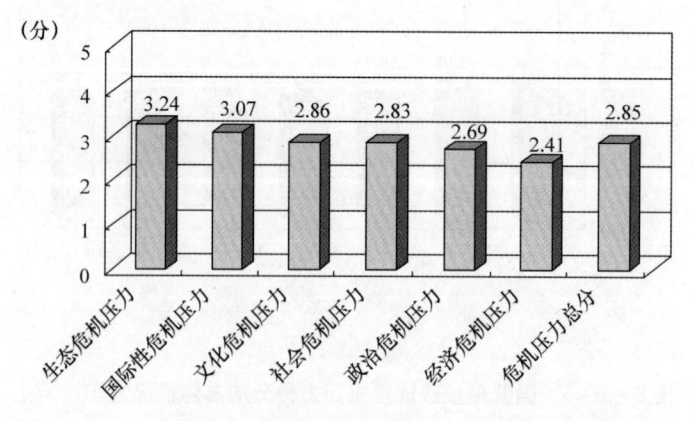

图8-1-4　国营单位被试危机压力得分的总体情况（2016年）

第八章 危机压力的差异比较：单位

2012 年问卷调查结果显示，民营单位被试危机压力的总体得分在 1.36—4.14 分之间，均值为 2.80，标准差为 0.46。在六种危机压力中，民营单位被试的政治危机压力得分在 1.00—4.33 分之间，均值为 2.56，标准差为 0.65；经济危机压力得分在 1.00—4.67 分之间，均值为 2.39，标准差为 0.70；社会危机压力得分在 1.00—5.00 分之间，均值为 2.91，标准差为 0.73；文化危机压力得分在 1.00—4.50 分之间，均值为 2.78，标准差为 0.61；生态危机压力得分在 1.00—5.00 分之间，均值为 3.15，标准差为 0.91；国际性危机压力得分在 1.00—4.67 分之间，均值为 3.04，标准差为 0.49（见表 8-1-5 和图 8-1-5）。

表 8-1-5　民营单位被试的危机压力总体描述统计（2012 年）

项目	N	极小值	极大值	均值	标准差
危机压力总分	953	1.36	4.14	2.8043	0.46340
政治危机压力	956	1.00	4.33	2.5600	0.64503
经济危机压力	958	1.00	4.67	2.3866	0.70084
社会危机压力	957	1.00	5.00	2.9077	0.72557
文化危机压力	957	1.00	4.50	2.7832	0.61387
生态危机压力	958	1.00	5.00	3.1486	0.90733
国际性危机压力	957	1.00	4.67	3.0390	0.49013
有效的 N（列表状态）	953				

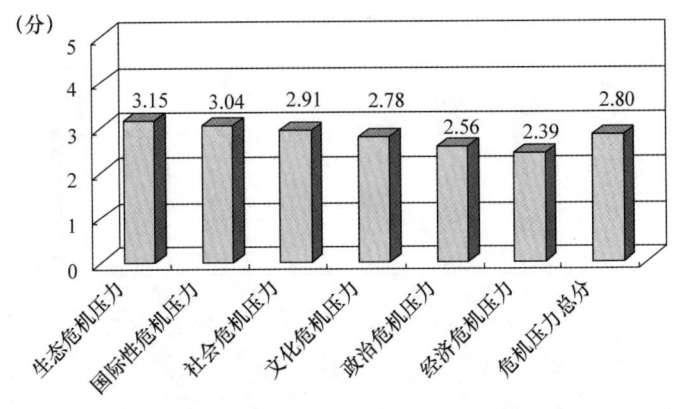

图 8-1-5　民营单位被试危机压力得分的总体情况（2012 年）

2016年问卷调查结果显示，民营单位被试危机压力的总体得分在1.22—4.06分之间，均值为2.83，标准差为0.47。在六种危机压力中，民营单位被试的政治危机压力得分在1.00—4.67分之间，均值为2.66，标准差为0.76；经济危机压力得分在1.00—4.67分之间，均值为2.44，标准差为0.66；社会危机压力得分在1.00—5.00分之间，均值为2.82，标准差为0.77；文化危机压力得分在1.00—4.50分之间，均值为2.84，标准差为0.69；生态危机压力得分在1.00—5.00分之间，均值为3.22，标准差为0.77；国际性危机压力得分在1.00—4.33分之间，均值为3.01，标准差为0.49（见表8-1-6和图8-1-6）。

表8-1-6　　民营单位被试的危机压力总体描述统计（2016年）

项目	N	极小值	极大值	均值	标准差
危机压力总分	1423	1.22	4.06	2.8298	0.46666
政治危机压力	1438	1.00	4.67	2.6597	0.76412
经济危机压力	1432	1.00	4.67	2.4425	0.66031
社会危机压力	1437	1.00	5.00	2.8170	0.76764
文化危机压力	1437	1.00	4.50	2.8387	0.69434
生态危机压力	1437	1.00	5.00	3.2180	0.76579
国际性危机压力	1436	1.00	4.33	3.0121	0.49262
有效的N（列表状态）	1423				

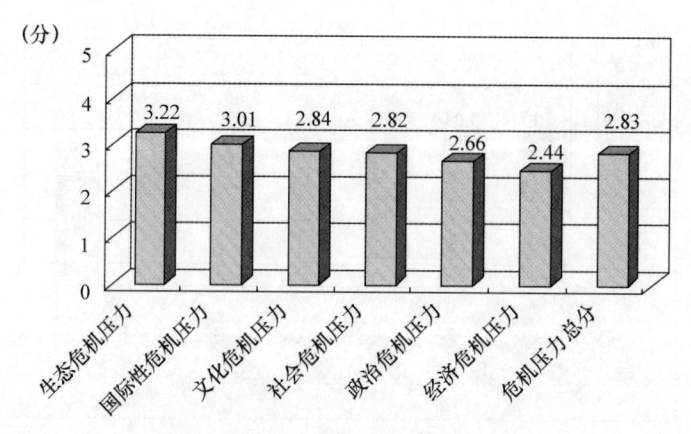

图8-1-6　民营单位被试危机压力得分的总体情况（2016年）

2012年问卷调查结果显示,组织社团被试危机压力的总体得分在1.43—4.19分之间,均值为2.76,标准差为0.44。在六种危机压力中,组织社团被试的政治危机压力得分在1.00—5.00分之间,均值为2.55,标准差为0.69;经济危机压力得分在1.00—5.00分之间,均值为2.22,标准差为0.66;社会危机压力得分在1.00—5.00分之间,均值为2.83,标准差为0.72;文化危机压力得分在1.00—4.75分之间,均值为2.77,标准差为0.63;生态危机压力得分在1.00—5.00分之间,均值为3.13,标准差为0.86;国际性危机压力得分在1.00—4.33分之间,均值为3.04,标准差为0.49(见表8-1-7和图8-1-7)。

表8-1-7 组织社团被试的危机压力总体描述统计(2012年)

项目	N	极小值	极大值	均值	标准差
危机压力总分	757	1.43	4.19	2.7561	0.43757
政治危机压力	759	1.00	5.00	2.5529	0.68858
经济危机压力	759	1.00	5.00	2.2200	0.65851
社会危机压力	760	1.00	5.00	2.8272	0.72148
文化危机压力	759	1.00	4.75	2.7744	0.63230
生态危机压力	760	1.00	5.00	3.1294	0.86138
国际性危机压力	760	1.00	4.33	3.0382	0.49282
有效的N(列表状态)	757				

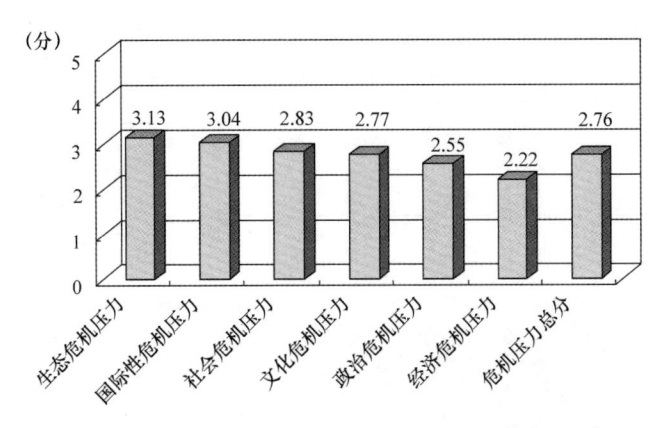

图8-1-7 组织社团被试危机压力得分的总体情况(2012年)

2016年问卷调查结果显示，组织社团被试危机压力的总体得分在1.44—4.14分之间，均值为2.83，标准差为0.45。在六种危机压力中，组织社团被试的政治危机压力得分在1.00—4.67分之间，均值为2.72，标准差为0.69；经济危机压力得分在1.00—5.00分之间，均值为2.42，标准差为0.64；社会危机压力得分在1.00—5.00分之间，均值为2.83，标准差为0.76，文化危机压力得分在1.00 4.50分之间，均值为2.79，标准差为0.65；生态危机压力得分在1.00—5.00分之间，均值为3.21，标准差为0.81；国际性危机压力得分在1.67—4.67分之间，均值为3.04，标准差为0.47（见表8-1-8和图8-1-8）。

表8-1-8 组织社团被试的危机压力总体描述统计（2016年）

项目	N	极小值	极大值	均值	标准差
危机压力总分	336	1.44	4.14	2.8321	0.44512
政治危机压力	339	1.00	4.67	2.7207	0.68613
经济危机压力	339	1.00	5.00	2.4208	0.64247
社会危机压力	337	1.00	5.00	2.8328	0.75555
文化危机压力	339	1.00	4.50	2.7906	0.64503
生态危机压力	339	1.00	5.00	3.2094	0.80620
国际性危机压力	338	1.67	4.67	3.0385	0.47437
有效的N（列表状态）	336				

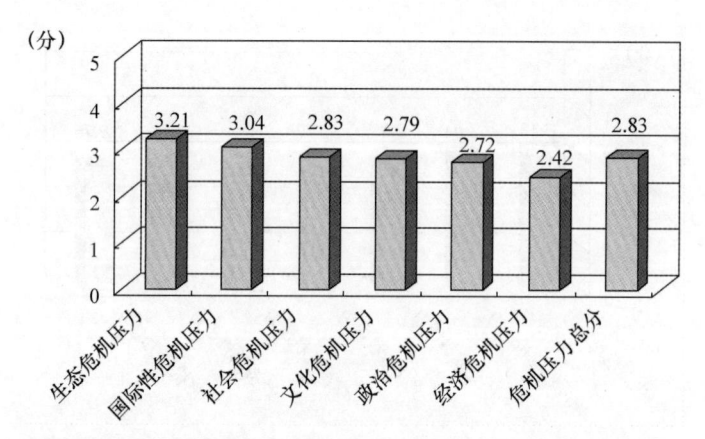

图8-1-8 组织社团被试危机压力得分的总体情况（2016年）

2012年问卷调查结果显示，其他性质单位被试危机压力的总体得分在1.22—4.50分之间，均值为2.77，标准差为0.42。在六种危机压力中，其他性质单位被试的政治危机压力得分在1.00—5.00分之间，均值为2.60，标准差为0.63；经济危机压力得分在1.00—5.00分之间，均值为2.31，标准差为0.70；社会危机压力得分在1.00—5.00分之间，均值为2.84，标准差为0.69；文化危机压力得分在1.00—5.00分之间，均值为2.77，标准差为0.58；生态危机压力得分在1.00—5.00分之间，均值为3.08，标准差为0.85；国际性危机压力得分在1.00—5.00分之间，均值为3.03，标准差为0.50（见表8-1-9和图8-1-9）。

表8-1-9　其他性质单位被试的危机压力总体描述统计（2012年）

项目	N	极小值	极大值	均值	标准差
危机压力总分	3223	1.22	4.50	2.7703	0.42419
政治危机压力	3245	1.00	5.00	2.6034	0.62780
经济危机压力	3244	1.00	5.00	2.3055	0.69609
社会危机压力	3248	1.00	5.00	2.8413	0.69265
文化危机压力	3241	1.00	5.00	2.7725	0.58386
生态危机压力	3248	1.00	5.00	3.0754	0.85006
国际性危机压力	3245	1.00	5.00	3.0290	0.50077
有效的N（列表状态）	3223				

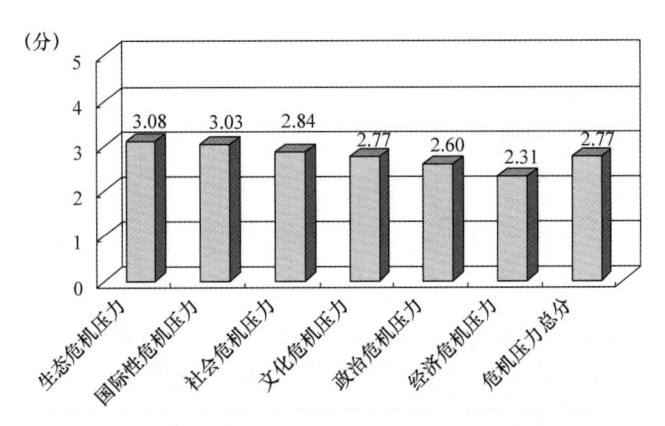

图8-1-9　其他性质单位被试危机压力得分的总体情况（2012年）

中国政治文化研究——不同公民群体的危机压力比较

2016年问卷调查结果显示,其他性质单位被试危机压力的总体得分在1.28—4.19分之间,均值为2.85,标准差为0.39。在六种危机压力中,其他性质单位被试的政治危机压力得分在1.00—5.00分之间,均值为2.72,标准差为0.68;经济危机压力得分在1.00—5.00分之间,均值为2.43,标准差为0.61;社会危机压力得分在1.00—5.00分之间,均值为2.83,标准差为0.68;文化危机压力得分在1.00—5.00分之间,均值为2.87,标准差为0.62;生态危机压力得分在1.00—5.00分之间,均值为3.24,标准差为0.73;国际性危机压力得分在1.00—5.00分之间,均值为3.04,标准差为0.49(见表8-1-10和图8-1-10)。

表8-1-10　　其他性质单位被试的危机压力总体描述统计（2016年）

项目	N	极小值	极大值	均值	标准差
危机压力总分	3783	1.28	4.19	2.8535	0.39186
政治危机压力	3822	1.00	5.00	2.7200	0.67987
经济危机压力	3811	1.00	5.00	2.4329	0.61436
社会危机压力	3816	1.00	5.00	2.8307	0.67698
文化危机压力	3820	1.00	5.00	2.8681	0.61626
生态危机压力	3819	1.00	5.00	3.2406	0.73229
国际性危机压力	3814	1.00	5.00	3.0375	0.48920
有效的N（列表状态）	3783				

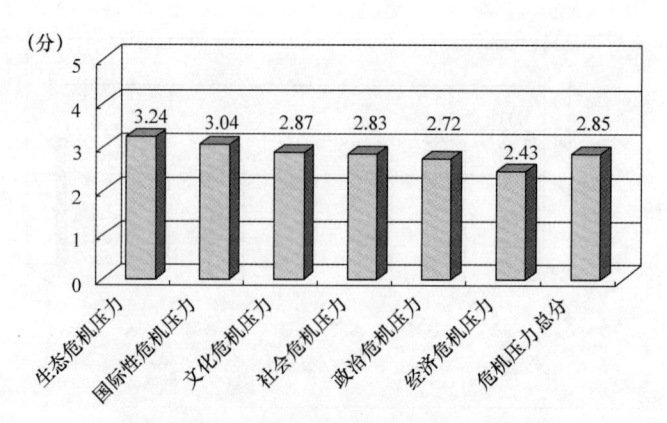

图8-1-10　其他性质单位被试危机压力得分的总体情况（2016年）

六种危机压力由高到低的得分排序,国家机关、国营单位、民营单位、其他性质单位被试均由2012年的生态危机压力第一,国际性危机压力第二,社会危机压力第三,文化危机压力第四,政治危机压力第五,经济危机压力第六,变成了2016年的生态危机压力第一,国际性危机压力第二,文化危机压力第三,社会危机压力第四,政治危机压力第五,经济危机压力第六;只有组织社团被试两次调查的六种危机压力由高到低的得分排序相同,都是生态危机压力第一,国际性危机压力第二,社会危机压力第三,文化危机压力第四,政治危机压力第五,经济危机压力第六(见表8-1-11)。

表8-1-11 不同单位性质被试六种危机压力得分排序的变化

项目	国家机关		国营单位		民营单位		组织社团		其他性质	
	2012	2016	2012	2016	2012	2016	2012	2016	2012	2016
政治	5	5	5	5	5	5	5	5	5	5
经济	6	6	6	6	6	6	6	6	6	6
社会	3	4	3	4	3	4	3	3	3	4
文化	4	3	4	3	4	3	4	4	4	3
生态	1	1	1	1	1	1	1	1	1	1
国际	2	2	2	2	2	2	2	2	2	2

二 不同单位性质被试的政治危机压力比较

对不同单位性质被试政治危机压力得分的差异性进行方差分析(见表8-2-1、表8-2-2、表8-2-3和图8-2),2012年问卷调查显示不同单位性质被试的政治危机压力得分之间差异显著,$F = 17.116$,$p < 0.001$,国家机关被试($M = 2.42$,$SD = 0.75$)的得分显著低于民营单位被试($M = 2.56$,$SD = 0.65$)、组织社团被试($M = 2.55$,$SD = 0.69$)和其他性质单位被试($M = 2.60$,$SD = 0.63$),与国营单位被试($M = 2.42$,$SD = 0.66$)之间的得分差异不显著;国营单

位被试的得分显著低于民营单位、组织社团、其他性质单位被试；民营单位、组织社团、其他性质单位三种被试相互间的得分差异均不显著。2016年问卷调查也显示不同单位性质被试的政治危机压力得分之间差异显著，$F=3.645$，$p<0.01$，国家机关被试（$M=2.56$，$SD=0.70$）的得分显著低于国营单位被试（$M=2.69$，$SD=0.69$）、组织社团被试（$M=2.72$，$SD=0.69$）和其他性质单位被试（$M=2.72$，$SD=0.68$），与民营单位被试（$M=2.66$，$SD=0.76$）之间的得分差异不显著；民营单位被试的得分显著低于其他性质单位被试，与国营单位、组织社团被试之间的得分差异不显著；国营单位、组织社团、其他性质单位三种被试相互间的得分差异均不显著。

表 8-2-1　不同单位性质被试政治危机压力得分的差异比较

2012年问卷调查		N	均值	标准差	标准误	95% 置信区间 下限	95% 置信区间 上限	极小值	极大值
政治危机压力	国家机关	166	2.4217	0.74956	0.05818	2.3068	2.5366	1.00	4.33
	国营单位	946	2.4168	0.65740	0.02137	2.3749	2.4588	1.00	4.67
	民营单位	956	2.5600	0.64503	0.02086	2.5190	2.6009	1.00	4.33
	组织社团	759	2.5529	0.68858	0.02499	2.5039	2.6020	1.00	5.00
	其他性质	3245	2.6034	0.62780	0.01102	2.5818	2.6250	1.00	5.00
	总数	6072	2.5562	0.65000	0.00834	2.5399	2.5726	1.00	5.00

2016年问卷调查		N	均值	标准差	标准误	95% 置信区间 下限	95% 置信区间 上限	极小值	极大值
政治危机压力	国家机关	162	2.5617	0.70046	0.05503	2.4530	2.6704	1.00	5.00
	国营单位	814	2.6912	0.68602	0.02405	2.6440	2.7384	1.00	4.67
	民营单位	1438	2.6597	0.76412	0.02015	2.6202	2.6992	1.00	4.67
	组织社团	339	2.7207	0.68613	0.03727	2.6474	2.7940	1.00	4.67
	其他性质	3822	2.7200	0.67987	0.01100	2.6984	2.7415	1.00	5.00
	总数	6575	2.6994	0.70128	0.00865	2.6824	2.7163	1.00	5.00

表8-2-2　不同单位性质被试政治危机压力得分的方差分析结果

2012年问卷调查		平方和	df	均方	F	显著性
政治危机压力	组间	28.623	4	7.156	17.116	0.000
	组内	2536.411	6067	0.418		
	总数	2565.034	6071			
2016年问卷调查		平方和	df	均方	F	显著性
政治危机压力	组间	7.159	4	1.790	3.645	0.006
	组内	3225.922	6570	0.491		
	总数	3233.081	6574			

表8-2-3　不同单位性质被试政治危机压力得分的多重比较

2012年问卷调查	(I)单位	(J)单位	均值差(I-J)	标准误	显著性	95%置信区间下限	95%置信区间上限
政治危机压力	国家机关	国营单位	0.00484	0.05441	0.929	-0.1018	0.1115
		民营单位	-0.13829*	0.05437	0.011	-0.2449	-0.0317
		组织社团	-0.13123*	0.05540	0.018	-0.2398	-0.0226
		其他性质	-0.18170*	0.05145	0.000	-0.2826	-0.0808
	国营单位	国家机关	-0.00484	0.05441	0.929	-0.1115	0.1018
		民营单位	-0.14313*	0.02965	0.000	-0.2013	-0.0850
		组织社团	-0.13608*	0.03151	0.000	-0.1978	-0.0743
		其他性质	-0.18655*	0.02389	0.000	-0.2334	-0.1397
	民营单位	国家机关	0.13829*	0.05437	0.011	0.0317	0.2449
		国营单位	0.14313*	0.02965	0.000	0.0850	0.2013
		组织社团	0.00705	0.03143	0.823	-0.0546	0.0687
		其他性质	-0.04342	0.02379	0.068	-0.0901	0.0032
	组织社团	国家机关	0.13123*	0.05540	0.018	0.0226	0.2398
		国营单位	0.13608*	0.03151	0.000	0.0743	0.1978
		民营单位	-0.00705	0.03143	0.823	-0.0687	0.0546
		其他性质	-0.05047	0.02607	0.053	-0.1016	0.0006
	其他性质	国家机关	0.18170*	0.05145	0.000	0.0808	0.2826
		国营单位	0.18655*	0.02389	0.000	0.1397	0.2334
		民营单位	0.04342	0.02379	0.068	-0.0032	0.0901
		组织社团	0.05047	0.02607	0.053	-0.0006	0.1016

续表

2016年问卷调查	（I）单位	（J）单位	均值差(I-J)	标准误	显著性	95% 置信区间 下限	95% 置信区间 上限
政治危机压力	国家机关	国营单位	-0.12951*	0.06028	0.032	-0.2477	-0.0113
		民营单位	-0.09798	0.05807	0.092	-0.2118	0.0159
		组织社团	-0.15902*	0.06693	0.018	-0.2902	-0.0278
		其他性质	-0.15823*	0.05621	0.005	-0.2684	-0.0480
	国营单位	国家机关	0.12951*	0.06028	0.032	0.0113	0.2477
		民营单位	0.03152	0.03074	0.305	-0.0287	0.0918
		组织社团	-0.02951	0.04529	0.515	-0.1183	0.0593
		其他性质	-0.02872	0.02705	0.288	-0.0817	0.0243
	民营单位	国家机关	0.09798	0.05807	0.092	-0.0159	0.2118
		国营单位	-0.03152	0.03074	0.305	-0.0918	0.0287
		组织社团	-0.06103	0.04231	0.149	-0.1440	0.0219
		其他性质	-0.06024*	0.02168	0.005	-0.1027	-0.0177
	组织社团	国家机关	0.15902*	0.06693	0.018	0.0278	0.2902
		国营单位	0.02951	0.04529	0.515	-0.0593	0.1183
		民营单位	0.06103	0.04231	0.149	-0.0219	0.1440
		其他性质	0.00079	0.03971	0.984	-0.0771	0.0786
	其他性质	国家机关	0.15823*	0.05621	0.005	0.0480	0.2684
		国营单位	0.02872	0.02705	0.288	-0.0243	0.0817
		民营单位	0.06024*	0.02168	0.005	0.0177	0.1027
		组织社团	-0.00079	0.03971	0.984	-0.0786	0.0771

*．均值差的显著性水平为0.05。

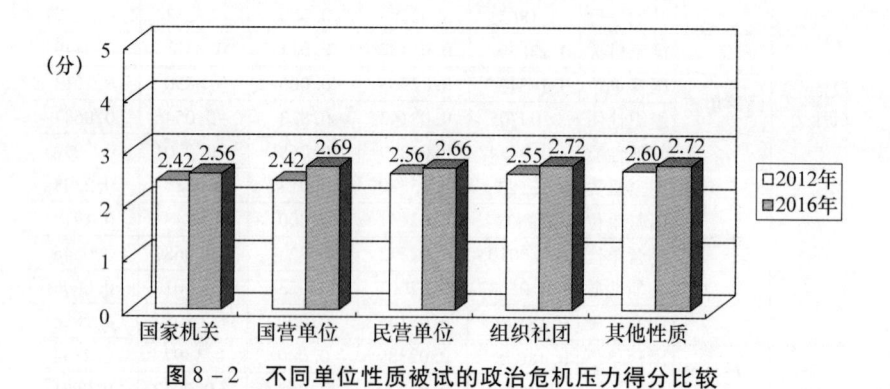

图8-2 不同单位性质被试的政治危机压力得分比较

国家机关 2012年：2.42，2016年：2.56
国营单位 2012年：2.42，2016年：2.69
民营单位 2012年：2.56，2016年：2.66
组织社团 2012年：2.55，2016年：2.72
其他性质 2012年：2.60，2016年：2.72

2016 年与 2012 年相比，国家机关被试政治危机压力的得分上升 0.14 分，国营单位被试政治危机压力的得分上升 0.27 分，民营单位被试政治危机压力的得分上升 0.10 分，组织社团被试政治危机压力的得分上升 0.17 分，其他性质单位被试政治危机压力的得分上升 0.12 分（见表 8-2-4）。尽管不同单位性质被试的得分上升幅度不同，但是政治危机压力得分差异的变化不是很大。

表 8-2-4　　不同单位性质被试政治危机压力得分的变化

项目	2012 年问卷调查	2016 年问卷调查	2016 年比 2012 年增减
国家机关	2.42	2.56	+0.14
国营单位	2.42	2.69	+0.27
民营单位	2.56	2.66	+0.10
组织社团	2.55	2.72	+0.17
其他性质	2.60	2.72	+0.12

三　不同单位性质被试的经济危机压力比较

对不同单位性质被试经济危机压力得分的差异性进行方差分析（见表 8-3-1、表 8-3-2、表 8-3-3 和图 8-3），2012 年问卷调查显示不同单位性质被试的经济危机压力得分之间差异显著，$F = 6.819$，$p < 0.001$，组织社团被试（$M = 2.22$，$SD = 0.66$）的得分显著低于国家机关被试（$M = 2.35$，$SD = 0.77$）、国营单位被试（$M = 2.35$，$SD = 0.73$）、民营单位被试（$M = 2.39$，$SD = 0.70$）和其他性质单位被试（$M = 2.31$，$SD = 0.70$）；民营单位被试的得分显著高于其他性质单位被试，与国家机关、国营单位被试之间的得分差异不显著；国家机关、国营单位、其他性质单位三种被试相互间的得分差异均不显著。2016 年问卷调查显示不同单位性质被试经济危机压力得分之间的差异尽管未达到显著水平，但是国家机关被试（$M = 2.31$，$SD = 0.56$）的得分显著低于民营单位被试（$M = 2.44$，$SD = 0.66$）和

其他性质单位被试（$M = 2.43$，$SD = 0.61$），与国营单位被试（$M = 2.41$，$SD = 0.59$）和组织社团被试（$M = 2.42$，$SD = 0.64$）之间的得分差异不显著。

表 8-3-1　　不同单位性质被试经济危机压力得分的差异比较

2012 年问卷调查		N	均值	标准差	标准误	95% 置信区间 下限	95% 置信区间 上限	极小值	极大值
经济危机压力	国家机关	166	2.3494	0.77051	0.05980	2.2313	2.4675	1.00	4.33
	国营单位	945	2.3496	0.73195	0.02381	2.3028	2.3963	1.00	5.00
	民营单位	958	2.3866	0.70084	0.02264	2.3421	2.4310	1.00	4.67
	组织社团	759	2.2200	0.65851	0.02390	2.1731	2.2669	1.00	5.00
	其他性质	3244	2.3055	0.69609	0.01222	2.2815	2.3294	1.00	5.00
	总数	6072	2.3157	0.70146	0.00900	2.2980	2.3333	1.00	5.00
2016 年问卷调查		N	均值	标准差	标准误	95% 置信区间 下限	95% 置信区间 上限	极小值	极大值
经济危机压力	国家机关	162	2.3128	0.55937	0.04395	2.2260	2.3995	1.00	4.00
	国营单位	813	2.4084	0.59184	0.02076	2.3676	2.4491	1.00	4.67
	民营单位	1432	2.4425	0.66031	0.01745	2.4083	2.4767	1.00	4.67
	组织社团	339	2.4208	0.64247	0.03489	2.3522	2.4895	1.00	5.00
	其他性质	3811	2.4329	0.61436	0.00995	2.4134	2.4524	1.00	5.00
	总数	6557	2.4283	0.62233	0.00769	2.4133	2.4434	1.00	5.00

表 8-3-2　　不同单位性质被试经济危机压力得分的方差分析结果

2012 年问卷调查		平方和	df	均方	F	显著性
经济危机压力	组间	13.369	4	3.342	6.819	0.000
	组内	2973.845	6067	0.490		
	总数	2987.214	6071			
2016 年问卷调查		平方和	df	均方	F	显著性
经济危机压力	组间	2.873	4	0.718	1.856	0.115
	组内	2536.267	6552	0.387		
	总数	2539.140	6556			

第八章 危机压力的差异比较：单位

表8-3-3　不同单位性质被试经济危机压力得分的多重比较

2012年问卷调查	(I)单位	(J)单位	均值差(I-J)	标准误	显著性	95% 置信区间 下限	95% 置信区间 上限
经济危机压力	国家机关	国营单位	-0.00016	0.05892	0.998	-0.1157	0.1153
		民营单位	-0.03717	0.05886	0.528	-0.1526	0.0782
		组织社团	0.12937*	0.05999	0.031	0.0118	0.2470
		其他性质	0.04391	0.05571	0.431	-0.0653	0.1531
	国营单位	国家机关	0.00016	0.05892	0.998	-0.1153	0.1157
		民营单位	-0.03701	0.03210	0.249	-0.0999	0.0259
		组织社团	0.12953*	0.03412	0.000	0.0626	0.1964
		其他性质	0.04407	0.02588	0.089	-0.0067	0.0948
	民营单位	国家机关	0.03717	0.05886	0.528	-0.0782	0.1526
		国营单位	0.03701	0.03210	0.249	-0.0259	0.0999
		组织社团	0.16654*	0.03402	0.000	0.0998	0.2332
		其他性质	0.08108*	0.02574	0.002	0.0306	0.1315
	组织社团	国家机关	-0.12937*	0.05999	0.031	-0.2470	-0.0118
		国营单位	-0.12953*	0.03412	0.000	-0.1964	-0.0626
		民营单位	-0.16654*	0.03402	0.000	-0.2332	-0.0998
		其他性质	-0.08546*	0.02823	0.002	-0.1408	-0.0301
	其他性质	国家机关	-0.04391	0.05571	0.431	-0.1531	0.0653
		国营单位	-0.04407	0.02588	0.089	-0.0948	0.0067
		民营单位	-0.08108*	0.02574	0.002	-0.1315	-0.0306
		组织社团	0.08546*	0.02823	0.002	0.0301	0.1408

2016年	(I)单位	(J)单位	均值差(I-J)	标准误	显著性	95% 置信区间 下限	95% 置信区间 上限
经济危机压力	国家机关	国营单位	-0.09561	0.05353	0.074	-0.2005	0.0093
		民营单位	-0.12975*	0.05157	0.012	-0.2308	-0.0286
		组织社团	-0.10809	0.05943	0.069	-0.2246	0.0084
		其他性质	-0.12011*	0.04991	0.016	-0.2180	-0.0223
	国营单位	国家机关	0.09561	0.05353	0.074	-0.0093	0.2005
		民营单位	-0.03414	0.02732	0.211	-0.0877	0.0194
		组织社团	-0.01248	0.04022	0.756	-0.0913	0.0664
		其他性质	-0.02451	0.02404	0.308	-0.0716	0.0226

中国政治文化研究——不同公民群体的危机压力比较

续表

2016年问卷调查	(I) 单位	(J) 单位	均值差(I-J)	标准误	显著性	95% 置信区间 下限	95% 置信区间 上限
经济危机压力	民营单位	国家机关	0.12975*	0.05157	0.012	0.0286	0.2308
		国营单位	0.03414	0.02732	0.211	-0.0194	0.0877
		组织社团	0.02166	0.03758	0.564	-0.0520	0.0953
		其他性质	0.00963	0.01928	0.617	-0.0282	0.0474
	组织社团	国营单位	0.10809	0.05943	0.069	-0.0084	0.2246
		国营单位	0.01248	0.04022	0.756	-0.0664	0.0913
		民营单位	-0.02166	0.03758	0.564	-0.0953	0.0520
		其他性质	-0.01202	0.03526	0.733	-0.0812	0.0571
	其他性质	国家机关	0.12011*	0.04991	0.016	0.0223	0.2180
		国营单位	0.02451	0.02404	0.308	-0.0226	0.0716
		民营单位	-0.00963	0.01928	0.617	-0.0474	0.0282
		组织社团	0.01202	0.03526	0.733	-0.0571	0.0812

*. 均值差的显著性水平为 0.05。

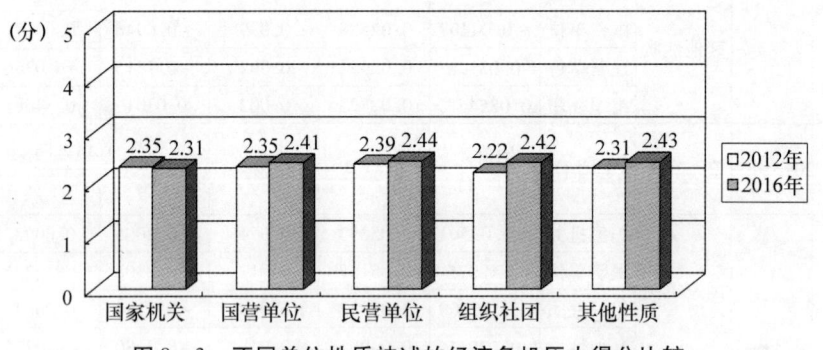

图 8-3 不同单位性质被试的经济危机压力得分比较

2016年与2012年相比，国家机关被试经济危机压力的得分下降0.04分，国营单位被试经济危机压力的得分上升0.06分，民营单位被试经济危机压力的得分上升0.05分，组织社团被试经济危机压力的得分上升0.20分，其他性质单位被试经济危机压力的得分上升

0.12 分（见表 8-3-4）。正是由于组织社团被试得分的大幅度提高，使其经济危机压力得分由 2012 年的显著低于另四种单位被试，变成了 2016 年与另四种单位被试得分差异均不显著的状态。

表 8-3-4　　　　不同单位性质被试经济危机压力得分的变化

项目	2012 年问卷调查	2016 年问卷调查	2016 年比 2012 年增减
国家机关	2.35	2.31	-0.04
国营单位	2.35	2.41	+0.06
民营单位	2.39	2.44	+0.17
组织社团	2.22	2.42	+0.20
其他性质	2.31	2.43	+0.12

四　不同单位性质被试的社会危机压力比较

对不同单位性质被试社会危机压力得分的差异性进行方差分析（见表 8-4-1、表 8-4-2、表 8-4-3 和图 8-4），2012 年问卷调查显示不同单位性质被试的社会危机压力得分之间差异显著，$F = 6.522$，$p < 0.001$，民营单位被试（$M = 2.91$，$SD = 0.73$）的得分显著高于国家机关被试（$M = 2.73$，$SD = 0.71$）、国营单位被试（$M = 2.75$，$SD = 0.77$）、组织社团被试（$M = 2.83$，$SD = 0.72$）和其他性质单位被试（$M = 2.84$，$SD = 0.69$）；国营单位被试的得分显著低于组织社团、其他性质单位被试，与国家机关被试之间的得分差异不显著；国家机关、组织社团、其他性质单位三种被试相互间的得分差异均不显著。2016 年问卷调查显示不同单位性质被试的社会危机压力得分之间的差异性尽管未达到显著水平，但是国家机关被试（$M = 2.69$，$SD = 0.80$）的得分显著低于国营单位被试（$M = 2.83$，$SD = 0.67$）、民营单位被试（$M = 2.82$，$SD = 0.77$）、组织社团被试（$M = 2.83$，$SD = 0.76$）、其他性质单位被试（$M = 2.83$，$SD = 0.67$）。

中国政治文化研究——不同公民群体的危机压力比较

通过比较可以看出，由2012年到2016年发生的重要变化，是由2012年的一种单位被试（民营单位被试）得分显著高于另四种单位被试，变成了2016年的一种单位被试（国家机关被试）得分显著低于另四种单位被试。

表8-4-1　　不同单位性质被试社会危机压力得分的差异比较

2012年问卷调查		N	均值	标准差	标准误	95% 置信区间 下限	95% 置信区间 上限	极小值	极大值
社会危机压力	国家机关	166	2.7349	0.70926	0.05505	2.6262	2.8436	1.00	4.67
	国营单位	944	2.7525	0.76866	0.02502	2.7034	2.8016	1.00	5.00
	民营单位	957	2.9077	0.72557	0.02345	2.8617	2.9537	1.00	5.00
	组织社团	760	2.8272	0.72148	0.02617	2.7758	2.8786	1.00	5.00
	其他性质	3248	2.8413	0.69265	0.01215	2.8175	2.8652	1.00	5.00
	总数	6075	2.8333	0.71551	0.00918	2.8153	2.8513	1.00	5.00

2016年问卷调查		N	均值	标准差	标准误	95% 置信区间 下限	95% 置信区间 上限	极小值	极大值
社会危机压力	国家机关	162	2.6893	0.80297	0.06309	2.5647	2.8139	1.00	5.00
	国营单位	813	2.8266	0.67451	0.02366	2.7801	2.8730	1.00	4.33
	民营单位	1437	2.8170	0.76764	0.02025	2.7773	2.8567	1.00	5.00
	组织社团	337	2.8328	0.75555	0.04116	2.7519	2.9138	1.00	5.00
	其他性质	3816	2.8307	0.67698	0.01096	2.8092	2.8522	1.00	5.00
	总数	6565	2.8238	0.70504	0.00870	2.8068	2.8409	1.00	5.00

表8-4-2　　不同单位性质被试社会危机压力得分的方差分析结果

2012年问卷调查		平方和	df	均方	F	显著性
社会危机压力	组间	13.309	4	3.327	6.522	0.000
	组内	3096.330	6070	0.510		
	总数	3109.639	6074			

第八章 危机压力的差异比较：单位

续表

2016年问卷调查		平方和	df	均方	F	显著性
社会危机压力	组间	3.214	4	0.803	1.617	0.167
	组内	3259.664	6560	0.497		
	总数	3262.877	6564			

表8-4-3　**不同单位性质被试社会危机压力得分的多重比较**

2012年问卷调查	(I)单位	(J)单位	均值差(I-J)	标准误	显著性	95%置信区间 下限	95%置信区间 上限
社会危机压力	国家机关	国营单位	-0.01753	0.06011	0.771	-0.1354	0.1003
		民营单位	-0.17276*	0.06005	0.004	-0.2905	-0.0550
		组织社团	-0.09225	0.06119	0.132	-0.2122	0.0277
		其他性质	-0.10640	0.05683	0.061	-0.2178	0.0050
	国营单位	国家机关	0.01753	0.06011	0.771	-0.1003	0.1354
		民营单位	-0.15523*	0.03276	0.000	-0.2195	-0.0910
		组织社团	-0.07472*	0.03481	0.032	-0.1430	-0.0065
		其他性质	-0.08887*	0.02641	0.001	-0.1406	-0.0371
	民营单位	国家机关	0.17276*	0.06005	0.004	0.0550	0.2905
		国营单位	0.15523*	0.03276	0.000	0.0910	0.2195
		组织社团	0.08050*	0.03470	0.020	0.0125	0.1485
		其他性质	0.06636*	0.02627	0.012	0.0149	0.1179
	组织社团	国家机关	0.09225	0.06119	0.132	-0.0277	0.2122
		国营单位	0.07472*	0.03481	0.032	0.0065	0.1430
		民营单位	-0.08050*	0.03470	0.020	-0.1485	-0.0125
		其他性质	-0.01415	0.02878	0.623	-0.0706	0.0423
	其他性质	国家机关	0.10640	0.05683	0.061	-0.0050	0.2178
		国营单位	0.08887*	0.02641	0.001	0.0371	0.1406
		民营单位	-0.06636*	0.02627	0.012	-0.1179	-0.0149
		组织社团	0.01415	0.02878	0.623	-0.0423	0.0706

续表

2016年问卷调查	（I）单位	（J）单位	均值差（I-J）	标准误	显著性	95% 置信区间 下限	95% 置信区间 上限
社会危机压力	国家机关	国营单位	-0.13727*	0.06065	0.024	-0.2562	-0.0184
		民营单位	-0.12768*	0.05842	0.029	-0.2422	-0.0132
		组织社团	-0.14354*	0.06739	0.033	-0.2756	-0.0114
		其他性质	-0.14141*	0.05655	0.012	-0.2523	-0.0306
	国营单位	国家机关	0.13727*	0.06065	0.024	0.0184	0.2562
		民营单位	0.00959	0.03094	0.757	-0.0511	0.0702
		组织社团	-0.00627	0.04567	0.891	-0.0958	0.0833
		其他性质	-0.00414	0.02723	0.879	-0.0575	0.0492
	民营单位	国家机关	0.12768*	0.05842	0.029	0.0132	0.2422
		国营单位	-0.00959	0.03094	0.757	-0.0702	0.0511
		组织社团	-0.01586	0.04266	0.710	-0.0995	0.0678
		其他性质	-0.01373	0.02182	0.529	-0.0565	0.0290
	组织社团	国家机关	0.14354*	0.06739	0.033	0.0114	0.2756
		国营单位	0.00627	0.04567	0.891	-0.0833	0.0958
		民营单位	0.01586	0.04266	0.710	-0.0678	0.0995
		其他性质	0.00213	0.04006	0.958	-0.0764	0.0807
	其他性质	国家机关	0.14141*	0.05655	0.012	0.0306	0.2523
		国营单位	0.00414	0.02723	0.879	-0.0492	0.0575
		民营单位	0.01373	0.02182	0.529	-0.0290	0.0565
		组织社团	-0.00213	0.04006	0.958	-0.0807	0.0764

*. 均值差的显著性水平为0.05。

第八章 危机压力的差异比较：单位

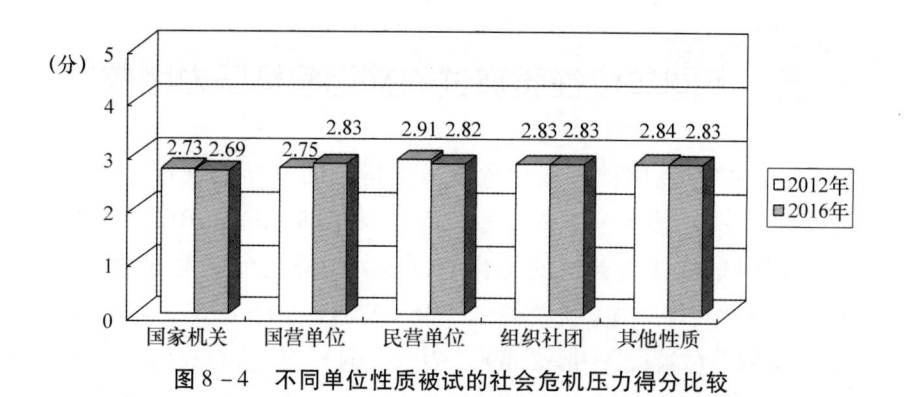

图 8-4 不同单位性质被试的社会危机压力得分比较

2016年与2012年相比，国家机关被试社会危机压力的得分下降0.04分，国营单位被试社会危机压力的得分上升0.08分，民营单位被试社会危机压力的得分下降0.09分，组织社团被试社会危机压力的得分与2012年持平，其他性质单位被试社会危机压力的得分下降0.01分（见表8-4-4）。由于民营单位被试的得分下降幅度较大，使其在2016年已经不再呈现社会危机压力得分显著高于另四种单位被试的状态。国家机关被试社会危机压力得分的下降，则进一步拉开了与其他被试的得分差距，使其在2016年的得分显著低于另四种单位被试，只是这样的变化未带来不同单位性质被试得分的整体性差异。

表8-4-4　　　不同单位性质被试社会危机压力得分的变化

项目	2012年问卷调查	2016年问卷调查	2016年比2012年增减
国家机关	2.73	2.69	-0.04
国营单位	2.75	2.83	+0.08
民营单位	2.91	2.82	-0.09
组织社团	2.83	2.83	0
其他性质	2.84	2.83	-0.01

五 不同单位性质被试的文化危机压力比较

对不同单位性质被试文化危机压力得分的差异性进行方差分析（见表8-5-1、表8-5-2、表8-5-3和图8-5），2012年问卷调查显示不同单位性质被试的文化危机压力得分之间差异显著，$F=6.955$，$p<0.001$，国家机关被试（$M=2.59$，$SD=0.65$）的得分显著低于国营单位被试（$M=2.69$，$SD=0.64$）、民营单位被试（$M=2.78$，$SD=0.61$）、组织社团被试（$M=2.77$，$SD=0.63$）和其他性质单位被试（$M=2.77$，$SD=0.58$）；国营单位被试的得分显著低于民营单位、组织社团、其他性质单位被试；民营单位、组织社团、其他性质单位三种被试相互间的得分差异均不显著。2016年问卷调查也显示不同单位性质被试的文化危机压力得分之间差异显著，$F=3.677$，$p<0.01$，国家机关被试（$M=2.71$，$SD=0.60$）的得分显著低于国营单位被试（$M=2.86$，$SD=0.63$）、民营单位被试（$M=2.84$，$SD=0.69$）和其他性质单位被试（$M=2.87$，$SD=0.62$），与组织社团被试（$M=2.79$，$SD=0.65$）之间的得分差异不显著；组织社团被试的得分显著低于其他性质单位被试，与国营单位被试、民营单位被试之间的得分差异不显著；国营单位、民营单位、其他性质单位三种被试相互间的得分差异均不显著。

表8-5-1　　不同单位性质被试文化危机压力得分的差异比较

2012年问卷调查		N	均值	标准差	标准误	95% 置信区间 下限	95% 置信区间 上限	极小值	极大值
文化危机压力	国家机关	166	2.5889	0.64726	0.05024	2.4897	2.6880	1.00	4.25
	国营单位	943	2.6930	0.64344	0.02095	2.6519	2.7341	1.00	4.50
	民营单位	957	2.7832	0.61387	0.01984	2.7442	2.8221	1.00	4.50
	组织社团	759	2.7744	0.63230	0.02295	2.7293	2.8194	1.00	4.75
	其他性质	3241	2.7725	0.58386	0.01026	2.7524	2.7926	1.00	5.00
	总数	6066	2.7570	0.60734	0.00780	2.7418	2.7723	1.00	5.00

续表

2016年问卷调查		N	均值	标准差	标准误	95% 置信区间 下限	95% 置信区间 上限	极小值	极大值
文化危机压力	国家机关	162	2.7083	0.60101	0.04722	2.6151	2.8016	1.00	4.25
	国营单位	813	2.8635	0.63079	0.02212	2.8200	2.9069	1.00	4.25
	民营单位	1437	2.8387	0.69434	0.01832	2.8028	2.8747	1.00	4.50
	组织社团	339	2.7906	0.64503	0.03503	2.7216	2.8595	1.00	4.50
	其他性质	3820	2.8681	0.61626	0.00997	2.8486	2.8877	1.00	5.00
	总数	6571	2.8532	0.63755	0.00787	2.8378	2.8686	1.00	5.00

表8-5-2 不同单位性质被试文化危机压力得分的方差分析结果

2012年问卷调查		平方和	df	均方	F	显著性
文化危机压力	组间	10.222	4	2.555	6.955	0.000
	组内	2226.915	6061	0.367		
	总数	2237.136	6065			

2016年问卷调查		平方和	df	均方	F	显著性
文化危机压力	组间	5.968	4	1.492	3.677	0.005
	组内	2664.576	6566	0.406		
	总数	2670.544	6570			

表8-5-3 不同单位性质被试文化危机压力得分的多重比较

2012年问卷调查	(I)单位	(J)单位	均值差(I-J)	标准误	显著性	95% 置信区间 下限	95% 置信区间 上限
文化危机压力	国家机关	国营单位	-0.10415*	0.05102	0.041	-0.2042	-0.0041
		民营单位	-0.19432*	0.05096	0.000	-0.2942	-0.0944
		组织社团	-0.18552*	0.05194	0.000	-0.2873	-0.0837
		其他性质	-0.18367*	0.04824	0.000	-0.2782	-0.0891

续表

2012年问卷调查	(I) 单位	(J) 单位	均值差 (I-J)	标准误	显著性	95% 置信区间 下限	95% 置信区间 上限
文化危机压力	国营单位	国家机关	0.10415*	0.05102	0.041	0.0041	0.2042
		民营单位	-0.09018*	0.02781	0.001	-0.1447	-0.0357
		组织社团	-0.08137*	0.02956	0.006	-0.1393	-0.0234
		其他性质	-0.07952*	0.02243	0.000	-0.1235	-0.0356
	民营单位	国家机关	0.19432*	0.05096	0.000	0.0944	0.2942
		国营单位	0.09018*	0.02781	0.001	0.0357	0.1447
		组织社团	0.00880	0.02946	0.765	-0.0490	0.0666
		其他性质	0.01065	0.02230	0.633	-0.0331	0.0544
	组织社团	国家机关	0.18552*	0.05194	0.000	0.0837	0.2873
		国营单位	0.08137*	0.02956	0.006	0.0234	0.1393
		民营单位	-0.00880	0.02946	0.765	-0.0666	0.0490
		其他性质	0.00185	0.02444	0.940	-0.0461	0.0498
	其他性质	国家机关	0.18367*	0.04824	0.000	0.0891	0.2782
		国营单位	0.07952*	0.02243	0.000	0.0356	0.1235
		民营单位	-0.01065	0.02230	0.633	-0.0544	0.0331
		组织社团	-0.00185	0.02444	0.940	-0.0498	0.0461

2016年问卷调查	(I) 单位	(J) 单位	均值差 (I-J)	标准误	显著性	95% 置信区间 下限	95% 置信区间 上限
文化危机压力	国家机关	国营单位	-0.15514*	0.05481	0.005	-0.2626	-0.0477
		民营单位	-0.13039*	0.05280	0.014	-0.2339	-0.0269
		组织社团	-0.08223	0.06085	0.177	-0.2015	0.0370
		其他性质	-0.15979*	0.05110	0.002	-0.2600	-0.0596
	国营单位	国家机关	0.15514*	0.05481	0.005	0.0477	0.2626
		民营单位	0.02474	0.02796	0.376	-0.0301	0.0795
		组织社团	0.07291	0.04119	0.077	-0.0078	0.1536
		其他性质	-0.00466	0.02460	0.850	-0.0529	0.0436

续表

2016年问卷调查	(I) 单位	(J) 单位	均值差(I-J)	标准误	显著性	95% 置信区间 下限	95% 置信区间 上限
文化危机压力	民营单位	国家机关	0.13039*	0.05280	0.014	0.0269	0.2339
		国营单位	-0.02474	0.02796	0.376	-0.0795	0.0301
		组织社团	0.04817	0.03846	0.211	-0.0272	0.1236
		其他性质	-0.02940	0.01971	0.136	-0.0680	0.0092
	组织社团	国家机关	0.08223	0.06085	0.177	-0.0370	0.2015
		国营单位	-0.07291	0.04119	0.077	-0.1536	0.0078
		民营单位	-0.04817	0.03846	0.211	-0.1236	0.0272
		其他性质	-0.07757*	0.03610	0.032	-0.1483	-0.0068
	其他性质	国家机关	0.15979*	0.05110	0.002	0.0596	0.2600
		国营单位	0.00466	0.02460	0.850	-0.0436	0.0529
		民营单位	0.02940	0.01971	0.136	-0.0092	0.0680
		组织社团	0.07757*	0.03610	0.032	0.0068	0.1483

*. 均值差的显著性水平为0.05。

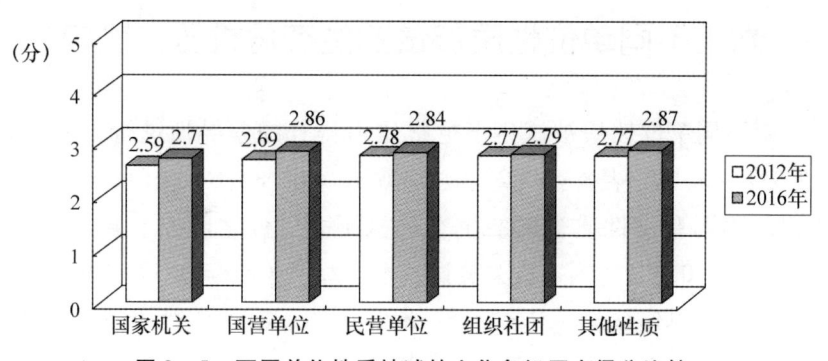

图8-5 不同单位性质被试的文化危机压力得分比较

2016年与2012年相比，国家机关被试文化危机压力的得分上升0.12分，国营单位被试文化危机压力的得分上升0.17分，民营单位被试文化危机压力的得分上升0.06分，组织社团被试文化危机压力的得分上升0.02分，其他性质单位被试文化危机压力的得分上升

0.10分（见表8-5-4）。由于组织社团被试的得分上升幅度远小于国家机关被试，缩小了两者之间的得分差距，使得国家机关被试文化危机压力得分显著低于另四种单位被试的状态在2016年变成了只显著低于三种单位被试。国营单位被试得分的较大幅度上升，则将其文化危机压力得分显著低于三种单位被试的状态变成了2016年的与三种单位被试得分差异不显著（只是得分显著高于国家机关被试）。

表8-5-4　　　　不同单位性质被试文化危机压力得分的变化

项目	2012年问卷调查	2016年问卷调查	2016年比2012年增减
国家机关	2.59	2.71	+0.12
国营单位	2.69	2.86	+0.17
民营单位	2.78	2.84	+0.06
组织社团	2.77	2.79	+0.02
其他性质	2.77	2.87	+0.10

六　不同单位性质被试的生态危机压力比较

对不同单位性质被试生态危机压力得分的差异性进行方差分析（见表8-6-1、表8-6-2、表8-6-3和图8-6），2012年问卷调查显示不同单位性质被试的生态危机压力得分之间差异显著，$F=5.081$，$p<0.001$，国家机关被试（$M=2.97$，$SD=0.89$）的得分显著低于民营单位被试（$M=3.15$，$SD=0.91$）和组织社团被试（$M=3.13$，$SD=0.86$），与国营单位被试（$M=2.99$，$SD=0.93$）和其他性质单位被试（$M=3.08$，$SD=0.85$）之间的得分差异不显著；国营单位被试的得分显著低于民营单位、组织社团、其他性质单位被试；民营单位被试的得分显著高于其他性质单位被试，与组织社团被试之间的得分差异不显著；组织社团被试与其他性质单位被试之间的得分差异不显著。2016年问卷调查则显示不同单位性质被试的生态危

压力得分之间的差异不显著。

表 8-6-1　不同单位性质被试生态危机压力得分的差异比较

2012 年问卷调查		N	均值	标准差	标准误	95% 置信区间		极小值	极大值
						下限	上限		
生态危机压力	国家机关	166	2.9739	0.89065	0.06913	2.8374	3.1104	1.00	5.00
	国营单位	945	2.9922	0.93021	0.03026	2.9329	3.0516	1.00	5.00
	民营单位	958	3.1486	0.90733	0.02931	3.0910	3.2061	1.00	5.00
	组织社团	760	3.1294	0.86138	0.03125	3.0680	3.1907	1.00	5.00
	其他性质	3248	3.0754	0.85006	0.01492	3.0462	3.1047	1.00	5.00
	总数	6077	3.0780	0.87581	0.01123	3.0560	3.1000	1.00	5.00

2016 年问卷调查		N	均值	标准差	标准误	95% 置信区间		极小值	极大值
						下限	上限		
生态危机压力	国家机关	162	3.1852	0.74859	0.05881	3.0690	3.3013	1.00	4.67
	国营单位	814	3.2371	0.68995	0.02418	3.1896	3.2846	1.00	5.00
	民营单位	1437	3.2180	0.76579	0.02020	3.1784	3.2577	1.00	5.00
	组织社团	339	3.2094	0.80620	0.04379	3.1233	3.2956	1.00	5.00
	其他性质	3819	3.2406	0.73229	0.01185	3.2174	3.2639	1.00	5.00
	总数	6571	3.2323	0.73895	0.00912	3.2144	3.2502	1.00	5.00

表 8-6-2　不同单位性质被试生态危机压力得分的方差分析结果

2012 年问卷调查		平方和	df	均方	F	显著性
生态危机压力	组间	15.549	4	3.887	5.081	0.000
	组内	4645.035	6072	0.765		
	总数	4660.584	6076			
2016 年问卷调查		平方和	df	均方	F	显著性
生态危机压力	组间	1.113	4	0.278	0.509	0.729
	组内	3586.456	6566	0.546		
	总数	3587.569	6570			

表8-6-3　　不同单位性质被试生态危机压力得分的多重比较

2012年问卷调查	(I) 单位	(J) 单位	均值差 (I-J)	标准误	显著性	95% 置信区间 下限	95% 置信区间 上限
生态危机压力	国家机关	国营单位	-0.01834	0.07361	0.803	-0.1626	0.1260
		民营单位	-0.17468*	0.07353	0.018	-0.3188	-0.0305
		组织社团	-0.15549*	0.07493	0.038	-0.3024	-0.0086
		其他性质	-0.10154	0.06960	0.145	-0.2380	0.0349
	国营单位	国家机关	0.01834	0.07361	0.803	-0.1260	0.1626
		民营单位	-0.15633*	0.04010	0.000	-0.2349	-0.0777
		组织社团	-0.13715*	0.04262	0.001	-0.2207	-0.0536
		其他性质	-0.08319*	0.03233	0.010	-0.1466	-0.0198
	民营单位	国家机关	0.17468*	0.07353	0.018	0.0305	0.3188
		国营单位	0.15633*	0.04010	0.000	0.0777	0.2349
		组织社团	0.01919	0.04249	0.652	-0.0641	0.1025
		其他性质	0.07314*	0.03216	0.023	0.0101	0.1362
	组织社团	国家机关	0.15549*	0.07493	0.038	0.0086	0.3024
		国营单位	0.13715*	0.04262	0.001	0.0536	0.2207
		民营单位	-0.01919	0.04249	0.652	-0.1025	0.0641
		其他性质	0.05395	0.03524	0.126	-0.0151	0.1230
	其他性质	国家机关	0.10154	0.06960	0.145	-0.0349	0.2380
		国营单位	0.08319*	0.03233	0.010	0.0198	0.1466
		民营单位	-0.07314*	0.03216	0.023	-0.1362	-0.0101
		组织社团	-0.05395	0.03524	0.126	-0.1230	0.0151

续表

2016年问卷调查	（I）单位	（J）单位	均值差（I-J）	标准误	显著性	95% 置信区间 下限	95% 置信区间 上限
生态危机压力	国家机关	国营单位	-0.05192	0.06358	0.414	-0.1766	0.0727
		民营单位	-0.03286	0.06125	0.592	-0.1529	0.0872
		组织社团	-0.02425	0.07059	0.731	-0.1626	0.1141
		其他性质	-0.05545	0.05929	0.350	-0.1717	0.0608
	国营单位	国家机关	0.05192	0.06358	0.414	-0.0727	0.1766
		民营单位	0.01905	0.03242	0.557	-0.0445	0.0826
		组织社团	0.02766	0.04777	0.563	-0.0660	0.1213
		其他性质	-0.00354	0.02853	0.901	-0.0595	0.0524
	民营单位	国家机关	0.03286	0.06125	0.592	-0.0872	0.1529
		国营单位	-0.01905	0.03242	0.557	-0.0826	0.0445
		组织社团	0.00861	0.04462	0.847	-0.0789	0.0961
		其他性质	-0.02259	0.02287	0.323	-0.0674	0.0222
	组织社团	国家机关	0.02425	0.07059	0.731	-0.1141	0.1626
		国营单位	-0.02766	0.04777	0.563	-0.1213	0.0660
		民营单位	-0.00861	0.04462	0.847	-0.0961	0.0789
		其他性质	-0.03120	0.04188	0.456	-0.1133	0.0509
	其他性质	国家机关	0.05545	0.05929	0.350	-0.0608	0.1717
		国营单位	0.00354	0.02853	0.901	-0.0524	0.0595
		民营单位	0.02259	0.02287	0.323	-0.0222	0.0674
		组织社团	0.03120	0.04188	0.456	-0.0509	0.1133

*. 均值差的显著性水平为 0.05。

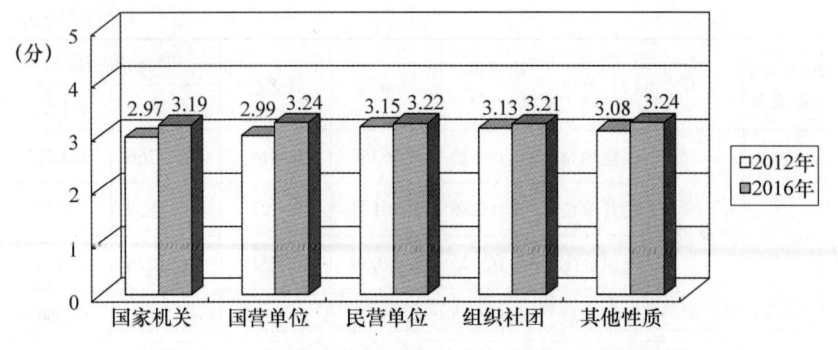

中国政治文化研究——不同公民群体的危机压力比较

图 8-6 不同单位性质被试的生态危机压力得分比较

2016年与2012年相比，国家机关被试生态危机压力的得分上升0.22分，国营单位被试生态危机压力的得分上升0.25分，民营单位被试生态危机压力的得分上升0.07分，组织社团被试生态危机压力的得分上升0.08分，其他性质单位被试生态危机压力的得分上升0.16分（见表8-6-4）。国家机关、国营单位和其他性质单位被试得分的较大幅度上升，缩小了不同单位性质被试的得分差距，使得不同单位性质被试生态危机压力得分的差异由2012年的显著变成了2016年的不显著。

表 8-6-4　　　　不同单位性质被试生态危机压力得分的变化

项目	2012年问卷调查	2016年问卷调查	2016年比2012年增减
国家机关	2.97	3.19	+0.22
国营单位	2.99	3.24	+0.25
民营单位	3.15	3.22	+0.07
组织社团	3.13	3.21	+0.08
其他性质	3.08	3.24	+0.16

七 不同单位性质被试的国际性危机压力比较

对不同单位性质被试国际性危机压力得分的差异性进行方差分析（见表8-7-1、表8-7-2、表8-7-3和图8-7），2012年问卷调查显示不同单位性质被试的国际性危机压力得分之间差异显著，$F = 3.113$，$p < 0.05$，国营单位被试（$M = 2.98$，$SD = 0.49$）的得分显著低于民营单位被试（$M = 3.04$，$SD = 0.49$）、组织社团被试（$M = 3.04$，$SD = 0.49$）和其他性质单位被试（$M = 3.03$，$SD = 0.50$），与国家机关被试（$M = 2.97$，$SD = 0.45$）之间的得分差异不显著；另四种单位被试两两之间的得分差异均不显著。2016年问卷调查则显示不同单位性质被试的国际性危机压力得分之间的差异不显著。

表8-7-1　不同单位性质被试国际性危机压力得分的差异比较

2012年问卷调查		N	均值	标准差	标准误	95% 置信区间 下限	95% 置信区间 上限	极小值	极大值
国际性危机压力	国家机关	165	2.9717	0.44540	0.03467	2.9033	3.0402	1.33	4.00
	国营单位	944	2.9760	0.48872	0.01591	2.9448	3.0072	1.00	4.67
	民营单位	957	3.0390	0.49013	0.01584	3.0079	3.0701	1.00	4.67
	组织社团	760	3.0382	0.49282	0.01788	3.0031	3.0733	1.00	4.33
	其他性质	3245	3.0290	0.50077	0.00879	3.0117	3.0462	1.00	5.00
	总数	6071	3.0219	0.49517	0.00636	3.0094	3.0344	1.00	5.00

2016年问卷调查		N	均值	标准差	标准误	95% 置信区间 下限	95% 置信区间 上限	极小值	极大值
国际性危机压力	国家机关	162	3.0370	0.41371	0.03250	2.9728	3.1012	1.67	4.00
	国营单位	814	3.0717	0.46401	0.01626	3.0397	3.1036	1.33	4.67
	民营单位	1436	3.0121	0.49262	0.01300	2.9866	3.0376	1.00	4.33
	组织社团	338	3.0385	0.47437	0.02580	2.9877	3.0892	1.67	4.67
	其他性质	3814	3.0375	0.48920	0.00792	3.0220	3.0530	1.00	5.00
	总数	6564	3.0362	0.48457	0.00598	3.0245	3.0479	1.00	5.00

表 8-7-2　不同单位性质被试国际性危机压力得分的方差分析结果

2012 年问卷调查		平方和	df	均方	F	显著性
国际性危机压力	组间	3.048	4	0.762	3.113	0.014
	组内	1485.260	6066	0.245		
	总数	1488.309	6070			

2016 年问卷调查		平方和	df	均方	F	显著性
国际性危机压力	组间	1.868	4	0.467	1.990	0.093
	组内	1539.193	6559	0.235		
	总数	1541.061	6563			

表 8-7-3　不同单位性质被试国际性危机压力得分的多重比较

2012 年问卷调查	(I) 单位	(J) 单位	均值差 (I-J)	标准误	显著性	95% 置信区间 下限	95% 置信区间 上限
国际性危机压力	国家机关	国营单位	-0.00427	0.04175	0.919	-0.0861	0.0776
		民营单位	-0.06729	0.04171	0.107	-0.1491	0.0145
		组织社团	-0.06644	0.04250	0.118	-0.1498	0.0169
		其他性质	-0.05725	0.03949	0.147	-0.1347	0.0202
	国营单位	国家机关	0.00427	0.04175	0.919	-0.0776	0.0861
		民营单位	-0.06302*	0.02270	0.006	-0.1075	-0.0185
		组织社团	-0.06217*	0.02412	0.010	-0.1094	-0.0149
		其他性质	-0.05298*	0.01830	0.004	-0.0889	-0.0171
	民营单位	国家机关	0.06729	0.04171	0.107	-0.0145	0.1491
		国营单位	0.06302*	0.02270	0.006	0.0185	0.1075
		组织社团	0.00085	0.02404	0.972	-0.0463	0.0480
		其他性质	0.01004	0.01820	0.581	-0.0256	0.0457
	组织社团	国家机关	0.06644	0.04250	0.118	-0.0169	0.1498
		国营单位	0.06217*	0.02412	0.010	0.0149	0.1094
		民营单位	-0.00085	0.02404	0.972	-0.0480	0.0463
		其他性质	0.00919	0.01994	0.645	-0.0299	0.0483
	其他性质	国家机关	0.05725	0.03949	0.147	-0.0202	0.1347
		国营单位	0.05298*	0.01830	0.004	0.0171	0.0889
		民营单位	-0.01004	0.01820	0.581	-0.0457	0.0256
		组织社团	-0.00919	0.01994	0.645	-0.0483	0.0299

第八章　危机压力的差异比较：单位

续表

2016年问卷调查	（I）单位	（J）单位	均值差（I-J）	标准误	显著性	95% 置信区间 下限	95% 置信区间 上限
国际性危机压力	国家机关	国营单位	-0.03463	0.04168	0.406	-0.1163	0.0471
		民营单位	0.02497	0.04015	0.534	-0.0537	0.1037
		组织社团	-0.00142	0.04629	0.975	-0.0922	0.0893
		其他性质	-0.00046	0.03886	0.991	-0.0766	0.0757
	国营单位	国家机关	0.03463	0.04168	0.406	-0.0471	0.1163
		民营单位	0.05959*	0.02125	0.005	0.0179	0.1013
		组织社团	0.03320	0.03135	0.290	-0.0282	0.0946
		其他性质	0.03417	0.01870	0.068	-0.0025	0.0708
	民营单位	国家机关	-0.02497	0.04015	0.534	-0.1037	0.0537
		国营单位	-0.05959*	0.02125	0.005	-0.1013	-0.0179
		组织社团	-0.02639	0.02929	0.368	-0.0838	0.0310
		其他性质	-0.02542	0.01500	0.090	-0.0548	0.0040
	组织社团	国家机关	0.00142	0.04629	0.975	-0.0893	0.0922
		国营单位	-0.03320	0.03135	0.290	-0.0946	0.0282
		民营单位	0.02639	0.02929	0.368	-0.0310	0.0838
		其他性质	0.00097	0.02749	0.972	-0.0529	0.0549
	其他性质	国家机关	0.00046	0.03886	0.991	-0.0757	0.0766
		国营单位	-0.03417	0.01870	0.068	-0.0708	0.0025
		民营单位	0.02542	0.01500	0.090	-0.0040	0.0548
		组织社团	-0.00097	0.02749	0.972	-0.0549	0.0529

*. 均值差的显著性水平为0.05。

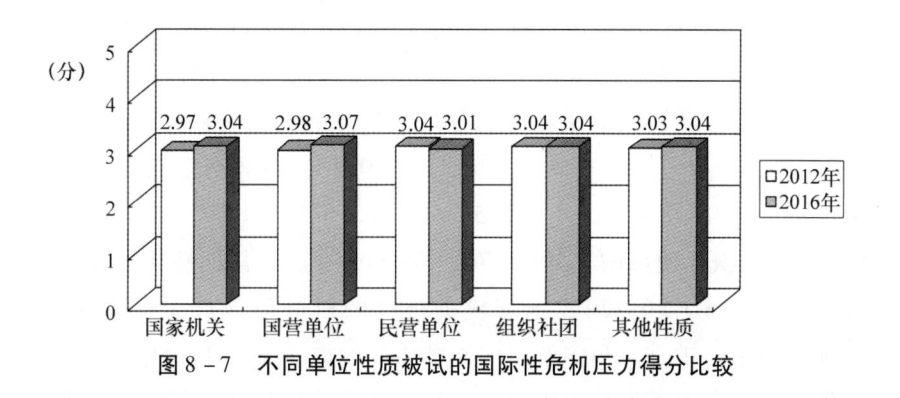

图8-7　不同单位性质被试的国际性危机压力得分比较

国家机关 2.97 / 3.04；国营单位 2.98 / 3.07；民营单位 3.04 / 3.01；组织社团 3.04 / 3.04；其他性质 3.03 / 3.04（2012年 / 2016年，单位：分）

2016年与2012年相比,国家机关被试国际性危机压力的得分上升0.07分,国营单位被试国际性危机压力的得分上升0.09分,民营单位被试国际性危机压力的得分下降0.03分,组织社团被试国际性危机压力的得分与2012年持平,其他性质单位被试国际性危机压力的得分上升0.01分(见表8-7-4)。国营单位被试国际性危机压力得分的较大幅度上升,改变了其得分显著低于三种单位被试的状态,也使得不同单位性质被试生态危机压力得分的差异由2012年的显著变成了2016年的不显著。

表8-7-4　　　不同单位性质被试国际性危机压力得分的变化

项目	2012年问卷调查	2016年问卷调查	2016年比2012年增减
国家机关	2.97	3.04	+0.07
国营单位	2.98	3.07	+0.09
民营单位	3.04	3.01	-0.03
组织社团	3.04	3.04	0
其他性质	3.03	3.04	+0.01

八　不同单位性质被试的危机压力总分比较

对不同单位性质被试危机压力总分的差异性进行方差分析(见表8-8-1、表8-8-2、表8-8-3和图8-8),2012年问卷调查显示不同单位性质被试危机压力总分之间的差异显著,$F=9.253$,$p<0.001$,民营单位被试($M=2.80$,$SD=0.46$)的得分显著高于国家机关被试($M=2.67$,$SD=0.45$)、国营单位被试($M=2.70$,$SD=0.49$)、组织社团被试($M=2.76$,$SD=0.44$)和其他性质单位被试($M=2.77$,$SD=0.42$);国家机关被试的得分显著低于组织社团、其他性质单位被试,与国营单位被试之间的得分差异不显著;国营单位被试的得分显著低于组织社团、其他性质单位被试;组织社团被试

与其他性质单位被试之间的得分差异不显著。2016年问卷调查也显示不同单位性质被试的危机压力总分之间差异显著，$F=3.127$，$p<0.05$，国家机关被试（$M=2.75$，$SD=0.42$）的得分显著低于国营单位被试（$M=2.85$，$SD=0.41$）、民营单位被试（$M=2.83$，$SD=0.47$）、组织社团被试（$M=2.83$，$SD=0.45$）和其他性质单位被试（$M=2.85$，$SD=0.39$）；民营单位、国营单位、组织社团、其他性质单位四种被试两两之间的得分差异均不显著。

通过比较可以看出，2012年到2016年的重要变化，是由一种单位被试（民营单位被试）危机压力总分显著高于另四种单位被试，变成了一种单位被试（国家机关被试）危机压力总分显著高于另四种单位被试。

表8-8-1　　不同单位性质被试危机压力总分的差异比较

2012年问卷调查		N	均值	标准差	标准误	95% 置信区间 下限	95% 置信区间 上限	极小值	极大值
危机压力总分	国家机关	165	2.6712	0.44592	0.03472	2.6027	2.7398	1.22	3.65
	国营单位	939	2.6968	0.49111	0.01603	2.6653	2.7282	1.28	4.13
	民营单位	953	2.8043	0.46340	0.01501	2.7748	2.8337	1.36	4.14
	组织社团	757	2.7561	0.43757	0.01590	2.7249	2.7873	1.43	4.19
	其他性质	3223	2.7703	0.42319	0.00745	2.7556	2.7849	1.22	4.50
	总数	6037	2.7597	0.44445	0.00572	2.7485	2.7709	1.22	4.50

2016年问卷调查		N	均值	标准差	标准误	95% 置信区间 下限	95% 置信区间 上限	极小值	极大值
危机压力总分	国家机关	162	2.7491	0.41978	0.03298	2.6839	2.8142	1.47	3.56
	国营单位	811	2.8484	0.40517	0.01423	2.8204	2.8763	1.39	3.67
	民营单位	1423	2.8298	0.46666	0.01237	2.8056	2.8541	1.22	4.06
	组织社团	336	2.8321	0.44512	0.02428	2.7843	2.8799	1.44	4.14
	其他性质	3783	2.8535	0.39186	0.00637	2.8410	2.8660	1.28	4.19
	总数	6515	2.8440	0.41471	0.00514	2.8339	2.8540	1.22	4.19

表8-8-2　　不同单位性质被试危机压力总分的方差分析结果

2012年问卷调查		平方和	df	均方	F	显著性
危机压力总分	组间	7.271	4	1.818	9.253	0.000
	组内	1185.056	6032	0.196		
	总数	1192.327	6036			
2016年问卷调查		平方和	df	均方	F	显著性
危机压力总分	组间	2.148	4	0.537	3.127	0.014
	组内	1118.132	6510	0.172		
	总数	1120.280	6514			

表8-8-3　　不同单位性质被试危机压力总分的多重比较

2012年问卷调查	(I)单位	(J)单位	均值差(I-J)	标准误	显著性	95%置信区间 下限	95%置信区间 上限
危机压力总分	国家机关	国营单位	-0.02558	0.03742	0.494	-0.0989	0.0478
		民营单位	-0.13308*	0.03737	0.000	-0.2063	-0.0598
		组织社团	-0.08486*	0.03808	0.026	-0.1595	-0.0102
		其他性质	-0.09905*	0.03538	0.005	-0.1684	-0.0297
	国营单位	国家机关	0.02558	0.03742	0.494	-0.0478	0.0989
		民营单位	-0.10749*	0.02038	0.000	-0.1474	-0.0675
		组织社团	-0.05928*	0.02165	0.006	-0.1017	-0.0168
		其他性质	-0.07346*	0.01644	0.000	-0.1057	-0.0412
	民营单位	国家机关	0.13308*	0.03737	0.000	0.0598	0.2063
		国营单位	0.10749*	0.02038	0.000	0.0675	0.1474
		组织社团	0.04821*	0.02158	0.026	0.0059	0.0905
		其他性质	0.03403*	0.01634	0.037	0.0020	0.0661
	组织社团	国家机关	0.08486*	0.03808	0.026	0.0102	0.1595
		国营单位	0.05928*	0.02165	0.006	0.0168	0.1017
		民营单位	-0.04821*	0.02158	0.026	-0.0905	-0.0059
		其他性质	-0.01419	0.01790	0.428	-0.0493	0.0209
	其他性质	国家机关	0.09905*	0.03538	0.005	0.0297	0.1684
		国营单位	0.07346*	0.01644	0.000	0.0412	0.1057
		民营单位	-0.03403*	0.01634	0.037	-0.0661	-0.0020
		组织社团	0.01419	0.01790	0.428	-0.0209	0.0493

第八章　危机压力的差异比较：单位

续表

2016年问卷调查	（I）单位	（J）单位	均值差（I－J）	标准误	显著性	95% 置信区间 下限	95% 置信区间 上限
危机压力总分	国家机关	国营单位	－0.09931*	0.03567	0.005	－0.1692	－0.0294
		民营单位	－0.08076*	0.03436	0.019	－0.1481	－0.0134
		组织社团	－0.08304*	0.03964	0.036	－0.1607	－0.0053
		其他性质	－0.10441*	0.03325	0.002	－0.1696	－0.0392
	国营单位	国家机关	0.09931*	0.03567	0.005	0.0294	0.1692
		民营单位	0.01855	0.01823	0.309	－0.0172	0.0543
		组织社团	0.01628	0.02689	0.545	－0.0364	0.0690
		其他性质	－0.00509	0.01604	0.751	－0.0365	0.0263
	民营单位	国家机关	0.08076*	0.03436	0.019	0.0134	0.1481
		国营单位	－0.01855	0.01823	0.309	－0.0543	0.0172
		组织社团	－0.00227	0.02514	0.928	－0.0516	0.0470
		其他性质	－0.02364	0.01289	0.067	－0.0489	0.0016
	组织社团	国家机关	0.08304*	0.03964	0.036	0.0053	0.1607
		国营单位	－0.01628	0.02689	0.545	－0.0690	0.0364
		民营单位	0.00227	0.02514	0.928	－0.0470	0.0516
		其他性质	－0.02137	0.02359	0.365	－0.0676	0.0249
	其他性质	国家机关	0.10441*	0.03325	0.002	0.0392	0.1696
		国营单位	0.00509	0.01604	0.751	－0.0263	0.0365
		民营单位	0.02364	0.01289	0.067	－0.0016	0.0489
		组织社团	0.02137	0.02359	0.365	－0.0249	0.0676

*．均值差的显著性水平为0.05。

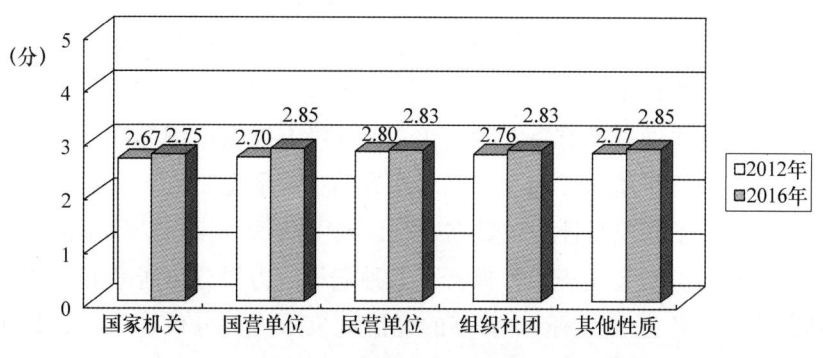

图8－8　不同单位性质被试的危机压力总分比较

2016年不同单位性质被试的危机压力总分与2012年相比，国家机关被试上升0.08分，国营单位被试上升0.15分，民营单位被试上升0.03分，组织社团被试上升0.07分，其他性质单位被试上升0.08分（见表8-8-4）。民营单位被试得分上升的幅度小于另四种单位被试，使其不再占据危机压力总分最高的位置。国家机关被试的得分尽管有一定幅度上升，但是其原来得分偏低，因此不仅能够维持危机压力的最低得分，还达到了显著低于另四种单位被试的水平。

表8-8-4　　　　　不同单位性质被试危机压力总分的变化

项目	2012年问卷调查	2016年问卷调查	2016年比2012年增减
国家机关	2.67	2.75	+0.08
国营单位	2.70	2.85	+0.15
民营单位	2.80	2.83	+0.03
组织社团	2.76	2.83	+0.07
其他性质	2.77	2.85	+0.08

通过本章的数据比较，可以对不同单位性质被试在危机压力方面所反映出来的差异做一个简单的小结。

第一，通过两次问卷调查，可以看出单位性质的不同，确实可以带来较明显的危机压力差异。这样的差异既可以表现为一种单位被试（民营单位被试）的危机压力总分显著高于另四种单位被试（2012年），也可以表现为一种单位被试（国家机关被试）的危机压力总分显著低于另四种单位被试（2016年）。尽管不同单位性质被试的危机压力总分两次调查都有一定的变化，但并没有改变中国不同单位的公民在整体性危机压力方面存在显著差异的基本形态。

第二，不同单位性质被试在六种认同上的得分排序，除了国家机关被试在两次问卷调查中都保持了五种危机压力得分位居第五（或并列第四）的状态（只有2012年的经济危机压力得分位居第三，2016年的国际性危机压力得分并列第二）外，其他被试的得分排序都有较大的变化（见表8-8-5，表中括号内的数字，代表不同职业被试得分高低的排序）。

表8-8-5　　　　不同单位性质被试危机压力得分排序比较

2012年问卷调查	国家机关	国营单位	民营单位	组织社团	其他性质
政治危机压力	2.42（4）	2.42（4）	2.56（2）	2.55（3）	2.60（1）
经济危机压力	2.35（3）	2.35（3）	2.39（1）	2.22（5）	2.31（2）
社会危机压力	2.73（5）	2.75（4）	2.91（1）	2.83（3）	2.84（2）
文化危机压力	2.59（5）	2.69（4）	2.78（1）	2.77（2）	2.77（2）
生态危机压力	2.97（5）	2.99（4）	3.15（1）	3.13（2）	3.08（3）
国际性危机压力	2.97（5）	2.98（4）	3.04（1）	3.04（1）	3.03（3）
危机压力总分	2.67（5）	2.70（4）	2.80（1）	2.76（3）	2.77（2）
2016年问卷调查	国家机关	国营单位	民营单位	组织社团	其他性质
政治危机压力	2.56（5）	2.69（3）	2.66（4）	2.72（1）	2.72（1）
经济危机压力	2.31（5）	2.41（4）	2.44（1）	2.42（3）	2.43（2）
社会危机压力	2.69（5）	2.83（3）	2.82（4）	2.83（1）	2.83（1）
文化危机压力	2.71（5）	2.86（2）	2.84（3）	2.79（4）	2.87（1）
生态危机压力	3.19（5）	3.24（1）	3.22（3）	3.21（4）	3.24（1）
国际性危机压力	3.04（2）	3.07（1）	3.01（5）	3.04（2）	3.04（2）
危机压力总分	2.75（5）	2.85（1）	2.83（3）	2.83（3）	2.85（1）

第三，2012年问卷调查显示，不同单位性质被试的六种危机压力得分之间的差异都达到了显著水平。2016年问卷调查则显示，除了政治危机压力和文化危机压力继续保持不同单位性质被试之间的得分差异显著外，另四种危机压力都变为得分差异不显著。也就是说，在具体的危机压力上，2016年已经不再呈现由单位不同带来的"全覆盖性"危机压力差异。2012年的六种危机压力得分之间的差异，既有国家机关或组织社团被试的得分显著低于四种单位被试，也有民营单位被试的得分显著高于四种单位被试。2016年的六种危机压力得分之间的差异，则主要表现为国家机关被试的得分显著低于四种或三种单位被试。

第四，国家机关被试之所以在两次问卷调查中显示了危机压力水平总体上低于另四种被试,是因为2016年与2012年相比,国家机关被试的六种危机压力得分中,有两种危机压力(经济危机压力和社会危机压力)得分下降,另四种危机压力的得分尽管有较大幅度上升,但大多能够保持最低得分的位置。

第五,民营单位被试是两次调查中得分变化幅度最小的被试。2016年与2012年相比,民营单位被试的社会危机压力和国际性危机压力得分有所下降,另四种危机压力的得分尽管有所上升,但是上升幅度都不是很大。

第六,国营单位被试是两次调查中得分变化幅度最大的被试。2016年与2012年相比,国营单位被试的六种危机压力的得分都有所上升,并且在政治危机压力、社会危机压力、文化危机压力、生态危机压力和国际性危机压力上,都是得分增幅最大。国营单位被试各种危机压力感受的普遍增强,显然是值得关注的现象。

第七,组织社团被试在两次调查中的得分变化幅度不是很大,社会危机压力和国际性危机压力的得分两次调查持平,另四种危机压力的得分2016年有所提高,得分上升幅度较大的只有政治危机压力和经济危机压力。相比之下,其他性质单位被试的得分变化要大一些,2016年与2012年相比,其他性质单位被试只是社会危机压力得分略有下降,另五种危机压力的得分都有所上升。从整体上看,组织社团被试、其他性质单位被试、民营单位被试的危机压力水平较为接近。

第八,改革开放以来,"单位"对于中国公民的影响可能有所减弱,但是这样的影响显然没有消失,中国公民并没有完全变成"没有单位"的"社会人",至少还有将近半数的人自认为是"有单位"的人(两次调查都显示,有50%以上的被试将自己归入"其他性质单位",这些被试可能确实在列出的"单位"选项中,难以认定本人的单位属性,或者是确实与"单位"没有固定的关系)。"单位"的存在,会使不同单位的人员自觉或不自觉地被表现出一定的"单位意识",并可能在一些重大问题产生不同的判断。在危机压力方面表现出来的不同单位性质被试之间的重大差异,表明至少在当前还不能忽视"单位"对中国民众所起的重要作用。

第九章 危机压力的差异比较：收入

在2012年和2016年问卷调查中，都将被试的月可支配平均收入分为六大类：第一类是500元及以下，对应"低收入"；第二类是501—1500元，对应"较低收入"；第三类是1501—2500元，对应"中低收入"；第四类是2501—3500元，对应"中高收入"；第五类是3501—5000元，对应"较高收入"；第六类是5001元及以上，对应"高收入"。2012年问卷调查中有17名被试的收入信息缺失，在有收入信息的6142名被试中，按月可支配平均收入划定的标准，低收入被试2017人，占32.84%；较低收入被试1583人，占25.77%；中低收入被试1238人，占20.16%；中高收入被试689人，占11.22%；较高收入被试428人，占6.97%；高收入被试187人，占3.04%。2016年问卷调查涉及的6581名被试中，低收入被试1420人，占21.58%；较低收入被试1421人，占21.59%；中低收入被试1406人，占21.37%；中高收入被试1176人，占17.87%；较高收入被试832人，占12.64%；高收入被试326人，占4.95%。根据两次问卷调查的数据，可以比较不同收入被试危机压力的变化情况。

一 不同收入被试危机压力的总体情况

2012年问卷调查结果显示，低收入被试危机压力的总体得分在1.22—4.49分之间，均值为2.75，标准差为0.42。在六种危机压力中，低收入被试的政治危机压力得分在1.00—5.00分之间，均值为

2.61，标准差为0.64；经济危机压力得分在1.00—5.00分之间，均值为2.27，标准差为0.70；社会危机压力得分在1.00—5.00分之间，均值为2.83，标准差为0.67；文化危机压力得分在1.00—5.00分之间，均值为2.80，标准差为0.59；生态危机压力得分在1.00—5.00分之间，均值为3.04，标准差为0.86；国际性危机压力得分在1.00—5.00分之间，均值为3.00，标准差为0.50（见表9－1－1和图9－1－1）。

表9－1－1　　　　低收入被试的危机压力总体描述统计（2012年）

项目	N	极小值	极大值	均值	标准差
危机压力总分	1998	1.22	4.49	2.7539	0.41585
政治危机压力	2013	1.00	5.00	2.6054	0.63849
经济危机压力	2013	1.00	5.00	2.2664	0.70079
社会危机压力	2016	1.00	5.00	2.8333	0.67415
文化危机压力	2011	1.00	5.00	2.7954	0.58741
生态危机压力	2016	1.00	5.00	3.0369	0.85555
国际性危机压力	2012	1.00	5.00	2.9950	0.49805
有效的N（列表状态）	2000				

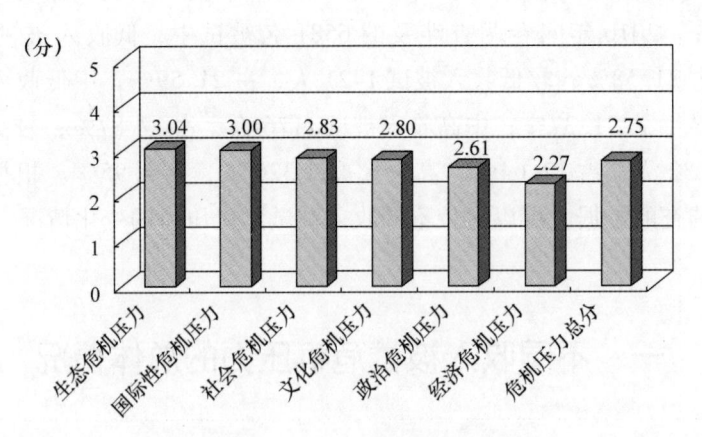

图9－1－1　低收入被试危机压力得分的总体情况（2012年）

2016年问卷调查结果显示，低收入被试危机压力的总体得分在

1.28—4.14 分之间，均值为 2.84，标准差为 0.39。在六种危机压力中，低收入被试的政治危机压力得分在 1.00—4.67 分之间，均值为 2.73，标准差为 0.66；经济危机压力得分在 1.00—4.67 分之间，均值为 2.40，标准差为 0.59；社会危机压力得分在 1.00—5.00 分之间，均值为 2.84，标准差为 0.68；文化危机压力得分在 1.00—4.50 分之间，均值为 2.84，标准差为 0.62；生态危机压力得分在 1.00—5.00 分之间，均值为 3.22，标准差为 0.75；国际性危机压力得分在 1.33—4.67 分之间，均值为 3.04，标准差为 0.48（见表 9-1-2 和图 9-1-2）。

表 9-1-2　　　　低收入被试的危机压力总体描述统计（2016 年）

项目	N	极小值	极大值	均值	标准差
危机压力总分	1407	1.28	4.14	2.8443	0.38679
政治危机压力	1420	1.00	4.67	2.7305	0.65851
经济危机压力	1414	1.00	4.67	2.4041	0.58717
社会危机压力	1419	1.00	5.00	2.8436	0.68266
文化危机压力	1420	1.00	4.50	2.8435	0.62146
生态危机压力	1418	1.00	5.00	3.2212	0.75026
国际性危机压力	1416	1.33	4.67	3.0388	0.47767
有效的 N（列表状态）	1407				

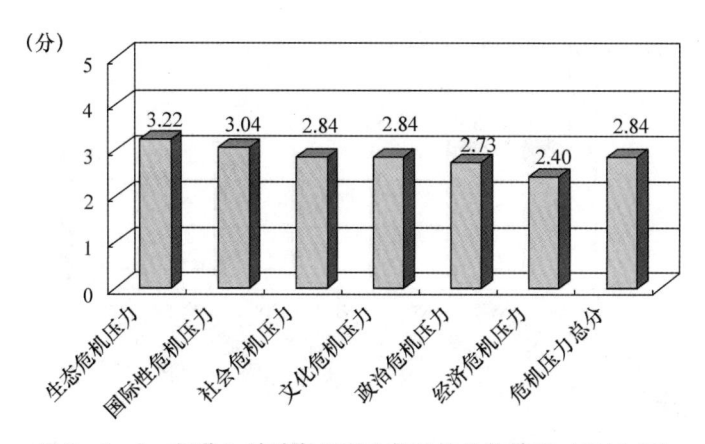

图 9-1-2　低收入被试危机压力得分的总体情况（2016 年）

2012年问卷调查结果显示,较低收入被试危机压力的总体得分在1.39—4.50分之间,均值为2.74,标准差为0.44。在六种危机压力中,较低收入被试的政治危机压力得分在1.00—5.00分之间,均值为2.57,标准差为0.64;经济危机压力得分在1.00—5.00分之间,均值为2.28,标准差为0.69;社会危机压力得分在1.00—5.00分之间,均值为2.80,标准差为0.72;文化危机压力得分在1.00 4.75分之间,均值为2.73,标准差为0.60;生态危机压力得分在1.00—5.00分之间,均值为3.04,标准差为0.90;国际性危机压力得分在1.00—5.00分之间,均值为3.05,标准差为0.48(见表9-1-3和图9-1-3)。

表9-1-3 较低收入被试的危机压力总体描述统计(2012年)

项目	N	极小值	极大值	均值	标准差
危机压力总分	1572	1.39	4.50	2.7445	0.44251
政治危机压力	1583	1.00	5.00	2.5675	0.64497
经济危机压力	1580	1.00	5.00	2.2806	0.69339
社会危机压力	1581	1.00	5.00	2.7989	0.71749
文化危机压力	1580	1.00	4.75	2.7296	0.60077
生态危机压力	1582	1.00	5.00	3.0445	0.89614
国际性危机压力	1581	1.00	5.00	3.0491	0.48484
有效的N(列表状态)	1572				

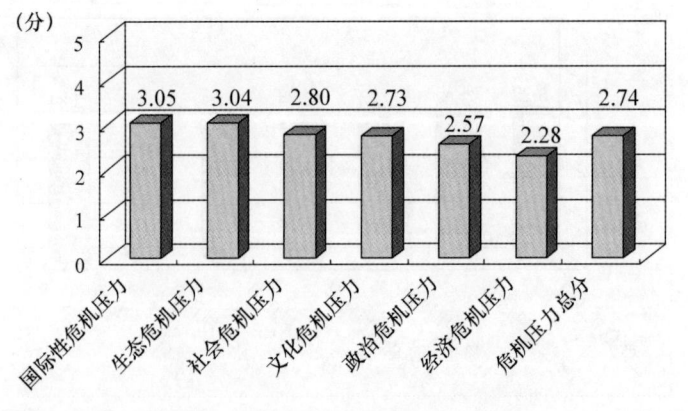

图9-1-3 较低收入被试危机压力得分的总体情况(2012年)

第九章 危机压力的差异比较：收入

2016年问卷调查结果显示，较低收入被试危机压力的总体得分在1.44—3.97分之间，均值为2.86，标准差为0.38。在六种危机压力中，较低收入被试的政治危机压力得分在1.00—4.67分之间，均值为2.70，标准差为0.68；经济危机压力得分在1.00—5.00分之间，均值为2.46，标准差为0.61；社会危机压力得分在1.00—5.00分之间，均值为2.83，标准差为0.68；文化危机压力得分在1.00—4.50分之间，均值为2.87，标准差为0.60；生态危机压力得分在1.00—5.00分之间，均值为3.27，标准差为0.76；国际性危机压力得分在1.00—4.67分之间，均值为3.03，标准差为0.48（见表9-1-4和图9-1-4）。

表9-1-4　　较低收入被试的危机压力总体描述统计（2016年）

项目	N	极小值	极大值	均值	标准差
危机压力总分	1410	1.44	3.97	2.8613	0.38181
政治危机压力	1420	1.00	4.67	2.7012	0.67668
经济危机压力	1419	1.00	5.00	2.4616	0.60711
社会危机压力	1417	1.00	5.00	2.8325	0.67592
文化危机压力	1420	1.00	4.50	2.8653	0.59821
生态危机压力	1419	1.00	5.00	3.2694	0.75869
国际性危机压力	1420	1.00	4.67	3.0338	0.48171
有效的N（列表状态）	1410				

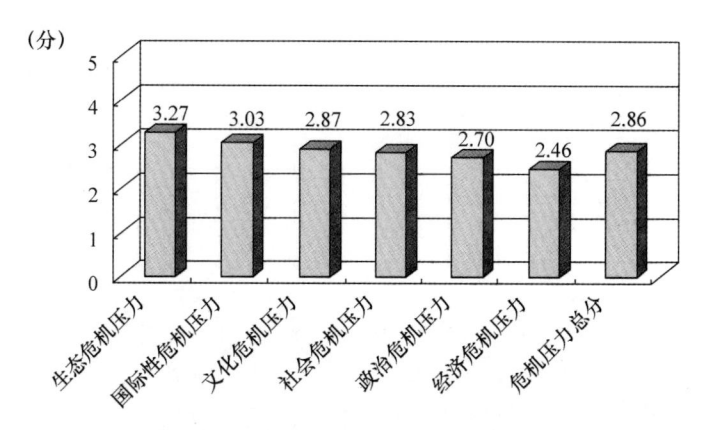

图9-1-4　较低收入被试危机压力得分的总体情况（2016年）

2012年问卷调查结果显示，中低收入被试危机压力的总体得分在1.28—4.14分之间，均值为2.78，标准差为0.46。在六种危机压力中，中低收入被试的政治危机压力得分在1.00—4.67分之间，均值为2.54，标准差为0.66；经济危机压力得分在1.00—4.67分之间，均值为2.37，标准差为0.70；社会危机压力得分在1.00—5.00分之间，均值为2.86，标准差为0.73；文化危机压力得分在1.00—5.00分之间，均值为2.76，标准差为0.63；生态危机压力得分在1.00—5.00分之间，均值为3.11，标准差为0.86；国际性危机压力得分在1.00—4.67分之间，均值为3.02，标准差为0.50（见表9-1-5和图9-1-5）。

表9-1-5　　　中低收入被试的危机压力总体描述统计（2012年）

项目	N	极小值	极大值	均值	标准差
危机压力总分	1234	1.28	4.14	2.7763	0.45906
政治危机压力	1238	1.00	4.67	2.5361	0.65559
经济危机压力	1237	1.00	4.67	2.3711	0.69919
社会危机压力	1236	1.00	5.00	2.8608	0.73230
文化危机压力	1236	1.00	5.00	2.7575	0.62626
生态危机压力	1237	1.00	5.00	3.1083	0.86490
国际性危机压力	1238	1.00	4.67	3.0226	0.49757
有效的N（列表状态）	1234				

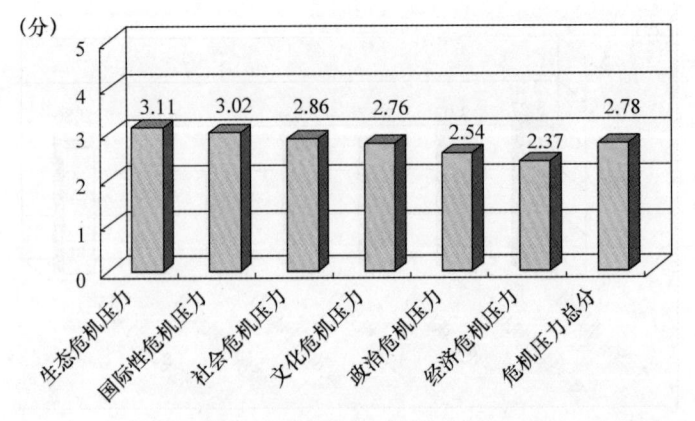

图9-1-5　中低收入被试危机压力得分的总体情况（2012年）

第九章 危机压力的差异比较：收入

2016年问卷调查结果显示，中低收入被试危机压力的总体得分在1.33—3.86分之间，均值为2.84，标准差为0.42。在六种危机压力中，中低收入被试的政治危机压力得分在1.00—4.67分之间，均值为2.71，标准差为0.72；经济危机压力得分在1.00—5.00分之间，均值为2.45，标准差为0.62；社会危机压力得分在1.00—5.00分之间，均值为2.83，标准差为0.70；文化危机压力得分在1.00—5.00分之间，均值为2.85，标准差为0.63；生态危机压力得分在1.00—5.00分之间，均值为3.22，标准差为0.73；国际性危机压力得分在1.00—5.00分之间，均值为3.03，标准差为0.51（见表9-1-6和图9-1-6）。

表9-1-6　　中低收入被试的危机压力总体描述统计（2016年）

项目	N	极小值	极大值	均值	标准差
危机压力总分	1389	1.33	3.86	2.8441	0.41756
政治危机压力	1405	1.00	4.67	2.7117	0.71790
经济危机压力	1403	1.00	5.00	2.4462	0.62343
社会危机压力	1401	1.00	5.00	2.8325	0.69524
文化危机压力	1404	1.00	5.00	2.8488	0.62950
生态危机压力	1404	1.00	5.00	3.2179	0.73221
国际性危机压力	1401	1.00	5.00	3.0269	0.50865
有效的N（列表状态）	1389				

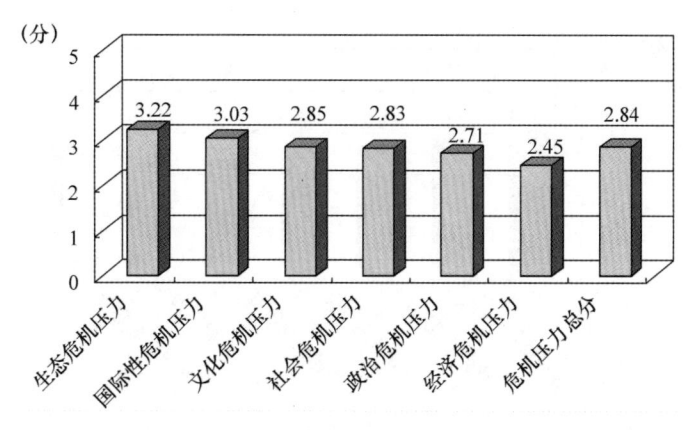

图9-1-6　中低收入被试危机压力得分的总体情况（2016年）

中国政治文化研究——不同公民群体的危机压力比较

　　2012年问卷调查结果显示，中高收入被试危机压力的总体得分在1.22—4.13分之间，均值为2.79，标准差为0.47。在六种危机压力中，中高收入被试的政治危机压力得分在1.00—4.33分之间，均值为2.51，标准差为0.65；经济危机压力得分在1.00—5.00分之间，均值为2.42，标准差为0.73；社会危机压力得分在1.00—5.00分之间，均值为2.87，标准差为0.74；文化危机压力得分在1.00 4.25分之间，均值为2.72，标准差为0.61；生态危机压力得分在1.00—5.00分之间，均值为3.21，标准差为0.88；国际性危机压力得分在1.00—4.67分之间，均值为3.03，标准差为0.51（见表9-1-7和图9-1-7）。

表9-1-7　　　　中高收入被试的危机压力总体描述统计（2012年）

项目	N	极小值	极大值	均值	标准差
危机压力总分	685	1.22	4.13	2.7919	0.46555
政治危机压力	689	1.00	4.33	2.5046	0.64701
经济危机压力	689	1.00	5.00	2.4224	0.72968
社会危机压力	689	1.00	5.00	2.8723	0.73629
文化危机压力	687	1.00	4.25	2.7198	0.60737
生态危机压力	689	1.00	5.00	3.2066	0.87552
国际性危机压力	687	1.00	4.67	3.0296	0.50517
有效的N（列表状态）	685				

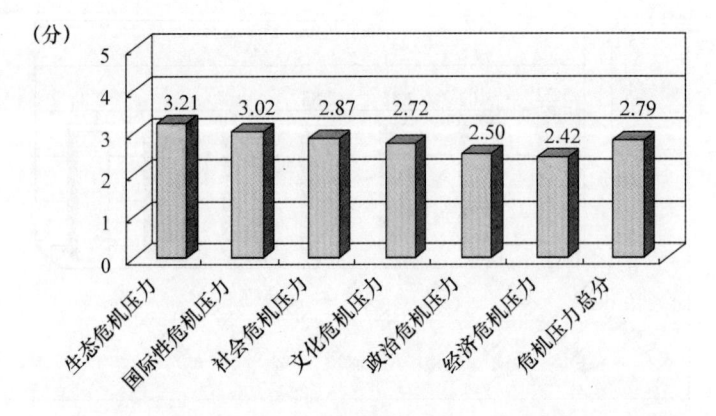

图9-1-7　中高收入被试危机压力得分的总体情况（2012年）

第九章 危机压力的差异比较：收入

2016年问卷调查结果显示，中高收入被试危机压力的总体得分在1.28—3.82分之间，均值为2.80，标准差为0.46。在六种危机压力中，中高收入被试的政治危机压力得分在1.00—5.00分之间，均值为2.65，标准差为0.74；经济危机压力得分在1.00—4.67分之间，均值为2.39，标准差为0.66；社会危机压力得分在1.00—5.00分之间，均值为2.76，标准差为0.75；文化危机压力得分在1.00—4.50分之间，均值为2.80，标准差为0.68；生态危机压力得分在1.00—5.00分之间，均值为3.18，标准差为0.73；国际性危机压力得分在1.00—4.33分之间，均值为3.02，标准差为0.50（见表9-1-8和图9-1-8）。

表9-1-8　中高收入被试的危机压力总体描述统计（2016年）

项目	N	极小值	极大值	均值	标准差
危机压力总分	1166	1.28	3.82	2.8012	0.45809
政治危机压力	1176	1.00	5.00	2.6533	0.74078
经济危机压力	1172	1.00	4.67	2.3942	0.66231
社会危机压力	1174	1.00	5.00	2.7632	0.74780
文化危机压力	1175	1.00	4.50	2.8013	0.68039
生态危机压力	1175	1.00	5.00	3.1838	0.73130
国际性危机压力	1173	1.00	4.33	3.0153	0.49967
有效的N（列表状态）	1166				

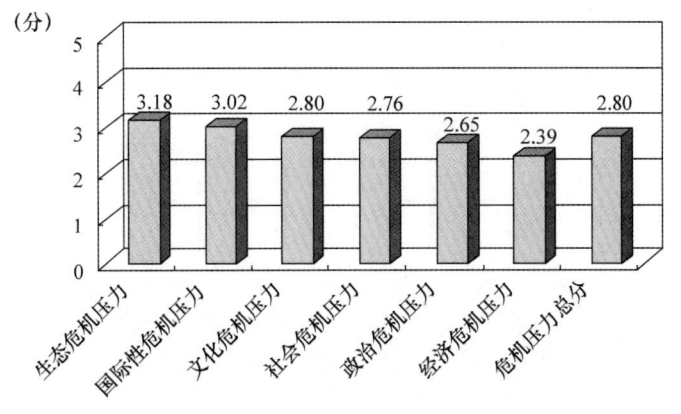

图9-1-8　中高收入被试危机压力得分的总体情况（2016年）

中国政治文化研究——不同公民群体的危机压力比较

2012年问卷调查结果显示，较高收入被试危机压力的总体得分在1.50—3.78分之间，均值为2.73，标准差为0.48。在六种危机压力中，较高收入被试的政治危机压力得分在1.00—4.67分之间，均值为2.49，标准差为0.70；经济危机压力得分在1.00—5.00分之间，均值为2.34，标准差为0.68；社会危机压力得分在1.00—5.00分之间，均值为2.81，标准差为0.76；文化危机压力得分在1.00—5.00分之间，均值为2.73，标准差为0.64；生态危机压力得分在1.00—5.00分之间，均值为3.02，标准差为0.90；国际性危机压力得分在1.67—4.67分之间，均值为3.02，标准差为0.48（见表9-1-9和图9-1-9）。

表9-1-9　　较高收入被试的危机压力总体描述统计（2012年）

项目	N	极小值	极大值	均值	标准差
危机压力总分	426	1.50	3.78	2.7341	0.47870
政治危机压力	426	1.00	4.67	2.4914	0.69512
经济危机压力	428	1.00	5.00	2.3372	0.67961
社会危机压力	428	1.00	5.00	2.8053	0.76175
文化危机压力	428	1.00	5.00	2.7290	0.63594
生态危机压力	428	1.00	5.00	3.0241	0.90345
国际性危机压力	428	1.67	4.67	3.0210	0.47888
有效的N（列表状态）	426				

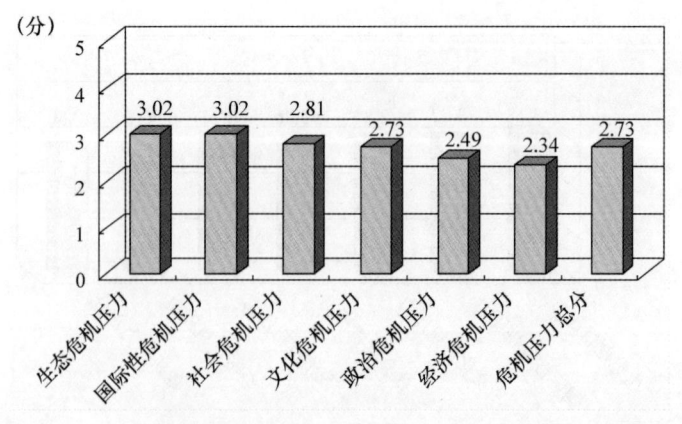

图9-1-9　较高收入被试危机压力得分的总体情况（2012年）

第九章 危机压力的差异比较：收入

2016年问卷调查结果显示，较高收入被试危机压力的总体得分在1.22—4.19分之间，均值为2.87，标准差为0.43。在六种危机压力中，较高收入被试的政治危机压力得分在1.00—4.67分之间，均值为2.71，标准差为0.73；经济危机压力得分在1.00—5.00分之间，均值为2.42，标准差为0.64；社会危机压力得分在1.00—5.00分之间，均值为2.85，标准差为0.72；文化危机压力得分在1.00—4.75分之间，均值为2.92，标准差为0.67；生态危机压力得分在1.00—5.00分之间，均值为3.25，标准差为0.70；国际性危机压力得分在1.67—4.33分之间，均值为3.06，标准差为0.43（见表9-1-10和图9-1-10）。

表9-1-10　　较高收入被试的危机压力总体描述统计（2016年）

项目	N	极小值	极大值	均值	标准差
危机压力总分	823	1.22	4.19	2.8681	0.42888
政治危机压力	832	1.00	4.67	2.7103	0.72588
经济危机压力	827	1.00	5.00	2.4180	0.63786
社会危机压力	831	1.00	5.00	2.8484	0.72441
文化危机压力	830	1.00	4.75	2.9238	0.66784
生态危机压力	832	1.00	5.00	3.2544	0.69556
国际性危机压力	831	1.67	4.33	3.0642	0.43403
有效的N（列表状态）	823				

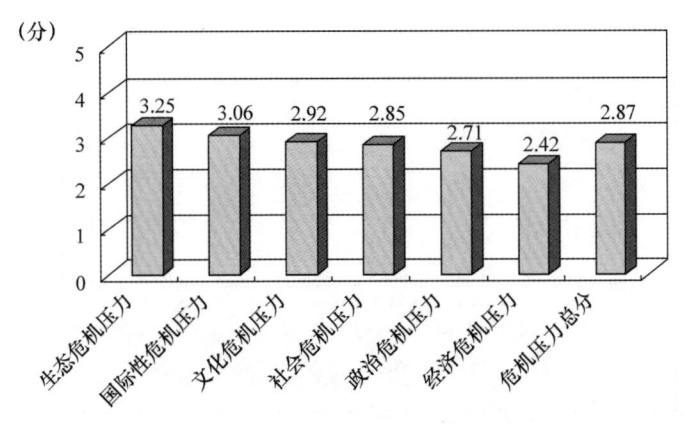

图9-1-10　较高收入被试危机压力得分的总体情况（2016年）

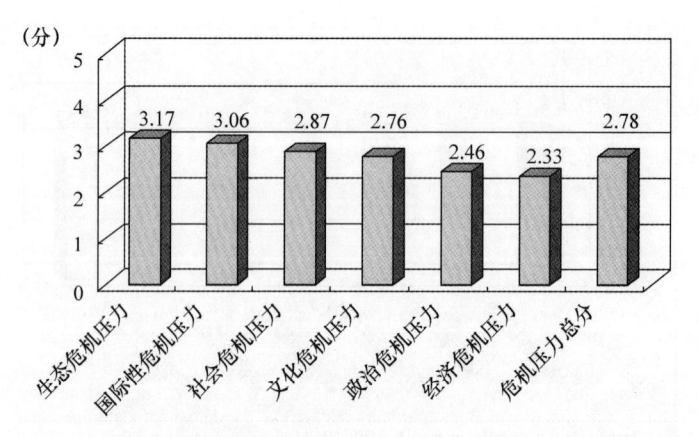

中国政治文化研究——不同公民群体的危机压力比较

2012年问卷调查结果显示,高收入被试危机压力的总体得分在1.60—4.22分之间,均值为2.78,标准差为0.48。在六种危机压力中,高收入被试的政治危机压力得分在1.00—4.00分之间,均值为2.46,标准差为0.64;经济危机压力得分在1.00—5.00分之间,均值为2.33,标准差为0.70;社会危机压力得分在1.00—5.00分之间,均值为2.87,标准差为0.77;文化危机压力得分在1.00 4.25分之间,均值为2.76,标准差为0.63;生态危机压力得分在1.00—5.00分之间,均值为3.17,标准差为0.92;国际性危机压力得分在1.67—5.00分之间,均值为3.06,标准差为0.52(见表9-1-11和图9-1-11)。

表9-1-11　高收入被试的危机压力总体描述统计(2012年)

项目	N	极小值	极大值	均值	标准差
危机压力总分	184	1.60	4.22	2.7763	0.48414
政治危机压力	185	1.00	4.00	2.4559	0.64316
经济危机压力	187	1.00	5.00	2.3298	0.70073
社会危机压力	187	1.00	5.00	2.8699	0.77386
文化危机压力	186	1.25	4.25	2.7648	0.62987
生态危机压力	187	1.00	5.00	3.1658	0.91540
国际性危机压力	187	1.67	5.00	3.0588	0.52487
有效的N(列表状态)	184				

表9-1-11　高收入被试的危机压力总体描述统计(2012年)

第九章 危机压力的差异比较：收入

2016年问卷调查结果显示，高收入被试危机压力的总体得分在1.39—4.06分之间，均值为2.86，标准差为0.45。在六种危机压力中，高收入被试的政治危机压力得分在1.00—4.33分之间，均值为2.64，标准差为0.70；经济危机压力得分在1.00—5.00分之间，均值为2.46，标准差为0.64；社会危机压力得分在1.00—5.00分之间，均值为2.82，标准差为0.75；文化危机压力得分在1.00—4.25分之间，均值为2.87，标准差为0.65；生态危机压力得分在1.00—5.00分之间，均值为3.30，标准差为0.75；国际性危机压力得分在1.67—4.33分之间，均值为3.08，标准差为0.48（见表9-1-12和图9-1-12）。

表9-1-12　　高收入被试的危机压力总体描述统计（2016年）

项目	N	极小值	极大值	均值	标准差
危机压力总分	323	1.39	4.06	2.8584	0.44555
政治危机压力	325	1.00	4.33	2.6421	0.69740
经济危机压力	325	1.00	5.00	2.4585	0.63511
社会危机压力	326	1.00	5.00	2.8170	0.75032
文化危机压力	325	1.00	4.25	2.8654	0.65333
生态危机压力	326	1.00	5.00	3.2986	0.75480
国际性危机压力	326	1.67	4.33	3.0787	0.48386
有效的N（列表状态）	323				

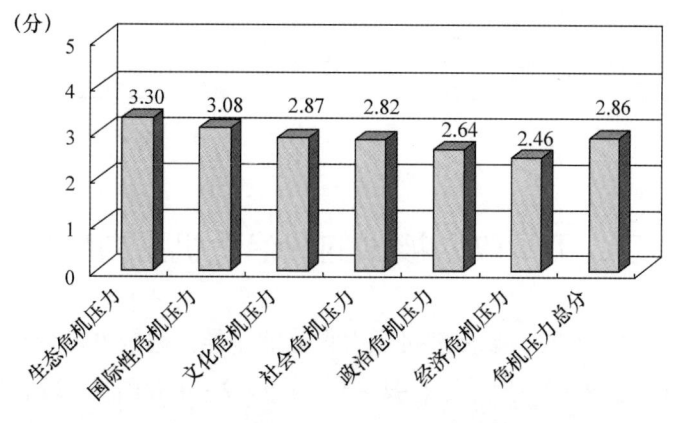

图9-1-12　高收入被试危机压力得分的总体情况（2016年）

六种危机压力由高到低的得分排序，中低收入、中高收入、较高收入、高收入被试都是由2012年的生态危机压力第一、国际性危机压力第二、社会危机压力第三、文化危机压力第四、政治危机压力第五、经济危机压力第六，变成了2016年的生态危机压力第一、国际性危机压力第二、文化危机压力第三、社会危机压力第四、政治危机压力第五、经济危机压力第六；低收入被试则两次调查的排序相同，都是生态危机压力第一、国际性危机压力第二、社会危机压力第三、文化危机压力第四、政治危机压力第五、经济危机压力第六；较低收入被试2012年的得分排序是国际性危机压力第一、生态危机压力第二、社会危机压力第三、文化危机压力第四、政治危机压力第五、经济危机压力第六，2016年变成了生态危机压力第一、国际性危机压力第二、文化危机压力第三、社会危机压力第四、政治危机压力第五、经济危机压力第六（前四位排序有所不同，见表9-1-13）。

表9-1-13　　**不同收入被试六种危机压力得分排序的变化**

认同项目	低收入		较低收入		中低收入		中高收入		较高收入		高收入	
	2012	2016	2012	2016	2012	2016	2012	2016	2012	2016	2012	2016
政治	5	5	5	5	5	5	5	5	5	5	5	5
经济	6	6	6	6	6	6	6	6	6	6	6	6
社会	3	3	3	4	3	4	3	4	3	4	3	4
文化	4	4	4	3	4	3	4	3	4	3	4	3
生态	1	1	2	1	1	1	1	1	1	1	1	1
国际	2	2	1	2	2	2	2	2	2	2	2	2

二　不同收入被试的政治危机压力比较

对不同收入被试政治危机压力得分的差异性进行方差分析（见表9-2-1、表9-2-2、表9-2-3、表9-2-4和图9-2），2012年问卷调查显示不同收入被试的政治危机压力得分之间差异显著，$F=$

5.248，$p<0.001$，低收入被试（$M=2.61$，$SD=0.64$）的得分显著高于中低收入被试（$M=2.54$，$SD=0.66$）、中高收入被试（$M=2.50$，$SD=0.65$）、较高收入被试（$M=2.49$，$SD=0.70$）和高收入被试（$M=2.46$，$SD=0.64$），与较低收入被试（$M=2.57$，$SD=0.64$）之间的得分差异不显著；较低收入被试的得分显著高于中高收入、较高收入、高收入被试，与中低收入被试之间的得分差异不显著；中低收入、中高收入、较高收入、高收入四种被试两两之间的得分差异均不显著。2016年问卷调查显示不同收入被试的政治危机压力得分之间的总体差异未达到显著水平，但是低收入被试（$M=2.73$，$SD=0.66$）的得分显著高于中高收入被试（$M=2.65$，$SD=0.74$）和高收入被试（$M=2.64$，$SD=0.70$），中低收入被试（$M=2.71$，$SD=0.72$）的得分显著高于中高收入被试。

表9-2-1　　　　不同收入被试政治危机压力得分的差异比较

2012年问卷调查		N	均值	标准差	标准误	95% 置信区间 下限	95% 置信区间 上限	极小值	极大值
政治危机压力	低收入	2013	2.6054	0.63849	0.01423	2.5775	2.6333	1.00	5.00
	较低收入	1583	2.5675	0.64497	0.01621	2.5357	2.5993	1.00	5.00
	中低收入	1238	2.5361	0.65559	0.01863	2.4995	2.5726	1.00	4.67
	中高收入	689	2.5046	0.64701	0.02465	2.4562	2.5530	1.00	4.33
	较高收入	426	2.4914	0.69512	0.03368	2.4252	2.5576	1.00	4.67
	高收入	185	2.4559	0.64316	0.04729	2.3626	2.5491	1.00	4.00
	总数	6134	2.5579	0.64991	0.00830	2.5416	2.5741	1.00	5.00
2016年问卷调查		N	均值	标准差	标准误	95% 置信区间 下限	95% 置信区间 上限	极小值	极大值
政治危机压力	低收入	1420	2.7305	0.65851	0.01747	2.6962	2.7648	1.00	4.67
	较低收入	1420	2.7012	0.67668	0.01796	2.6659	2.7364	1.00	4.67
	中低收入	1405	2.7117	0.71790	0.01915	2.6742	2.7493	1.00	4.67
	中高收入	1176	2.6533	0.74078	0.02160	2.6110	2.6957	1.00	5.00
	较高收入	832	2.7103	0.72588	0.02517	2.6609	2.7597	1.00	4.67
	高收入	325	2.6421	0.69740	0.03868	2.5659	2.7182	1.00	4.33
	总数	6578	2.6995	0.70124	0.00865	2.6825	2.7164	1.00	5.00

表9-2-2　　不同收入被试政治危机压力得分的方差分析结果

2012年问卷调查		平方和	df	均方	F	显著性
政治危机压力	组间	11.045	5	2.209	5.248	0.000
	组内	2579.465	6128	0.421		
	总数	2590.510	6133			

2016年问卷调查		平方和	df	均方	F	显著性
政治危机压力	组间	5.256	5	1.051	2.140	0.058
	组内	3228.895	6572	0.491		
	总数	3234.151	6577			

表9-2-3　　不同收入被试政治危机压力得分的多重比较（2012年）

因变量	(I)收入	(J)收入	均值差(I-J)	标准误	显著性	95% 置信区间 下限	95% 置信区间 上限
政治危机压力	低收入	较低收入	0.03791	0.02179	0.082	-0.0048	0.0806
		中低收入	0.06932*	0.02343	0.003	0.0234	0.1153
		中高收入	0.10080*	0.02864	0.000	0.0447	0.1569
		较高收入	0.11401*	0.03460	0.001	0.0462	0.1818
		高收入	0.14954*	0.04984	0.003	0.0518	0.2473
	较低收入	低收入	-0.03791	0.02179	0.082	-0.0806	0.0048
		中低收入	0.03141	0.02462	0.202	-0.0168	0.0797
		中高收入	0.06289*	0.02961	0.034	0.0048	0.1209
		较高收入	0.07610*	0.03541	0.032	0.0067	0.1455
		高收入	0.11163*	0.05041	0.027	0.0128	0.2105
	中低收入	低收入	-0.06932*	0.02343	0.003	-0.1153	-0.0234
		较低收入	-0.03141	0.02462	0.202	-0.0797	0.0168
		中高收入	0.03148	0.03084	0.307	-0.0290	0.0919
		较高收入	0.04469	0.03644	0.220	-0.0268	0.1161
		高收入	0.08022	0.05114	0.117	-0.0200	0.1805

第九章 危机压力的差异比较：收入

续表

因变量	（I）收入	（J）收入	均值差 （I-J）	标准误	显著性	95% 置信区间 下限	95% 置信区间 上限
政治危机压力	中高收入	低收入	-0.10080*	0.02864	0.000	-0.1569	-0.0447
		较低收入	-0.06289*	0.02961	0.034	-0.1209	-0.0048
		中低收入	-0.03148	0.03084	0.307	-0.0919	0.0290
		较高收入	0.01320	0.03999	0.741	-0.0652	0.0916
		高收入	0.04874	0.05372	0.364	-0.0566	0.1541
	较高收入	低收入	-0.11401*	0.03460	0.001	-0.1818	-0.0462
		较低收入	-0.07610*	0.03541	0.032	-0.1455	-0.0067
		中低收入	-0.04469	0.03644	0.220	-0.1161	0.0268
		中高收入	-0.01320	0.03999	0.741	-0.0916	0.0652
		高收入	0.03554	0.05713	0.534	-0.0765	0.1475
	高收入	低收入	-0.14954*	0.04984	0.003	-0.2473	-0.0518
		较低收入	-0.11163*	0.05041	0.027	-0.2105	-0.0128
		中低收入	-0.08022	0.05114	0.117	-0.1805	0.0200
		中高收入	-0.04874	0.05372	0.364	-0.1541	0.0566
		较高收入	-0.03554	0.05713	0.534	-0.1475	0.0765

*. 均值差的显著性水平为 0.05。

表9-2-4 **不同收入被试政治危机压力得分的多重比较（2016年）**

因变量	（I）收入	（J）收入	均值差 （I-J）	标准误	显著性	95% 置信区间 下限	95% 置信区间 上限
政治危机压力	低收入	较低收入	0.02934	0.02631	0.265	-0.0222	0.0809
		中低收入	0.01877	0.02638	0.477	-0.0329	0.0705
		中高收入	0.07717*	0.02764	0.005	0.0230	0.1313
		较高收入	0.02018	0.03060	0.510	-0.0398	0.0802
		高收入	0.08847*	0.04310	0.040	0.0040	0.1730

续表

因变量	(I) 收入	(J) 收入	均值差(I-J)	标准误	显著性	95% 置信区间 下限	上限
政治危机压力	较低收入	低收入	-0.02934	0.02631	0.265	-0.0809	0.0222
		中低收入	-0.01057	0.02638	0.689	-0.0623	0.0411
		中高收入	0.04783	0.02764	0.084	-0.0063	0.1020
		较高收入	-0.00916	0.03060	0.765	-0.0692	0.0508
		高收入	0.05912	0.04310	0.170	-0.0254	0.1436
	中低收入	低收入	-0.01877	0.02638	0.477	-0.0705	0.0329
		较低收入	0.01057	0.02638	0.689	-0.0411	0.0623
		中高收入	0.05840*	0.02770	0.035	0.0041	0.1127
		较高收入	0.00141	0.03066	0.963	-0.0587	0.0615
		高收入	0.06969	0.04314	0.106	-0.0149	0.1543
	中高收入	低收入	-0.07717*	0.02764	0.005	-0.1313	-0.0230
		较低收入	-0.04783	0.02764	0.084	-0.1020	0.0063
		中低收入	-0.05840*	0.02770	0.035	-0.1127	-0.0041
		较高收入	-0.05699	0.03175	0.073	-0.1192	0.0053
		高收入	0.01129	0.04393	0.797	-0.0748	0.0974
	较高收入	低收入	-0.02018	0.03060	0.510	-0.0802	0.0398
		较低收入	0.00916	0.03060	0.765	-0.0508	0.0692
		中低收入	-0.00141	0.03066	0.963	-0.0615	0.0587
		中高收入	0.05699	0.03175	0.073	-0.0053	0.1192
		高收入	0.06829	0.04585	0.136	-0.0216	0.1582
	高收入	低收入	-0.08847*	0.04310	0.040	-0.1730	-0.0040
		较低收入	-0.05912	0.04310	0.170	-0.1436	0.0254
		中低收入	-0.06969	0.04314	0.106	-0.1543	0.0149
		中高收入	-0.01129	0.04393	0.797	-0.0974	0.0748
		较高收入	-0.06829	0.04585	0.136	-0.1582	0.0216

*. 均值差的显著性水平为 0.05。

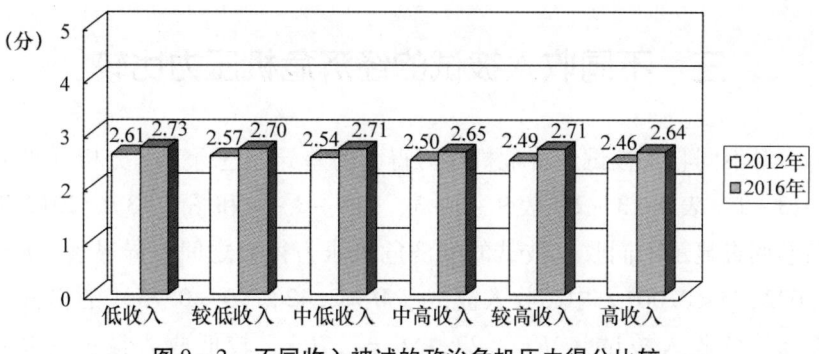

图 9-2　不同收入被试的政治危机压力得分比较

2016年与2012年相比,低收入被试政治危机压力的得分上升0.12分,较低收入被试政治危机压力的得分上升0.13分,中低收入被试政治危机压力的得分上升0.17分,中高收入被试政治危机压力的得分上升0.15分,较高收入被试政治危机压力的得分上升0.22分,高收入被试政治危机压力的得分上升0.18分(见表9-2-5)。由于低收入、较低收入被试政治危机压力得分上升的幅度小于中低收入、中高收入、较高收入、高收入被试,缩小了不同收入被试得分之间的差距,使得不同收入被试政治危机压力的得分差异由2012年的显著变成了2016年的不显著。

表9-2-5　　　　不同收入被试政治危机压力得分的变化

项目	2012年问卷调查	2016年问卷调查	2016年比2012年增减
低收入	2.61	2.73	+0.12
较低收入	2.57	2.70	+0.13
中低收入	2.54	2.71	+0.17
中高收入	2.50	2.65	+0.15
较高收入	2.49	2.71	+0.22
高收入	2.46	2.64	+0.18

三 不同收入被试的经济危机压力比较

对不同收入被试经济危机压力得分的差异性进行方差分析（见表9-3-1、表9-3-2、表9-3-3、表9-3-4和图9-3），2012年问卷调查显示不同收入被试的经济危机压力得分之间差异显著，$F=7.622$，$p<0.001$，中高收入被试（$M=2.42$，$SD=0.73$）的得分显著高于低收入被试（$M=2.27$，$SD=0.70$）、较低收入被试（$M=2.28$，$SD=0.69$）和较高收入被试（$M=2.34$，$SD=0.68$），与中低收入被试（$M=2.37$，$SD=0.70$）和高收入被试（$M=2.33$，$SD=0.70$）之间的得分差异不显著；低收入被试的得分显著低于中低收入被试，与较低收入、中低收入、较高收入、高收入被试之间的得分差异不显著；较低收入被试的得分显著低于中低收入被试，与较高收入、高收入被试之间的得分差异不显著；中低收入、中高收入、较高收入、高收入四种被试两两之间的得分差异均不显著。2016年问卷调查也显示不同收入被试的经济危机压力得分之间的差异显著，$F=2.378$，$p<0.05$，较低收入被试（$M=2.46$，$SD=0.61$）的得分显著高于低收入被试（$M=2.40$，$SD=0.59$）和中高收入被试（$M=2.39$，$SD=0.66$），与中低收入被试（$M=2.45$，$SD=0.62$）、较高收入被试（$M=2.42$，$SD=0.64$）和高收入被试（$M=2.46$，$SD=0.64$）之间的得分差异不显著；中低收入被试的得分显著高于中高收入被试，与低收入、较高收入、高收入被试之间的得分差异不显著；低收入、中高收入、较高收入、高收入被试四种被试两两之间的得分差异均不显著。

第九章 危机压力的差异比较：收入

表9-3-1　不同收入被试经济危机压力得分的差异比较

2012年问卷调查		N	均值	标准差	标准误	95% 置信区间 下限	95% 置信区间 上限	极小值	极大值
经济危机压力	低收入	2013	2.2664	0.70079	0.01562	2.2358	2.2971	1.00	5.00
	较低收入	1580	2.2806	0.69339	0.01744	2.2464	2.3148	1.00	5.00
	中低收入	1237	2.3711	0.69919	0.01988	2.3321	2.4101	1.00	4.67
	中高收入	689	2.4224	0.72968	0.02780	2.3678	2.4769	1.00	5.00
	较高收入	428	2.3372	0.67961	0.03285	2.2727	2.4018	1.00	5.00
	高收入	187	2.3298	0.70073	0.05124	2.2287	2.4309	1.00	5.00
	总数	6134	2.3156	0.70231	0.00897	2.2980	2.3331	1.00	5.00
2016年问卷调查		N	均值	标准差	标准误	95% 置信区间 下限	95% 置信区间 上限	极小值	极大值
经济危机压力	低收入	1414	2.4041	0.58717	0.01561	2.3734	2.4347	1.00	4.67
	较低收入	1419	2.4616	0.60711	0.01612	2.4300	2.4932	1.00	5.00
	中低收入	1403	2.4462	0.62343	0.01664	2.4135	2.4788	1.00	5.00
	中高收入	1172	2.3942	0.66231	0.01935	2.3562	2.4322	1.00	4.67
	较高收入	827	2.4180	0.63786	0.02218	2.3744	2.4615	1.00	5.00
	高收入	325	2.4585	0.63511	0.03523	2.3892	2.5278	1.00	5.00
	总数	6560	2.4282	0.62227	0.00768	2.4131	2.4433	1.00	5.00

表9-3-2　不同收入被试经济危机压力得分的方差分析结果

2012年问卷调查		平方和	df	均方	F	显著性
经济危机压力	组间	18.696	5	3.739	7.622	0.000
	组内	3006.367	6128	0.491		
	总数	3025.063	6133			
2016年问卷调查		平方和	df	均方	F	显著性
经济危机压力	组间	4.600	5	0.920	2.378	0.036
	组内	2535.139	6554	0.387		
	总数	2539.738	6559			

表9-3-3 不同收入被试经济危机压力得分的多重比较（2012年）

因变量	(I) 收入	(J) 收入	均值差 (I-J)	标准误	显著性	95% 置信区间 下限	95% 置信区间 上限
经济危机压力	低收入	较低收入	-0.01416	0.02354	0.548	-0.0603	0.0320
		中低收入	-0.10462*	0.02530	0.000	-0.1542	-0.0550
		中高收入	-0.15592*	0.03092	0.000	-0.2165	-0.0953
		较高收入	-0.07079	0.03728	0.058	-0.1439	0.0023
		高收入	-0.06333	0.05355	0.237	-0.1683	0.0416
	较低收入	低收入	0.01416	0.02354	0.548	-0.0320	0.0603
		中低收入	-0.09047*	0.02659	0.001	-0.1426	-0.0383
		中高收入	-0.14176*	0.03198	0.000	-0.2044	-0.0791
		较高收入	-0.05664	0.03817	0.138	-0.1315	0.0182
		高收入	-0.04918	0.05417	0.364	-0.1554	0.0570
	中低收入	低收入	0.10462*	0.02530	0.000	0.0550	0.1542
		较低收入	0.09047*	0.02659	0.001	0.0383	0.1426
		中高收入	-0.05129	0.03330	0.123	-0.1166	0.0140
		较高收入	0.03383	0.03928	0.389	-0.0432	0.1108
		高收入	0.04129	0.05496	0.452	-0.0664	0.1490
	中高收入	低收入	0.15592*	0.03092	0.000	0.0953	0.2165
		较低收入	0.14176*	0.03198	0.000	0.0791	0.2044
		中低收入	0.05129	0.03330	0.123	-0.0140	0.1166
		较高收入	0.08512*	0.04311	0.048	0.0006	0.1696
		高收入	0.09258	0.05775	0.109	-0.0206	0.2058
	较高收入	低收入	0.07079	0.03728	0.058	-0.0023	0.1439
		较低收入	0.05664	0.03817	0.138	-0.0182	0.1315
		中低收入	-0.03383	0.03928	0.389	-0.1108	0.0432
		中高收入	-0.08512*	0.04311	0.048	-0.1696	-0.0006
		高收入	0.00746	0.06140	0.903	-0.1129	0.1278
	高收入	低收入	0.06333	0.05355	0.237	-0.0416	0.1683
		较低收入	0.04918	0.05417	0.364	-0.0570	0.1554
		中低收入	-0.04129	0.05496	0.452	-0.1490	0.0664
		中高收入	-0.09258	0.05775	0.109	-0.2058	0.0206
		较高收入	-0.00746	0.06140	0.903	-0.1278	0.1129

*. 均值差的显著性水平为0.05。

表9-3-4　不同收入被试经济危机压力得分的多重比较（2016年）

因变量	(I) 收入	(J) 收入	均值差 (I-J)	标准误	显著性	95% 置信区间 下限	95% 置信区间 上限
经济危机压力	低收入	较低收入	-0.05754*	0.02337	0.014	-0.1034	-0.0117
		中低收入	-0.04213	0.02344	0.072	-0.0881	0.0038
		中高收入	0.00986	0.02457	0.688	-0.0383	0.0580
		较高收入	-0.01392	0.02723	0.609	-0.0673	0.0395
		高收入	-0.05441	0.03826	0.155	-0.1294	0.0206
	较低收入	低收入	0.05754*	0.02337	0.014	0.0117	0.1034
		中低收入	0.01541	0.02342	0.511	-0.0305	0.0613
		中高收入	0.06739*	0.02455	0.006	0.0193	0.1155
		较高收入	0.04362	0.02721	0.109	-0.0097	0.0970
		高收入	0.00313	0.03825	0.935	-0.0718	0.0781
	中低收入	低收入	0.04213	0.02344	0.072	-0.0038	0.0881
		较低收入	-0.01541	0.02342	0.511	-0.0613	0.0305
		中高收入	0.05199*	0.02461	0.035	0.0037	0.1002
		较高收入	0.02821	0.02727	0.301	-0.0252	0.0817
		高收入	-0.01227	0.03829	0.749	-0.0873	0.0628
	中高收入	低收入	-0.00986	0.02457	0.688	-0.0580	0.0383
		较低收入	-0.06739*	0.02455	0.006	-0.1155	-0.0193
		中低收入	-0.05199*	0.02461	0.035	-0.1002	-0.0037
		较高收入	-0.02378	0.02824	0.400	-0.0791	0.0316
		高收入	-0.06426	0.03899	0.099	-0.1407	0.0122
	较高收入	低收入	0.01392	0.02723	0.609	-0.0395	0.0673
		较低收入	-0.04362	0.02721	0.109	-0.0970	0.0097
		中低收入	-0.02821	0.02727	0.301	-0.0817	0.0252
		中高收入	0.02378	0.02824	0.400	-0.0316	0.0791
		高收入	-0.04048	0.04072	0.320	-0.1203	0.0393
	高收入	低收入	0.05441	0.03826	0.155	-0.0206	0.1294
		较低收入	-0.00313	0.03825	0.935	-0.0781	0.0718
		中低收入	0.01227	0.03829	0.749	-0.0628	0.0873
		中高收入	0.06426	0.03899	0.099	-0.0122	0.1407
		较高收入	0.04048	0.04072	0.320	-0.0393	0.1203

*. 均值差的显著性水平为0.05。

中国政治文化研究——不同公民群体的危机压力比较

图9-3 不同收入被试的经济危机压力得分比较

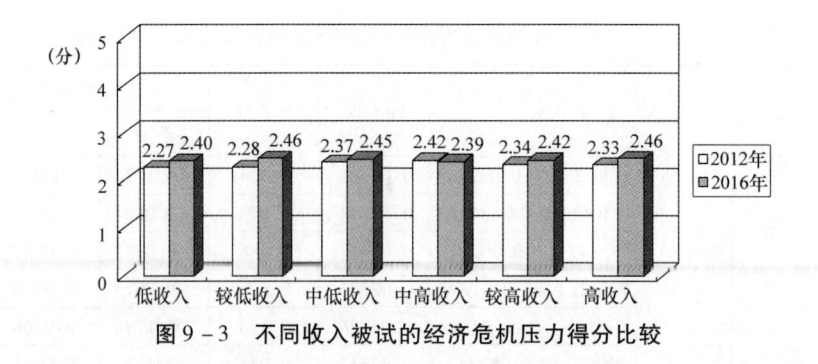

2016年与2012年相比，低收入被试经济危机压力的得分上升0.13分，较低收入被试经济危机压力的得分上升0.18分，中低收入被试经济危机压力的得分上升0.08分，中高收入被试经济危机压力的得分下降0.03分，较高收入被试经济危机压力的得分上升0.08分，高收入被试经济危机压力的得分上升0.13分（见表9-3-5）。中高收入被试的得分下降和另五种收入被试得分的上升，使中高收入被试在经济危机压力上的得分由2012年的最高分变成了2016年的最低分，并带来了得分差异性的相应变化（由得分显著高于三种收入被试，转变为得分显著低于两种收入被试）。

表9-3-5　　　　不同收入被试经济危机压力得分的变化

项目	2012年问卷调查	2016年问卷调查	2016年比2012年增减
低收入	2.27	2.40	+0.13
较低收入	2.28	2.46	+0.18
中低收入	2.37	2.45	+0.08
中高收入	2.42	2.39	-0.03
较高收入	2.34	2.42	+0.08
高收入	2.33	2.46	+0.13

四　不同收入被试的社会危机压力比较

对不同收入被试社会危机压力得分的差异性进行方差分析（见表

9-4-1、表9-4-2、表9-4-3、表9-4-4和图9-4），2012年问卷调查显示不同收入被试的社会危机压力得分之间的总体差异未达到显著水平，但是较低收入被试（$M=2.80$，$SD=0.72$）的得分显著低于中低收入被试（$M=2.86$，$SD=0.73$）和中高收入被试（$M=2.87$，$SD=0.74$）。2016年问卷调查则显示不同收入被试的社会危机压力得分之间差异显著，$F=2.253$，$p<0.05$，中高收入被试（$M=2.76$，$SD=0.75$）的得分显著低于低收入被试（$M=2.84$，$SD=0.68$）、较低收入被试（$M=2.83$，$SD=0.68$）、中低收入被试（$M=2.83$，$SD=0.70$）和较高收入被试（$M=2.85$，$SD=0.72$），与高收入被试（$M=2.82$，$SD=0.75$）之间的得分差异不显著；低收入、较低收入、中低收入、较高收入、高收入五种被试两两之间的得分差异均不显著。

表9-4-1 **不同收入被试社会危机压力得分的差异比较**

2012年问卷调查		N	均值	标准差	标准误	95% 置信区间 下限	95% 置信区间 上限	极小值	极大值
社会危机压力	低收入	2016	2.8333	0.67415	0.01501	2.8039	2.8628	1.00	5.00
	较低收入	1581	2.7989	0.71749	0.01804	2.7635	2.8343	1.00	5.00
	中低收入	1236	2.8608	0.73230	0.02083	2.8200	2.9017	1.00	5.00
	中高收入	689	2.8723	0.73629	0.02805	2.8172	2.9274	1.00	5.00
	较高收入	428	2.8053	0.76175	0.03682	2.7329	2.8777	1.00	5.00
	高收入	187	2.8699	0.77386	0.05659	2.7582	2.9815	1.00	5.00
	总数	6137	2.8335	0.71399	0.00911	2.8157	2.8514	1.00	5.00

2016年问卷调查		N	均值	标准差	标准误	95% 置信区间 下限	95% 置信区间 上限	极小值	极大值
社会危机压力	低收入	1419	2.8436	0.68266	0.01812	2.8080	2.8791	1.00	5.00
	较低收入	1417	2.8325	0.67592	0.01796	2.7973	2.8677	1.00	5.00
	中低收入	1401	2.8325	0.69524	0.01857	2.7961	2.8689	1.00	5.00
	中高收入	1174	2.7632	0.74780	0.02182	2.7204	2.8060	1.00	5.00
	较高收入	831	2.8484	0.72441	0.02513	2.7991	2.8977	1.00	5.00
	高收入	326	2.8170	0.75032	0.04156	2.7352	2.8987	1.00	5.00
	总数	6568	2.8237	0.70506	0.00870	2.8067	2.8408	1.00	5.00

表9-4-2 不同收入被试社会危机压力得分的方差分析结果

2012年问卷调查		平方和	df	均方	F	显著性
社会危机压力	组间	4.445	5	0.889	1.745	0.121
	组内	3123.583	6131	0.509		
	总数	3128.028	6136			

2016年问卷调查		平方和	df	均方	F	显著性
社会危机压力	组间	5.595	5	1.119	2.253	0.046
	组内	3258.912	6562	0.497		
	总数	3264.507	6567			

表9-4-3 不同收入被试社会危机压力得分的多重比较（2012年）

因变量	(I)收入	(J)收入	均值差(I-J)	标准误	显著性	95%置信区间下限	95%置信区间上限
社会危机压力	低收入	较低收入	0.03447	0.02398	0.151	-0.0125	0.0815
		中低收入	-0.02751	0.02579	0.286	-0.0781	0.0230
		中高收入	-0.03895	0.03150	0.216	-0.1007	0.0228
		较高收入	0.02804	0.03799	0.461	-0.0464	0.1025
		高收入	-0.03654	0.05456	0.503	-0.1435	0.0704
	较低收入	低收入	-0.03447	0.02398	0.151	-0.0815	0.0125
		中低收入	-0.06198*	0.02710	0.022	-0.1151	-0.0089
		中高收入	-0.07342*	0.03258	0.024	-0.1373	-0.0095
		较高收入	-0.00643	0.03889	0.869	-0.0827	0.0698
		高收入	-0.07101	0.05520	0.198	-0.1792	0.0372
	中低收入	低收入	0.02751	0.02579	0.286	-0.0230	0.0781
		较低收入	0.06198*	0.02710	0.022	0.0089	0.1151
		中高收入	-0.01144	0.03394	0.736	-0.0780	0.0551
		较高收入	0.05555	0.04003	0.165	-0.0229	0.1340
		高收入	-0.00903	0.05601	0.872	-0.1188	0.1008

第九章　危机压力的差异比较：收入

续表

因变量	(I)收入	(J)收入	均值差(I-J)	标准误	显著性	95% 置信区间 下限	95% 置信区间 上限
社会危机压力	中高收入	低收入	0.03895	0.03150	0.216	-0.0228	0.1007
		较低收入	0.07342*	0.03258	0.024	0.0095	0.1373
		中低收入	0.01144	0.03394	0.736	-0.0551	0.0780
		较高收入	0.06698	0.04393	0.127	-0.0191	0.1531
		高收入	0.00240	0.05885	0.967	-0.1130	0.1178
	较高收入	低收入	-0.02804	0.03799	0.461	-0.1025	0.0464
		较低收入	0.00643	0.03889	0.869	-0.0698	0.0827
		中低收入	-0.05555	0.04003	0.165	-0.1340	0.0229
		中高收入	-0.06698	0.04393	0.127	-0.1531	0.0191
		高收入	-0.06458	0.06257	0.302	-0.1872	0.0581
	高收入	低收入	0.03654	0.05456	0.503	-0.0704	0.1435
		较低收入	0.07101	0.05520	0.198	-0.0372	0.1792
		中低收入	0.00903	0.05601	0.872	-0.1008	0.1188
		中高收入	-0.00240	0.05885	0.967	-0.1178	0.1130
		较高收入	0.06458	0.06257	0.302	-0.0581	0.1872

*. 均值差的显著性水平为 0.05。

表9-4-4　不同收入被试社会危机压力得分的多重比较（2016年）

因变量	(I)收入	(J)收入	均值差(I-J)	标准误	显著性	95% 置信区间 下限	95% 置信区间 上限
社会危机压力	低收入	较低收入	0.01104	0.02647	0.677	-0.0408	0.0629
		中低收入	0.01105	0.02654	0.677	-0.0410	0.0631
		中高收入	0.08035*	0.02780	0.004	0.0258	0.1349
		较高收入	-0.00482	0.03078	0.875	-0.0652	0.0555
		高收入	0.02658	0.04328	0.539	-0.0583	0.1114

续表

因变量	(I) 收入	(J) 收入	均值差 (I-J)	标准误	显著性	95% 置信区间 下限	95% 置信区间 上限
社会危机压力	较低收入	低收入	-0.01104	0.02647	0.677	-0.0629	0.0408
		中低收入	0.00001	0.02655	1.000	-0.0520	0.0521
		中高收入	0.06931*	0.02781	0.013	0.0148	0.1238
		较高收入	-0.01587	0.03079	0.606	-0.0762	0.0445
		高收入	0.01554	0.04329	0.720	-0.0693	0.1004
	中低收入	低收入	-0.01105	0.02654	0.677	-0.0631	0.0410
		较低收入	-0.00001	0.02655	1.000	-0.0521	0.0520
		中高收入	0.06930*	0.02788	0.013	0.0146	0.1240
		较高收入	-0.01587	0.03086	0.607	-0.0764	0.0446
		高收入	0.01553	0.04333	0.720	-0.0694	0.1005
	中高收入	低收入	-0.08035*	0.02780	0.004	-0.1349	-0.0258
		较低收入	-0.06931*	0.02781	0.013	-0.1238	-0.0148
		中低收入	-0.06930*	0.02788	0.013	-0.1240	-0.0146
		较高收入	-0.08517*	0.03195	0.008	-0.1478	-0.0225
		高收入	-0.05377	0.04412	0.223	-0.1403	0.0327
	较高收入	低收入	0.00482	0.03078	0.875	-0.0555	0.0652
		较低收入	0.01587	0.03079	0.606	-0.0445	0.0762
		中低收入	0.01587	0.03086	0.607	-0.0446	0.0764
		中高收入	0.08517*	0.03195	0.008	0.0225	0.1478
		高收入	0.03140	0.04605	0.495	-0.0589	0.1217
	高收入	低收入	-0.02658	0.04328	0.539	-0.1114	0.0583
		较低收入	-0.01554	0.04329	0.720	-0.1004	0.0693
		中低收入	-0.01553	0.04333	0.720	-0.1005	0.0694
		中高收入	0.05377	0.04412	0.223	-0.0327	0.1403
		较高收入	-0.03140	0.04605	0.495	-0.1217	0.0589

*. 均值差的显著性水平为 0.05。

第九章 危机压力的差异比较：收入

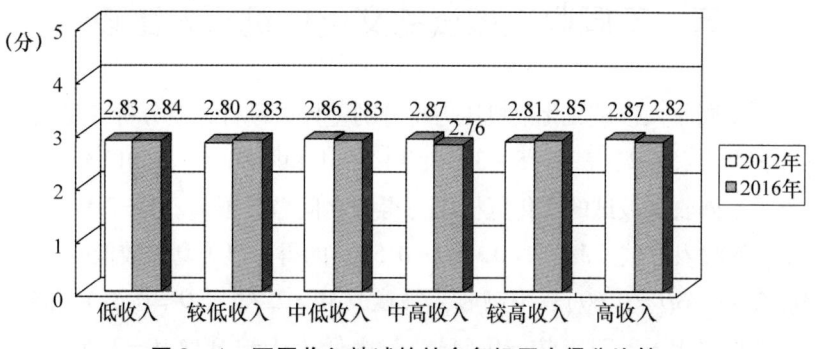

图 9-4 不同收入被试的社会危机压力得分比较

2016 年与 2012 年相比，低收入被试社会危机压力的得分上升 0.01 分，较低收入被试社会危机压力的得分上升 0.03 分，中低收入被试社会危机压力的得分下降 0.03 分，中高收入被试社会危机压力的得分下降 0.11 分，较高收入被试社会危机压力的得分上升 0.04 分，高收入被试社会危机压力的得分下降 0.05 分（见表 9-4-5）。由于中高收入被试下降的幅度最大，使其社会危机压力得分由 2012 年的得分偏高变成 2016 年的最低得分，并显著低于四种收入被试（只是与高收入被试之间的得分差异不显著）。

表 9-4-5　　　　不同收入被试社会危机压力得分的变化

项目	2012 年问卷调查	2016 年问卷调查	2016 年比 2012 年增减
低收入	2.83	2.84	+0.01
较低收入	2.80	2.83	+0.03
中低收入	2.86	2.83	-0.03
中高收入	2.87	2.76	-0.11
较高收入	2.81	2.85	+0.04
高收入	2.87	2.82	-0.05

五 不同收入被试的文化危机压力比较

对不同收入被试文化危机压力得分的差异性进行方差分析（见表9-5-1、表9-5-2、表9-5-3、表9-5-4和图9-5），2012年问卷调查显示不同收入被试的文化危机压力得分之间差异显著，$F=2.968$，$p<0.05$，低收入被试（$M=2.80$，$SD=0.59$）的得分显著高于较低收入被试（$M=2.73$，$SD=0.60$）、中高收入被试（$M=2.72$，$SD=0.61$）和较高收入被试（$M=2.73$，$SD=0.64$），与中低收入被试（$M=2.76$，$SD=0.63$）、高收入被试（$M=2.76$，$SD=0.63$）之间的得分差异不显著；另五种收入被试两两之间的得分差异均不显著。2016年问卷调查也显示不同收入被试的文化危机压力得分之间差异显著，$F=3.808$，$p<0.01$，较高收入被试（$M=2.92$，$SD=0.67$）的得分显著高于低收入被试（$M=2.84$，$SD=0.62$）、较低收入被试（$M=2.87$，$SD=0.60$）、中低收入被试（$M=2.85$，$SD=0.63$）、中高收入被试（$M=2.80$，$SD=0.68$），与高收入被试（$M=2.87$，$SD=0.65$）之间的得分差异不显著；较低收入被试的得分显著高于中高收入被试，与低收入、中低收入、高收入被试之间的得分差异不显著；低收入、中低收入、中高收入、高收入四种被试两两之间的得分差异均不显著。

表9-5-1　　　　不同收入被试文化危机压力得分的差异比较

2012年问卷调查		N	均值	标准差	标准误	95%置信区间 下限	95%置信区间 上限	极小值	极大值
文化危机压力	低收入	2011	2.7954	0.58741	0.01310	2.7697	2.8211	1.00	5.00
	较低收入	1580	2.7296	0.60077	0.01511	2.6999	2.7592	1.00	4.75
	中低收入	1236	2.7575	0.62626	0.01781	2.7225	2.7924	1.00	5.00
	中高收入	687	2.7198	0.60737	0.02317	2.6743	2.7653	1.00	4.25
	较高收入	428	2.7290	0.63594	0.03074	2.6686	2.7894	1.00	5.00
	高收入	186	2.7648	0.62987	0.04618	2.6737	2.8559	1.25	4.25
	总数	6128	2.7567	0.60632	0.00775	2.7415	2.7719	1.00	5.00

续表

2016年问卷调查		N	均值	标准差	标准误	95% 置信区间 下限	95% 置信区间 上限	极小值	极大值
文化危机压力	低收入	1420	2.8435	0.62146	0.01649	2.8111	2.8758	1.00	4.50
	较低收入	1420	2.8653	0.59821	0.01587	2.8342	2.8965	1.00	4.50
	中低收入	1404	2.8488	0.62950	0.01680	2.8159	2.8818	1.00	5.00
	中高收入	1175	2.8013	0.68039	0.01985	2.7623	2.8402	1.00	4.50
	较高收入	830	2.9238	0.66784	0.02318	2.8783	2.9693	1.00	4.75
	高收入	325	2.8654	0.65333	0.03624	2.7941	2.9367	1.00	4.25
	总数	6574	2.8530	0.63747	0.00786	2.8376	2.8684	1.00	5.00

表9-5-2　不同收入被试文化危机压力得分的方差分析结果

2012年问卷调查		平方和	df	均方	F	显著性
文化危机压力	组间	5.447	5	1.089	2.968	0.011
	组内	2246.963	6122	0.367		
	总数	2252.410	6127			

2016年问卷调查		平方和	df	均方	F	显著性
文化危机压力	组间	7.722	5	1.544	3.808	0.002
	组内	2663.321	6568	0.405		
	总数	2671.043	6573			

表9-5-3　不同收入被试文化危机压力得分的多重比较（2012年）

因变量	(I) 收入	(J) 收入	均值差 (I-J)	标准误	显著性	95% 置信区间 下限	95% 置信区间 上限
文化危机压力	低收入	较低收入	0.06579*	0.02037	0.001	0.0259	0.1057
		中低收入	0.03789	0.02190	0.084	-0.0050	0.0808
		中高收入	0.07558*	0.02677	0.005	0.0231	0.1281
		较高收入	0.06640*	0.03225	0.040	0.0032	0.1296
		高收入	0.03059	0.04643	0.510	-0.0604	0.1216

续表

因变量	(I) 收入	(J) 收入	均值差 (I-J)	标准误	显著性	95% 置信区间 下限	95% 置信区间 上限
文化危机压力	较低收入	低收入	-0.06579*	0.02037	0.001	-0.1057	-0.0259
		中低收入	-0.02790	0.02301	0.225	-0.0730	0.0172
		中高收入	0.00979	0.02769	0.724	-0.0445	0.0641
		较高收入	0.00062	0.03301	0.985	-0.0641	0.0653
		高收入	-0.03520	0.04696	0.454	-0.1273	0.0569
	中低收入	低收入	-0.03789	0.02190	0.084	-0.0808	0.0050
		较低收入	0.02790	0.02301	0.225	-0.0172	0.0730
		中高收入	0.03769	0.02883	0.191	-0.0188	0.0942
		较高收入	0.02851	0.03398	0.401	-0.0381	0.0951
		高收入	-0.00730	0.04765	0.878	-0.1007	0.0861
	中高收入	低收入	-0.07558*	0.02677	0.005	-0.1281	-0.0231
		较低收入	-0.00979	0.02769	0.724	-0.0641	0.0445
		中低收入	-0.03769	0.02883	0.191	-0.0942	0.0188
		较高收入	-0.00918	0.03731	0.806	-0.0823	0.0640
		高收入	-0.04499	0.05008	0.369	-0.1432	0.0532
	较高收入	低收入	-0.06640*	0.03225	0.040	-0.1296	-0.0032
		较低收入	-0.00062	0.03301	0.985	-0.0653	0.0641
		中低收入	-0.02851	0.03398	0.401	-0.0951	0.0381
		中高收入	0.00918	0.03731	0.806	-0.0640	0.0823
		高收入	-0.03581	0.05321	0.501	-0.1401	0.0685
	高收入	低收入	-0.03059	0.04643	0.510	-0.1216	0.0604
		较低收入	0.03520	0.04696	0.454	-0.0569	0.1273
		中低收入	0.00730	0.04765	0.878	-0.0861	0.1007
		中高收入	0.04499	0.05008	0.369	-0.0532	0.1432
		较高收入	0.03581	0.05321	0.501	-0.0685	0.1401

*. 均值差的显著性水平为 0.05。

表9-5-4 不同收入被试文化危机压力得分的多重比较（2016年）

因变量	（I）收入	（J）收入	均值差（I-J）	标准误	显著性	95%置信区间 下限	95%置信区间 上限
文化危机压力	低收入	较低收入	-0.02183	0.02390	0.361	-0.0687	0.0250
		中低收入	-0.00534	0.02397	0.824	-0.0523	0.0416
		中高收入	0.04221	0.02511	0.093	-0.0070	0.0914
		较高收入	-0.08031*	0.02782	0.004	-0.1349	-0.0258
		高收入	-0.02190	0.03916	0.576	-0.0987	0.0549
	较低收入	低收入	0.02183	0.02390	0.361	-0.0250	0.0687
		中低收入	0.01649	0.02397	0.491	-0.0305	0.0635
		中高收入	0.06404*	0.02511	0.011	0.0148	0.1133
		较高收入	-0.05848*	0.02782	0.036	-0.1130	-0.0039
		高收入	-0.00007	0.03916	0.999	-0.0768	0.0767
	中低收入	低收入	0.00534	0.02397	0.824	-0.0416	0.0523
		较低收入	-0.01649	0.02397	0.491	-0.0635	0.0305
		中高收入	0.04755	0.02518	0.059	-0.0018	0.0969
		较高收入	-0.07497*	0.02788	0.007	-0.1296	-0.0203
		高收入	-0.01656	0.03920	0.673	-0.0934	0.0603
	中高收入	低收入	-0.04221	0.02511	0.093	-0.0914	0.0070
		较低收入	-0.06404*	0.02511	0.011	-0.1133	-0.0148
		中低收入	-0.04755	0.02518	0.059	-0.0969	0.0018
		较高收入	-0.12252*	0.02887	0.000	-0.1791	-0.0659
		高收入	-0.06411	0.03991	0.108	-0.1423	0.0141
	较高收入	低收入	0.08031*	0.02782	0.004	0.0258	0.1349
		较低收入	0.05848*	0.02782	0.036	0.0039	0.1130
		中低收入	0.07497*	0.02788	0.007	0.0203	0.1296
		中高收入	0.12252*	0.02887	0.000	0.0659	0.1791
		高收入	0.05841	0.04167	0.161	-0.0233	0.1401
	高收入	低收入	0.02190	0.03916	0.576	-0.0549	0.0987
		较低收入	0.00007	0.03916	0.999	-0.0767	0.0768
		中低收入	0.01656	0.03920	0.673	-0.0603	0.0934
		中高收入	0.06411	0.03991	0.108	-0.0141	0.1423
		较高收入	-0.05841	0.04167	0.161	-0.1401	0.0233

*. 均值差的显著性水平为0.05。

图9-5　不同收入被试的文化危机压力得分比较

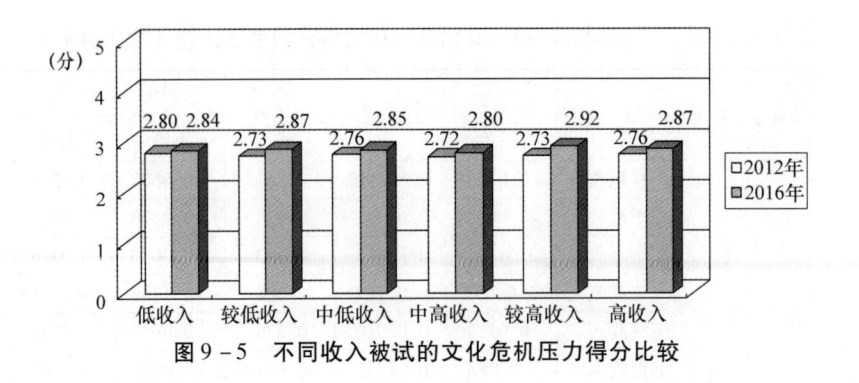

2016年与2012年相比，低收入被试文化危机压力的得分上升0.04分，较低收入被试文化危机压力的得分上升0.14分，中低收入被试文化危机压力的得分上升0.09分，中高收入被试文化危机压力的得分上升0.08分，较高收入被试文化危机压力的得分上升0.19分，高收入被试文化危机压力的得分上升0.11分（见表9-5-5）。由于低收入被试得分上升的幅度小于另五种收入被试，使其未能在2016年延续文化危机压力的最高得分，2016年的最高得分由得分增幅最大的较高收入被试所得，并使这样的得分显著高于四种收入被试。

表9-5-5　不同收入被试文化危机压力得分的变化

项目	2012年问卷调查	2016年问卷调查	2016年比2012年增减
低收入	2.80	2.84	+0.04
较低收入	2.73	2.87	+0.14
中低收入	2.76	2.85	+0.09
中高收入	2.72	2.80	+0.08
较高收入	2.73	2.92	+0.19
高收入	2.76	2.87	+0.11

六　不同收入被试的生态危机压力比较

对不同收入被试生态危机压力得分的差异性进行方差分析（见表

9-6-1、表9-6-2、表9-6-3、表9-6-4和图9-6），2012年问卷调查显示不同收入被试的生态危机压力得分之间差异显著，$F = 5.312$，$p < 0.001$，中高收入被试（$M = 3.21$，$SD = 0.88$）的得分显著高于低收入被试（$M = 3.04$，$SD = 0.86$）、较低收入被试（$M = 3.04$，$SD = 0.90$）、中低收入被试（$M = 3.11$，$SD = 0.86$）、较高收入被试（$M = 3.02$，$SD = 0.90$），与高收入被试（$M = 3.17$，$SD = 0.92$）之间的得分差异不显著；低收入被试的得分显著低于中低收入被试，与较低收入、较高收入、高收入被试之间的得分差异不显著；较低收入、中低收入、较高收入、高收入四种被试两两之间的得分差异均不显著。2016年问卷调查也显示不同收入被试的生态危机压力得分之间差异显著，$F = 2.575$，$p < 0.05$，中高收入被试（$M = 3.18$，$SD = 0.73$）的得分显著低于较低收入被试（$M = 3.27$，$SD = 0.76$）、较高收入被试（$M = 3.25$，$SD = 0.70$）和高收入被试（$M = 3.30$，$SD = 0.75$），与低收入被试（$M = 3.22$，$SD = 0.75$）、中低收入被试（$M = 3.22$，$SD = 0.73$）之间的得分差异不显著；低收入、较低收入、中低收入、较高收入、高收入五种被试两两之间的得分差异均不显著。

表9-6-1　　不同收入被试生态危机压力得分的差异比较

2012年问卷调查		N	均值	标准差	标准误	95% 置信区间 下限	95% 置信区间 上限	极小值	极大值
生态危机压力	低收入	2016	3.0369	0.85555	0.01905	2.9995	3.0742	1.00	5.00
	较低收入	1582	3.0445	0.89614	0.02253	3.0003	3.0887	1.00	5.00
	中低收入	1237	3.1083	0.86490	0.02459	3.0601	3.1566	1.00	5.00
	中高收入	689	3.2066	0.87552	0.03335	3.1411	3.2721	1.00	5.00
	较高收入	428	3.0241	0.90345	0.04367	2.9383	3.1100	1.00	5.00
	高收入	187	3.1658	0.91540	0.06694	3.0337	3.2978	1.00	5.00
	总数	6139	3.0753	0.87704	0.01119	3.0534	3.0973	1.00	5.00

续表

2016年问卷调查		N	均值	标准差	标准误	95% 置信区间 下限	95% 置信区间 上限	极小值	极大值
生态危机压力	低收入	1418	3.2212	0.75026	0.01992	3.1821	3.2603	1.00	5.00
	较低收入	1419	3.2694	0.75869	0.02014	3.2299	3.3089	1.00	5.00
	中低收入	1404	3.2179	0.73221	0.01954	3.1796	3.2563	1.00	5.00
	中高收入	1175	3.1838	0.73130	0.02133	3.1420	3.2257	1.00	5.00
	较高收入	832	3.2544	0.69556	0.02411	3.2071	3.3017	1.00	5.00
	高收入	326	3.2986	0.75480	0.04180	3.2163	3.3808	1.00	5.00
	总数	6574	3.2323	0.73884	0.00911	3.2144	3.2501	1.00	5.00

表9-6-2　不同收入被试生态危机压力得分的方差分析结果

2012年问卷调查		平方和	df	均方	F	显著性
生态危机压力	组间	20.356	5	4.071	5.312	0.000
	组内	4700.936	6133	0.766		
	总数	4721.292	6138			

2016年问卷调查		平方和	df	均方	F	显著性
生态危机压力	组间	7.020	5	1.404	2.575	0.025
	组内	3581.069	6568	0.545		
	总数	3588.088	6573			

表9-6-3　不同收入被试生态危机压力得分的多重比较（2012年）

因变量	(I)收入	(J)收入	均值差 (I-J)	标准误	显著性	95% 置信区间 下限	95% 置信区间 上限
生态危机压力	低收入	较低收入	-0.00759	0.02941	0.796	-0.0652	0.0501
		中低收入	-0.07145*	0.03162	0.024	-0.1334	-0.0095
		中高收入	-0.16971*	0.03864	0.000	-0.2454	-0.0940
		较高收入	0.01273	0.04659	0.785	-0.0786	0.1041
		高收入	-0.12890	0.06693	0.054	-0.2601	0.0023

第九章 危机压力的差异比较：收入

续表

因变量	(I) 收入	(J) 收入	均值差 (I-J)	标准误	显著性	95% 置信区间 下限	95% 置信区间 上限
生态危机压力	较低收入	低收入	0.00759	0.02941	0.796	-0.0501	0.0652
		中低收入	-0.06387	0.03323	0.055	-0.1290	0.0013
		中高收入	-0.16212*	0.03996	0.000	-0.2405	-0.0838
		较高收入	0.02032	0.04770	0.670	-0.0732	0.1138
		高收入	-0.12132	0.06770	0.073	-0.2540	0.0114
	中低收入	低收入	0.07145*	0.03162	0.024	0.0095	0.1334
		较低收入	0.06387	0.03323	0.055	-0.0013	0.1290
		中高收入	-0.09825*	0.04162	0.018	-0.1798	-0.0167
		较高收入	0.08418	0.04910	0.086	-0.0121	0.1804
		高收入	-0.05745	0.06869	0.403	-0.1921	0.0772
	中高收入	低收入	0.16971*	0.03864	0.000	0.0940	0.2454
		较低收入	0.16212*	0.03996	0.000	0.0838	0.2405
		中低收入	0.09825*	0.04162	0.018	0.0167	0.1798
		较高收入	0.18244*	0.05388	0.001	0.0768	0.2881
		高收入	0.04080	0.07219	0.572	-0.1007	0.1823
	较高收入	低收入	-0.01273	0.04659	0.785	-0.1041	0.0786
		较低收入	-0.02032	0.04770	0.670	-0.1138	0.0732
		中低收入	-0.08418	0.04910	0.086	-0.1804	0.0121
		中高收入	-0.18244*	0.05388	0.001	-0.2881	-0.0768
		高收入	-0.14163	0.07675	0.065	-0.2921	0.0088
	高收入	低收入	0.12890	0.06693	0.054	-0.0023	0.2601
		较低收入	0.12132	0.06770	0.073	-0.0114	0.2540
		中低收入	0.05745	0.06869	0.403	-0.0772	0.1921
		中高收入	-0.04080	0.07219	0.572	-0.1823	0.1007
		较高收入	0.14163	0.07675	0.065	-0.0088	0.2921

*. 均值差的显著性水平为 0.05。

表9-6-4　不同收入被试生态危机压力得分的多重比较（2016年）

因变量	(I) 收入	(J) 收入	均值差 (I-J)	标准误	显著性	95% 置信区间 下限	95% 置信区间 上限
生态危机压力	低收入	较低收入	-0.04823	0.02773	0.082	-0.1026	0.0061
		中低收入	0.00325	0.02780	0.907	-0.0512	0.0578
		中高收入	0.03737	0.02913	0.200	-0.0197	0.0945
		较高收入	-0.03320	0.03225	0.303	-0.0964	0.0300
		高收入	-0.07736	0.04535	0.088	-0.1663	0.0115
	较低收入	低收入	0.04823	0.02773	0.082	-0.0061	0.1026
		中低收入	0.05149	0.02780	0.064	-0.0030	0.1060
		中高收入	0.08561*	0.02912	0.003	0.0285	0.1427
		较高收入	0.01503	0.03224	0.641	-0.0482	0.0782
		高收入	-0.02913	0.04535	0.521	-0.1180	0.0598
	中低收入	低收入	-0.00325	0.02780	0.907	-0.0578	0.0512
		较低收入	-0.05149	0.02780	0.064	-0.1060	0.0030
		中高收入	0.03412	0.02920	0.243	-0.0231	0.0914
		较高收入	-0.03646	0.03231	0.259	-0.0998	0.0269
		高收入	-0.08062	0.04540	0.076	-0.1696	0.0084
	中高收入	低收入	-0.03737	0.02913	0.200	-0.0945	0.0197
		较低收入	-0.08561*	0.02912	0.003	-0.1427	-0.0285
		中低收入	-0.03412	0.02920	0.243	-0.0914	0.0231
		较高收入	-0.07058*	0.03346	0.035	-0.1362	-0.0050
		高收入	-0.11474*	0.04622	0.013	-0.2053	-0.0241
	较高收入	低收入	0.03320	0.03225	0.303	-0.0300	0.0964
		较低收入	-0.01503	0.03224	0.641	-0.0782	0.0482
		中低收入	0.03646	0.03231	0.259	-0.0269	0.0998
		中高收入	0.07058*	0.03346	0.035	0.0050	0.1362
		高收入	-0.04416	0.04825	0.360	-0.1387	0.0504
	高收入	低收入	0.07736	0.04535	0.088	-0.0115	0.1663
		较低收入	0.02913	0.04535	0.521	-0.0598	0.1180
		中低收入	0.08062	0.04540	0.076	-0.0084	0.1696
		中高收入	0.11474*	0.04622	0.013	0.0241	0.2053
		较高收入	0.04416	0.04825	0.360	-0.0504	0.1387

*. 均值差的显著性水平为0.05。

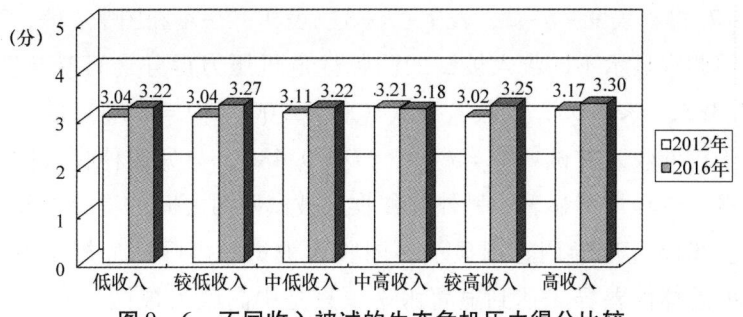

图 9-6 不同收入被试的生态危机压力得分比较

2016年与2012年相比，低收入被试生态危机压力的得分上升0.18分，较低收入被试生态危机压力的得分上升0.23分，中低收入被试生态危机压力的得分上升0.11分，中高收入被试生态危机压力的得分下降0.03分，较高收入被试生态危机压力的得分上升0.23分，高收入被试生态危机压力的得分上升0.13分（见表9-6-5）。中高收入被试得分的下降和另五种收入被试得分的较大幅度上升，使得中高收入被试的生态危机压力得分由2012年的最高分变成了2016年的最低分，并带来了相应的得分差异变化（由得分显著高于四种收入被试变成得分显著低于三种收入被试）。

表9-6-5　　　　不同收入被试生态危机压力得分的变化

项目	2012年问卷调查	2016年问卷调查	2016年比2012年增减
低收入	3.04	3.22	+0.18
较低收入	3.04	3.27	+0.23
中低收入	3.11	3.22	+0.11
中高收入	3.21	3.18	-0.03
较高收入	3.02	3.25	+0.23
高收入	3.17	3.30	+0.13

七　不同收入被试的国际性危机压力比较

对不同收入被试国际性危机压力得分的差异性进行方差分析（见

表9-7-1、表9-7-2、表9-7-3、表9-7-4和图9-7),2012年问卷调查显示不同收入被试的国际性危机压力得分之间差异显著,$F=2.385$,$p<0.05$,低收入被试($M=3.00$,$SD=0.50$)的得分显著低于较低收入被试($M=3.05$,$SD=0.48$),与另四种收入被试之间的得分差异均不显著;另外五种收入被试两两之间的得分差异均不显著。2016年问卷调查则显示不同收入被试的国际性危机压力得分之间的总体性差异未达到显著水平,只是中高收入被试($M=3.02$,$SD=0.50$)的得分显著低于较高收入被试($M=3.06$,$SD=0.43$)和高收入被试($M=3.08$,$SD=0.48$)。

图9-7 不同收入被试的国际性危机压力得分比较

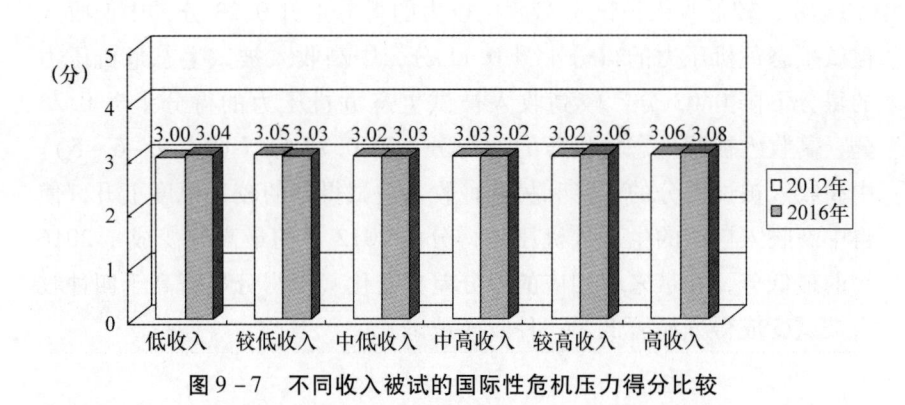

表9-7-1　　　　不同收入被试国际性危机压力得分的差异比较

2012年问卷调查		N	均值	标准差	标准误	95% 置信区间 下限	95% 置信区间 上限	极小值	极大值
国际性危机压力	低收入	2012	2.9950	0.49805	0.01110	2.9733	3.0168	1.00	5.00
	较低收入	1581	3.0491	0.48484	0.01219	3.0252	3.0730	1.00	5.00
	中低收入	1238	3.0226	0.49757	0.01414	2.9949	3.0504	1.00	4.67
	中高收入	687	3.0296	0.50517	0.01927	2.9918	3.0674	1.00	4.67
	较高收入	428	3.0210	0.47888	0.02315	2.9755	3.0665	1.67	4.67
	高收入	187	3.0588	0.52487	0.03838	2.9831	3.1345	1.67	5.00
	总数	6133	3.0222	0.49519	0.00632	3.0098	3.0346	1.00	5.00

续表

2016年问卷调查		N	均值	标准差	标准误	95% 置信区间		极小值	极大值
						下限	上限		
国际性危机压力	低收入	1416	3.0388	0.47767	0.01269	3.0139	3.0637	1.33	4.67
	较低收入	1420	3.0338	0.48171	0.01278	3.0087	3.0589	1.00	4.67
	中低收入	1401	3.0269	0.50865	0.01359	3.0002	3.0535	1.00	5.00
	中高收入	1173	3.0153	0.49967	0.01459	2.9867	3.0440	1.00	4.33
	较高收入	831	3.0642	0.43403	0.01506	3.0346	3.0937	1.67	4.33
	高收入	326	3.0787	0.48386	0.02680	3.0260	3.1315	1.67	4.33
	总数	6567	3.0362	0.48450	0.00598	3.0245	3.0479	1.00	5.00

表 9-7-2　不同收入被试国际性危机压力得分的方差分析结果

2012年问卷调查		平方和	df	均方	F	显著性
国际性危机压力	组间	2.921	5	0.584	2.385	0.036
	组内	1500.730	6127	0.245		
	总数	1503.651	6132			

2016年问卷调查		平方和	df	均方	F	显著性
国际性危机压力	组间	1.890	5	0.378	1.611	0.153
	组内	1539.397	6561	0.235		
	总数	1541.287	6566			

表 9-7-3　不同收入被试国际性危机压力得分的多重比较（2012年）

因变量	(I) 收入	(J) 收入	均值差 (I-J)	标准误	显著性	95% 置信区间	
						下限	上限
国际性危机压力	低收入	较低收入	-0.05410*	0.01663	0.001	-0.0867	-0.0215
		中低收入	-0.02759	0.01788	0.123	-0.0626	0.0075
		中高收入	-0.03457	0.02187	0.114	-0.0774	0.0083
		较高收入	-0.02600	0.02634	0.324	-0.0776	0.0256
		高收入	-0.06379	0.03784	0.092	-0.1380	0.0104

续表

因变量	(I) 收入	(J) 收入	均值差 (I-J)	标准误	显著性	95% 置信区间 下限	95% 置信区间 上限
国际性危机压力	较低收入	低收入	0.05410*	0.01663	0.001	0.0215	0.0867
		中低收入	0.02651	0.01878	0.158	-0.0103	0.0633
		中高收入	0.01953	0.02262	0.388	-0.0248	0.0639
		较高收入	0.02810	0.02697	0.297	-0.0248	0.0810
		高收入	-0.00970	0.03827	0.800	-0.0847	0.0653
	中低收入	低收入	0.02759	0.01788	0.123	-0.0075	0.0626
		较低收入	-0.02651	0.01878	0.158	-0.0633	0.0103
		中高收入	-0.00698	0.02355	0.767	-0.0531	0.0392
		较高收入	0.00159	0.02775	0.954	-0.0528	0.0560
		高收入	-0.03621	0.03883	0.351	-0.1123	0.0399
	中高收入	低收入	0.03457	0.02187	0.114	-0.0083	0.0774
		较低收入	-0.01953	0.02262	0.388	-0.0639	0.0248
		中低收入	0.00698	0.02355	0.767	-0.0392	0.0531
		较高收入	0.00857	0.03048	0.779	-0.0512	0.0683
		高收入	-0.02923	0.04082	0.474	-0.1092	0.0508
	较高收入	低收入	0.02600	0.02634	0.324	-0.0256	0.0776
		较低收入	-0.02810	0.02697	0.297	-0.0810	0.0248
		中低收入	-0.00159	0.02775	0.954	-0.0560	0.0528
		中高收入	-0.00857	0.03048	0.779	-0.0683	0.0512
		高收入	-0.03780	0.04338	0.384	-0.1228	0.0473
	高收入	低收入	0.06379	0.03784	0.092	-0.0104	0.1380
		较低收入	0.00970	0.03827	0.800	-0.0653	0.0847
		中低收入	0.03621	0.03883	0.351	-0.0399	0.1123
		中高收入	0.02923	0.04082	0.474	-0.0508	0.1092
		较高收入	0.03780	0.04338	0.384	-0.0473	0.1228

*. 均值差的显著性水平为 0.05。

表9-7-4　不同收入被试国际性危机压力得分的多重比较（2016年）

因变量	(I) 收入	(J) 收入	均值差 (I-J)	标准误	显著性	95% 置信区间 下限	95% 置信区间 上限
国际性危机压力	低收入	较低收入	0.00504	0.01819	0.782	-0.0306	0.0407
		中低收入	0.01196	0.01825	0.512	-0.0238	0.0477
		中高收入	0.02350	0.01912	0.219	-0.0140	0.0610
		较高收入	-0.02534	0.02117	0.231	-0.0668	0.0162
		高收入	-0.03989	0.02976	0.180	-0.0982	0.0184
	较低收入	低收入	-0.00504	0.01819	0.782	-0.0407	0.0306
		中低收入	0.00692	0.01824	0.705	-0.0288	0.0427
		中高收入	0.01846	0.01911	0.334	-0.0190	0.0559
		较高收入	-0.03038	0.02116	0.151	-0.0718	0.0111
		高收入	-0.04493	0.02975	0.131	-0.1032	0.0134
	中低收入	低收入	-0.01196	0.01825	0.512	-0.0477	0.0238
		较低收入	-0.00692	0.01824	0.705	-0.0427	0.0288
		中高收入	0.01154	0.01917	0.547	-0.0260	0.0491
		较高收入	-0.03729	0.02121	0.079	-0.0789	0.0043
		高收入	-0.05185	0.02979	0.082	-0.1102	0.0065
	中高收入	低收入	-0.02350	0.01912	0.219	-0.0610	0.0140
		较低收入	-0.01846	0.01911	0.334	-0.0559	0.0190
		中低收入	-0.01154	0.01917	0.547	-0.0491	0.0260
		较高收入	-0.04883*	0.02196	0.026	-0.0919	-0.0058
		高收入	-0.06339*	0.03033	0.037	-0.1228	-0.0039
	较高收入	低收入	0.02534	0.02117	0.231	-0.0162	0.0668
		较低收入	0.03038	0.02116	0.151	-0.0111	0.0718
		中低收入	0.03729	0.02121	0.079	-0.0043	0.0789
		中高收入	0.04883*	0.02196	0.026	0.0058	0.0919
		高收入	-0.01455	0.03166	0.646	-0.0766	0.0475
	高收入	低收入	0.03989	0.02976	0.180	-0.0184	0.0982
		较低收入	0.04493	0.02975	0.131	-0.0134	0.1032
		中低收入	0.05185	0.02979	0.082	-0.0065	0.1102
		中高收入	0.06339*	0.03033	0.037	0.0039	0.1228
		较高收入	0.01455	0.03166	0.646	-0.0475	0.0766

*. 均值差的显著性水平为0.05。

2016年与2012年相比，低收入被试国际性危机压力的得分上升0.04分，较低收入被试国际性危机压力的得分下降0.02分，中低收入被试国际性危机压力的得分上升0.01分，中高收入被试国际性危机压力的得分下降0.01分，较高收入被试国际性危机压力的得分上升0.04分，高收入被试国际性危机压力的得分上升0.02分（见表9-7-5）。从整体上看，不同被试的国际性危机压力得分变化不是很大。

表9-7-5　　　　不同收入被试国际性危机压力得分的变化

项目	2012年问卷调查	2016年问卷调查	2016年比2012年增减
低收入	3.00	3.04	+0.04
较低收入	3.05	3.03	-0.02
中低收入	3.02	3.03	+0.01
中高收入	3.03	3.02	-0.01
较高收入	3.02	3.06	+0.04
高收入	3.06	3.08	+0.02

八　不同收入被试的危机压力总分比较

对不同收入被试危机压力总分的差异性进行方差分析（见表9-8-1、表9-8-2、表9-8-3、表9-8-4和图9-8），2012年问卷调查显示不同收入被试的危机压力总分之间的总体性差异未达到显著水平，只是中高收入被试（$M=2.79$，$SD=0.47$）的得分显著高于较低收入被试（$M=2.74$，$SD=0.44$）和较高收入被试（$M=2.73$，$SD=0.48$）。2016年问卷调查则显示不同收入被试的危机压力总分之间差异显著，$F=3.618$，$p<0.01$，中高收入被试（$M=2.80$，$SD=0.46$）的得分显著低于低收入被试（$M=2.84$，$SD=0.39$）、较低收入被试（$M=2.86$，$SD=0.38$）、中低收入被试（$M=2.84$，$SD=0.42$）、较高收入被试（$M=2.87$，$SD=0.43$）和高收入被试（$M=2.86$，$SD=0.45$）；低收入、较低收入、中低收入、较高收入、高收入五种被试两两之间的得分差异均不显著。

第九章 危机压力的差异比较：收入

表 9-8-1　　　　不同收入被试危机压力总分的差异比较

2012年问卷调查		N	均值	标准差	标准误	95% 置信区间 下限	95% 置信区间 上限	极小值	极大值
危机压力总分	低收入	1998	2.7539	0.41585	0.00930	2.7356	2.7721	1.22	4.49
	较低收入	1572	2.7445	0.44251	0.01116	2.7226	2.7664	1.39	4.50
	中低收入	1234	2.7763	0.45906	0.01307	2.7506	2.8019	1.28	4.14
	中高收入	685	2.7919	0.46555	0.01779	2.7570	2.8269	1.22	4.13
	较高收入	426	2.7341	0.47870	0.02319	2.6885	2.7797	1.50	3.78
	高收入	184	2.7763	0.48414	0.03569	2.7059	2.8468	1.60	4.22
	总数	6099	2.7596	0.44419	0.00569	2.7484	2.7707	1.22	4.50
2016年问卷调查		N	均值	标准差	标准误	95% 置信区间 下限	95% 置信区间 上限	极小值	极大值
危机压力总分	低收入	1407	2.8443	0.38679	0.01031	2.8241	2.8645	1.28	4.14
	较低收入	1410	2.8613	0.38181	0.01017	2.8413	2.8812	1.44	3.97
	中低收入	1389	2.8441	0.41756	0.01120	2.8221	2.8661	1.33	3.86
	中高收入	1166	2.8012	0.45809	0.01342	2.7749	2.8275	1.28	3.82
	较高收入	823	2.8681	0.42888	0.01495	2.8387	2.8974	1.22	4.19
	高收入	323	2.8584	0.44555	0.02479	2.8096	2.9072	1.39	4.06
	总数	6518	2.8439	0.41464	0.00514	2.8338	2.8540	1.22	4.19

表 9-8-2　　　　不同收入被试危机压力总分的方差分析结果

2012年问卷调查		平方和	df	均方	F	显著性
危机压力总分	组间	1.810	5	0.362	1.836	0.102
	组内	1201.328	6093	0.197		
	总数	1203.138	6098			
2016年问卷调查		平方和	df	均方	F	显著性
危机压力总分	组间	3.104	5	0.621	3.618	0.003
	组内	1117.350	6512	0.172		
	总数	1120.453	6517			

表9-8-3　　不同收入被试危机压力总分的多重比较（2012年）

因变量	(I)收入	(J)收入	均值差(I-J)	标准误	显著性	95% 置信区间 下限	95% 置信区间 上限
危机压力总分	低收入	较低收入	0.00933	0.01497	0.533	-0.0200	0.0387
		中低收入	-0.02241	0.01608	0.163	-0.0539	0.0091
		中高收入	-0.03807	0.01966	0.053	-0.0766	0.0005
		较高收入	0.01974	0.02370	0.405	-0.0267	0.0662
		高收入	-0.02249	0.03421	0.511	-0.0895	0.0446
	较低收入	低收入	-0.00933	0.01497	0.533	-0.0387	0.0200
		中低收入	-0.03174	0.01689	0.060	-0.0648	0.0014
		中高收入	-0.04740*	0.02033	0.020	-0.0873	-0.0075
		较高收入	0.01041	0.02425	0.668	-0.0371	0.0580
		高收入	-0.03181	0.03460	0.358	-0.0996	0.0360
	中低收入	低收入	0.02241	0.01608	0.163	-0.0091	0.0539
		较低收入	0.03174	0.01689	0.060	-0.0014	0.0648
		中高收入	-0.01566	0.02116	0.459	-0.0571	0.0258
		较高收入	0.04215	0.02495	0.091	-0.0068	0.0911
		高收入	-0.00007	0.03509	0.998	-0.0689	0.0687
	中高收入	低收入	0.03807	0.01966	0.053	-0.0005	0.0766
		较低收入	0.04740*	0.02033	0.020	0.0075	0.0873
		中低收入	0.01566	0.02116	0.459	-0.0258	0.0571
		较高收入	0.05781*	0.02740	0.035	0.0041	0.1115
		高收入	0.01559	0.03687	0.672	-0.0567	0.0879
	较高收入	低收入	-0.01974	0.02370	0.405	-0.0662	0.0267
		较低收入	-0.01041	0.02425	0.668	-0.0580	0.0371
		中低收入	-0.04215	0.02495	0.091	-0.0911	0.0068
		中高收入	-0.05781*	0.02740	0.035	-0.1115	-0.0041
		高收入	-0.04222	0.03917	0.281	-0.1190	0.0346
	高收入	低收入	0.02249	0.03421	0.511	-0.0446	0.0895
		较低收入	0.03181	0.03460	0.358	-0.0360	0.0996
		中低收入	0.00007	0.03509	0.998	-0.0687	0.0689
		中高收入	-0.01559	0.03687	0.672	-0.0879	0.0567
		较高收入	0.04222	0.03917	0.281	-0.0346	0.1190

*. 均值差的显著性水平为0.05。

表9-8-4　不同收入被试危机压力总分的多重比较（2016年）

因变量	（I）收入	（J）收入	均值差（I-J）	标准误	显著性	95% 置信区间 下限	95% 置信区间 上限
危机压力总分	低收入	较低收入	-0.01699	0.01561	0.276	-0.0476	0.0136
		中低收入	0.00021	0.01567	0.989	-0.0305	0.0309
		中高收入	0.04313*	0.01640	0.009	0.0110	0.0753
		较高收入	-0.02376	0.01818	0.191	-0.0594	0.0119
		高收入	-0.01410	0.02556	0.581	-0.0642	0.0360
	较低收入	低收入	0.01699	0.01561	0.276	-0.0136	0.0476
		中低收入	0.01720	0.01566	0.272	-0.0135	0.0479
		中高收入	0.06012*	0.01640	0.000	0.0280	0.0923
		较高收入	-0.00678	0.01817	0.709	-0.0424	0.0288
		高收入	0.00289	0.02555	0.910	-0.0472	0.0530
	中低收入	低收入	-0.00021	0.01567	0.989	-0.0309	0.0305
		较低收入	-0.01720	0.01566	0.272	-0.0479	0.0135
		中高收入	0.04292*	0.01645	0.009	0.0107	0.0752
		较高收入	-0.02397	0.01822	0.188	-0.0597	0.0117
		高收入	-0.01431	0.02559	0.576	-0.0645	0.0359
	中高收入	低收入	-0.04313*	0.01640	0.009	-0.0753	-0.0110
		较低收入	-0.06012*	0.01640	0.000	-0.0923	-0.0280
		中低收入	-0.04292*	0.01645	0.009	-0.0752	-0.0107
		较高收入	-0.06689*	0.01886	0.000	-0.1039	-0.0299
		高收入	-0.05723*	0.02605	0.028	-0.1083	-0.0062
	较高收入	低收入	0.02376	0.01818	0.191	-0.0119	0.0594
		较低收入	0.00678	0.01817	0.709	-0.0288	0.0424
		中低收入	0.02397	0.01822	0.188	-0.0117	0.0597
		中高收入	0.06689*	0.01886	0.000	0.0299	0.1039
		高收入	0.00966	0.02720	0.722	-0.0437	0.0630
	高收入	低收入	0.01410	0.02556	0.581	-0.0360	0.0642
		较低收入	-0.00289	0.02555	0.910	-0.0530	0.0472
		中低收入	0.01431	0.02559	0.576	-0.0359	0.0645
		中高收入	0.05723*	0.02605	0.028	0.0062	0.1083
		较高收入	-0.00966	0.02720	0.722	-0.0630	0.0437

*．均值差的显著性水平为0.05。

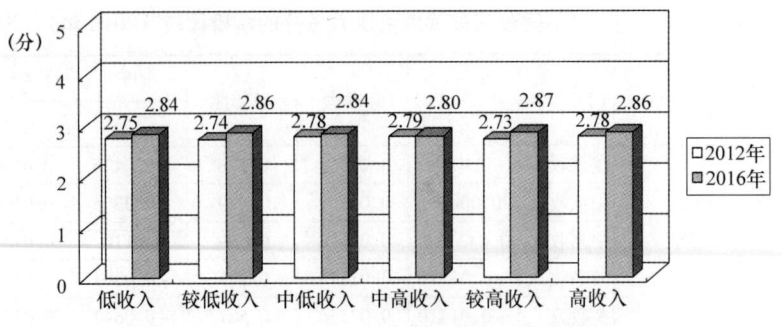

中国政治文化研究——不同公民群体的危机压力比较

图9-8 不同收入被试的危机压力总分比较

2016年不同收入被试的危机压力总分与2012年相比，低收入被试上升0.09分，较低收入被试上升0.12分，中低收入被试上升0.06分，中高收入被试上升0.01分，较高收入被试上升0.14分，高收入被试上升0.08分（见表9-8-5）。中高收入被试得分上升的幅度远小于另五种收入被试，使其成为2016年危机压力总分的最低得分者，并将不同收入被试危机压力总分的差异由不显著变成了显著。

表9-8-5　　　　　不同收入被试危机压力总分的变化

项目	2012年问卷调查	2016年问卷调查	2016年比2012年增减
低收入	2.75	2.84	+0.09
较低收入	2.74	2.86	+0.12
中低收入	2.78	2.84	+0.06
中高收入	2.79	2.80	+0.01
较高收入	2.73	2.87	+0.14
高收入	2.78	2.86	+0.08

通过本章的数据比较，可以对不同收入被试在危机压力方面所反映出来的差异做一个简单的小结。

第一，通过两次问卷调查，对不同收入被试的危机压力情况进行比较，可以看出公民的收入水平对危机压力感知有一定的影响。尽管2012年问卷调查显示不同收入被试的危机压力总分之间的差异未达到显著水平，但是2016年问卷调查显示的是不同收入被试的危机压力总分之间的差异已经达到显著水平。

第二，不同收入被试在六种危机压力上的得分排序，2012年和2016年两次问卷调查有所变化（见表9-8-6，表中括号内的数字，代表不同收入被试得分高低的排序）。仅比较六种危机压力的最高得分者，政治危机压力两次调查都是低收入被试得分最高，国际性危机压力两次调查都是高收入被试得分最高；经济危机压力、社会危机压力、生态危机压力则由2012年的中高收入被试得分最高，变成了2016年的较低收入被试、较高收入被试、高收入被试得分最高；文化危机压力则由2012年的低收入被试得分最高，变成了2016年的较高收入被试得分最高。还需要注意的是，中高收入被试在2016年有五种危机压力的得分最低（只有政治危机压力的得分居于次低得分的位置）。

表9-8-6　　　　　不同收入被试危机压力得分排序比较

2012年调查	低收入	较低收入	中低收入	中高收入	较高收入	高收入
政治危机压力	2.61（1）	2.57（2）	2.54（3）	2.50（4）	2.49（5）	2.46（6）
经济危机压力	2.27（6）	2.28（5）	2.37（2）	2.42（1）	2.34（3）	2.33（4）
社会危机压力	2.83（4）	2.80（6）	2.86（3）	2.87（1）	2.81（5）	2.87（1）
文化危机压力	2.80（1）	2.73（4）	2.76（3）	2.72（6）	2.73（4）	2.76（2）
生态危机压力	3.04（4）	3.04（4）	3.11（3）	3.21（1）	3.02（6）	3.17（2）
国际性危机压力	3.00（6）	3.05（2）	3.02（4）	3.03（3）	3.02（4）	3.06（1）
危机压力总分	2.75（4）	2.74（5）	2.78（2）	2.79（1）	2.73（6）	2.78（2）
2016年调查	低收入	较低收入	中低收入	中高收入	较高收入	高收入
政治危机压力	2.73（1）	2.70（4）	2.71（2）	2.65（5）	2.71（2）	2.64（6）
经济危机压力	2.40（5）	2.46（1）	2.45（3）	2.39（6）	2.42（4）	2.46（1）
社会危机压力	2.84（2）	2.83（3）	2.83（3）	2.76（6）	2.85（1）	2.82（5）
文化危机压力	2.84（5）	2.87（2）	2.85（4）	2.80（6）	2.92（1）	2.87（2）
生态危机压力	3.22（4）	3.27（2）	3.21（5）	3.18（6）	3.25（3）	3.30（1）
国际性危机压力	3.04（3）	3.04（3）	3.03（5）	3.02（6）	3.06（2）	3.08（1）
危机压力总分	2.84（4）	2.86（2）	2.84（4）	2.80（6）	2.87（1）	2.86（2）

第三，在六种危机压力中，两次问卷调查不同收入被试得分差异都达到显著水平的有经济危机压力、文化危机压力和生态危机压力，并且只是在文化危机压力方面2016年出现了一种收入被试（较高收入被试）得分显著高于四种收入被试的现象（未出现一种收入被试得分显著高于另五种收入被试的现象）；政治危机压力、国际性危机压力都由2012年的得分差异显著变成了2016年的得分差异不显著；社会危机压力则由2012年的得分差异不显著变成了2016年的得分差异显著。也就是说，在具体危机压力方面，不同收入被试的得分差异基本达到了六种压力"全覆盖"的水平。

第四，在六种收入被试中，最应注意的是中高收入被试的表现。2016年与2012年相比，中高收入被试的经济危机压力、社会危机压力、生态危机压力和国际性危机压力的得分都有所下降，只有政治危机压力、文化危机压力的得分有所上升，使得其危机压力总分只是略有上升，并显著低于另五种收入被试。不同收入被试在危机压力感知上之所以出现显著的差异，与中高收入被试2016年的突出表现有最密切的关系。

第五，2016年与2012年相比，低收入被试和较高收入被试的六种危机压力得分都有所上升，并使得这两种被试的危机压力总分都有较大幅度的上升；较低收入被试、中低收入被试和高收入被试则都是五种危机压力得分上升，只有一种危机压力得分下降（中低收入被试和高收入被试都是社会危机压力得分下降，较低收入被试则是国际性危机压力得分下降），使得这三种被试的危机压力总分有一定幅度的上升。相比之下，低收入和较高收入被试危机压力各项得分普遍下降，也是值得注意的重要现象。

第六，从2016年问卷调查的情况看，收入高（月均5001元及以上）的公民，可能对经济问题、生态问题、国际形势更为敏感（在经济危机压力、生态危机压力和国际性危机压力上，都是高收入被试的得分最高）；收入低（月均500元及以下）的公民，则可能对国内的政治问题更为敏感（在政治危机压力上，低收入被试的得分最高）；收入较高（月均3501—5000元）的公民，则可能更关注社会问题和文化问题（在社会危机压力和文化危机压力上，都是收入较高被试的得分最高）；中高收入（月均 2501—3500 元）的公民，对各种压力的敏感程度都相对弱一些（在政治危机压力以外的五种危机压力上，都是中高收入被试的得分最低）。这些现象是暂时的，还是会持续发生，还有待进一步的调查，才能做出更准确的评估。

第十章 危机压力的差异比较：区域

在2012年和2016年两次问卷调查中，都将全国分为五大区域："都会区"包括北京、天津、上海、重庆4个直辖市；"东部地区"包括河北、山东、江苏、浙江、福建、广东、海南7个省份；"西部地区"包括内蒙古、广西、西藏、宁夏、新疆5个自治区和云南、贵州、四川、陕西、甘肃、青海6个省份；"中部地区"包括山西、河南、湖北、湖南、江西、安徽6个省份；"东北地区"包括辽宁、吉林、黑龙江3个省份。2012年问卷调查涉及的10个省、自治区、直辖市的6519名被试，按五大区域划分，都会区（上海市和重庆市）1217人，占19.76%；东部地区（广东省和福建省）1227人，占19.92%；西部地区（新疆维吾尔自治区、四川省和青海省）1860人，占30.20%；中部地区（湖南省和山西省）1210人，占19.65%；东北地区（吉林省）645人，占10.47%。2016年问卷调查涉及的16个省、自治区、直辖市的6581名被试，按五大区域划分，都会区（北京市、天津市）821人，占12.48%；东北地区（辽宁省、吉林省）846人，占12.85%；东部地区（广东省、河北省、山东省、福建省）1707人，占25.94%；西部地区（内蒙古自治区、宁夏回族自治区、甘肃省、云南省、青海省）1961人，占29.80%；中部地区（湖北省、河南省、山西省）1246人，占18.93%。根据两次问卷调查的数据，可以比较不同区域被试危机压力的变化情况。

一 不同区域被试危机压力的总体情况

2012年问卷调查结果显示，都会区被试危机压力的总体得分在

第十章 危机压力的差异比较：区域

1.36—4.19分之间，均值为2.67，标准差为0.45。在六种危机压力中，都会区被试的政治危机压力得分在1.00—4.67分之间，均值为2.52，标准差为0.67；经济危机压力得分在1.00—5.00分之间，均值为2.25，标准差为0.66；社会危机压力得分在1.00—5.00分之间，均值为2.72，标准差为0.76；文化危机压力得分在1.00—4.50分之间，均值为2.70，标准差为0.59；生态危机压力得分在1.00—5.00分之间，均值为2.84，标准差为0.87；国际性危机压力得分在1.00—4.67分之间，均值为3.00，标准差为0.46（见表10-1-1和图10-1-1）。

表10-1-1　　　　都会区被试的危机压力总体描述统计（2012年）

项目	N	极小值	极大值	均值	标准差
危机压力总分	1209	1.36	4.19	2.6732	0.45166
政治危机压力	1216	1.00	4.67	2.5189	0.67009
经济危机压力	1215	1.00	5.00	2.2475	0.65645
社会危机压力	1216	1.00	5.00	2.7237	0.76122
文化危机压力	1214	1.00	4.50	2.7047	0.58879
生态危机压力	1217	1.00	5.00	2.8422	0.87062
国际性危机压力	1216	1.00	4.67	3.0027	0.46080
有效的N（列表状态）	1209				

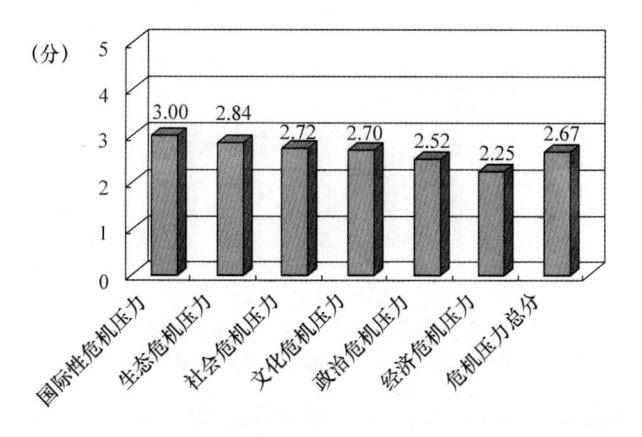

图10-1-1　都会区被试危机压力得分的总体情况（2012年）

2016年问卷调查结果显示，都会区被试危机压力的总体得分在1.22—3.86分之间，均值为2.64，标准差为0.55。在六种危机压力中，都会区被试的政治危机压力得分在1.00—4.00分之间，均值为2.40，标准差为0.80；经济危机压力得分在1.00—4.33分之间，均值为2.21，标准差为0.71；社会危机压力得分在1.00—5.00分之间，均值为2.64，标准差为0.86；文化危机压力得分在1.00—5.00分之间，均值为2.63，标准差为0.80；生态危机压力得分在1.00—5.00分之间，均值为3.08，标准差为0.78；国际性危机压力得分在1.00—4.67分之间，均值为2.89，标准差为0.54（见表10-1-2和图10-1-2）。

表10-1-2　都会区被试的危机压力总体描述统计（2016年）

项目	N	极小值	极大值	均值	标准差
危机压力总分	819	1.22	3.86	2.6404	0.54706
政治危机压力	821	1.00	4.00	2.3971	0.79557
经济危机压力	820	1.00	4.33	2.2065	0.70958
社会危机压力	821	1.00	5.00	2.6366	0.85598
文化危机压力	821	1.00	5.00	2.6285	0.80049
生态危机压力	821	1.00	5.00	3.0820	0.77933
国际性危机压力	820	1.00	4.67	2.8890	0.53757
有效的N（列表状态）	819				

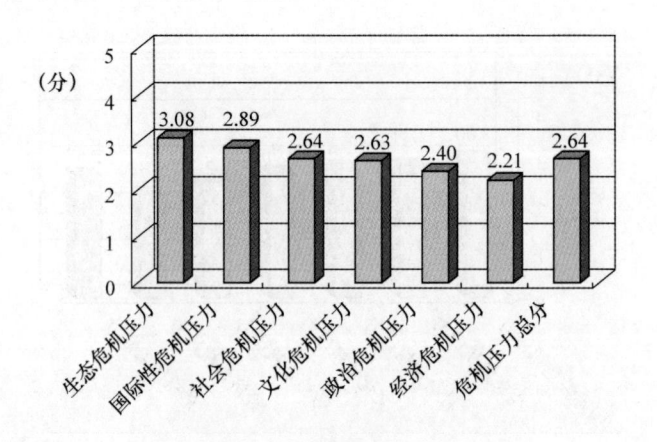

图10-1-2　都会区被试危机压力得分的总体情况（2016年）

第十章 危机压力的差异比较：区域

2012年问卷调查结果显示，东部地区被试危机压力的总体得分在1.33—4.40分之间，均值为2.86，标准差为0.44。在六种危机压力中，东部地区被试的政治危机压力得分在1.00—4.33分之间，均值为2.60，标准差为0.64；经济危机压力得分在1.00—5.00分之间，均值为2.45，标准差为0.73；社会危机压力得分在1.00—5.00分之间，均值为3.00，标准差为0.71；文化危机压力得分在1.00—5.00分之间，均值为2.81，标准差为0.59；生态危机压力得分在1.00—5.00分之间，均值为3.25，标准差为0.84；国际性危机压力得分在1.00—5.00分之间，均值为3.05，标准差为0.49（见表10-1-3和图10-1-3）。

表10-1-3 东部地区被试的危机压力总体描述统计（2012年）

项目	N	极小值	极大值	均值	标准差
危机压力总分	1213	1.33	4.40	2.8609	0.43501
政治危机压力	1223	1.00	4.33	2.6007	0.64293
经济危机压力	1225	1.00	5.00	2.4506	0.72544
社会危机压力	1225	1.00	5.00	3.0019	0.70948
文化危机压力	1224	1.00	5.00	2.8119	0.59036
生态危机压力	1225	1.00	5.00	3.2544	0.83819
国际性危机压力	1224	1.00	5.00	3.0507	0.49360
有效的N（列表状态）	1213				

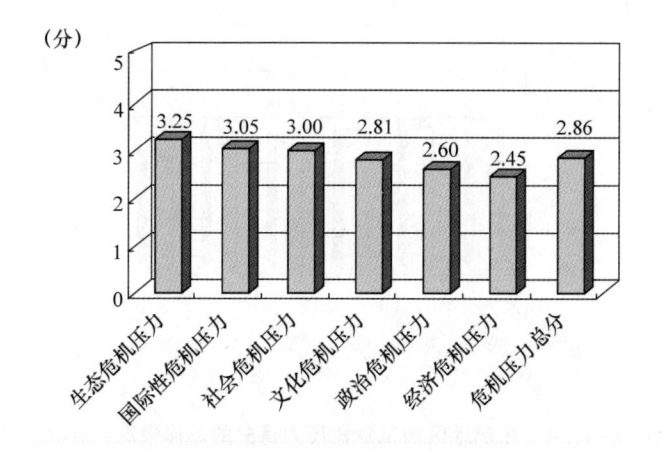

图10-1-3 东部地区被试危机压力得分的总体情况（2012年）

中国政治文化研究——不同公民群体的危机压力比较

2016年问卷调查结果显示，东部地区被试危机压力的总体得分在1.47—4.19分之间，均值为2.86，标准差为0.39。在六种危机压力中，东部地区被试的政治危机压力得分在1.00—4.67分之间，均值为2.71，标准差为0.68；经济危机压力得分在1.00—5.00分之间，均值为2.44，标准差为0.61；社会危机压力得分在1.00—5.00分之间，均值为2.85，标准差为0.66；文化危机压力得分在1.00—4.75分之间，均值为2.85，标准差为0.63；生态危机压力得分在1.00—5.00分之间，均值为3.25，标准差为0.69；国际性危机压力得分在1.33—4.67分之间，均值为3.07，标准差为0.46（见表10-1-4和图10-1-4）。

表10-1-4　东部地区被试的危机压力总体描述统计（2016年）

项目	N	极小值	极大值	均值	标准差
危机压力总分	1684	1.47	4.19	2.8613	0.38707
政治危机压力	1707	1.00	4.67	2.7128	0.67941
经济危机压力	1699	1.00	5.00	2.4418	0.60863
社会危机压力	1701	1.00	5.00	2.8522	0.65568
文化危机压力	1706	1.00	4.75	2.8511	0.62666
生态危机压力	1704	1.00	5.00	3.2508	0.69256
国际性危机压力	1700	1.33	4.67	3.0735	0.45533
有效的N（列表状态）	1684				

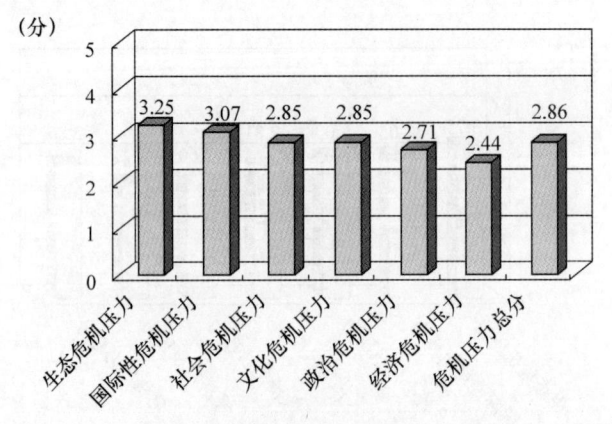

图10-1-4　东部地区被试危机压力得分的总体情况（2016年）

第十章 危机压力的差异比较：区域

2012 年问卷调查结果显示，西部地区被试危机压力的总体得分在 1.22—4.13 分之间，均值为 2.78，标准差为 0.43。在六种危机压力中，西部地区被试的政治危机压力得分在 1.00—4.67 分之间，均值为 2.54，标准差为 0.63；经济危机压力得分在 1.00—5.00 分之间，均值为 2.33，标准差为 0.68；社会危机压力得分在 1.00—5.00 分之间，均值为 2.84，标准差为 0.70；文化危机压力得分在 1.00—4.75 分之间，均值为 2.78，标准差为 0.60；生态危机压力得分在 1.00—5.00 分之间，均值为 3.17，标准差为 0.86；国际性危机压力得分在 1.00—5.00 分之间，均值为 3.02，标准差为 0.51（见表 10-1-5 和图 10-1-5）。

表 10-1-5　西部地区被试的危机压力总体描述统计（2012 年）

项目	N	极小值	极大值	均值	标准差
危机压力总分	1850	1.22	4.13	2.7786	0.43391
政治危机压力	1858	1.00	4.67	2.5423	0.63460
经济危机压力	1859	1.00	5.00	2.3321	0.67880
社会危机压力	1858	1.00	5.00	2.8366	0.69567
文化危机压力	1857	1.00	4.75	2.7824	0.60155
生态危机压力	1860	1.00	5.00	3.1663	0.86232
国际性危机压力	1858	1.00	5.00	3.0165	0.50850
有效的 N（列表状态）	1850				

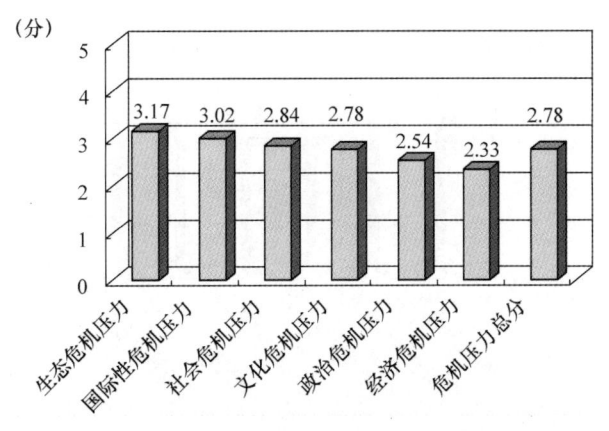

图 10-1-5　西部地区被试危机压力得分的总体情况（2012 年）

2016年问卷调查结果显示,西部地区被试危机压力的总体得分在1.44—4.06分之间,均值为2.83,标准差为0.38。在六种危机压力中,西部地区被试的政治危机压力得分在1.00—5.00分之间,均值为2.72,标准差为0.67;经济危机压力得分在1.00—5.00分之间,均值为2.39,标准差为0.61;社会危机压力得分在1.00—5.00分之间,均值为2.82,标准差为0.68;文化危机压力得分在1.00—4.50分之间,均值为2.81,标准差为0.60;生态危机压力得分在1.00—5.00分之间,均值为3.25,标准差为0.76;国际性危机压力得分在1.33—5.00分之间,均值为3.03,标准差为0.46(见表10-1-6和图10-1-6)。

表10-1-6　　西部地区被试的危机压力总体描述统计(2016年)

项目	N	极小值	极大值	均值	标准差
危机压力总分	1940	1.44	4.06	2.8336	0.38144
政治危机压力	1960	1.00	5.00	2.7224	0.66841
经济危机压力	1952	1.00	5.00	2.3870	0.61381
社会危机压力	1959	1.00	5.00	2.8162	0.68442
文化危机压力	1959	1.00	4.50	2.8062	0.60305
生态危机压力	1959	1.00	5.00	3.2466	0.76234
国际性危机压力	1956	1.33	5.00	3.0327	0.46406
有效的N(列表状态)	1940				

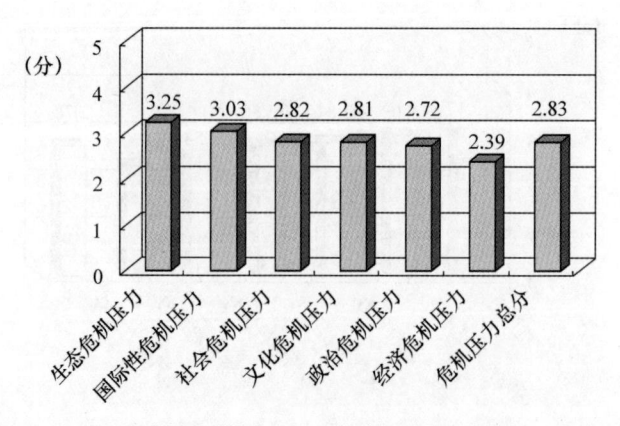

图10-1-6　西部地区被试危机压力得分的总体情况(2016年)

第十章　危机压力的差异比较：区域

2012年问卷调查结果显示，中部地区被试危机压力的总体得分在1.22—4.50分之间，均值为2.77，标准差为0.43。在六种危机压力中，中部地区被试的政治危机压力得分在1.00—5.00分之间，均值为2.60，标准差为0.64；经济危机压力得分在1.00—5.00分之间，均值为2.28，标准差为0.72；社会危机压力得分在1.00—5.00分之间，均值为2.84，标准差为0.67；文化危机压力得分在1.00—5.00分之间，均值为2.77，标准差为0.60；生态危机压力得分在1.00—5.00分之间，均值为3.10，标准差为0.84；国际性危机压力得分在1.00—4.67分之间，均值为3.01，标准差为0.49（见表10-1-7和图10-1-7）。

表10-1-7　中部地区被试的危机压力总体描述统计（2012年）

项目	N	极小值	极大值	均值	标准差
危机压力总分	1205	1.22	4.50	2.7673	0.42576
政治危机压力	1210	1.00	5.00	2.5994	0.64315
经济危机压力	1208	1.00	5.00	2.2834	0.72016
社会危机压力	1210	1.00	5.00	2.8355	0.67205
文化危机压力	1208	1.00	5.00	2.7715	0.59761
生态危机压力	1209	1.00	5.00	3.1006	0.83745
国际性危机压力	1208	1.00	4.67	3.0132	0.49055
有效的 N（列表状态）	1205				

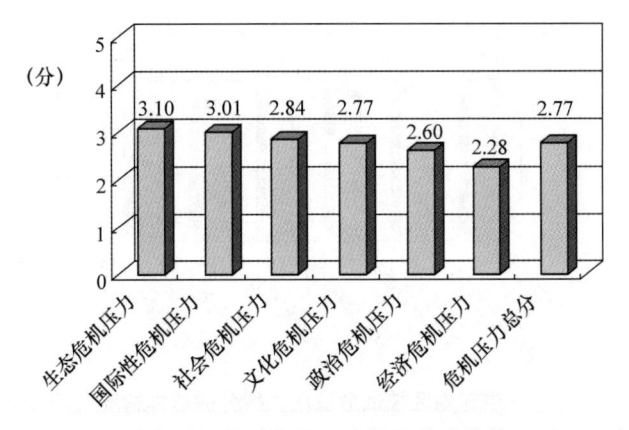

图10-1-7　中部地区被试危机压力得分的总体情况（2012年）

中国政治文化研究——不同公民群体的危机压力比较

2016年问卷调查结果显示，中部地区被试危机压力的总体得分在1.44—4.14分之间，均值为2.89，标准差为0.40。在六种危机压力中，中部地区被试的政治危机压力得分在1.00—5.00分之间，均值为2.71，标准差为0.69；经济危机压力得分在1.00—4.67分之间，均值为2.51，标准差为0.61；社会危机压力得分在1.00—5.00分之间，均值为2.87，标准差为0.70；文化危机压力得分在1.00—4.50分之间，均值为2.93，标准差为0.58；生态危机压力得分在1.00—5.00分之间，均值为3.27，标准差为0.77；国际性危机压力得分在1.33—4.67分之间，均值为3.05，标准差为0.47（见表10-1-8和图10-1-8）。

表10-1-8　　中部地区被试的危机压力总体描述统计（2016年）

项目	N	极小值	极大值	均值	标准差
危机压力总分	1238	1.44	4.14	2.8900	0.39556
政治危机压力	1245	1.00	5.00	2.7092	0.69376
经济危机压力	1246	1.00	4.67	2.5094	0.61008
社会危机压力	1244	1.00	5.00	2.8725	0.70371
文化危机压力	1243	1.00	4.50	2.9272	0.58024
生态危机压力	1245	1.00	5.00	3.2734	0.77102
国际性危机压力	1245	1.33	4.67	3.0541	0.46619
有效的N（列表状态）					

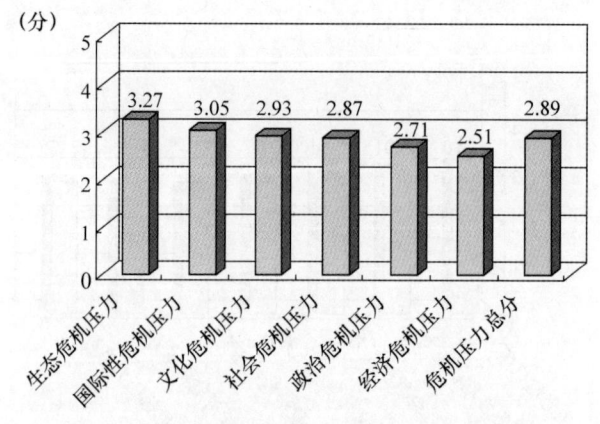

图10-1-8　中部地区被试危机压力得分的总体情况（2016年）

第十章 危机压力的差异比较：区域

2012年问卷调查结果显示，东北地区被试危机压力的总体得分在1.32—3.96分之间，均值为2.66，标准差为0.46。在六种危机压力中，东北地区被试的政治危机压力得分在1.00—4.33分之间，均值为2.51，标准差为0.67；经济危机压力得分在1.00—5.00分之间，均值为2.20，标准差为0.73；社会危机压力得分在1.00—4.67分之间，均值为2.71，标准差为0.70；文化危机压力得分在1.00—4.75分之间，均值为2.65，标准差为0.68；生态危机压力得分在1.00—5.00分之间，均值为2.86，标准差为0.95；国际性危机压力得分在1.00—5.00分之间，均值为3.04，标准差为0.53（见表10-1-9和图10-1-9）。

表10-1-9　东北地区被试的危机压力总体描述统计（2012年）

项目	N	极小值	极大值	均值	标准差
危机压力总分	639	1.32	3.96	2.6600	0.46438
政治危机压力	644	1.00	4.33	2.5093	0.67344
经济危机压力	644	1.00	5.00	2.2034	0.73416
社会危机压力	645	1.00	4.67	2.7059	0.69815
文化危机压力	642	1.00	4.75	2.6464	0.67910
生态危机压力	645	1.00	5.00	2.8646	0.95133
国际性危机压力	644	1.00	5.00	3.0409	0.52701
有效的N（列表状态）	639				

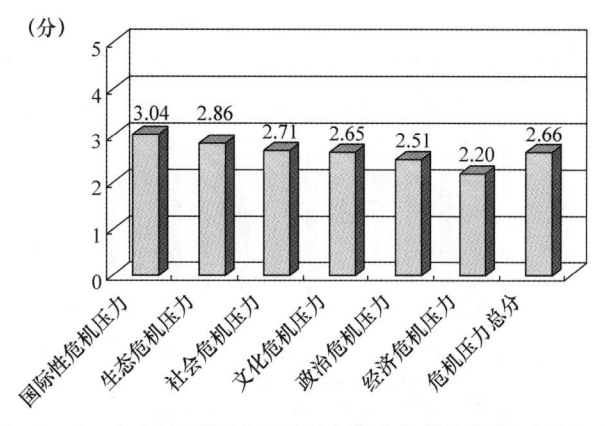

图10-1-9　东北地区被试危机压力得分的总体情况（2012年）

中国政治文化研究——不同公民群体的危机压力比较

2016年问卷调查结果显示,东北地区被试危机压力的总体得分在1.57—3.97之间,均值为2.96,标准差为0.34。在六种危机压力中,东北地区被试的政治危机压力得分在1.00—4.67分之间,均值为2.90,标准差为0.64;经济危机压力得分在1.00—4.67分之间,均值为2.59,标准差为0.52;社会危机压力得分在1.00—5.00分之间,均值为2.89,标准差为0.66;文化危机压力得分在1.25—4.25分之间,均值为3.07,标准差为0.55;生态危机压力得分在1.00—5.00分之间,均值为3.25,标准差为0.67;国际性危机压力得分在1.33—4.67分之间,均值为3.09,标准差为0.53(见表10-1-10和图10-1-10)。

表10-1-10　东北地区被试的危机压力总体描述统计(2016年)

项目	N	极小值	极大值	均值	标准差
危机压力总分	837	1.57	3.97	2.9637	0.34333
政治危机压力	845	1.00	4.67	2.8986	0.63810
经济危机压力	843	1.00	4.67	2.5919	0.51714
社会危机压力	843	1.00	5.00	2.8940	0.65637
文化危机压力	845	1.25	4.25	3.0746	0.54621
生态危机压力	845	1.00	5.00	3.2473	0.66565
国际性危机压力	846	1.33	4.67	3.0855	0.53113
有效的 N(列表状态)	837				

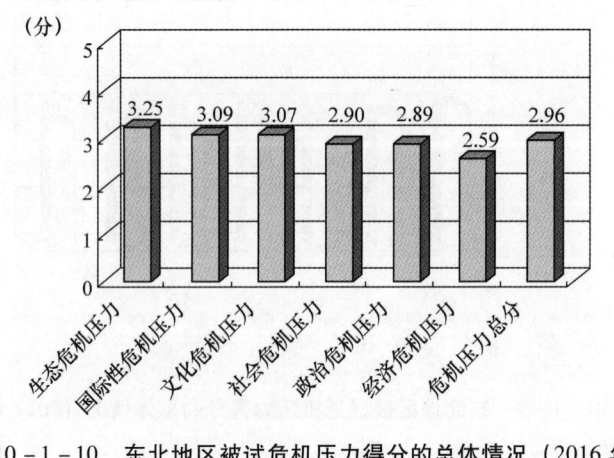

图10-1-10　东北地区被试危机压力得分的总体情况(2016年)

六种危机压力的得分由高到低排序（见表 10-1-11），东部地区和西部地区被试两次调查的排序相同，都是生态危机压力第一、国际性危机压力第二、社会危机压力第三、文化危机压力第四、政治危机压力第五、经济危机压力第六；中部地区被试 2012 年的排序与东部地区、西部地区被试排序相同，2016 年的排序改为生态危机压力第一、国际性危机压力第二、文化危机压力第三、社会危机压力第四、政治危机压力第五、经济危机压力第六（文化危机压力排序上升，社会危机压力排序下降）；都会区和东北地区被试 2012 年的得分排序都是国际性危机压力第一、生态危机压力第二、社会危机压力第三、文化危机压力第四、政治危机压力第五、经济危机压力第六，都会区被试 2016 年的排序改为生态危机压力第一、国际性危机压力第二、社会危机压力第三、文化危机压力第四、政治危机压力第五、经济危机压力第六（第一、第二位互换），东北地区被试 2016 年的排序改为生态危机压力第一、国际性危机压力第二、文化危机压力第三、政治危机压力第四、社会危机压力第五、经济危机压力第六（前五位排序都与 2012 年不同，尤其需要注意的是政治危机压力排序在社会危机压力之前，是较少出现的现象）。

表 10-1-11　各区域被试六种危机压力得分排序的变化

项目	都会区 2012	都会区 2016	东部地区 2012	东部地区 2016	西部地区 2012	西部地区 2016	中部地区 2012	中部地区 2016	东北地区 2012	东北地区 2016
政治危机	5	5	5	5	5	5	5	5	5	4
经济危机	6	6	6	6	6	6	6	6	6	6
社会危机	3	3	3	3	3	3	3	4	3	5
文化危机	4	4	4	4	4	4	4	3	4	3
生态危机	2	1	1	1	1	1	1	1	2	1
国际性危机	1	2	2	2	2	2	2	2	1	2

二　不同区域被试的政治危机压力比较

对不同区域被试政治危机压力得分的差异性进行方差分析（见表

10-2-1、表10-2-2、表10-2-3和图10-2），2012年问卷调查显示不同区域被试的政治危机压力得分之间差异显著，$F=4.831$，$p<0.01$，都会区被试（$M=2.52$，$SD=0.67$）的得分显著低于东部地区被试（$M=2.60$，$SD=0.64$）和中部地区被试（$M=2.60$，$SD=0.64$），与西部地区被试（$M=2.54$，$SD=0.63$）和东北地区被试（$M=2.51$，$SD=0.67$）之间的得分差异不显著；东部地区被试的得分显著高于西部地区、东北地区被试，与中部地区之间的得分差异不显著；西部地区被试的得分显著低于中部地区被试，与东北地区被试之间的得分差异不显著；中部地区被试的得分显著高于东北地区被试。2016年问卷调查也显示不同区域被试的政治危机压力得分之间差异显著，$F=57.881$，$p<0.001$，都会区被试（$M=2.40$，$SD=0.80$）的得分显著低于东部地区被试（$M=2.71$，$SD=0.68$）、西部地区被试（$M=2.72$，$SD=0.67$）、中部地区被试（$M=2.71$，$SD=0.69$）和东北地区被试（$M=2.90$，$SD=0.64$）；东北地区被试的得分显著高于东部地区、西部地区、中部地区被试；东部地区、西部地区、中部地区三种被试相互间的得分差异均不显著。

通过比较可以看出，由2012年到2016年发生的重要变化，一是2016年出现了一种区域被试（东北地区被试）得分显著高于另四种区域被试的现象（2012年只出现了一种区域被试得分显著高于三种区域被试的现象）；二是2016年还出现了一种区域被试（都会区被试）得分显著低于另四种区域被试的现象。

表10-2-1　　　　不同区域被试政治危机压力得分的差异比较

2012年问卷调查		N	均值	标准差	标准误	95% 置信区间 下限	95% 置信区间 上限	极小值	极大值
政治危机压力	都会区	1216	2.5189	0.67009	0.01922	2.4812	2.5566	1.00	4.67
	东部地区	1223	2.6007	0.64293	0.01838	2.5646	2.6368	1.00	4.33
	西部地区	1858	2.5423	0.63460	0.01472	2.5135	2.5712	1.00	4.67
	中部地区	1210	2.5994	0.64315	0.01849	2.5632	2.6357	1.00	5.00
	东北地区	644	2.5093	0.67344	0.02654	2.4572	2.5614	1.00	4.33
	总数	6151	2.5571	0.65000	0.00829	2.5408	2.5733	1.00	5.00

续表

2016年问卷调查		N	均值	标准差	标准误	95% 置信区间 下限	95% 置信区间 上限	极小值	极大值
政治危机压力	都会区	821	2.3971	0.79557	0.02777	2.3426	2.4516	1.00	4.00
	东部地区	1707	2.7128	0.67941	0.01644	2.6805	2.7450	1.00	4.67
	西部地区	1960	2.7224	0.66841	0.01510	2.6928	2.7521	1.00	5.00
	中部地区	1245	2.7092	0.69376	0.01966	2.6707	2.7478	1.00	5.00
	东北地区	845	2.8986	0.63810	0.02195	2.8555	2.9417	1.00	4.67
	总数	6578	2.6995	0.70124	0.00865	2.6825	2.7164	1.00	5.00

表10-2-2　　不同区域被试政治危机压力得分的方差分析结果

2012年问卷调查		平方和	df	均方	F	显著性
政治危机压力	组间	8.144	4	2.036	4.831	0.001
	组内	2590.224	6146	0.421		
	总数	2598.368	6150			

2016年问卷调查		平方和	df	均方	F	显著性
政治危机压力	组间	110.042	4	27.510	57.881	0.000
	组内	3124.110	6573	0.475		
	总数	3234.151	6577			

表10-2-3　　不同区域被试政治危机压力得分的多重比较

2012年问卷调查	(I) 区域	(J) 区域	均值差 (I-J)	标准误	显著性	95% 置信区间 下限	95% 置信区间 上限
政治危机压力	都会区	东部地区	-0.08179*	0.02629	0.002	-0.1333	-0.0303
		西部地区	-0.02342	0.02395	0.328	-0.0704	0.0235
		中部地区	-0.08053*	0.02636	0.002	-0.1322	-0.0289
		东北地区	0.00960	0.03164	0.762	-0.0524	0.0716

续表

2012年问卷调查	(I) 区域	(J) 区域	均值差(I-J)	标准误	显著性	95% 置信区间 下限	95% 置信区间 上限
政治危机压力	东部地区	都会区	0.08179*	0.02629	0.002	0.0303	0.1333
		西部地区	0.05837*	0.02390	0.015	0.0115	0.1052
		中部地区	0.00126	0.02632	0.962	-0.0503	0.0529
		东北地区	0.09139*	0.03161	0.004	0.0294	0.1534
	西部地区	都会区	0.02342	0.02395	0.328	-0.0235	0.0704
		东部地区	-0.05837*	0.02390	0.015	-0.1052	-0.0115
		中部地区	-0.05711*	0.02398	0.017	-0.1041	-0.0101
		东北地区	0.03302	0.02969	0.266	-0.0252	0.0912
	中部地区	都会区	0.08053*	0.02636	0.002	0.0289	0.1322
		东部地区	-0.00126	0.02632	0.962	-0.0529	0.0503
		西部地区	0.05711*	0.02398	0.017	0.0101	0.1041
		东北地区	0.09013*	0.03167	0.004	0.0281	0.1522
	东北地区	都会区	-0.00960	0.03164	0.762	-0.0716	0.0524
		东部地区	-0.09139*	0.03161	0.004	-0.1534	-0.0294
		西部地区	-0.03302	0.02969	0.266	-0.0912	0.0252
		中部地区	-0.09013*	0.03167	0.004	-0.1522	-0.0281

2016年问卷调查	(I) 区域	(J) 区域	均值差(I-J)	标准误	显著性	95% 置信区间 下限	95% 置信区间 上限
政治危机压力	都会区	东部地区	-0.31567*	0.02928	0.000	-0.3731	-0.2583
		西部地区	-0.32537*	0.02866	0.000	-0.3816	-0.2692
		中部地区	-0.31216*	0.03099	0.000	-0.3729	-0.2514
		东北地区	-0.50154*	0.03378	0.000	-0.5678	-0.4353
	东部地区	都会区	0.31567*	0.02928	0.000	0.2583	0.3731
		西部地区	-0.00970	0.02282	0.671	-0.0544	0.0350
		中部地区	0.00351	0.02569	0.891	-0.0469	0.0539
		东北地区	-0.18587*	0.02900	0.000	-0.2427	-0.1290

第十章 危机压力的差异比较：区域

续表

2016年问卷调查	(I) 区域	(J) 区域	均值差(I-J)	标准误	显著性	95% 置信区间 下限	95% 置信区间 上限
政治危机压力	西部地区	都会区	0.32537*	0.02866	0.000	0.2692	0.3816
		东部地区	0.00970	0.02282	0.671	-0.0350	0.0544
		中部地区	0.01321	0.02499	0.597	-0.0358	0.0622
		东北地区	-0.17617*	0.02837	0.000	-0.2318	-0.1206
	中部地区	都会区	0.31216*	0.03099	0.000	0.2514	0.3729
		东部地区	-0.00351	0.02569	0.891	-0.0539	0.0469
		西部地区	-0.01321	0.02499	0.597	-0.0622	0.0358
		东北地区	-0.18938*	0.03073	0.000	-0.2496	-0.1291
	东北地区	都会区	0.50154*	0.03378	0.000	0.4353	0.5678
		东部地区	0.18587*	0.02900	0.000	0.1290	0.2427
		西部地区	0.17617*	0.02837	0.000	0.1206	0.2318
		中部地区	0.18938*	0.03073	0.000	0.1291	0.2496

*. 均值差的显著性水平为0.05。

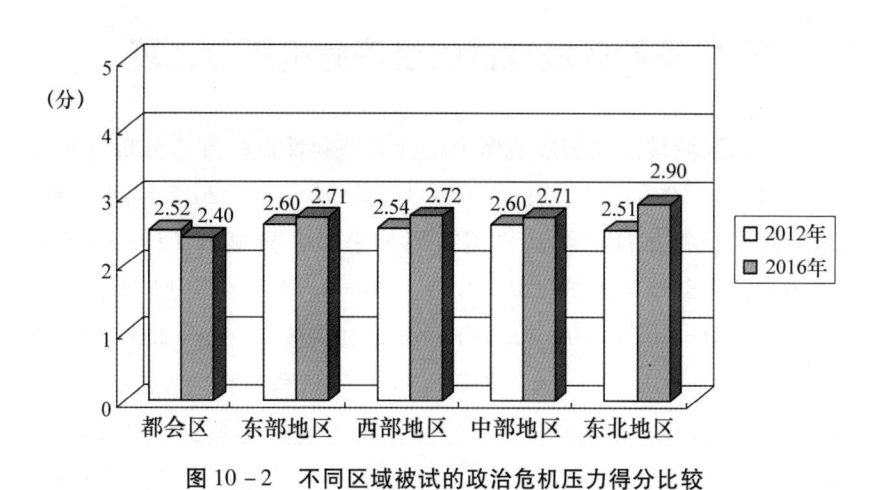

图10-2 不同区域被试的政治危机压力得分比较

2016年与2012年相比，都会区被试政治危机压力的得分下降0.12分，东部地区被试政治危机压力的得分上升0.11分，西部地区被试政治危机压力的得分上升0.18分,中部地区被试政治危机压力的得分上升0.11分,东北地区被试政治危机压力的得分上升0.39分(见表10-2-4)。都会区被试得分下降和其他区域被试得分的上升,使得都会区被试的政治危机压力得分在2016年达到了显著低于另四种区域被试的水平。东北地区被试得分的大幅度上升,拉大了与其他区域被试的得分差距,使得东北地区被试的政治危机压力得分在2016年达到了显著高于另四种区域被试的水平。

表10-2-4　　不同区域被试政治危机压力得分的变化

项目	2012年问卷调查	2016年问卷调查	2016年比2012年增减
都会区	2.52	2.40	-0.12
东部地区	2.60	2.71	+0.11
西部地区	2.54	2.72	+0.18
中部地区	2.60	2.71	+0.11
东北地区	2.51	2.90	+0.39

三　不同区域被试的经济危机压力比较

对不同区域被试经济危机压力得分的差异性进行方差分析(见表10-3-1、表10-3-2、表10-3-3和图10-3),2012年问卷调查显示不同区域被试的经济危机压力得分之间差异显著,$F = 19.403$,$p < 0.001$,东部地区被试($M = 2.45$,$SD = 0.73$)的得分显著高于都会区被试($M = 2.25$,$SD = 0.66$)、西部地区被试($M = 2.33$,$SD = 0.68$)、中部地区被试($M = 2.28$,$SD = 0.72$)和东北地区被试($M = 2.20$,$SD = 0.73$);东北地区被试的得分显著低于西部地区、中部地区被试,与都会区被试之间的得分差异不显著;西部地区被试的得分显著高于都会区被试,与中部地区被试之间的得分差异不显著;都会区被试与中部地区被试之间的得分差异不显著。2016年问卷调查也显示不同区域被试的经济危机压力得分之间差异显著,$F = 49.692$,$p < 0.001$,

第十章 危机压力的差异比较:区域

都会区被试（$M = 2.21$，$SD = 0.71$）的得分显著低于东部地区被试（$M = 2.44$，$SD = 0.61$）、西部地区被试（$M = 2.39$，$SD = 0.61$）、中部地区被试（$M = 2.51$，$SD = 0.61$）和东北地区被试（$M = 2.59$，$SD = 0.52$）；东北地区被试的得分显著高于东部地区、西部地区、中部地区被试；中部地区被试的得分显著高于东部地区、西部地区被试；东部地区被试的得分显著高于西部地区被试。

通过比较可以看出，由2012年到2016年发生的重要变化，一是2016年出现了一种区域被试（都会区被试）得分显著低于另四种区域被试的现象（2012年只出现了一种区域被试的得分显著低于三种区域被试的现象）；二是一种区域被试得分显著高于另四种区域被试的现象依然延续，但是最高得分者由2012年的东部地区被试，变成了2016年的东北地区被试。

表10-3-1　　不同区域被试经济危机压力得分的差异比较

2012年问卷调查		N	均值	标准差	标准误	95% 置信区间 下限	95% 置信区间 上限	极小值	极大值
经济危机压力	都会区	1215	2.2475	0.65645	0.01883	2.2105	2.2844	1.00	5.00
	东部地区	1225	2.4506	0.72544	0.02073	2.4099	2.4913	1.00	5.00
	西部地区	1859	2.3321	0.67880	0.01574	2.3012	2.3630	1.00	5.00
	中部地区	1208	2.2834	0.72016	0.02072	2.2427	2.3240	1.00	5.00
	东北地区	644	2.2034	0.73416	0.02893	2.1466	2.2602	1.00	5.00
	总数	6151	2.3159	0.70235	0.00896	2.2984	2.3335	1.00	5.00

2016年问卷调查		N	均值	标准差	标准误	95% 置信区间 下限	95% 置信区间 上限	极小值	极大值
经济危机压力	都会区	820	2.2065	0.70958	0.02478	2.1579	2.2551	1.00	4.33
	东部地区	1699	2.4418	0.60863	0.01477	2.4129	2.4708	1.00	5.00
	西部地区	1952	2.3870	0.61381	0.01389	2.3597	2.4142	1.00	5.00
	中部地区	1246	2.5094	0.61008	0.01728	2.4755	2.5433	1.00	4.67
	东北地区	843	2.5919	0.51714	0.01781	2.5570	2.6269	1.00	4.67
	总数	6560	2.4282	0.62227	0.00768	2.4131	2.4433	1.00	5.00

表10-3-2　　　　不同区域被试经济危机压力得分的方差分析结果

2012年问卷调查		平方和	df	均方	F	显著性
经济危机压力	组间	37.833	4	9.458	19.403	0.000
	组内	2995.972	6146	0.487		
	总数	3033.805	6150			
2016年问卷调查		平方和	df	均方	F	显著性
经济危机压力	组间	74.746	4	18.687	49.692	0.000
	组内	2464.992	6555	0.376		
	总数	2539.738	6559			

表10-3-3　　　　不同区域被试经济危机压力得分的多重比较

2012年问卷调查	(I)区域	(J)区域	均值差(I-J)	标准误	显著性	95%置信区间下限	95%置信区间上限
经济危机压力	都会区	东部地区	-0.20315*	0.02827	0.000	-0.2586	-0.1477
		西部地区	-0.08462*	0.02576	0.001	-0.1351	-0.0341
		中部地区	-0.03593	0.02837	0.205	-0.0915	0.0197
		东北地区	0.04405	0.03403	0.196	-0.0227	0.1108
	东部地区	都会区	0.20315*	0.02827	0.000	0.1477	0.2586
		西部地区	0.11853*	0.02569	0.000	0.0682	0.1689
		中部地区	0.16722*	0.02831	0.000	0.1117	0.2227
		东北地区	0.24720*	0.03398	0.000	0.1806	0.3138
	西部地区	都会区	0.08462*	0.02576	0.001	0.0341	0.1351
		东部地区	-0.11853*	0.02569	0.000	-0.1689	-0.0682
		中部地区	0.04869	0.02580	0.059	-0.0019	0.0993
		东北地区	0.12866*	0.03192	0.000	0.0661	0.1912

续表

2012年问卷调查	(I) 区域	(J) 区域	均值差(I-J)	标准误	显著性	95% 置信区间 下限	95% 置信区间 上限
经济危机压力	中部地区	都会区	0.03593	0.02837	0.205	-0.0197	0.0915
		东部地区	-0.16722*	0.02831	0.000	-0.2227	-0.1117
		西部地区	-0.04869	0.02580	0.059	-0.0993	0.0019
		东北地区	0.07997*	0.03407	0.019	0.0132	0.1468
	东北地区	都会区	-0.04405	0.03403	0.196	-0.1108	0.0227
		东部地区	-0.24720*	0.03398	0.000	-0.3138	-0.1806
		西部地区	-0.12866*	0.03192	0.000	-0.1912	-0.0661
		中部地区	-0.07997*	0.03407	0.019	-0.1468	-0.0132

2016年问卷调查	(I) 区域	(J) 区域	均值差(I-J)	标准误	显著性	95% 置信区间 下限	95% 置信区间 上限
经济危机压力	都会区	东部地区	-0.23532*	0.02608	0.000	-0.2864	-0.1842
		西部地区	-0.18045*	0.02552	0.000	-0.2305	-0.1304
		中部地区	-0.30286*	0.02758	0.000	-0.3569	-0.2488
		东北地区	-0.38543*	0.03008	0.000	-0.4444	-0.3265
	东部地区	都会区	0.23532*	0.02608	0.000	0.1842	0.2864
		西部地区	0.05487*	0.02035	0.007	0.0150	0.0948
		中部地区	-0.06753*	0.02287	0.003	-0.1124	-0.0227
		东北地区	-0.15011*	0.02583	0.000	-0.2007	-0.0995
	西部地区	都会区	0.18045*	0.02552	0.000	0.1304	0.2305
		东部地区	-0.05487*	0.02035	0.007	-0.0948	-0.0150
		中部地区	-0.12241*	0.02224	0.000	-0.1660	-0.0788
		东北地区	-0.20498*	0.02527	0.000	-0.2545	-0.1554
	中部地区	都会区	0.30286*	0.02758	0.000	0.2488	0.3569
		东部地区	0.06753*	0.02287	0.003	0.0227	0.1124
		西部地区	0.12241*	0.02224	0.000	0.0788	0.1660
		东北地区	-0.08257*	0.02735	0.003	-0.1362	-0.0290
	东北地区	都会区	0.38543*	0.03008	0.000	0.3265	0.4444
		东部地区	0.15011*	0.02583	0.000	0.0995	0.2007
		西部地区	0.20498*	0.02527	0.000	0.1554	0.2545
		中部地区	0.08257*	0.02735	0.003	0.0290	0.1362

*. 均值差的显著性水平为0.05。

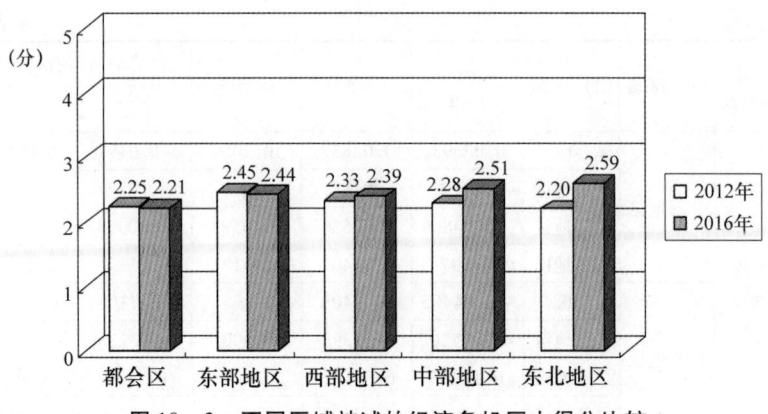

中国政治文化研究——不同公民群体的危机压力比较

图 10-3 不同区域被试的经济危机压力得分比较

2016年与2012年相比,都会区被试经济危机压力的得分下降0.04分,东部地区被试经济危机压力的得分下降0.01分,西部地区被试经济危机压力的得分上升0.06分,中部地区被试经济危机压力的得分上升0.23分,东北地区被试经济危机压力的得分上升0.39分(见表10-3-4)。都会区被试的得分下降,使其在2016年成为经济危机压力的最低得分并达到了得分显著低于另四种区域被试的水平。东北地区被试得分的大幅度上升,使其由2012年经济危机压力的最低得分变成2016年经济危机压力的最高得分并达到了得分显著高于另四种区域被试的水平。中部地区被试得分较大幅度上升,也是值得注意的现象,因为在2016年其经济危机压力得分已达到了显著高于三种区域被试的水平。

表 10-3-4　　　　不同区域被试经济危机压力得分的变化

项目	2012年问卷调查	2016年问卷调查	2016年比2012年增减
都会区	2.25	2.21	-0.04
东部地区	2.45	2.44	-0.01
西部地区	2.33	2.39	+0.06
中部地区	2.28	2.51	+0.23
东北地区	2.20	2.59	+0.39

四 不同区域被试的社会危机压力比较

对不同区域被试社会危机压力得分的差异性进行方差分析（见表 10-4-1、表 10-4-2、表 10-4-3 和图 10-4），2012 年问卷调查显示不同区域被试的社会危机压力得分之间差异显著，$F = 29.919$，$p < 0.001$，东部地区被试（$M = 3.00$，$SD = 0.71$）的得分显著高于都会区被试（$M = 2.72$，$SD = 0.76$）、西部地区被试（$M = 2.84$，$SD = 0.70$）、中部地区被试（$M = 2.84$，$SD = 0.67$）和东北地区被试（$M = 2.71$，$SD = 0.70$）；都会区被试的得分显著低于西部地区、中部地区被试，与东北地区被试之间的得分差异不显著；西部地区被试的得分显著高于东北地区被试，与中部地区被试之间的得分差异不显著；中部地区被试的得分显著高于东北地区被试。2016 年问卷调查也显示不同区域被试的社会危机压力得分之间差异显著，$F = 18.992$，$p < 0.001$，都会区被试（$M = 2.64$，$SD = 0.86$）的得分显著低于东部地区被试（$M = 2.85$，$SD = 0.66$）、西部地区被试（$M = 2.82$，$SD = 0.68$）、中部地区被试（$M = 2.87$，$SD = 0.70$）和东北地区被试（$M = 2.89$，$SD = 0.66$）；西部地区被试的得分显著高于中部地区、东北地区被试，与东部地区被试之间的得分差异不显著；东部地区、中部地区、东北地区三种被试相互间的得分差异均不显著。

通过比较可以看出，由 2012 年到 2016 年发生的重要变化，一是 2012 年出现的一种区域被试（东部地区被试）得分显著高于另四种区域被试的现象，2016 年未能延续；二是 2016 年出现了一种区域被试（都会区被试）得分显著低于另四种区域被试的现象。

表10-4-1　　　不同区域被试社会危机压力得分的差异比较

2012年问卷调查		N	均值	标准差	标准误	95% 置信区间 下限	95% 置信区间 上限	极小值	极大值
社会危机压力	都会区	1216	2.7237	0.76122	0.02183	2.6809	2.7665	1.00	5.00
	东部地区	1225	3.0019	0.70948	0.02027	2.9621	3.0417	1.00	5.00
	西部地区	1858	2.8366	0.69567	0.01614	2.8049	2.8682	1.00	5.00
	中部地区	1210	2.8355	0.67205	0.01932	2.7976	2.8734	1.00	5.00
	东北地区	645	2.7059	0.69815	0.02749	2.6520	2.7599	1.00	4.67
	总数	6154	2.8333	0.71422	0.00910	2.8154	2.8511	1.00	5.00

2016年问卷调查		N	均值	标准差	标准误	95% 置信区间 下限	95% 置信区间 上限	极小值	极大值
社会危机压力	都会区	821	2.6366	0.85598	0.02987	2.5780	2.6953	1.00	5.00
	东部地区	1701	2.8522	0.65568	0.01590	2.8211	2.8834	1.00	5.00
	西部地区	1959	2.8162	0.68442	0.01546	2.7859	2.8466	1.00	5.00
	中部地区	1244	2.8725	0.70371	0.01995	2.8333	2.9116	1.00	5.00
	东北地区	843	2.8940	0.65637	0.02261	2.8497	2.9384	1.00	5.00
	总数	6568	2.8237	0.70506	0.00870	2.8067	2.8408	1.00	5.00

表10-4-2　　　不同区域被试社会危机压力得分的方差分析结果

2012年问卷调查		平方和	df	均方	F	显著性
社会危机压力	组间	59.922	4	14.981	29.919	0.000
	组内	3078.800	6149	0.501		
	总数	3138.722	6153			

2016年问卷调查		平方和	df	均方	F	显著性
社会危机压力	组间	37.355	4	9.339	18.992	0.000
	组内	3227.152	6563	0.492		
	总数	3264.507	6567			

第十章 危机压力的差异比较：区域

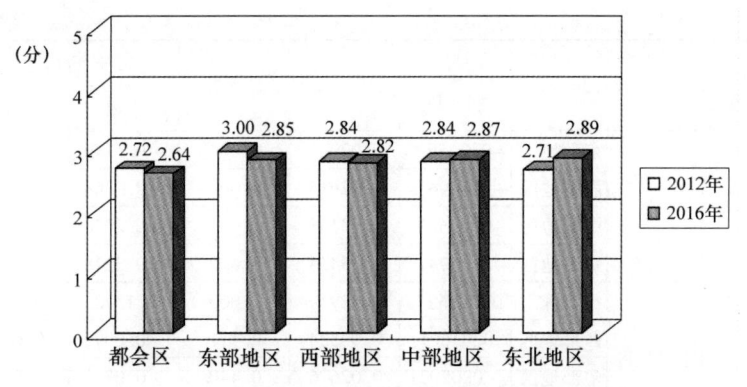

图 10-4 不同区域被试的社会危机压力得分比较

表 10-4-3　　不同区域被试社会危机压力得分的多重比较

2012年问卷调查	(I) 区域	(J) 区域	均值差 (I-J)	标准误	显著性	95% 置信区间 下限	95% 置信区间 上限
社会危机压力	都会区	东部地区	-0.27822*	0.02864	0.000	-0.3344	-0.2221
		西部地区	-0.11288*	0.02610	0.000	-0.1640	-0.0617
		中部地区	-0.11185*	0.02873	0.000	-0.1682	-0.0555
		东北地区	0.01774	0.03447	0.607	-0.0498	0.0853
	东部地区	都会区	0.27822*	0.02864	0.000	0.2221	0.3344
		西部地区	0.16534*	0.02604	0.000	0.1143	0.2164
		中部地区	0.16637*	0.02868	0.000	0.1101	0.2226
		东北地区	0.29596*	0.03442	0.000	0.2285	0.3634
	西部地区	都会区	0.11288*	0.02610	0.000	0.0617	0.1640
		东部地区	-0.16534*	0.02604	0.000	-0.2164	-0.1143
		中部地区	0.00103	0.02614	0.969	-0.0502	0.0523
		东北地区	0.13062*	0.03234	0.000	0.0672	0.1940
	中部地区	都会区	0.11185*	0.02873	0.000	0.0555	0.1682
		东部地区	-0.16637*	0.02868	0.000	-0.2226	-0.1101
		西部地区	-0.00103	0.02614	0.969	-0.0523	0.0502
		东北地区	0.12959*	0.03450	0.000	0.0620	0.1972
	东北地区	都会区	-0.01774	0.03447	0.607	-0.0853	0.0498
		东部地区	-0.29596*	0.03442	0.000	-0.3634	-0.2285
		西部地区	-0.13062*	0.03234	0.000	-0.1940	-0.0672
		中部地区	-0.12959*	0.03450	0.000	-0.1972	-0.0620

续表

2016年问卷调查	(I) 区域	(J) 区域	均值差(I-J)	标准误	显著性	95% 置信区间 下限	95% 置信区间 上限
社会危机压力	都会区	东部地区	-0.21562*	0.02980	0.000	-0.2740	-0.1572
		西部地区	-0.17961*	0.02915	0.000	-0.2368	-0.1225
		中部地区	-0.23583*	0.03153	0.000	-0.2976	-0.1740
		东北地区	-0.25741*	0.03438	0.000	-0.3248	-0.1900
	东部地区	都会区	0.21562*	0.02980	0.000	0.1572	0.2740
		西部地区	0.03601	0.02324	0.121	-0.0095	0.0816
		中部地区	-0.02021	0.02616	0.440	-0.0715	0.0311
		东北地区	-0.04179	0.02954	0.157	-0.0997	0.0161
	西部地区	都会区	0.17961*	0.02915	0.000	0.1225	0.2368
		东部地区	-0.03601	0.02324	0.121	-0.0816	0.0095
		中部地区	-0.05622*	0.02542	0.027	-0.1061	-0.0064
		东北地区	-0.07780*	0.02888	0.007	-0.1344	-0.0212
	中部地区	都会区	0.23583*	0.03153	0.000	0.1740	0.2976
		东部地区	0.02021	0.02616	0.440	-0.0311	0.0715
		西部地区	0.05622*	0.02542	0.027	0.0064	0.1061
		东北地区	-0.02157	0.03128	0.490	-0.0829	0.0397
	东北地区	都会区	0.25741*	0.03438	0.000	0.1900	0.3248
		东部地区	0.04179	0.02954	0.157	-0.0161	0.0997
		西部地区	0.07780*	0.02888	0.007	0.0212	0.1344
		中部地区	0.02157	0.03128	0.490	-0.0397	0.0829

*. 均值差的显著性水平为0.05。

2016年与2012年相比，都会区被试社会危机压力的得分下降0.08分，东部地区被试社会危机压力的得分下降0.15分，西部地区被试社会危机压力的得分下降0.02分，中部地区被试社会危机压力的得分上升0.03分，东北地区被试社会危机压力的得分上升0.18分（见表10-4-4）。东部地区被试得分的较大幅度下降，使其在2016年不再是社会危机压力的最高得分。都会区被试得分下降，使其在2016年成为社会危机压力的最低得分并达到了得分显著低于另四种区域被试的水平。东北地区被试得分的大幅度上升，使其由2012年社会危机压力的最低得分变成2016年社会危机压力的最高得分,但是这样的得分只显著高于两种区域被试。

表 10-4-4　　　　不同区域被试社会危机压力得分的变化

项目	2012年问卷调查	2016年问卷调查	2016年比2012年增减
都会区	2.72	2.64	-0.08
东部地区	3.00	2.85	-0.15
西部地区	2.84	2.82	-0.02
中部地区	2.84	2.87	+0.03
东北地区	2.71	2.89	+0.18

五　不同区域被试的文化危机压力比较

对不同区域被试文化危机压力得分的差异性进行方差分析(见表10-5-1、表10-5-2、表10-5-3和图10-5),2012年问卷调查显示不同区域被试的文化危机压力得分之间差异显著,$F=11.155$,$p<0.001$,东北地区被试($M=2.65$,$SD=0.67$)的得分显著低于都会区被试($M=2.70$,$SD=0.59$)、东部地区被试($M=2.81$,$SD=0.59$)、西部地区被试($M=2.78$,$SD=0.60$)和中部地区被试($M=2.77$,$SD=0.60$);都会区被试的得分显著低于东部地区、西部地区、中部地区被试;东部地区、西部地区、中部地区三种被试相互间的得分差异均不显著。2016年问卷调查也显示不同区域被试的文化危机压力得分之间差异显著,$F=59.905$,$p<0.001$,都会区被试($M=2.63$,$SD=0.80$)的得分显著低于东部地区被试($M=2.85$,$SD=0.63$)、西部地区被试($M=2.81$,$SD=0.60$)、中部地区被试($M=2.93$,$SD=0.58$)和东北地区被试($M=3.07$,$SD=0.55$);东北地区被试的得分显著高于东部地区、西部地区、中部地区被试;中部地区被试的得分显著高于东部地区、西部地区被试;东

中国政治文化研究——不同公民群体的危机压力比较

部地区被试的得分显著高于西部地区被试。

通过比较可以看出，由2012年到2016年发生的重要变化，一是2012年出现的一种区域被试得分显著低于另四种区域被试的现象，在2016年得以延续，只是得分最低者由东北地区被试成了都会区被试；二是2016年出现了一种区域被试（东北地区被试）得分显著高于另四种区域被试的现象。

图10-5 不同区域被试的文化危机压力得分比较

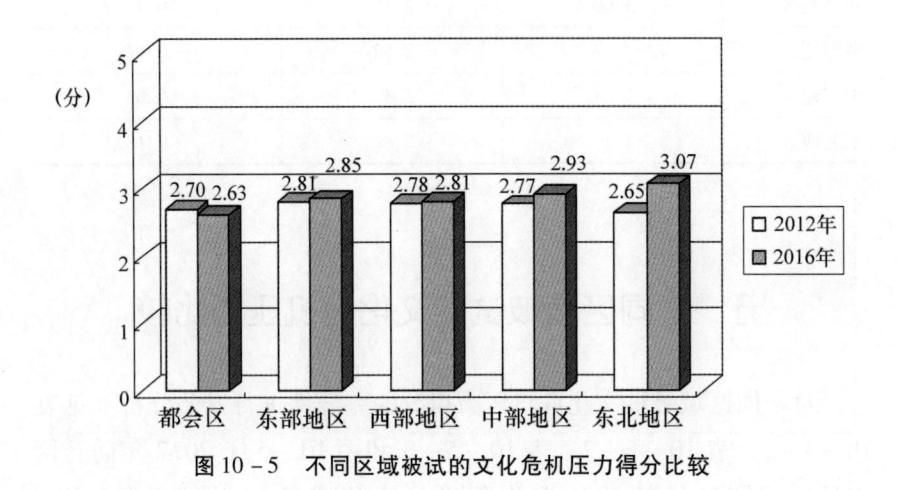

表10-5-1 不同区域被试文化危机压力得分的差异比较

2012年问卷调查		N	均值	标准差	标准误	95%置信区间 下限	95%置信区间 上限	极小值	极大值
文化危机压力	都会区	1214	2.7047	0.58879	0.01690	2.6715	2.7378	1.00	4.50
	东部地区	1224	2.8119	0.59036	0.01687	2.7788	2.8450	1.00	5.00
	西部地区	1857	2.7824	0.60155	0.01396	2.7551	2.8098	1.00	4.75
	中部地区	1208	2.7715	0.59761	0.01719	2.7378	2.8053	1.00	5.00
	东北地区	642	2.6464	0.67910	0.02680	2.5938	2.6990	1.00	4.75
	总数	6145	2.7566	0.60668	0.00774	2.7414	2.7718	1.00	5.00

续表

2016年问卷调查		N	均值	标准差	标准误	95% 置信区间 下限	95% 置信区间 上限	极小值	极大值
文化危机压力	都会区	821	2.6285	0.80049	0.02794	2.5737	2.6833	1.00	5.00
	东部地区	1706	2.8511	0.62666	0.01517	2.8214	2.8809	1.00	4.75
	西部地区	1959	2.8062	0.60305	0.01363	2.7794	2.8329	1.00	4.50
	中部地区	1243	2.9272	0.58024	0.01646	2.8949	2.9595	1.00	4.50
	东北地区	845	3.0746	0.54621	0.01879	3.0377	3.1114	1.25	4.25
	总数	6574	2.8530	0.63747	0.00786	2.8376	2.8684	1.00	5.00

表10-5-2　不同区域被试文化危机压力得分的方差分析结果

2012年问卷调查		平方和	df	均方	F	显著性
文化危机压力	组间	16.315	4	4.079	11.155	0.000
	组内	2245.043	6140	0.366		
	总数	2261.358	6144			

2016年问卷调查		平方和	df	均方	F	显著性
文化危机压力	组间	94.004	4	23.501	59.905	0.000
	组内	2577.038	6569	0.392		
	总数	2671.043	6573			

表10-5-3　不同区域被试文化危机压力得分的多重比较

2012年问卷调查	(I) 区域	(J) 区域	均值差 (I-J)	标准误	显著性	95% 置信区间 下限	95% 置信区间 上限
文化危机压力	都会区	东部地区	-0.10719*	0.02449	0.000	-0.1552	-0.0592
		西部地区	-0.07775*	0.02232	0.000	-0.1215	-0.0340
		中部地区	-0.06683*	0.02457	0.007	-0.1150	-0.0187
		东北地区	0.05828*	0.02951	0.048	0.0004	0.1161

续表

2012年问卷调查	(I) 区域	(J) 区域	均值差(I-J)	标准误	显著性	95% 置信区间 下限	95% 置信区间 上限
文化危机压力	东部地区	都会区	0.10719*	0.02449	0.000	0.0592	0.1552
		西部地区	0.02944	0.02226	0.186	-0.0142	0.0731
		中部地区	0.04036	0.02452	0.100	-0.0077	0.0884
		东北地区	0.16547*	0.02947	0.000	0.1077	0.2232
	西部地区	都会区	0.07775*	0.02232	0.000	0.0340	0.1215
		东部地区	-0.02944	0.02226	0.186	-0.0731	0.0142
		中部地区	0.01092	0.02235	0.625	-0.0329	0.0547
		东北地区	0.13603*	0.02768	0.000	0.0818	0.1903
	中部地区	都会区	0.06683*	0.02457	0.007	0.0187	0.1150
		东部地区	-0.04036	0.02452	0.100	-0.0884	0.0077
		西部地区	-0.01092	0.02235	0.625	-0.0547	0.0329
		东北地区	0.12511*	0.02953	0.000	0.0672	0.1830
	东北地区	都会区	-0.05828*	0.02951	0.048	-0.1161	-0.0004
		东部地区	-0.16547*	0.02947	0.000	-0.2232	-0.1077
		西部地区	-0.13603*	0.02768	0.000	-0.1903	-0.0818
		中部地区	-0.12511*	0.02953	0.000	-0.1830	-0.0672

2016年问卷调查	(I) 区域	(J) 区域	均值差(I-J)	标准误	显著性	95% 置信区间 下限	95% 置信区间 上限
文化危机压力	都会区	东部地区	-0.22261*	0.02660	0.000	-0.2748	-0.1705
		西部地区	-0.17765*	0.02604	0.000	-0.2287	-0.1266
		中部地区	-0.29869*	0.02817	0.000	-0.3539	-0.2435
		东北地区	-0.44605*	0.03069	0.000	-0.5062	-0.3859
	东部地区	都会区	0.22261*	0.02660	0.000	0.1705	0.2748
		西部地区	0.04496*	0.02074	0.030	0.0043	0.0856
		中部地区	-0.07608*	0.02336	0.001	-0.1219	-0.0303
		东北地区	-0.22344*	0.02635	0.000	-0.2751	-0.1718

续表

2016年问卷调查	(I) 区域	(J) 区域	均值差(I-J)	标准误	显著性	95% 置信区间 下限	95% 置信区间 上限
文化危机压力	西部地区	都会区	0.17765*	0.02604	0.000	0.1266	0.2287
		东部地区	-0.04496*	0.02074	0.030	-0.0856	-0.0043
		中部地区	-0.12104*	0.02271	0.000	-0.1656	-0.0765
		东北地区	-0.26841*	0.02578	0.000	-0.3189	-0.2179
	中部地区	都会区	0.29869*	0.02817	0.000	0.2435	0.3539
		东部地区	0.07608*	0.02336	0.001	0.0303	0.1219
		西部地区	0.12104*	0.02271	0.000	0.0765	0.1656
		东北地区	-0.14736*	0.02793	0.000	-0.2021	-0.0926
	东北地区	都会区	0.44605*	0.03069	0.000	0.3859	0.5062
		东部地区	0.22344*	0.02635	0.000	0.1718	0.2751
		西部地区	0.26841*	0.02578	0.000	0.2179	0.3189
		中部地区	0.14736*	0.02793	0.000	0.0926	0.2021

*. 均值差的显著性水平为 0.05。

2016年与2012年相比，都会区被试文化危机压力的得分下降0.07分，东部地区被试文化危机压力的得分上升0.04分，西部地区被试文化危机压力的得分上升0.03分，中部地区被试文化危机压力的得分上升0.16分，东北地区被试文化危机压力的得分上升0.42分（见表10-5-4）。东北地区被试得分的大幅度上升，使其由2012年文化危机压力的最低得分变成2016年文化危机压力的最高得分，并且得分显著高于另四种区域被试。都会区被试得分的下降，则使其在2016年成为文化危机压力的最低得分并达到了得分显著低于另四种区域被试的水平。

表10-5-4　　　　不同区域被试文化危机压力得分的变化

项目	2012年问卷调查	2016年问卷调查	2016年比2012年增减
都会区	2.70	2.63	-0.07
东部地区	2.81	2.85	+0.04
西部地区	2.78	2.81	+0.03
中部地区	2.77	2.93	+0.16
东北地区	2.65	3.07	+0.42

六　不同区域被试的生态危机压力比较

对不同区域被试生态危机压力得分的差异性进行方差分析（见表10-6-1、表10-6-2、表10-6-3和图10-6），2012年问卷调查显示不同区域被试的生态危机压力得分之间差异显著，$F = 50.285$，$p < 0.001$，东部地区被试（$M = 3.25$，$SD = 0.84$）的得分显著高于都会区被试（$M = 2.84$，$SD = 0.87$）、西部地区被试（$M = 3.17$，$SD = 0.86$）、中部地区被试（$M = 3.10$，$SD = 0.84$）和东北地区被试（$M = 2.86$，$SD = 0.95$）；都会区被试的得分显著低于西部地区、中部地区被试，与东北地区被试之间的得分差异不显著；西部地区被试的得分显著高于中部地区、东北地区被试；中部地区被试的得分显著高于东北地区被试。2016年问卷调查也显示不同区域被试的生态危机压力得分之间差异显著，$F = 10.045$，$p < 0.001$，都会区被试（$M = 3.08$，$SD = 0.78$）的得分显著低于东部地区被试（$M = 3.25$，$SD = 0.69$）、西部地区被试（$M = 3.25$，$SD = 0.76$）、中部地区被试（$M = 3.27$，$SD = 0.77$）和东北地区被试（$M = 3.25$，$SD = 0.67$），东部地区、西部地区、中部地区、东北地区四种被试两两之间的得分差异均不显著。

通过比较可以看出，由2012年到2016年发生的重要变化，一是2012年出现的一种区域被试（东部地区被试）得分显著高于另四种区域被试的现象，2016年未再出现；二是2016年出现了一种区域被试（都会区被试）得分显著低于另四种区域被试的现象。

表10-6-1　　　　不同区域被试生态危机压力得分的差异比较

2012年问卷调查		N	均值	标准差	标准误	95%置信区间		极小值	极大值
						下限	上限		
生态危机压力	都会区	1217	2.8422	0.87062	0.02496	2.7933	2.8912	1.00	5.00
	东部地区	1225	3.2544	0.83819	0.02395	3.2074	3.3014	1.00	5.00
	西部地区	1860	3.1663	0.86232	0.01999	3.1271	3.2055	1.00	5.00
	中部地区	1209	3.1006	0.83745	0.02408	3.0534	3.1479	1.00	5.00
	东北地区	645	2.8646	0.95133	0.03746	2.7910	2.9382	1.00	5.00
	总数	6156	3.0753	0.87795	0.01119	3.0533	3.0972	1.00	5.00

2016年问卷调查		N	均值	标准差	标准误	95%置信区间		极小值	极大值
						下限	上限		
生态危机压力	都会区	821	3.0820	0.77933	0.02720	3.0286	3.1354	1.00	5.00
	东部地区	1704	3.2508	0.69256	0.01678	3.2179	3.2837	1.00	5.00
	西部地区	1959	3.2466	0.76234	0.01722	3.2128	3.2803	1.00	5.00
	中部地区	1245	3.2734	0.77102	0.02185	3.2305	3.3162	1.00	5.00
	东北地区	845	3.2473	0.66565	0.02290	3.2024	3.2923	1.00	5.00
	总数	6574	3.2323	0.73884	0.00911	3.2144	3.2501	1.00	5.00

表10-6-2　　　　不同区域被试生态危机压力得分的方差分析结果

2012年问卷调查		平方和	df	均方	F	显著性
生态危机压力	组间	150.226	4	37.557	50.285	0.000
	组内	4594.012	6151	0.747		
	总数	4744.238	6155			

2016年问卷调查		平方和	df	均方	F	显著性
生态危机压力	组间	21.813	4	5.453	10.045	0.000
	组内	3566.275	6569	0.543		
	总数	3588.088	6573			

表10-6-3　　不同区域被试生态危机压力得分的多重比较

2012年问卷调查	(I) 区域	(J) 区域	均值差 (I-J)	标准误	显著性	95% 置信区间 下限	95% 置信区间 上限
生态危机压力	都会区	东部地区	-0.41219*	0.03498	0.000	-0.4808	-0.3436
		西部地区	-0.32407*	0.03186	0.000	-0.3865	-0.2616
		中部地区	-0.25840*	0.03509	0.000	-0.3272	-0.1896
		东北地区	-0.02236	0.04209	0.595	-0.1049	0.0601
	东部地区	都会区	0.41219*	0.03498	0.000	0.3436	0.4808
		西部地区	0.08811*	0.03180	0.006	0.0258	0.1505
		中部地区	0.15379*	0.03504	0.000	0.0851	0.2225
		东北地区	0.38982*	0.04204	0.000	0.3074	0.4722
	西部地区	都会区	0.32407*	0.03186	0.000	0.2616	0.3865
		东部地区	-0.08811*	0.03180	0.006	-0.1505	-0.0258
		中部地区	0.06567*	0.03193	0.040	0.0031	0.1283
		东北地区	0.30171*	0.03949	0.000	0.2243	0.3791
	中部地区	都会区	0.25840*	0.03509	0.000	0.1896	0.3272
		东部地区	-0.15379*	0.03504	0.000	-0.2225	-0.0851
		西部地区	-0.06567*	0.03193	0.040	-0.1283	-0.0031
		东北地区	0.23603*	0.04214	0.000	0.1534	0.3186
	东北地区	都会区	0.02236	0.04209	0.595	-0.0601	0.1049
		东部地区	-0.38982*	0.04204	0.000	-0.4722	-0.3074
		西部地区	-0.30171*	0.03949	0.000	-0.3791	-0.2243
		中部地区	-0.23603*	0.04214	0.000	-0.3186	-0.1534

2016年问卷调查	(I) 区域	(J) 区域	均值差 (I-J)	标准误	显著性	95% 置信区间 下限	95% 置信区间 上限
生态危机压力	都会区	东部地区	-0.16877*	0.03130	0.000	-0.2301	-0.1074
		西部地区	-0.16454*	0.03063	0.000	-0.2246	-0.1045
		中部地区	-0.19135*	0.03313	0.000	-0.2563	-0.1264
		东北地区	-0.16532*	0.03611	0.000	-0.2361	-0.0945

第十章 危机压力的差异比较：区域

续表

2016年问卷调查	（I）区域	（J）区域	均值差（I-J）	标准误	显著性	95% 置信区间 下限	95% 置信区间 上限
生态危机压力	东部地区	都会区	0.16877*	0.03130	0.000	0.1074	0.2301
		西部地区	0.00423	0.02441	0.862	-0.0436	0.0521
		中部地区	-0.02258	0.02747	0.411	-0.0764	0.0313
		东北地区	0.00345	0.03100	0.912	-0.0573	0.0642
	西部地区	都会区	0.16454*	0.03063	0.000	0.1045	0.2246
		东部地区	-0.00423	0.02441	0.862	-0.0521	0.0436
		中部地区	-0.02681	0.02671	0.316	-0.0792	0.0255
		东北地区	-0.00078	0.03033	0.979	-0.0602	0.0587
	中部地区	都会区	0.19135*	0.03313	0.000	0.1264	0.2563
		东部地区	0.02258	0.02747	0.411	-0.0313	0.0764
		西部地区	0.02681	0.02671	0.316	-0.0255	0.0792
		东北地区	0.02602	0.03284	0.428	-0.0384	0.0904
	东北地区	都会区	0.16532*	0.03611	0.000	0.0945	0.2361
		东部地区	-0.00345	0.03100	0.912	-0.0642	0.0573
		西部地区	0.00078	0.03033	0.979	-0.0587	0.0602
		中部地区	-0.02602	0.03284	0.428	-0.0904	0.0384

*．均值差的显著性水平为 0.05。

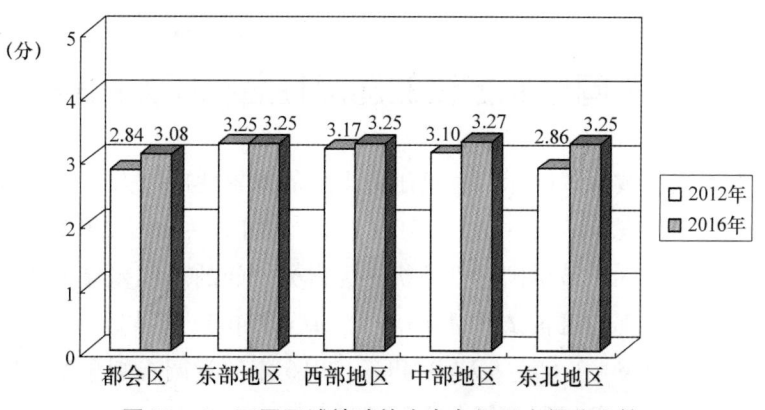

图 10-6 不同区域被试的生态危机压力得分比较

2016年与2012年相比，都会区被试生态危机压力的得分上升0.24分，东部地区被试生态危机压力的得分与2012年持平，西部地区被试生态危机压力的得分上升0.08分，中部地区被试生态危机压力的得分上升0.17分，东北地区被试生态危机压力的得分上升0.39分（见表10-6-4）。都会区被试得分尽管有大幅度上升，但是在其他区域被试得分持平或有所上升的情况下，达到了生态危机压力得分显著低于另四种区域被试的水平。东部地区被试2016年维持了2012年的得分，但是在西部地区、中部地区、东北地区被试得分上升幅度较大的情况下，已经不再是生态危机压力的最高得分，并使得这四种被试的得分差异由显著变成了不显著。

表10-6-4　　　　　不同区域被试生态危机压力得分的变化

项目	2012年问卷调查	2016年问卷调查	2016年比2012年增减
都会区	2.84	3.08	+0.24
东部地区	3.25	3.25	0
西部地区	3.17	3.25	+0.08
中部地区	3.10	3.27	+0.17
东北地区	2.86	3.25	+0.39

七　不同区域被试的国际性危机压力比较

对不同区域被试国际性危机压力得分的差异性进行方差分析（见表10-7-1、表10-7-2、表10-7-3和图10-7），2012年问卷调查显示不同区域被试国际性危机压力得分之间的总体差异未达到显著水平，但是都会区被试（$M=3.00$，$SD=0.46$）的得分显著低于东部地区被试（$M=3.05$，$SD=0.49$）。2016年问卷调查则显示不同区域被试的国际性危机压力得分之间差异显著，$F=24.422$，$p<0.001$，

都会区被试（$M = 2.89$，$SD = 0.54$）的得分显著低于东部地区被试（$M = 3.07$，$SD = 0.46$）、西部地区被试（$M = 3.03$，$SD = 0.46$）、中部地区被试（$M = 3.05$，$SD = 0.47$）和东北地区被试（$M = 3.09$，$SD = 0.53$）；西部地区被试的得分显著低于东部地区、东北地区被试，与中部地区被试之间的得分差异不显著；东部地区、中部地区、东北地区三种被试相互间的得分差异均不显著。

表 10 - 7 - 1　　　　不同区域被试国际性危机压力得分的差异比较

2012 年问卷调查		N	均值	标准差	标准误	95% 置信区间 下限	95% 置信区间 上限	极小值	极大值
国际性危机压力	都会区	1216	3.0027	0.46080	0.01321	2.9768	3.0287	1.00	4.67
	东部地区	1224	3.0507	0.49360	0.01411	3.0230	3.0783	1.00	5.00
	西部地区	1858	3.0165	0.50850	0.01180	2.9934	3.0396	1.00	5.00
	中部地区	1208	3.0132	0.49055	0.01411	2.9856	3.0409	1.00	4.67
	东北地区	644	3.0409	0.52701	0.02077	3.0001	3.0817	1.00	5.00
	总数	6150	3.0225	0.49506	0.00631	3.0101	3.0349	1.00	5.00
2016 年问卷调查		N	均值	标准差	标准误	95% 置信区间 下限	95% 置信区间 上限	极小值	极大值
国际性危机压力	都会区	820	2.8890	0.53757	0.01877	2.8522	2.9259	1.00	4.67
	东部地区	1700	3.0735	0.45533	0.01104	3.0519	3.0952	1.33	4.67
	西部地区	1956	3.0327	0.46406	0.01049	3.0121	3.0533	1.33	5.00
	中部地区	1245	3.0541	0.46619	0.01321	3.0282	3.0800	1.33	4.67
	东北地区	846	3.0855	0.53113	0.01826	3.0497	3.1213	1.33	4.67
	总数	6567	3.0362	0.48450	0.00598	3.0245	3.0479	1.00	5.00

表 10-7-2　不同区域被试国际性危机压力得分的方差分析结果

2012年问卷调查		平方和	df	均方	F	显著性
国际性危机压力	组间	1.833	4	0.458	1.871	0.113
	组内	1505.167	6145	0.245		
	总数	1507.000	6149			

2016年问卷调查		平方和	df	均方	F	显著性
国际性危机压力	组间	22.609	4	5.652	24.422	0.000
	组内	1518.679	6562	0.231		
	总数	1541.287	6566			

表 10-7-3　不同区域被试国际性危机压力得分的多重比较

2012年问卷调查	(I) 区域	(J) 区域	均值差 (I-J)	标准误	显著性	95% 置信区间 下限	95% 置信区间 上限
国际性危机压力	都会区	东部地区	-0.04791*	0.02004	0.017	-0.0872	-0.0086
		西部地区	-0.01376	0.01826	0.451	-0.0496	0.0220
		中部地区	-0.01050	0.02010	0.601	-0.0499	0.0289
		东北地区	-0.03815	0.02412	0.114	-0.0854	0.0091
	东部地区	都会区	0.04791*	0.02004	0.017	0.0086	0.0872
		西部地区	0.03415	0.01822	0.061	-0.0016	0.0699
		中部地区	0.03741	0.02007	0.062	-0.0019	0.0768
		东北地区	0.00976	0.02409	0.685	-0.0375	0.0570
	西部地区	都会区	0.01376	0.01826	0.451	-0.0220	0.0496
		东部地区	-0.03415	0.01822	0.061	-0.0699	0.0016
		中部地区	0.00326	0.01829	0.859	-0.0326	0.0391
		东北地区	-0.02439	0.02263	0.281	-0.0688	0.0200

续表

2012年问卷调查	(I)区域	(J)区域	均值差(I-J)	标准误	显著性	95%置信区间 下限	95%置信区间 上限
国际性危机压力	中部地区	都会区	0.01050	0.02010	0.601	-0.0289	0.0499
		东部地区	-0.03741	0.02007	0.062	-0.0768	0.0019
		西部地区	-0.00326	0.01829	0.859	-0.0391	0.0326
		东北地区	-0.02765	0.02415	0.252	-0.0750	0.0197
	东北地区	都会区	0.03815	0.02412	0.114	-0.0091	0.0854
		东部地区	-0.00976	0.02409	0.685	-0.0570	0.0375
		西部地区	0.02439	0.02263	0.281	-0.0200	0.0688
		中部地区	0.02765	0.02415	0.252	-0.0197	0.0750

2016年问卷调查	(I)区域	(J)区域	均值差(I-J)	标准误	显著性	95%置信区间 下限	95%置信区间 上限
国际性危机压力	都会区	东部地区	-0.18451*	0.02045	0.000	-0.2246	-0.1444
		西部地区	-0.14370*	0.02001	0.000	-0.1829	-0.1045
		中部地区	-0.16506*	0.02164	0.000	-0.2075	-0.1226
		东北地区	-0.19648*	0.02358	0.000	-0.2427	-0.1503
	东部地区	都会区	0.18451*	0.02045	0.000	0.1444	0.2246
		西部地区	0.04081*	0.01595	0.011	0.0095	0.0721
		中部地区	0.01945	0.01795	0.279	-0.0157	0.0546
		东北地区	-0.01197	0.02024	0.554	-0.0517	0.0277
	西部地区	都会区	0.14370*	0.02001	0.000	0.1045	0.1829
		东部地区	-0.04081*	0.01595	0.011	-0.0721	-0.0095
		中部地区	-0.02136	0.01744	0.221	-0.0556	0.0128
		东北地区	-0.05278*	0.01980	0.008	-0.0916	-0.0140
	中部地区	都会区	0.16506*	0.02164	0.000	0.1226	0.2075
		东部地区	-0.01945	0.01795	0.279	-0.0546	0.0157
		西部地区	0.02136	0.01744	0.221	-0.0128	0.0556
		东北地区	-0.03142	0.02143	0.143	-0.0734	0.0106
	东北地区	都会区	0.19648*	0.02358	0.000	0.1503	0.2427
		东部地区	0.01197	0.02024	0.554	-0.0277	0.0517
		西部地区	0.05278*	0.01980	0.008	0.0140	0.0916
		中部地区	0.03142	0.02143	0.143	-0.0106	0.0734

*. 均值差的显著性水平为0.05。

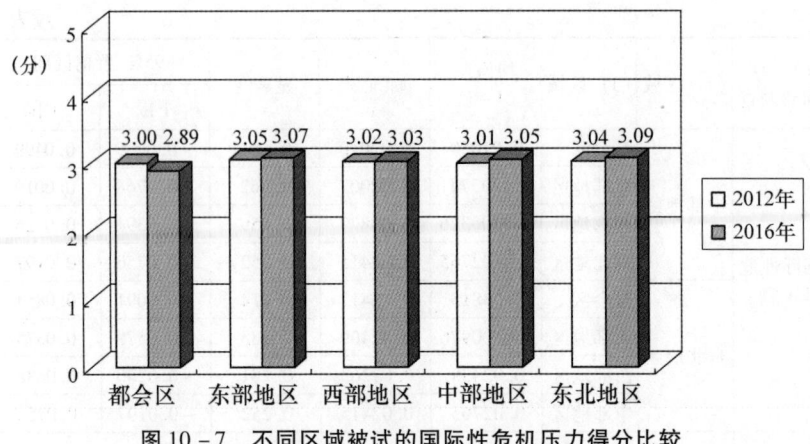

中国政治文化研究——不同公民群体的危机压力比较

图10-7 不同区域被试的国际性危机压力得分比较

2016年与2012年相比，都会区被试国际性危机压力的得分下降0.11分，东部地区被试国际性危机压力的得分上升0.02分，西部地区被试国际性危机压力的得分上升0.01分，中部地区被试国际性危机压力的得分上升0.04分，东北地区被试国际性危机压力的得分上升0.05分（见表10-7-4）。正是由于都会区被试得分下降和其他区域被试得分上升，使得都会区被试的国际性危机压力得分达到了显著低于另四种区域被试的水平。

表10-7-4　　不同区域被试国际性危机压力得分的变化

项目	2012年问卷调查	2016年问卷调查	2016年比2012年增减
都会区	3.00	2.89	-0.11
东部地区	3.05	3.07	+0.02
西部地区	3.02	3.03	+0.01
中部地区	3.01	3.05	+0.04
东北地区	3.04	3.09	+0.05

八 不同区域被试的危机压力总分比较

对不同区域被试危机压力总分的差异性进行方差分析（见表 10-8-1、表 10-8-2、表 10-8-3 和图 10-8），2012 年问卷调查显示不同区域被试的危机压力总分之间差异显著，$F=36.959$，$p<0.001$，东部地区被试（$M=2.86$，$SD=0.44$）的得分显著高于都会区被试（$M=2.67$，$SD=0.45$）、西部地区被试（$M=2.78$，$SD=0.43$）、中部地区被试（$M=2.77$，$SD=0.43$）和东北地区被试（$M=2.66$，$SD=0.46$）；都会区被试的得分显著低于西部地区、中部地区被试，与东北地区被试之间的得分差异不显著；西部地区被试的得分显著高于东北地区被试，与中部地区被试之间的得分差异不显著；中部地区被试的得分显著高于东北地区被试。2016 年问卷调查也显示不同区域被试的危机压力总分之间差异显著，$F=74.915$，$p<0.001$，都会区被试（$M=2.64$，$SD=0.55$）的得分显著低于东部地区被试（$M=2.86$，$SD=0.39$）、西部地区被试（$M=2.83$，$SD=0.38$）、中部地区被试（$M=2.89$，$SD=0.40$）和东北地区被试（$M=2.96$，$SD=0.34$）；东北地区被试的得分显著高于东部地区、西部地区、中部地区被试；西部地区被试的得分显著低于东部地区、中部地区被试；东部地区被试与中部地区被试之间的得分差异不显著。

通过比较可以看出，由 2012 年到 2016 年发生的重要变化，一是 2012 年出现的一种区域被试得分显著高于另四种区域被试的现象，在 2016 年得以延续，只是得分最高者由东部地区被试变成了东北地区被试；二是 2016 年出现了一种区域被试得分显著低于另四种区域被试的现象（2012 年未出现此种现象，2016 年都会区被试的得分显著低于另四种区域被试）。

表 10-8-1　　　　不同区域被试危机压力总分的差异比较

2012年问卷调查		N	均值	标准差	标准误	95% 置信区间 下限	95% 置信区间 上限	极小值	极大值
危机压力总分	都会区	1209	2.6732	0.45166	0.01299	2.6477	2.6987	1.36	4.19
	东部地区	1213	2.8609	0.43501	0.01249	2.8364	2.8854	1.33	4.49
	西部地区	1850	2.7786	0.43391	0.01009	2.7588	2.7984	1.22	4.13
	中部地区	1205	2.7673	0.42576	0.01227	2.7433	2.7914	1.22	4.50
	东北地区	639	2.6600	0.46438	0.01837	2.6240	2.6961	1.32	3.96
	总数	6116	2.7595	0.44451	0.00568	2.7483	2.7706	1.22	4.50

2016年问卷调查		N	均值	标准差	标准误	95% 置信区间 下限	95% 置信区间 上限	极小值	极大值
危机压力总分	都会区	819	2.6404	0.54706	0.01912	2.6029	2.6779	1.22	3.86
	东部地区	1684	2.8613	0.38707	0.00943	2.8428	2.8798	1.47	4.19
	西部地区	1940	2.8336	0.38144	0.00866	2.8166	2.8506	1.44	4.06
	中部地区	1238	2.8900	0.39556	0.01124	2.8679	2.9121	1.44	4.14
	东北地区	837	2.9637	0.34333	0.01187	2.9404	2.9870	1.57	3.97
	总数	6518	2.8439	0.41464	0.00514	2.8338	2.8540	1.22	4.19

表 10-8-2　　　　不同区域被试危机压力总分的方差分析结果

2012年问卷调查		平方和	df	均方	F	显著性
危机压力总分	组间	28.540	4	7.135	36.959	0.000
	组内	1179.732	6111	0.193		
	总数	1208.272	6115			

2016年问卷调查		平方和	df	均方	F	显著性
危机压力总分	组间	49.284	4	12.321	74.915	0.000
	组内	1071.169	6513	0.164		
	总数	1120.453	6517			

表 10-8-3　　不同区域被试危机压力总分的多重比较

2012年问卷调查	(I) 区域	(J) 区域	均值差 (I-J)	标准误	显著性	95% 置信区间 下限	95% 置信区间 上限
危机压力总分	都会区	东部地区	-0.18767*	0.01786	0.000	-0.2227	-0.1527
		西部地区	-0.10541*	0.01625	0.000	-0.1373	-0.0736
		中部地区	-0.09413*	0.01789	0.000	-0.1292	-0.0591
		东北地区	0.01317	0.02149	0.540	-0.0290	0.0553
	东部地区	都会区	0.18767*	0.01786	0.000	0.1527	0.2227
		西部地区	0.08226*	0.01623	0.000	0.0504	0.1141
		中部地区	0.09354*	0.01787	0.000	0.0585	0.1286
		东北地区	0.20083*	0.02148	0.000	0.1587	0.2429
	西部地区	都会区	0.10541*	0.01625	0.000	0.0736	0.1373
		东部地区	-0.08226*	0.01623	0.000	-0.1141	-0.0504
		中部地区	0.01128	0.01627	0.488	-0.0206	0.0432
		东北地区	0.11857*	0.02016	0.000	0.0791	0.1581
	中部地区	都会区	0.09413*	0.01789	0.000	0.0591	0.1292
		东部地区	-0.09354*	0.01787	0.000	-0.1286	-0.0585
		西部地区	-0.01128	0.01627	0.488	-0.0432	0.0206
		东北地区	0.10730*	0.02150	0.000	0.0651	0.1494
	东北地区	都会区	-0.01317	0.02149	0.540	-0.0553	0.0290
		东部地区	-0.20083*	0.02148	0.000	-0.2429	-0.1587
		西部地区	-0.11857*	0.02016	0.000	-0.1581	-0.0791
		中部地区	-0.10730*	0.02150	0.000	-0.1494	-0.0651
2016年问卷调查	(I) 区域	(J) 区域	均值差 (I-J)	标准误	显著性	95% 置信区间 下限	95% 置信区间 上限
危机压力总分	都会区	东部地区	-0.22094*	0.01728	0.000	-0.2548	-0.1871
		西部地区	-0.19325*	0.01690	0.000	-0.2264	-0.1601
		中部地区	-0.24962*	0.01827	0.000	-0.2854	-0.2138
		东北地区	-0.32333*	0.01993	0.000	-0.3624	-0.2843

中国政治文化研究——不同公民群体的危机压力比较

续表

2016年问卷调查	(I) 区域	(J) 区域	均值差 (I-J)	标准误	显著性	95% 置信区间 下限	95% 置信区间 上限
危机压力总分	东部地区	都会区	0.22094*	0.01728	0.000	0.1871	0.2548
		西部地区	0.02769*	0.01351	0.040	0.0012	0.0542
		中部地区	-0.02867	0.01518	0.059	-0.0584	0.0011
		东北地区	-0.10238*	0.01715	0.000	-0.1360	-0.0688
	西部地区	都会区	0.19325*	0.01690	0.000	0.1601	0.2264
		东部地区	-0.02769*	0.01351	0.040	-0.0542	-0.0012
		中部地区	-0.05637*	0.01475	0.000	-0.0853	-0.0274
		东北地区	-0.13008*	0.01677	0.000	-0.1630	-0.0972
	中部地区	都会区	0.24962*	0.01827	0.000	0.2138	0.2854
		东部地区	0.02867	0.01518	0.059	-0.0011	0.0584
		西部地区	0.05637*	0.01475	0.000	0.0274	0.0853
		东北地区	-0.07371*	0.01815	0.000	-0.1093	-0.0381
	东北地区	都会区	0.32333*	0.01993	0.000	0.2843	0.3624
		东部地区	0.10238*	0.01715	0.000	0.0688	0.1360
		西部地区	0.13008*	0.01677	0.000	0.0972	0.1630
		中部地区	0.07371*	0.01815	0.000	0.0381	0.1093

*. 均值差的显著性水平为0.05。

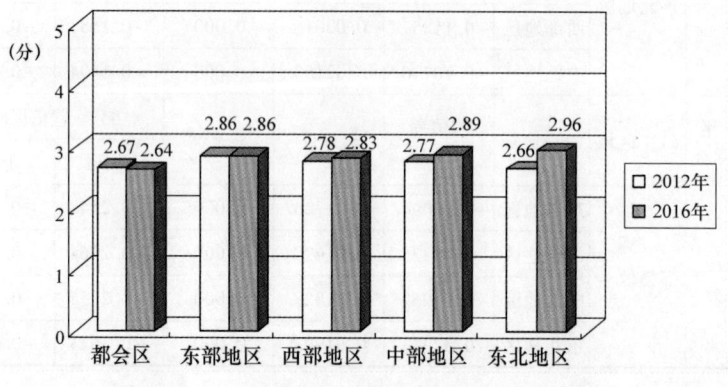

图10-8 不同区域被试的危机压力总分比较

第十章 危机压力的差异比较：区域

2016年不同区域被试的危机压力总分与2012年相比，都会区被试下降0.03分，东部地区被试与2012年持平，西部地区被试上升0.05分，中部地区被试上升0.12分，东北地区被试上升0.30分（见表10-8-4）。东北地区被试危机压力总分的大幅度上升，使其得到了2016年的最高危机压力总分并显著高于另四种区域被试，并使都会区被试得到了2016年的最低危机压力总分并显著低于另四种区域被试。

表10-8-4　　　　　不同区域被试危机压力总分的变化

项目	2012年问卷调查	2016年问卷调查	2016年比2012年增减
都会区	2.67	2.64	-0.03
东部地区	2.86	2.86	0
西部地区	2.78	2.83	+0.05
中部地区	2.77	2.89	+0.12
东北地区	2.66	2.96	+0.30

通过本章的数据比较，可以对不同区域被试在危机压力方面所反映出来的差异做一个简单的小结。

第一，通过两次问卷调查，可以看出在危机压力方面确实存在着明显的区域差异。这样的差异既表现为一种区域被试的危机压力总分显著高于另四种区域被试（如两次问卷调查所显示的东部地区被试、东北地区被试的得分显著高于其他区域被试）或显著低于另四种被试（如2016年问卷调查显示的都会区被试的得分显著低于其他区域被试），也表现为不同区域被试的危机压力总分之间大多表现出显著的差异。尽管各区域被试的危机压力总分两次调查都有一定的变化，但并没有改变中国不同区域的公民在整体性危机压力方面存在显著差异的基本形态。

第二，不同区域被试在六种危机压力上的得分排序，2012年和2016年两次问卷调查发生了重要的变化（见表10-8-5，表中括号内的数字，代表不同区域被试得分高低的排序）。（1）都会区被试由2012年的各种压力得分排序以位居第四为主（政治危机压力、经济危机压力、社会危机压力和文化危机压力得分均位居第四，生态危机压力和国际性危机压力得分均位居第五），变成了2016年的六种危机压力得分排序均位居第五。（2）东部地区被试由2012年的各种危机压力得分排序均居于第一，变成了2016年的六种压力得分排序以位居第三为主（除生态危机压力和国际性危机压力得分位居第二或并列第二外，另四种危机压力的得分均位居第三或并列第三）。（3）东北地区被试由2012年的各种压力得分排序以第五为主（政治危机压力、经济危机压力、社会危机压力、文化危机压力得分均位居第五，只有生态危机压力得分位居第四、国际性危机压力得分位居第二），变成了2016年的各种压力得分排序以第一为主（除生态危机压力得分并列第二外，另五种危机压力的得分均位居第一）。（4）西部地区被试由2012年的各种压力得分排序以第二为主（除政治危机压力和国际性危机压力得分位居第三外，另四种压力得分均位居第二），变成了2016年的各种压力得分排序以位居第四为主（除政治危机压力和生态危机压力得分位居第二或并列第二外，另四种危机压力得分均位居第四）。（5）中部地区被试在两次问卷调查中保持了各种危机压力得分排序以第二和第三为主的状态（2012年政治危机压力得分并列第一、国际性危机压力得分位居第四，2016年生态危机压力得分位居第一，其他危机压力的得分均位居第二或第三）。

表10-8-5　　　　不同区域被试危机压力得分排序比较

2012年问卷调查	都会区	东部地区	西部地区	中部地区	东北地区
政治危机压力	2.52（4）	2.60（1）	2.54（3）	2.60（1）	2.51（5）
经济危机压力	2.25（4）	2.45（1）	2.33（2）	2.28（3）	2.20（5）
社会危机压力	2.72（4）	3.00（1）	2.84（2）	2.84（2）	2.71（5）
文化危机压力	2.70（4）	2.81（1）	2.78（2）	2.77（3）	2.65（5）
生态危机压力	2.84（5）	3.25（1）	3.17（2）	3.10（3）	2.86（4）
国际性危机压力	3.00（5）	3.05（1）	3.02（3）	3.01（4）	3.04（2）
危机压力总分	2.67（4）	2.86（1）	2.78（2）	2.77（3）	2.66（5）

续表

2016年问卷调查	都会区	东部地区	西部地区	中部地区	东北地区
政治危机压力	2.40（5）	2.71（3）	2.72（2）	2.71（3）	2.90（1）
经济危机压力	2.21（5）	2.44（3）	2.39（4）	2.51（2）	2.59（1）
社会危机压力	2.64（5）	2.85（3）	2.82（4）	2.87（2）	2.89（1）
文化危机压力	2.63（5）	2.85（3）	2.81（4）	2.93（2）	3.07（1）
生态危机压力	3.08（5）	3.25（2）	3.25（2）	3.27（1）	3.25（2）
国际性危机压力	2.89（5）	3.07（2）	3.03（4）	3.05（3）	3.09（1）
危机压力总分	2.64（5）	2.86（3）	2.83（4）	2.89（2）	2.96（1）

第三，在两次问卷调查中，不同区域被试的五种危机压力得分的总体性差异都达到了显著水平（只有国际性危机压力2012年得分差异未达到显著水平，但是2016年变成了得分差异达到了显著水平），表明危机压力的区域性差异已经具有"全覆盖性"的特征。尤其需要注意的是，某一区域被试的得分显著高于或低于其他区域被试的现象，在2016年已经"覆盖"了六种危机压力：（1）在政治危机压力方面，2016年既出现了某一区域被试（都会区被试）得分显著低于其他区域被试的现象，也出现了某一区域被试（东北地区被试）得分显著高于其他区域被试的现象。（2）在经济危机压力方面，2016年延续了2012年某一区域被试得分显著高于其他区域被试的状态，只是得分显著高于其他区域的被试由东部地区变成了东北地区；2016年还出现了某一区域被试（都会区被试）得分显著低于其他区域被试的现象。（3）在社会危机压力方面，2016年未能延续2012年某一区域被试（东部地区被试）得分显著高于其他区域被试的状态，但是出现了某一区域被试（都会区被试）得分显著低于其他区域被试的现象。（4）在文化危机压力方面，2016年延续了2012年某一区域被试得分显著低于其他区域被试的状态，只是得分显著低于其他区域的被试由东北地区变成了都会区；2016年还出现了某一区域被试（东北地区被试）得分显著高于其他区域被试的现象。（5）在生态危

机压力方面，2016年未能延续2012年某一区域被试（东部地区被试）得分显著高于其他区域被试的状态，但是出现了某一区域被试（都会区被试）得分显著低于其他区域被试的现象。(6) 在国际性危机压力方面，2016年出现了某一区域被试（都会区被试）得分显著低于其他区域被试的现象。

第四，2016年与2012年相比，都会区被试的得分总体呈下降趋势，除了生态危机压力的得分有较大幅度上升（上升0.24分）外，另五种危机压力的得分都有所下降，尤其是政治危机压力和国际性危机压力的得分下降幅度较大（分别下降0.12分和0.11分），使得都会区被试不仅在危机压力总分上有所下降（下降0.03分），并且在六种危机压力的得分上都显著低于其他区域被试。

第五，2016年与2012年相比，东部地区被试的得分总体呈平衡状态，政治危机压力、文化危机压力和国际性危机压力得分上升，经济危机压力和社会危机压力得分下降，生态危机压力得分持平，使得东部地区被试两次问卷调查的危机压力总分相同，并且改变了2012年东部地区三种危机压力（经济危机压力、社会危机压力和生态危机压力）得分显著高于其他区域被试的状态。

第六，2016年与2012年相比，西部地区被试的得分总体呈微弱上升趋势，除了社会危机压力西部地区被试的得分略有下降外，另五种危机压力的得分均有所上升，尤其是政治危机压力的得分上升幅度较大（上升0.18分），使得西部地区被试的危机压力总分略有上升（上升0.05分）。

第七，2016年与2012年相比，中部地区被试的得分总体呈上升趋势，六种危机压力的得分中部地区被试都有所上升，尤其是政治危机压力、经济危机压力、文化危机压力、生态危机压力的得分上升幅度较大（分别上升0.11分、0.23分、0.16分和0.17分），使得中部地区被试的危机压力总分有较大幅度上升（上升0.12分）。

第八，2016年与2012年相比，东北地区被试的得分总体呈大幅上升趋势，六种危机压力的得分东北地区被试都有所上升，并且在政治危机压力（上升0.39分）、经济危机压力（上升0.39分）、文化危机压力（上升0.42分）、生态危机压力（上升0.39分）上的得分都有大幅度的上升，使得东北地区被试的危机压力总分大幅度地上升（上升0.30分），在各区域中成为危机压力水平最高的区域。也就是说，两次调查反映出东北地区被试危机压力感受的变化，明显超过了其他区域，对于这一点应该引起一定的注意。

第九，危机压力方面表现出的区域性差距，尤其是两次调查显示出的重大变化，可能与省级单位的抽样有关。尤其需要注意的是，都会区被试危机压力感知水平2016年较2012年有所下降，可能与调查对象由2012年的上海市和重庆市改为2016年的北京市和天津市有重要的关系；东北地区被试危机压力感知水平2016年较2012年有大幅度的提升，可能与调查对象由2012年的吉林省改为2016年的吉林省、辽宁省有重要的关系。其他区域被试的变化，也可能在一定程度上受到调查对象不同的影响。在问卷调查中，由抽样带来的偏差是在所难免的，只能在持续的调查中进行不断的验证，排除偏差的影响。从这一点上看，现在的调查次数还是太少，确实需要再有几轮定期的调查，才可能将抽样带来的偏差影响降到最低。

第十一章 民主偏好对危机压力的影响

在2016年的问卷调查中,请被试在五种民主中选择对中国的民主发展最重要的一种民主:一是基层群众的自治(基层民主),二是选举人大代表和政府官员(选举民主),三是公众广泛参与政策讨论(政策民主),四是政府与群众协商解决问题(协商民主),五是中国共产党推进党内的民主(党内民主)。在调查涉及的6581名被试中,有1名被试没有做出选择,在进行了选择的6580名被试中,1136人选择基层群众的自治(基层民主),有效百分比为17.26%;1624人选择选举人大代表和政府官员(选举民主),有效百分比为24.68%;1543人选择公众广泛参与政策讨论(政策民主),有效百分比为23.45%;1734人选择政府与群众协商解决问题(协商民主),有效百分比为26.35%;543人选择中国共产党推进党内的民主(党内民主),有效百分比为8.25%。将民主偏好作为分析变量,可以观察带有明显民主偏好的五种被试(偏好基层民主被试、偏好选举民主被试、偏好政策民主被试、偏好协商民主被试、偏好党内民主被试)在政治危机压力上是否存在有明显的不同。

一 不同民主偏好被试危机压力的总体情况

2016年问卷调查结果显示,偏好基层民主被试危机压力的总体得分在1.39—3.82分之间,均值为2.82,标准差为0.42。在六种危机压力中,偏好基层民主被试的政治危机压力得分在1.00—4.33分

第十一章 民主偏好对危机压力的影响

之间，均值为 2.66，标准差为 0.69；经济危机压力得分在 1.00—4.67 分之间，均值为 2.43，标准差为 0.65；社会危机压力得分在 1.00—5.00 分之间，均值为 2.79，标准差为 0.69；文化危机压力得分在 1.00—4.50 分之间，均值为 2.80，标准差为 0.62；生态危机压力得分在 1.00—5.00 分之间，均值为 3.26，标准差为 0.77；国际性危机压力得分在 1.00—4.33 分之间，均值为 3.01，标准差为 0.48（见表 11-1-1 和图 11-1-1）。

表 11-1-1　　　偏好基层民主被试的危机压力总体描述统计

项目	N	极小值	极大值	均值	标准差
危机压力总分	1126	1.39	3.82	2.8233	0.41606
政治危机压力	1135	1.00	4.33	2.6555	0.69465
经济危机压力	1134	1.00	4.67	2.4250	0.64742
社会危机压力	1135	1.00	5.00	2.7906	0.68559
文化危机压力	1135	1.00	4.50	2.8044	0.62305
生态危机压力	1134	1.00	5.00	3.2607	0.76652
国际性危机压力	1133	1.00	4.33	3.0059	0.47675
有效的 N（列表状态）	1126				

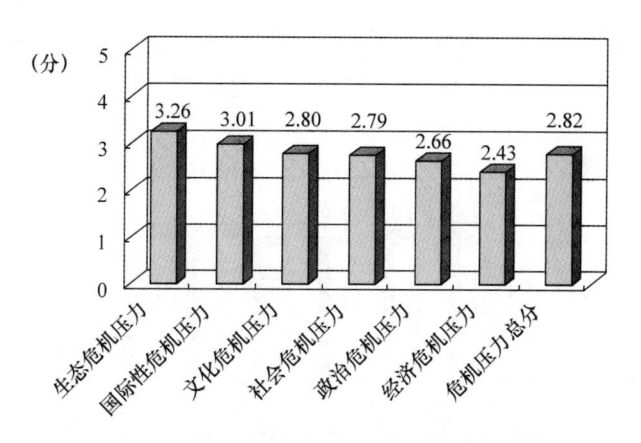

图 11-1-1　偏好基层民主被试危机压力的得分排序

2016 年问卷调查结果显示，偏好选举民主被试危机压力的总体得分在 1.28—4.19 分之间，均值为 2.85，标准差为 0.40。在六种危机压力中，偏好选举民主被试的政治危机压力得分在 1.00—5.00 分之间，均值为 2.71，标准差为 0.69；经济危机压力得分在 1.00—5.00 分之间，均值为 2.44，标准差为 0.61；社会危机压力得分在 1.00—5.00 分之间，均值为 2.85，标准差为 0.70；文化危机压力得分在 1.00—4.50 分之间，均值为 2.86，标准差为 0.62；生态危机压力得分在 1.00—5.00 分之间，均值为 3.20，标准差为 0.73；国际性危机压力得分在 1.00—4.67 分之间，均值为 3.02，标准差为 0.48（见表 11-1-2 和图 11-1-2）。

表 11-1-2　　　偏好选举民主被试的危机压力总体描述统计

项目	N	极小值	极大值	均值	标准差
危机压力总分	1620	1.28	4.19	2.8465	0.40076
政治危机压力	1624	1.00	5.00	2.7096	0.68700
经济危机压力	1622	1.00	5.00	2.4367	0.60845
社会危机压力	1623	1.00	5.00	2.8534	0.69798
文化危机压力	1624	1.00	4.50	2.8596	0.62210
生态危机压力	1624	1.00	5.00	3.2016	0.72888
国际性危机压力	1623	1.00	4.67	3.0175	0.47851
有效的 N（列表状态）	1620				

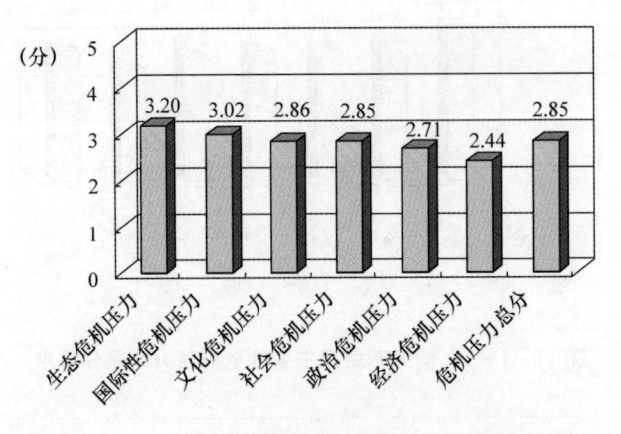

图 11-1-2　偏好选举民主被试危机压力的得分排序

第十一章 民主偏好对危机压力的影响

2016年问卷调查结果显示，偏好政策民主被试危机压力的总体得分在1.22—3.71分之间，均值为2.85，标准差为0.42。在六种危机压力中，偏好政策民主被试的政治危机压力得分在1.00—4.67分之间，均值为2.69，标准差为0.72；经济危机压力得分在1.00—5.00分之间，均值为2.46，标准差为0.64；社会危机压力得分在1.00—5.00分之间，均值为2.80，标准差为0.70；文化危机压力得分在1.00—4.50分之间，均值为2.84，标准差为0.65；生态危机压力得分在1.00—5.00分之间，均值为3.25，标准差为0.72；国际性危机压力得分在1.00—5.00分之间，均值为3.05，标准差为0.48（见表11-1-3和图11-1-3）。

表11-1-3　　　　偏好政策民主被试的危机压力总体描述统计

项目	N	极小值	极大值	均值	标准差
危机压力总分	1529	1.22	3.71	2.8471	0.41757
政治危机压力	1542	1.00	4.67	2.6874	0.72122
经济危机压力	1540	1.00	5.00	2.4602	0.63693
社会危机压力	1539	1.00	5.00	2.8036	0.70349
文化危机压力	1540	1.00	4.50	2.8435	0.64596
生态危机压力	1543	1.00	5.00	3.2482	0.72205
国际性危机压力	1539	1.00	5.00	3.0457	0.48037
有效的N（列表状态）	1529				

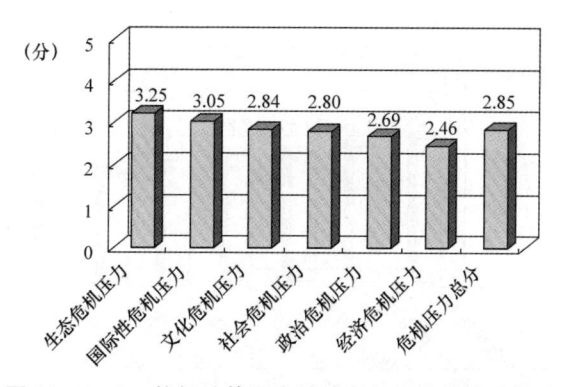

图11-1-3　偏好政策民主被试危机压力的得分排序

2016年问卷调查结果显示，偏好协商民主被试危机压力的总体得分在1.39—4.14分之间，均值为2.86，标准差为0.41。在六种危机压力中，偏好协商民主被试的政治危机压力得分在1.00—4.67分之间，均值为2.73，标准差为0.67；经济危机压力得分在1.00—4.67分之间，均值为2.42，标准差为0.61；社会危机压力得分在1.00—5.00分之间，均值为2.85，标准差为0.71；文化危机压力得分在1.00—5.00分之间，均值为2.89，标准差为0.64；生态危机压力得分在1.00—5.00分之间，均值为3.25，标准差为0.74；国际性危机压力得分在1.00—4.67分之间，均值为3.05，标准差为0.49（见表11-1-4和图11-1-4）。

表11-1-4　　　　偏好协商民主被试的危机压力总体描述统计

项目	N	极小值	极大值	均值	标准差
危机压力总分	1714	1.39	4.14	2.8636	0.41113
政治危机压力	1733	1.00	4.67	2.7344	0.67415
经济危机压力	1728	1.00	4.67	2.4211	0.60776
社会危机压力	1729	1.00	5.00	2.8463	0.71135
文化危机压力	1733	1.00	5.00	2.8922	0.63531
生态危机压力	1731	1.00	5.00	3.2484	0.74469
国际性危机压力	1730	1.00	4.67	3.0516	0.48949
有效的N（列表状态）	1714				

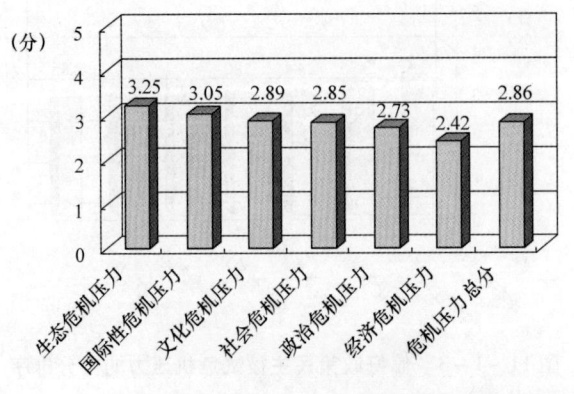

图11-1-4　偏好协商民主被试危机压力的得分排序

第十一章 民主偏好对危机压力的影响

2016年问卷调查结果显示,偏好党内民主被试危机压力的总体得分在1.28—3.68分之间,均值为2.81,标准差为0.45。在六种危机压力中,偏好党内民主被试的政治危机压力得分在1.00—5.00分之间,均值为2.69,标准差为0.78;经济危机压力得分在1.00—4.33分之间,均值为2.34,标准差为0.61;社会危机压力得分在1.00—5.00分之间,均值为2.79,标准差为0.75;文化危机压力得分在1.00—4.25分之间,均值为2.84,标准差为0.69;生态危机压力得分在1.00—5.00分之间,均值为3.17,标准差为0.73;国际性危机压力得分在1.00—4.33分之间,均值为3.08,标准差为0.51(见表11-1-5和图11-1-5)。

表11-1-5　　偏好党内民主被试的危机压力总体描述统计

项目	N	极小值	极大值	均值	标准差
危机压力总分	528	1.28	3.68	2.8062	0.45220
政治危机压力	543	1.00	5.00	2.6851	0.77665
经济危机压力	535	1.00	4.33	2.3383	0.60513
社会危机压力	541	1.00	5.00	2.7893	0.74643
文化危机压力	541	1.00	4.25	2.8364	0.68822
生态危机压力	541	1.00	5.00	3.1670	0.73413
国际性危机压力	541	1.00	4.33	3.0795	0.50963
有效的N(列表状态)	528				

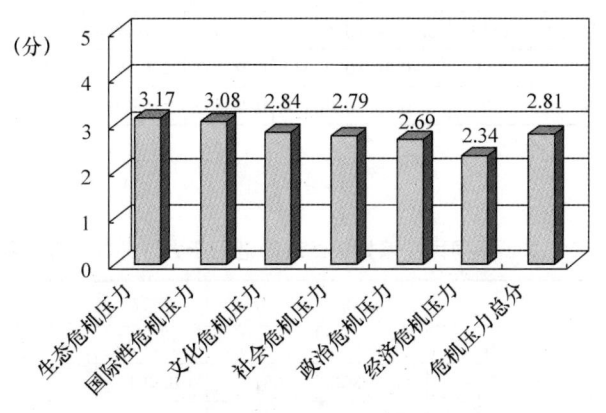

图11-1-5　偏好党内民主被试危机压力的得分排序

从六种危机压力由高到低的得分排序看，不同民主偏好被试都是生态危机压力第一，国际性危机压力第二，文化危机压力第三，社会危机压力第四，政治危机压力第五，经济危机压力第六。

二 不同民主偏好被试的政治危机压力情况

对不同民主偏好被试政治危机压力的差异性进行方差分析（见表11-2-1、表11-2-2、表11-2-3和图11-2），显示不同民主偏好被试的政治危机压力得分之间差异显著，$F=2.446$，$p<0.05$，偏好基层民主被试（$M=2.66$，$SD=0.69$）的得分显著低于偏好选举民主被试（$M=2.71$，$SD=0.69$）和偏好协商民主被试（$M=2.73$，$SD=0.68$），与偏好政策民主被试（$M=2.69$，$SD=0.72$）和偏好党内民主被试（$M=2.69$，$SD=0.78$）之间的得分差异不显著，偏好选举民主、协商民主、政策民主、党内民主四种被试两两之间的得分差异均不显著。

表11-2-1　不同民主偏好被试政治危机压力得分的差异比较

项目		N	均值	标准差	标准误	95% 置信区间 下限	95% 置信区间 上限	极小值	极大值
政治危机压力	基层民主	1135	2.6555	0.69465	0.02062	2.6151	2.6960	1.00	4.33
	选举民主	1624	2.7096	0.68700	0.01705	2.6761	2.7430	1.00	5.00
	政策民主	1542	2.6874	0.72122	0.01837	2.6514	2.7234	1.00	4.67
	协商民主	1733	2.7344	0.67415	0.01619	2.7026	2.7661	1.00	4.67
	党内民主	543	2.6851	0.77665	0.03333	2.6196	2.7506	1.00	5.00
	总数	6577	2.6996	0.70124	0.00865	2.6826	2.7165	1.00	5.00

表11-2-2　不同民主偏好被试政治危机压力得分的方差分析结果

项目		平方和	df	均方	F	显著性
政治危机压力	组间	4.807	4	1.202	2.446	0.044
	组内	3228.856	6572	0.491		
	总数	3233.662	6576			

第十一章　民主偏好对危机压力的影响

表 11-2-3　　不同民主偏好被试政治危机压力得分的多重比较

因变量	(I) 民主	(J) 民主	均值差 (I-J)	标准误	显著性	95% 置信区间 下限	95% 置信区间 上限
政治危机压力	基层民主	选举民主	-0.05406*	0.02712	0.046	-0.1072	-0.0009
		政策民主	-0.03191	0.02741	0.244	-0.0857	0.0218
		协商民主	-0.07887*	0.02677	0.003	-0.1313	-0.0264
		党内民主	-0.02958	0.03657	0.419	-0.1013	0.0421
	选举民主	基层民主	0.05406*	0.02712	0.046	0.0009	0.1072
		政策民主	0.02215	0.02492	0.374	-0.0267	0.0710
		协商民主	-0.02481	0.02421	0.306	-0.0723	0.0226
		党内民主	0.02448	0.03475	0.481	-0.0436	0.0926
	政策民主	基层民主	0.03191	0.02741	0.244	-0.0218	0.0857
		选举民主	-0.02215	0.02492	0.374	-0.0710	0.0267
		协商民主	-0.04695	0.02454	0.056	-0.0951	0.0011
		党内民主	0.00234	0.03498	0.947	-0.0662	0.0709
	协商民主	基层民主	0.07887*	0.02677	0.003	0.0264	0.1313
		选举民主	0.02481	0.02421	0.306	-0.0226	0.0723
		政策民主	0.04695	0.02454	0.056	-0.0011	0.0951
		党内民主	0.04929	0.03447	0.153	-0.0183	0.1169
	党内民主	基层民主	0.02958	0.03657	0.419	-0.0421	0.1013
		选举民主	-0.02448	0.03475	0.481	-0.0926	0.0436
		政策民主	-0.00234	0.03498	0.947	-0.0709	0.0662
		协商民主	-0.04929	0.03447	0.153	-0.1169	0.0183

*. 均值差的显著性水平为 0.05。

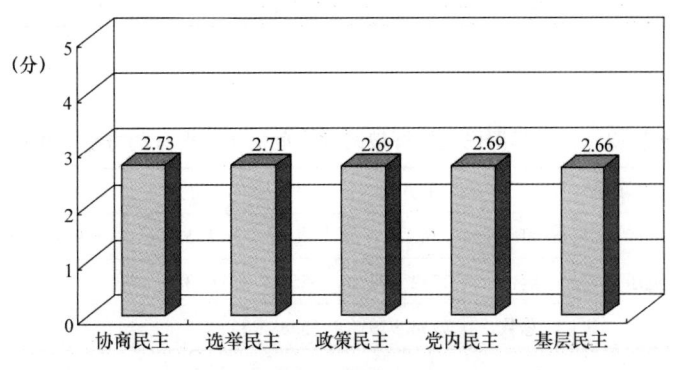

图 11-2　不同民主偏好被试的政治危机压力得分比较

（协商民主 2.73　选举民主 2.71　政策民主 2.69　党内民主 2.69　基层民主 2.66）

三 不同民主偏好被试的经济危机压力情况

对不同民主偏好被试经济危机压力的差异性进行方差分析（见表11-3-1、表11-3-2、表11-3-3和图11-3），显示不同民主偏好被试的经济危机压力得分之间差异显著，$F=3.954$，$p<0.05$，偏好党内民主被试（$M=2.34$，$SD=0.61$）的得分显著低于偏好基层民主被试（$M=2.43$，$SD=0.65$）、偏好选举被试（$M=2.44$，$SD=0.61$）、偏好政策民主被试（$M=2.46$，$SD=0.64$）和偏好协商民主被试（$M=2.42$，$SD=0.61$），偏好基层民主、选举民主、协商民主、政策民主四种被试两两之间的得分差异均不显著。

表11-3-1 不同民主偏好被试经济危机压力得分的差异比较

项目		N	均值	标准差	标准误	95% 置信区间 下限	95% 置信区间 上限	极小值	极大值
经济危机压力	基层民主	1134	2.4250	0.64742	0.01923	2.3873	2.4628	1.00	4.67
	选举民主	1622	2.4367	0.60845	0.01511	2.4071	2.4663	1.00	5.00
	政策民主	1540	2.4602	0.63693	0.01623	2.4283	2.4920	1.00	5.00
	协商民主	1728	2.4211	0.60776	0.01462	2.3924	2.4498	1.00	4.67
	党内民主	535	2.3383	0.60513	0.02616	2.2869	2.3897	1.00	4.33
	总数	6559	2.4281	0.62221	0.00768	2.4130	2.4431	1.00	5.00

表11-3-2 不同民主偏好被试经济危机压力得分的方差分析结果

项目		平方和	df	均方	F	显著性
经济危机压力	组间	6.112	4	1.528	3.954	0.003
	组内	2532.807	6554	0.386		
	总数	2538.919	6558			

第十一章 民主偏好对危机压力的影响

表 11-3-3　　不同民主偏好被试经济危机压力得分的多重比较

因变量	(I) 民主	(J) 民主	均值差 (I-J)	标准误	显著性	95% 置信区间 下限	95% 置信区间 上限
经济危机压力	基层民主	选举民主	-0.01166	0.02406	0.628	-0.0588	0.0355
		政策民主	-0.03513	0.02433	0.149	-0.0828	0.0126
		协商民主	0.00394	0.02376	0.868	-0.0426	0.0505
		党内民主	0.08673*	0.03261	0.008	0.0228	0.1506
	选举民主	基层民主	0.01166	0.02406	0.628	-0.0355	0.0588
		政策民主	-0.02347	0.02212	0.289	-0.0668	0.0199
		协商民主	0.01560	0.02149	0.468	-0.0265	0.0577
		党内民主	0.09839*	0.03099	0.002	0.0376	0.1591
	政策民主	基层民主	0.03513	0.02433	0.149	-0.0126	0.0828
		选举民主	0.02347	0.02212	0.289	-0.0199	0.0668
		协商民主	0.03907	0.02178	0.073	-0.0036	0.0818
		党内民主	0.12186*	0.03120	0.000	0.0607	0.1830
	协商民主	基层民主	-0.00394	0.02376	0.868	-0.0505	0.0426
		选举民主	-0.01560	0.02149	0.468	-0.0577	0.0265
		政策民主	-0.03907	0.02178	0.073	-0.0818	0.0036
		党内民主	0.08279*	0.03076	0.007	0.0225	0.1431
	党内民主	基层民主	-0.08673*	0.03261	0.008	-0.1506	-0.0228
		选举民主	-0.09839*	0.03099	0.002	-0.1591	-0.0376
		政策民主	-0.12186*	0.03120	0.000	-0.1830	-0.0607
		协商民主	-0.08279*	0.03076	0.007	-0.1431	-0.0225

*. 均值差的显著性水平为 0.05。

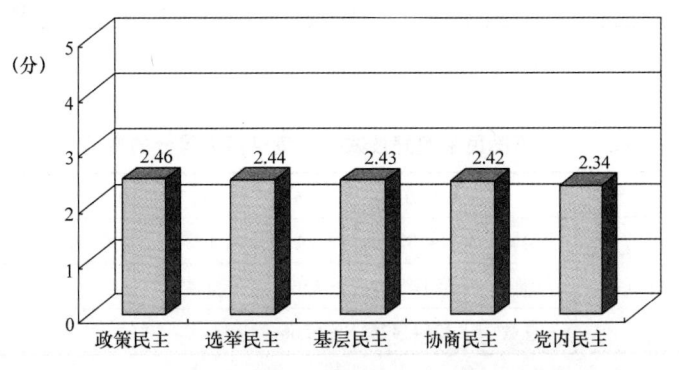

图 11-3　不同民主偏好被试的经济危机压力得分比较

政策民主 2.46　选举民主 2.44　基层民主 2.43　协商民主 2.42　党内民主 2.34

四 不同民主偏好被试的社会危机压力情况

对不同民主偏好被试社会危机压力的差异性进行方差分析（见表11-4-1、表11-4-2、表11-4-3和图11-4），显示不同民主偏好被试的社会危机压力得分之间差异显著，$F=2.428$，$p<0.05$，偏好基层民主被试（$M=2.79$，$SD=0.69$）的得分显著低于偏好选举民主被试（$M=2.85$，$SD=0.70$）和偏好协商民主被试（$M=2.85$，$SD=0.71$），与偏好政策民主被试（$M=2.80$，$SD=0.70$）和偏好党内民主被试（$M=2.79$，$SD=0.75$）之间的得分差异不显著；偏好选举民主被试的得分显著高于偏好政策民主被试，与偏好协商民主、偏好党内民主被试之间的得分差异不显著；偏好政策民主、协商民主、党内民主三种被试相互间的得分差异均不显著。

表11-4-1　不同民主偏好被试社会危机压力得分的差异比较

项目		N	均值	标准差	标准误	95% 置信区间 下限	95% 置信区间 上限	极小值	极大值
社会危机压力	基层民主	1135	2.7906	0.68559	0.02035	2.7507	2.8305	1.00	5.00
	选举民主	1623	2.8534	0.69798	0.01733	2.8194	2.8873	1.00	5.00
	政策民主	1539	2.8036	0.70349	0.01793	2.7684	2.8387	1.00	5.00
	协商民主	1729	2.8463	0.71135	0.01711	2.8128	2.8799	1.00	5.00
	党内民主	541	2.7893	0.74643	0.03209	2.7262	2.8523	1.00	5.00
	总数	6567	2.8237	0.70511	0.00870	2.8067	2.8408	1.00	5.00

表11-4-2　不同民主偏好被试社会危机压力得分的方差分析结果

项目		平方和	df	均方	F	显著性
社会危机压力	组间	4.823	4	1.206	2.428	0.046
	组内	3259.652	6562	0.497		
	总数	3264.476	6566			

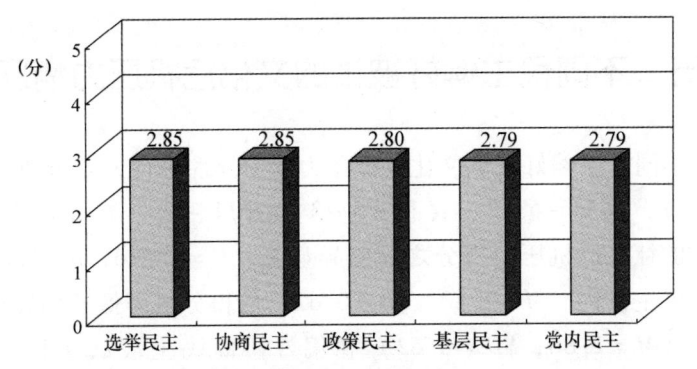

第十一章 民主偏好对危机压力的影响

图 11-4 不同民主偏好被试的社会危机压力得分比较

表 11-4-3　不同民主偏好被试社会危机压力得分的多重比较

因变量	(I) 民主	(J) 民主	均值差 (I-J)	标准误	显著性	95% 置信区间 下限	95% 置信区间 上限
社会危机压力	基层民主	选举民主	-0.06276*	0.02727	0.021	-0.1162	-0.0093
		政策民主	-0.01295	0.02758	0.639	-0.0670	0.0411
		协商民主	-0.05574*	0.02693	0.038	-0.1085	-0.0030
		党内民主	0.00132	0.03682	0.971	-0.0709	0.0735
	选举民主	基层民主	0.06276*	0.02727	0.021	0.0093	0.1162
		政策民主	0.04981*	0.02508	0.047	0.0006	0.0990
		协商民主	0.00701	0.02436	0.773	-0.0407	0.0548
		党内民主	0.06408	0.03499	0.067	-0.0045	0.1327
	政策民主	基层民主	0.01295	0.02758	0.639	-0.0411	0.0670
		选举民主	-0.04981*	0.02508	0.047	-0.0990	-0.0006
		协商民主	-0.04279	0.02470	0.083	-0.0912	0.0056
		党内民主	0.01427	0.03523	0.685	-0.0548	0.0833
	协商民主	基层民主	0.05574*	0.02693	0.038	0.0030	0.1085
		选举民主	-0.00701	0.02436	0.773	-0.0548	0.0407
		政策民主	0.04279	0.02470	0.083	-0.0056	0.0912
		党内民主	0.05707	0.03472	0.100	-0.0110	0.1251
	党内民主	基层民主	-0.00132	0.03682	0.971	-0.0735	0.0709
		选举民主	-0.06408	0.03499	0.067	-0.1327	0.0045
		政策民主	-0.01427	0.03523	0.685	-0.0833	0.0548
		协商民主	-0.05707	0.03472	0.100	-0.1251	0.0110

*. 均值差的显著性水平为 0.05。

五 不同民主偏好被试的文化危机压力情况

对不同民主偏好被试文化危机压力的差异性进行方差分析（见表11-5-1、表11-5-2、表11-5-3和图11-5），显示不同民主偏好被试的社会危机压力得分之间差异显著，$F=3.516$，$p<0.01$，偏好基层民主被试（$M=2.80$，$SD=0.62$）的得分显著低于偏好选举民主被试（$M=2.86$，$SD=0.62$）和偏好协商民主被试（$M=2.89$，$SD=0.64$），与偏好政策民主被试（$M=2.84$，$SD=0.65$）和偏好党内民主被试（$M=2.84$，$SD=0.69$）之间的得分差异不显著；偏好协商民主被试的得分显著高于偏好政策民主被试，与偏好选举民主、党内民主被试之间的得分差异不显著；偏好政策民主、选举民主、党内民主三种被试相互间的得分差异均不显著。

表11-5-1　　　不同民主偏好被试文化危机压力得分的差异比较

项目		N	均值	标准差	标准误	95% 置信区间 下限	95% 置信区间 上限	极小值	极大值
文化危机压力	基层民主	1135	2.8044	0.62305	0.01849	2.7681	2.8407	1.00	4.50
	选举民主	1624	2.8596	0.62210	0.01544	2.8293	2.8899	1.00	4.50
	政策民主	1540	2.8435	0.64596	0.01646	2.8112	2.8758	1.00	4.50
	协商民主	1733	2.8922	0.63531	0.01526	2.8623	2.9222	1.00	5.00
	党内民主	541	2.8364	0.68822	0.02959	2.7783	2.8945	1.00	4.25
	总数	6573	2.8530	0.63751	0.00786	2.8376	2.8684	1.00	5.00

表11-5-2　　　不同民主偏好被试文化危机压力得分的方差分析结果

项目		平方和	df	均方	F	显著性
文化危机压力	组间	5.707	4	1.427	3.516	0.007
	组内	2665.314	6568	0.406		
	总数	2671.021	6572			

第十一章 民主偏好对危机压力的影响

表 11-5-3　　　　不同民主偏好被试文化危机压力得分的多重比较

因变量	(I) 民主	(J) 民主	均值差 (I-J)	标准误	显著性	95% 置信区间 下限	95% 置信区间 上限
文化危机压力	基层民主	选举民主	-0.05520*	0.02465	0.025	-0.1035	-0.0069
		政策民主	-0.03910	0.02492	0.117	-0.0880	0.0098
		协商民主	-0.08783*	0.02432	0.000	-0.1355	-0.0401
		党内民主	-0.03201	0.03328	0.336	-0.0973	0.0332
	选举民主	基层民主	0.05520*	0.02465	0.025	0.0069	0.1035
		政策民主	0.01610	0.02266	0.477	-0.0283	0.0605
		协商民主	-0.03263	0.02200	0.138	-0.0758	0.0105
		党内民主	0.02319	0.03162	0.463	-0.0388	0.0852
	政策民主	基层民主	0.03910	0.02492	0.117	-0.0098	0.0880
		选举民主	-0.01610	0.02266	0.477	-0.0605	0.0283
		协商民主	-0.04873*	0.02231	0.029	-0.0925	-0.0050
		党内民主	0.00709	0.03184	0.824	-0.0553	0.0695
	协商民主	基层民主	0.08783*	0.02432	0.000	0.0401	0.1355
		选举民主	0.03263	0.02200	0.138	-0.0105	0.0758
		政策民主	0.04873*	0.02231	0.029	0.0050	0.0925
		党内民主	0.05582	0.03137	0.075	-0.0057	0.1173
	党内民主	基层民主	0.03201	0.03328	0.336	-0.0332	0.0973
		选举民主	-0.02319	0.03162	0.463	-0.0852	0.0388
		政策民主	-0.00709	0.03184	0.824	-0.0695	0.0553
		协商民主	-0.05582	0.03137	0.075	-0.1173	0.0057

*. 均值差的显著性水平为 0.05。

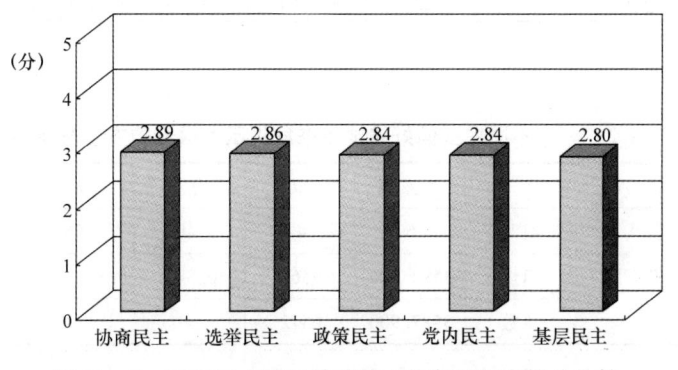

图 11-5　不同民主偏好被试的文化危机压力得分比较

（协商民主 2.89　选举民主 2.86　政策民主 2.84　党内民主 2.84　基层民主 2.80）

六 不同民主偏好被试的生态危机压力情况

对不同民主偏好被试生态危机压力的差异性进行方差分析（见表11-6-1、表11-6-2、表11-6-3和图11-6），显示不同民主偏好被试的生态危机压力得分之间差异显著，$F = 2.567$，$p < 0.05$，偏好党内民主被试（$M = 3.17$，$SD = 0.73$）的得分显著低于偏好基层民主被试（$M = 3.26$，$SD = 0.77$）、偏好政策民主被试（$M = 3.25$，$SD = 0.72$）、偏好协商民主被试（$M = 3.25$，$SD = 0.74$），与偏好选举民主被试（$M = 3.20$，$SD = 0.73$）之间的得分差异不显著；偏好基层民主被试的得分显著高于偏好选举民主被试，与偏好政策民主、协商民主被试之间的得分差异不显著；偏好选举民主、政策民主、协商民主三种被试相互间的得分差异均不显著。

表11-6-1　不同民主偏好被试生态危机压力得分的差异比较

项目		N	均值	标准差	标准误	95% 置信区间 下限	95% 置信区间 上限	极小值	极大值
生态危机压力	基层民主	1134	3.2607	0.76652	0.02276	3.2161	3.3054	1.00	5.00
	选举民主	1624	3.2016	0.72888	0.01809	3.1661	3.2370	1.00	5.00
	政策民主	1543	3.2482	0.72205	0.01838	3.2122	3.2843	1.00	5.00
	协商民主	1731	3.2484	0.74469	0.01790	3.2133	3.2835	1.00	5.00
	党内民主	541	3.1670	0.73413	0.03156	3.1050	3.2290	1.00	5.00
	总数	6573	3.2322	0.73888	0.00911	3.2143	3.2501	1.00	5.00

表11-6-2　不同民主偏好被试生态危机压力得分的方差分析结果

项目		平方和	df	均方	F	显著性
生态危机压力	组间	5.600	4	1.400	2.567	0.036
	组内	3582.300	6568	0.545		
	总数	3587.900	6572			

表11-6-3　　不同民主偏好被试生态危机压力得分的多重比较

因变量	(I) 民主	(J) 民主	均值差 (I-J)	标准误	显著性	95% 置信区间 下限	上限
生态危机压力	基层民主	选举民主	0.05917*	0.02858	0.038	0.0031	0.1152
		政策民主	0.01251	0.02889	0.665	-0.0441	0.0691
		协商民主	0.01232	0.02821	0.662	-0.0430	0.0676
		党内民主	0.09375*	0.03859	0.015	0.0181	0.1694
	选举民主	基层民主	-0.05917*	0.02858	0.038	-0.1152	-0.0031
		政策民主	-0.04666	0.02626	0.076	-0.0981	0.0048
		协商民主	-0.04685	0.02551	0.066	-0.0969	0.0032
		党内民主	0.03459	0.03666	0.346	-0.0373	0.1065
	政策民主	基层民主	-0.01251	0.02889	0.665	-0.0691	0.0441
		选举民主	0.04666	0.02626	0.076	-0.0048	0.0981
		协商民主	-0.00019	0.02586	0.994	-0.0509	0.0505
		党内民主	0.08124*	0.03690	0.028	0.0089	0.1536
	协商民主	基层民主	-0.01232	0.02821	0.662	-0.0676	0.0430
		选举民主	0.04685	0.02551	0.066	-0.0032	0.0969
		政策民主	0.00019	0.02586	0.994	-0.0505	0.0509
		党内民主	0.08144*	0.03638	0.025	0.0101	0.1527
	党内民主	基层民主	-0.09375*	0.03859	0.015	-0.1694	-0.0181
		选举民主	-0.03459	0.03666	0.346	-0.1065	0.0373
		政策民主	-0.08124*	0.03690	0.028	-0.1536	-0.0089
		协商民主	-0.08144*	0.03638	0.025	-0.1527	-0.0101

*. 均值差的显著性水平为0.05。

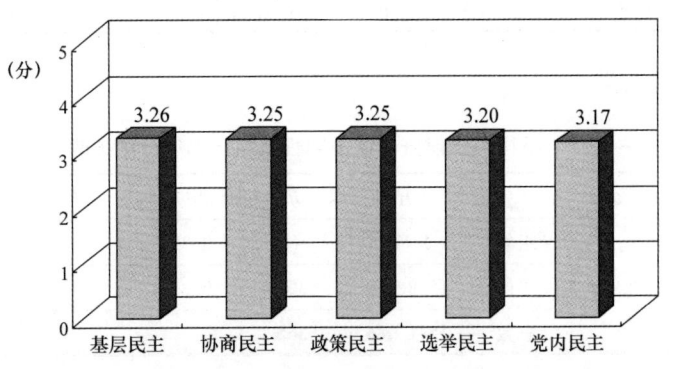

图11-6　不同民主偏好被试的生态危机压力得分比较

基层民主 3.26　协商民主 3.25　政策民主 3.25　选举民主 3.20　党内民主 3.17（分）

七 不同民主偏好被试的国际性危机压力情况

对不同民主偏好被试国际性危机压力的差异性进行方差分析（见表11-7-1、表11-7-2、表11-7-3和图11-7），显示不同民主偏好被试的国际性危机压力得分之间差异显著，$F = 3.387$，$p < 0.01$，偏好基层民主被试（$M = 3.01$，$SD = 0.48$）的得分显著低于偏好政策民主被试（$M = 3.05$，$SD = 0.48$）、偏好协商民主被试（$M = 3.05$，$SD = 0.49$）、偏好党内民主被试（$M = 3.08$，$SD = 0.51$），与偏好选举民主被试（$M = 3.02$，$SD = 0.48$）之间的得分差异不显著；偏好选举民主被试的得分显著低于偏好协商民主、党内民主被试，与偏好政策民主被试之间的得分差异不显著；偏好政策民主、协商民主、党内民主三种被试相互间的得分差异均不显著。

表11-7-1 不同民主偏好被试国际性危机压力得分的差异比较

项目		N	均值	标准差	标准误	95% 置信区间 下限	95% 置信区间 上限	极小值	极大值
国际性危机压力	基层民主	1133	3.0059	0.47675	0.01416	2.9781	3.0337	1.00	4.33
	选举民主	1623	3.0175	0.47851	0.01188	2.9942	3.0408	1.00	4.67
	政策民主	1539	3.0457	0.48037	0.01224	3.0217	3.0697	1.00	5.00
	协商民主	1730	3.0516	0.48949	0.01177	3.0286	3.0747	1.00	4.67
	党内民主	541	3.0795	0.50963	0.02191	3.0364	3.1225	1.00	4.33
	总数	6566	3.0362	0.48453	0.00598	3.0245	3.0479	1.00	5.00

表11-7-2 不同民主偏好被试国际性危机压力得分的方差分析结果

项目		平方和	df	均方	F	显著性
国际性危机压力	组间	3.176	4	0.794	3.387	0.009
	组内	1538.110	6561	0.234		
	总数	1541.286	6565			

第十一章 民主偏好对危机压力的影响

表 11-7-3　不同民主偏好被试国际性危机压力得分的多重比较

因变量	(I) 民主	(J) 民主	均值差(I-J)	标准误	显著性	95% 置信区间 下限	95% 置信区间 上限
国际性危机压力	基层民主	选举民主	-0.01157	0.01874	0.537	-0.0483	0.0252
		政策民主	-0.03982*	0.01895	0.036	-0.0770	-0.0027
		协商民主	-0.04575*	0.01850	0.013	-0.0820	-0.0095
		党内民主	-0.07360*	0.02530	0.004	-0.1232	-0.0240
	选举民主	基层民主	0.01157	0.01874	0.537	-0.0252	0.0483
		政策民主	-0.02824	0.01723	0.101	-0.0620	0.0055
		协商民主	-0.03418*	0.01673	0.041	-0.0670	-0.0014
		党内民主	-0.06203*	0.02404	0.010	-0.1091	-0.0149
	政策民主	基层民主	0.03982*	0.01895	0.036	0.0027	0.0770
		选举民主	0.02824	0.01723	0.101	-0.0055	0.0620
		协商民主	-0.00594	0.01697	0.726	-0.0392	0.0273
		党内民主	-0.03378	0.02420	0.163	-0.0812	0.0137
	协商民主	基层民主	0.04575*	0.01850	0.013	0.0095	0.0820
		选举民主	0.03418*	0.01673	0.041	0.0014	0.0670
		政策民主	0.00594	0.01697	0.726	-0.0273	0.0392
		党内民主	-0.02784	0.02385	0.243	-0.0746	0.0189
	党内民主	基层民主	0.07360*	0.02530	0.004	0.0240	0.1232
		选举民主	0.06203*	0.02404	0.010	0.0149	0.1091
		政策民主	0.03378	0.02420	0.163	-0.0137	0.0812
		协商民主	0.02784	0.02385	0.243	-0.0189	0.0746

*. 均值差的显著性水平为 0.05。

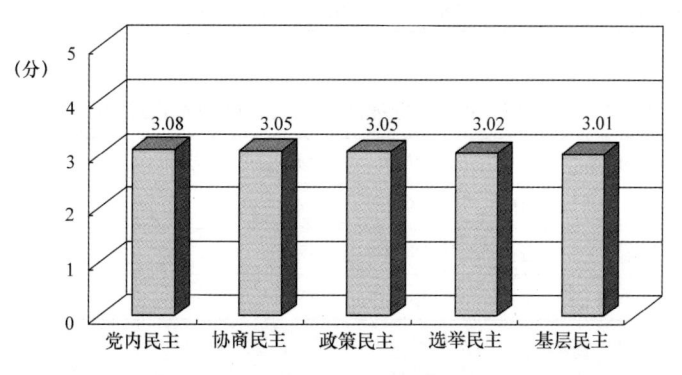

图 11-7　不同民主偏好被试的国际性危机压力得分比较

（分）党内民主 3.08；协商民主 3.05；政策民主 3.05；选举民主 3.02；基层民主 3.01

八 不同民主偏好被试的危机压力总分

对不同民主偏好被试危机压力总分的差异性进行方差分析（见表11-8-1、表11-8-2、表11-8-3和图11-8），显示不同民主偏好被试的危机压力总分之间差异显著，$F = 2.797$，$p < 0.05$，偏好协商民主被试（$M = 2.86$，$SD = 0.41$）的得分显著高于偏好基层民主被试（$M = 2.82$，$SD = 0.42$）、偏好党内民主被试（$M = 2.81$，$SD = 0.45$），与偏好选举民主被试（$M = 2.85$，$SD = 0.40$）、偏好政策民主被试（$M = 2.85$，$SD = 0.42$）之间的得分差异不显著，偏好基层民主、选举民主、政策民主、党内民主四种被试两两之间的得分差异均不显著。

表11-8-1　不同民主偏好被试危机压力总分的差异比较

项目		N	均值	标准差	标准误	95% 置信区间 下限	95% 置信区间 上限	极小值	极大值
危机压力总分	基层民主	1126	2.8233	0.41606	0.01240	2.7990	2.8476	1.39	3.82
	选举民主	1620	2.8465	0.40076	0.00996	2.8270	2.8661	1.28	4.19
	政策民主	1529	2.8471	0.41757	0.01068	2.8262	2.8681	1.22	3.71
	协商民主	1714	2.8636	0.41113	0.00993	2.8442	2.8831	1.39	4.14
	党内民主	528	2.8062	0.45220	0.01968	2.7676	2.8449	1.28	3.68
	总数	6517	2.8439	0.41467	0.00514	2.8338	2.8540	1.22	4.19

表11-8-2　不同民主偏好被试危机压力总分的方差分析结果

项目		平方和	df	均方	F	显著性
危机压力总分	组间	1.921	4	0.480	2.797	0.025
	组内	1118.508	6512	0.172		
	总数	1120.429	6516			

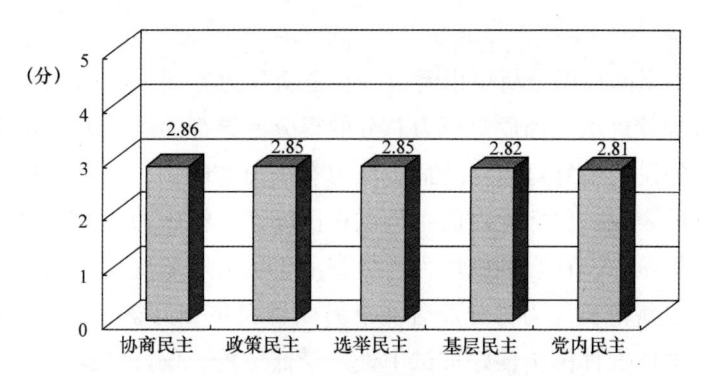

第十一章 民主偏好对危机压力的影响

图 11-8 不同民主偏好被试的危机压力总分比较

表 11-8-3　不同民主偏好被试危机压力总分的多重比较

因变量	(I) 民主	(J) 民主	均值差(I-J)	标准误	显著性	95% 置信区间 下限	95% 置信区间 上限
危机压力总分	基层民主	选举民主	-0.02322	0.01608	0.149	-0.0547	0.0083
		政策民主	-0.02380	0.01628	0.144	-0.0557	0.0081
		协商民主	-0.04031*	0.01590	0.011	-0.0715	-0.0091
		党内民主	0.01710	0.02186	0.434	-0.0257	0.0600
	选举民主	基层民主	0.02322	0.01608	0.149	-0.0083	0.0547
		政策民主	-0.00059	0.01478	0.968	-0.0296	0.0284
		协商民主	-0.01709	0.01436	0.234	-0.0452	0.0111
		党内民主	0.04032	0.02077	0.052	-0.0004	0.0810
	政策民主	基层民主	0.02380	0.01628	0.144	-0.0081	0.0557
		选举民主	0.00059	0.01478	0.968	-0.0284	0.0296
		协商民主	-0.01651	0.01458	0.258	-0.0451	0.0121
		党内民主	0.04091	0.02092	0.051	-0.0001	0.0819
	协商民主	基层民主	0.04031*	0.01590	0.011	0.0091	0.0715
		选举民主	0.01709	0.01436	0.234	-0.0111	0.0452
		政策民主	0.01651	0.01458	0.258	-0.0121	0.0451
		党内民主	0.05742*	0.02063	0.005	0.0170	0.0979
	党内民主	基层民主	-0.01710	0.02186	0.434	-0.0600	0.0257
		选举民主	-0.04032	0.02077	0.052	-0.0810	0.0004
		政策民主	-0.04091	0.02092	0.051	-0.0819	0.0001
		协商民主	-0.05742*	0.02063	0.005	-0.0979	-0.0170

*. 均值差的显著性水平为 0.05。

从本章的数据分析可以看出，在危机压力方面，不同民主偏好被试的六种危机压力和危机压力总分的得分差异都达到了显著水平，表明不同的民主偏好对民众的危机压力有全面的影响，但是这样的影响有不同的表现。偏好党内民主被试在国际性危机压力上得分最高，在经济危机压力、社会危机压力、生态危机压力和危机压力总分上得分最低（经济危机压力得分显著低于另四种民主偏好被试），危机压力总体水平在五种民主偏好被试中处于最低位置。偏好基层民主被试在生态危机压力上得分最高，在政治危机压力、文化危机压力、国际性危机压力上得分最低，危机压力总体水平在五种民主偏好被试中处于次低位置。偏好协商民主被试在政治危机压力、文化危机压力和危机压力总分上得分最高，危机压力总体水平在五种民主偏好被试中处于最高位置。偏好政策民主被试在经济危机压力上得分最高，危机压力总体水平在五种民主偏好被试中处于次高位置。偏好选举民主被试在社会危机压力上得分最高，危机压力总体水平在五种民主偏好被试中处于居中位置（见表11-8-4）。也就是说，对于民主偏好不同带来的危机压力上的重要差异，确实应给予一定的关注。

表11-8-4　　　不同民主偏好被试危机压力得分排序比较

项目	基层民主	选举民主	政策民主	协商民主	党内民主
政治危机压力	2.656（5）	2.710（2）	2.687（3）	2.734（1）	2.685（4）
经济危机压力	2.425（3）	2.437（2）	2.460（1）	2.421（4）	2.338（5）
社会危机压力	2.791（4）	2.853（1）	2.804（3）	2.846（2）	2.789（5）
文化危机压力	2.804（5）	2.860（2）	2.844（3）	2.892（1）	2.836（4）
生态危机压力	3.261（1）	3.202（4）	3.248（2）	3.248（2）	3.167（5）
国际性危机压力	3.006（5）	3.018（4）	3.046（3）	3.052（2）	3.080（1）
危机压力总分	2.823（4）	2.847（2）	2.847（2）	2.864（1）	2.806（5）